Z 19776

Paris
1824-1826

Descartes, René

Œuvres de Descartes, précédées de l'éloge de René Descartes par Thomas

janvier   Tome 5

Z. 2130
B. 5

OEUVRES

DE DESCARTES.

TOME CINQUIÈME.

DE L'IMPRIMERIE DE LACHEVARDIERE FILS,
SUCCESSEUR DE CELLOT, RUE DU COLOMBIER, N° 30.

OEUVRES

DE DESCARTES,

PUBLIÉES

PAR VICTOR COUSIN.

TOME CINQUIÈME.

A PARIS,

CHEZ F. G. LEVRAULT, LIBRAIRE,

RUE DES FOSSÉS-MONSIEUR-LE-PRINCE, N° 31 ;
ET A STRASBOURG, RUE DES JUIFS, N° 33.

M. DCCC. XXIV.

LA DIOPTRIQUE.

Les trois Traités qui suivent, savoir *la Dioptrique*, *les Météores*, *la Géométrie*, parurent en français à la suite de la Méthode, à Leyde, 1638, in-4°, sans nom d'auteur. Étienne de Courcelles fit une traduction latine de la Dioptrique et des Météores, que Descartes revit, Amsterdam, 1644-1656. François de Schooten, ancien professeur de mathématiques à Leyde, traduisit du latin la Géométrie, avec des commentaires de sa façon, et des notes de M. de Beausse, 1649. On a réimprimé la Dioptrique et les Météores en français en 1724, deux volumes in-12, à la suite de la Méthode; et la Géométrie, 1728, à la suite des Passions et du Traité de la Lumière.

LA DIOPTRIQUE.

DISCOURS PREMIER.

DE LA LUMIÈRE.

Toute la conduite de notre vie dépend de nos sens, entre lesquels celui de la vue étant le plus universel et le plus noble, il n'y a point de doute que les inventions qui servent à augmenter sa puissance ne soient des plus utiles qui puissent être. Et il est malaisé d'en trouver aucune qui l'augmente davantage que celle de ces merveilleuses lunettes, qui, n'étant en usage que depuis peu, nous ont déjà découvert de nouveaux astres dans le ciel, et d'autres nouveaux objets dessus la terre en plus grand nombre que ne sont ceux que nous y avions vus auparavant : en sorte que, portant notre vue beaucoup plus loin que n'avoit coutume d'aller l'imagination de nos pères, elles semblent nous avoir ouvert le chemin pour parvenir à une connoissance de la nature beaucoup plus grande et plus parfaite qu'ils ne l'ont eue. Mais, à la honte de nos sciences, cette invention, si utile et si admirable, n'a premièrement été trouvée que par l'expérience et la fortune. Il y a environ trente ans qu'un nommé Jacques Métius, de la ville d'Alcmar en Hollande, homme qui n'avoit jamais étudié, bien qu'il eût un père et un frère qui ont fait profession des mathématiques, mais qui prenoit particulièrement plaisir à faire des miroirs et verres brûlants, en composant même l'hiver avec de la glace, ainsi que l'expérience a montré qu'on en peut faire ; ayant à cette occasion plusieurs verres de diverses formes, s'avisa par bonheur de regarder au travers de deux, dont l'un étoit un peu plus épais au milieu qu'aux extrémités, et l'autre, au contraire, beaucoup plus épais aux extrémités qu'au milieu, et il les appliqua si heureusement aux deux bouts d'un tuyau, que la première des lunettes dont nous parlons en fut composée. Et c'est seulement sur ce patron que toutes les autres qu'on a vues depuis ont été faites, sans que personne encore, que je sache, ait suffisamment déterminé les figures que ces verres doivent avoir. Car, bien qu'il y ait eu depuis quantité de bons esprits qui ont fort cultivé cette matière, et ont trouvé à son occasion plusieurs choses en l'optique qui valent mieux que ce que nous en avoient laissé les anciens, toutefois, à cause que les inventions un peu malaisées n'arrivent pas à leur dernier degré de perfection du premier coup, il est encore demeuré assez de difficultés en celle-ci pour me donner sujet d'en écrire. Et, d'autant que l'exécution des choses que je dirai doit dépendre de l'industrie des artisans, qui pour l'ordinaire n'ont point étudié, je tâcherai de me rendre intelligible à tout le monde, et de ne rien omettre ni supposer qu'on doive avoir appris des autres sciences. C'est pourquoi je commencerai par l'explication de la lumière et de ses rayons; puis, ayant fait une brève description des parties de l'œil, je dirai particulièrement en quelle sorte se fait la vision, et ensuite, ayant remarqué toutes les choses qui sont capables de la rendre plus parfaite, j'enseignerai comment elles y peuvent être ajoutées par les inventions que je décrirai.

Or, n'ayant ici autre occasion de parler de la lumière que pour expliquer comment ses rayons entrent dans l'œil, et comment ils peuvent être détournés par les divers corps qu'ils rencontrent, il n'est pas besoin que j'entreprenne de dire au vrai quelle est sa nature, et je crois qu'il suffira que je me serve de deux ou trois comparaisons qui aident à la concevoir en la façon qui me semble la plus commode pour expliquer toutes celles de ses propriétés que l'expérience nous fait connoître, et pour déduire ensuite toutes les autres qui ne peuvent pas si aisément être remarquées. Imitant en ceci les astronomes, qui, bien que leurs suppositions soient presque toutes fausses ou incertaines, toutefois, à cause qu'elles se rapportent à diverses observations qu'ils ont faites, ne laissent pas d'en tirer plusieurs conséquences très vraies et très assurées.

Il vous est bien sans doute arrivé quelquefois, en marchant de nuit sans flambeau par des lieux un peu difficiles, qu'il falloit vous aider d'un bâton pour vous conduire, et vous avez pour lors pu remarquer que vous sentiez, par l'entremise de ce bâton, les divers objets qui se rencontroient autour de vous, et même que vous pouviez distinguer s'il y avoit des arbres, ou des pierres, ou du sable, ou de l'eau, ou de l'herbe, ou de la boue, ou quelque autre chose de semblable. Il est vrai que cette sorte de sentiment est un peu confuse et obscure en ceux qui n'en ont pas un long usage; mais considérez-la en ceux qui, étant nés aveugles, s'en sont servis toute leur vie, et vous l'y trouverez si parfaite et si exacte qu'on pourroit quasi dire qu'ils voient des mains, ou que leur bâton est l'organe de quelque sixième sens qui leur a été donné au défaut de la vue. Et, pour tirer une comparaison de ceci, je désire que vous pensiez que la lumière n'est autre chose, dans les corps qu'on nomme lumineux, qu'un certain mouvement ou une action fort prompte et fort vive qui passe vers nos yeux par l'entremise de l'air et des autres corps transparents en même façon que le mouvement ou la résistance des corps que rencontre cet aveugle passe vers sa main par l'entremise de son bâton. Ce qui vous empêchera d'abord de trouver étrange que cette lumière puisse étendre ses rayons en un instant depuis le soleil jusques à nous; car vous savez que l'action dont on meut l'un des bouts d'un bâton doit ainsi passer en un instant jusques à l'autre, et qu'elle y devroit passer en même sorte, encore qu'il y auroit plus de distance qu'il n'y en a depuis la terre jusques aux cieux. Vous ne trouverez pas étrange non plus que, par son moyen, nous puissions voir toutes sortes de couleurs; et même vous croirez peut-être que ces couleurs ne sont autre chose dans les corps qu'on nomme colorés que les diverses façons dont ces corps la reçoivent et la renvoient contre nos yeux: si vous considérez que les différences qu'un aveugle remarque entre des arbres, des pierres, de l'eau, et choses semblables, par l'entremise de son bâton, ne lui semblent pas moindres que nous font celles qui sont entre le rouge, le jaune, le vert et toutes les autres couleurs; et toutefois que ces différences ne sont autre chose en tous ces corps que les diverses façons de mouvoir ou de résister aux mouvements de ce bâton. Ensuite de quoi vous aurez occasion de juger qu'il n'est pas besoin de supposer qu'il passe quelque chose de matériel depuis les objets jusques à nos yeux pour nous faire voir les couleurs et la lumière, ni même qu'il y ait rien en ces objets qui soit semblable aux idées ou aux sentiments que nous en avons : tout de même qu'il ne sort rien des corps que sent un aveugle qui doive passer le long de son bâton jusques à sa main, et que la résistance ou le mouvement de ces corps, qui est la seule cause des sentiments qu'il en a, n'est rien de semblable aux idées qu'il en conçoit ; et, par ce moyen, votre esprit sera délivré de toutes ces petites images voltigeantes par l'air, nommées des *espèces intentionnelles*, qui travaillent tant l'imagination des philosophes. Même vous pourrez aisément décider la question qui est entre eux touchant le lieu d'où vient l'action qui cause le sentiment de la vue. Car, comme notre aveugle peut sentir les corps qui sont autour de lui, non seulement par l'action de ces corps lorsqu'ils se meuvent contre son bâton, mais aussi par celle de sa main lorsqu'ils ne font que lui résister, ainsi, faut-il avouer que les objets de la vue peuvent être sentis non seulement par le moyen de l'action qui, étant en eux, tend vers les yeux, mais aussi par le moyen de celle qui, étant dans les yeux, tend vers eux. Toutefois, pourceque cette action n'est autre chose que la lumière, il faut remarquer qu'il n'y a que ceux qui peuvent voir pendant les ténèbres de la nuit, comme les chats, dans les yeux desquels elle se trouve : et que, pour l'ordinaire des hommes, ils ne voient que par l'action qui vient des objets, car l'expérience nous montre que ces objets doivent être lumineux ou illuminés pour être vus, et non point nos yeux pour les voir. Mais, pourcequ'il y a grande différence entre le bâton de cet aveugle et l'air ou les autres corps transparents par l'entremise desquels nous voyons, il faut que je me serve encore ici d'une autre comparaison.

Voyez une cuve, au temps de vendange, toute pleine de raisins à demi foulés, et dans le fond de laquelle on ait fait un trou ou deux, comme A et B[1], par où le vin doux qu'elle contient puisse couler. Puis pensez que, n'y ayant point de vide en la nature, ainsi que presque tous les philosophes avouent, et néanmoins y ayant plusieurs pores en tous les corps que nous apercevons autour de nous, ainsi que l'expérience peut montrer fort clairement, il est nécessaire que ces pores soient remplis de quelque matière fort subtile et fort fluide, qui s'étende sans interruption depuis les astres jusqu'à nous. Or cette matière subtile, étant comparée avec le vin de cette cuve et les parties moins fluides ou plus grossières tant de l'air que des autres corps transparents avec les grappes de raisins qui sont

[1] Figure 1.

parmi, vous entendrez facilement que, comme les parties de ce vin, qui sont par exemple vers C, tendent à descendre en ligne droite par le trou A au même instant qu'il est ouvert, et ensemble par le trou B; et que celles qui sont vers D et vers E tendent aussi en même temps à descendre par ces deux trous sans qu'aucune de ces actions soit empêchée par les autres, ni aussi par la résistance des grappes qui sont en cette cuve, nonobstant que ces grappes, étant soutenues l'une par l'autre, ne tendent point du tout à descendre par ces trous A et B, comme le vin, et même qu'elles puissent cependant être mues en plusieurs autres façons par ceux qui les foulent. Ainsi toutes les parties de la matière subtile que touche le côté du soleil qui nous regarde tendent en ligne droite vers nos yeux au même instant qu'ils sont ouverts, sans s'empêcher les unes les autres et même sans être empêchées par les parties grossières des corps transparents qui sont entre deux : soit que ces corps se meuvent en d'autres façons, comme l'air, qui est presque toujours agité par quelque vent, soit qu'ils soient sans mouvement, comme peut être le verre ou le cristal. Et remarquez ici qu'il faut distinguer entre le mouvement et l'action ou inclination à se mouvoir; car on peut fort bien concevoir que les parties du vin qui sont par exemple vers C tendent vers B, et ensemble vers A, nonobstant qu'elles ne puissent actuellement se mouvoir vers ces deux côtés en même temps, et qu'elles tendent exactement en ligne droite vers B et vers A, nonobstant qu'elles ne se puissent mouvoir si exactement vers l'A en ligne droite, à cause des grappes de raisins qui sont entre deux : et ainsi, pensant que ce n'est pas tant le mouvement comme l'action des corps lumineux qu'il faut prendre pour leur lumière, vous devez juger que les rayons de cette lumière ne sont autre chose que les lignes suivant lesquelles tend cette action. En sorte qu'il y a une infinité de tels rayons qui viennent de tous les points des corps lumineux vers tous les points de ceux qu'ils illuminent, ainsi que vous pouvez imaginer une infinité de lignes droites, suivant lesquelles les actions qui viennent de tous les points de la superficie du vin CDE tendent vers A ; et une infinité d'autres, suivant lesquelles les actions qui viennent de ces mêmes points tendent aussi vers B sans que les unes empêchent les autres.

Au reste, ces rayons doivent bien être ainsi toujours imaginés exactement droits, lorsqu'ils ne passent que par un seul corps transparent, qui est partout égal à soi-même ; mais lorsqu'ils rencontrent quelques autres corps, ils sont sujets à être détournés par eux, ou amortis en même façon que l'est le mouvement d'une balle ou d'une pierre jetée dans l'air par ceux qu'elle rencontre ; car il est bien aisé à croire que l'action ou inclination à se mouvoir, que j'ai dit devoir être prise pour la lumière, doit suivre en ceci les mêmes lois que le mouvement. Et, afin que j'explique cette troisième comparaison tout au long, considérez que les corps qui peuvent ainsi être rencontrés par une balle qui passe dans l'air sont ou mous, ou durs, ou liquides; et que, s'ils sont mous, ils arrêtent et amortissent tout-à-fait son mouvement, comme lorsqu'elle donne contre des toiles, ou du sable, ou de la boue; au lieu que, s'ils sont durs, ils la renvoient d'un autre côté sans l'arrêter, et ce en plusieurs diverses façons : car ou leur superficie est toute égale et unie, ou raboteuse et inégale; et derechef étant égale, elle est ou plate ou courbée : et étant inégale, ou son inégalité ne consiste qu'en ce qu'elle est composée de plusieurs parties diversement courbées, dont chacune est en soi assez unie; ou bien elle consiste, outre cela, en ce qu'elle a plusieurs divers angles ou pointes, ou des parties plus dures l'une que l'autre, ou qui se meuvent, et ce avec des variétés qui peuvent être imaginées en mille sortes. Et il faut remarquer que la balle, outre son mouvement simple et ordinaire, qui la porte d'un lieu en l'autre, en peut encore avoir un deuxième qui la fait tourner autour de son centre, et que la vitesse de celui-ci peut avoir plusieurs diverses proportions avec celle de l'autre.

Or, quand plusieurs balles, venant d'un même côté, rencontrent un corps dont la superficie est toute unie et égale, elles se réfléchissent également et en même ordre, en sorte que, si cette superficie est toute plate, elles gardent entre elles la même distance, après l'avoir rencontrée, qu'elles avoient auparavant; et, si elle est courbée en dedans ou en dehors, elles s'approchent ou s'éloignent en même ordre les unes des autres, plus ou moins, à raison de cette courbure. Comme vous voyez ici les balles A, B, C[1] qui, après avoir rencontré les superficies des corps D, E, F, se réfléchissent vers G, H, I. Et, si ces balles rencontrent une superficie inégale, comme L ou M[2], elles se réfléchissent vers divers côtés, chacune selon la situation de l'endroit de cette superficie qu'elle touche. Et elles ne changent rien que cela en la façon de leur mouvement lorsque son inégalité ne consiste qu'en ce que ses parties sont courbées diversement. Mais elle peut aussi consister en plusieurs autres choses, et faire par ce moyen que, si ces balles n'ont eu auparavant qu'un simple mouvement droit, elles en perdent une partie et en acquièrent au lieu un circulaire, qui peut avoir diverse proportion avec ce qu'elles retiennent du droit, selon que la superficie du corps qu'elles rencontrent peut être diversement

[1] Figures 2, 3, 4.
[2] Figure 5.

disposée : ce que ceux qui jouent à la paume éprouvent assez lorsque leur balle rencontre de faux carreaux, ou bien qu'ils la touchent en biaisant de leur raquette, ce qu'ils nomment, ce me semble, couper ou friser. Enfin, considérez que, si une balle qui se meut rencontre obliquement la superficie d'un corps liquide par lequel elle puisse passer plus ou moins facilement que par celui d'où elle sort, elle se détourne et change son cours en y entrant : comme par exemple si, étant en l'air au point A [1], on la pousse vers B, elle va bien en ligne droite depuis A jusques à B, si ce n'est que sa pesanteur ou quelque autre cause particulière l'en empêche ; mais, étant au point B, où je suppose qu'elle rencontre la superficie de l'eau CBE, elle se détourne et prend son cours vers I, allant derechef en ligne droite depuis B jusques à I, ainsi qu'il est aisé à vérifier par l'expérience. Or il faut penser en même façon qu'il y a des corps qui, étant rencontrés par les rayons de la lumière, les amortissent et leur ôtent toute leur force, à savoir ceux qu'on nomme noirs, lesquels n'ont point d'autre couleur que les ténèbres ; et qu'il y en a d'autres qui les font réfléchir les uns au même ordre qu'ils les reçoivent, à savoir ceux qui, ayant leur superficie toute polie, peuvent servir de miroirs, tant plats que courbés, et les autres confusément vers

[1] Figure 6.

plusieurs côtés; et que, derechef entre ceux-ci, les uns font réfléchir ces rayons sans apporter aucun autre changement à leur action, à savoir ceux qu'on nomme blancs; et les autres y apportent avec cela un changement semblable à celui que reçoit le mouvement d'une balle quand on la frise, à savoir ceux qui sont rouges, ou jaunes, ou bleus, ou de quelque autre telle couleur : car je pense pouvoir déterminer en quoi consiste la nature de chacune de ces couleurs, et le faire voir par expérience ; mais cela passe les bornes de mon sujet. Et il me suffit ici de vous avertir que les rayons qui tombent sur les corps qui sont colorés et non polis se réfléchissent ordinairement de tous côtés, encore même qu'ils ne viennent que d'un seul côté. Comme encore que ceux qui tombent sur la superficie du corps blanc AB[1] ne viennent que du flambeau C, ils ne laissent pas de se réfléchir tellement de tous côtés qu'en quelque lieu qu'on pose l'œil, comme par exemple vers D, il s'en trouve toujours plusieurs venant de chaque endroit de cette superficie AB qui tendent vers lui. Et même, si l'on suppose ce corps fort délié, comme un papier ou une toile, en sorte que le jour passe au travers, encore que l'œil soit d'autre côté que le flambeau, comme vers E, il ne laissera pas de se réfléchir vers lui quelques rayons de chacune des

[1] Figure 7.

parties de ce corps. Enfin, considérez que les rayons se détournent aussi en même façon qu'il a été dit d'une balle quand ils rencontrent obliquement la superficie d'un corps transparent par lequel ils pénètrent plus ou moins facilement que par celui d'où ils viennent, et cette façon de se détourner s'appelle en eux réfraction.

DISCOURS SECOND.

DE LA RÉFRACTION.

D'autant que nous aurons besoin ci-après de savoir exactement la quantité de cette réfraction, et qu'elle peut assez commodément être entendue par la comparaison dont je viens de me servir, je crois qu'il est à propos que je tâche ici tout d'un train de l'expliquer, et que je parle premièrement de la réflexion, afin d'en rendre l'intelligence d'autant plus aisée. Pensons donc qu'une balle étant poussée de A vers B [1] rencontre au point B la superficie de la terre CBE, qui, l'empêchant de passer outre, est cause qu'elle se détourne; et voyons vers quel côté. Mais afin de ne nous embarrasser point en des nouvelles difficultés, supposons que la terre est parfaitement plate et dure, et que la balle va toujours d'égale vitesse, tant en descendant qu'en remontant, sans nous enquérir en aucune façon de la puissance qui continue de la mouvoir, après qu'elle n'est plus touchée de la raquette, ni con-

---
[1] Figure 8.

sidérer aucun effet de sa pesanteur, ni de sa grosseur, ni de sa figure; car il n'est pas ici question d'y regarder de si près, et il n'y a aucune de ces choses qui ait lieu en l'action de la lumière, à laquelle ceci se doit rapporter. Seulement faut-il remarquer que la puissance, telle qu'elle soit, qui fait continuer le mouvement de cette balle est différente de celle qui la détermine à se mouvoir plutôt vers un côté que vers un autre, ainsi qu'il est très aisé à connoitre de ce que c'est la force dont elle a été poussée par la raquette, de qui dépend son mouvement, et que cette même force l'auroit pu faire mouvoir vers tout autre côté aussi facilement que vers B; au lieu que c'est la situation de cette raquette qui la détermine à tendre vers B, et qui auroit pu l'y déterminer en même façon, encore qu'une autre force l'auroit mue; ce qui montre déjà qu'il n'est pas impossible que cette balle soit détournée par la rencontre de la terre, et ainsi que la détermination qu'elle avoit à tendre vers B soit changée, sans qu'il y ait rien pour cela de changé en la force de son mouvement, puisque ce sont deux choses diverses, et par conséquent qu'on ne doit pas imaginer qu'il soit nécessaire qu'elle s'arrête quelque moment au point B avant que de retourner vers F, ainsi que font plusieurs de nos philosophes : car, si son mouvement étoit une fois interrompu par cet arrêt, il ne se trouveroit aucune cause qui le fît par après recommencer. De plus, il faut remarquer que la détermination à se mouvoir vers quelque côté peut aussi bien que le mouvement, et généralement que toute autre sorte de quantité, être divisée en toutes les parties desquelles on peut imaginer qu'elle est composée, et qu'on peut aisément imaginer que celle de la balle qui se meut de A vers B est composée de deux autres dont l'une la fait descendre de la ligne AF vers la ligne CE, et l'autre en même temps la fait aller de la gauche AC vers la droite FE, en sorte que ces deux jointes ensemble la conduisent jusques à B suivant la ligne droite AB. Et ensuite il est aisé à entendre que la rencontre de la terre ne peut empêcher que l'une de ces deux déterminations, et non point l'autre en aucune façon : car elle doit bien empêcher celle qui faisoit descendre la balle de AF vers CE, à cause qu'elle occupe tout l'espace qui est au-dessous de CE; mais pourquoi empêcheroit-elle l'autre qui la faisoit avancer vers la main droite, vu qu'elle ne lui est aucunement opposée en ce sens-là? Pour trouver donc justement vers quel côté cette balle doit retourner, décrivons un cercle du centre B, qui passe par le point A, et disons qu'en autant de temps qu'elle aura mis à se mouvoir depuis A jusques à B, elle doit infailliblement retourner depuis B jusques à quelque point de la circonférence de ce cercle, d'autant que tous les points qui sont aussi distants de celui-ci B, qu'en est A, se trouvent en cette circonférence, et que nous supposons le mouvement de cette balle être toujours également vite. Puis, afin de savoir précisément auquel de tous les points de cette circonférence elle doit retourner, tirons trois lignes droites AC, HB et FE, perpendiculaires sur CE, et en telle sorte qu'il n'y ait ni plus ni moins de distance entre AC et HB, qu'entre HB et FE; et disons qu'en autant de temps que la balle a mis à s'avancer vers le côté droit, depuis A l'un des points de la ligne AC, jusques à B l'un de ceux de la ligne HB, elle doit aussi s'avancer depuis la ligne HB jusques à quelque point de la ligne FE : car tous les points de cette ligne FE sont autant éloignés de HB en ce sens-là l'un comme l'autre, et autant que ceux de la ligne AC, et elle est aussi autant déterminée à s'avancer vers ce côté-là qu'elle a été auparavant. Or est-il qu'elle ne peut arriver en même temps en quelque point de la ligne FE et ensemble à quelque point de la circonférence du cercle AFD, si ce n'est au point D ou au point F, d'autant qu'il n'y a que ces deux où elles s'entre-coupent l'une l'autre, si bien que la terre l'empêchant de passer vers D il faut conclure qu'elle doit aller infailliblement vers F. Et ainsi vous voyez facilement comment se fait la réflexion, à savoir selon un angle toujours égal à celui qu'on nomme l'angle d'incidence ; comme si un rayon venant du point A tombe au point B sur la superficie du miroir plat CBE, il se réfléchit vers F, en sorte que l'angle de la réflexion FBE n'est ne plus ne moins grand que celui de l'incidence ABC.

Venons maintenant à la réfraction ; et premièrement supposons qu'une balle poussée de A[1] vers B rencontre au point B, non plus la superficie de la terre, mais une toile CBE, qui soit si foible et déliée que cette balle ait la force de la rompre et de passer tout au travers, en perdant seulement une partie de sa vitesse, à savoir par exemple la moitié. Or, cela posé, afin de savoir quel chemin elle doit suivre, considérons derechef que son mouvement diffère entièrement de sa détermination à se mouvoir plutôt vers un côté que vers un autre, d'où il suit que leur quantité doit être examinée séparément ; et considérons aussi que des deux parties dont on peut imaginer que cette détermination est composée, il n'y a que celle qui faisoit tendre la balle de haut en bas qui puisse être changée en quelque façon par la rencontre de la toile, et que pour celle qui la faisoit tendre vers la main droite, elle doit toujours demeurer la même qu'elle a été, à cause que cette toile ne lui est aucunement opposée en ce sens-là. Puis ayant décrit du centre B le cercle AFD, et tiré

[1] Figure 6.

à angles droits sur CBE les trois lignes droites AC, HB, FE, en telle sorte qu'il y ait deux fois autant de distance entre FE et HB qu'entre HB et AC, nous verrons que cette balle doit tendre vers le point I; car, puisqu'elle perd la moitié de sa vitesse en traversant la toile CBE, elle doit employer deux fois autant de temps à passer au-dessous depuis B jusques à quelque point de la circonférence du cercle AFD qu'elle a fait au-dessus à venir depuis A jusques à B : et, puisqu'elle ne perd rien du tout de la détermination qu'elle avoit à s'avancer vers le côté droit en deux fois autant de temps qu'elle en a mis à passer depuis la ligne AC jusques à HB, elle doit faire deux fois autant de chemin vers ce même côté, et par conséquent arriver à quelque point de la ligne droite FE, au même instant qu'elle arrive aussi à quelque point de la circonférence du cercle AFD; ce qui seroit impossible si elle n'alloit vers I, d'autant que c'est le seul point au-dessous de la toile CBE où le cercle AFD et la ligne droite FE s'entre-coupent.

Pensons maintenant que la balle qui vient de A vers D rencontre au point B, non plus une toile, mais de l'eau, dont la superficie CBE lui ôte justement la moitié de sa vitesse ainsi que faisoit cette toile; et le reste posé comme devant, je dis que cette balle doit passer de B en ligne droite, non vers D, mais vers I : car premièrement il est certain que la superficie de l'eau la doit détourner vers là en même façon que la toile, vu qu'elle lui ôte tout autant de sa force, et qu'elle lui est opposée en même sens. Puis pour le reste du corps de l'eau qui remplit tout l'espace qui est depuis B jusques à I, encore qu'il lui résiste plus ou moins que ne faisoit l'air que nous y supposions auparavant, ce n'est pas à dire pour cela qu'il doive plus ou moins la détourner : car il se peut ouvrir pour lui faire passage tout aussi facilement vers un côté que vers un autre ; au moins si on suppose toujours comme nous faisons que ni la pesanteur ou légèreté de cette balle, ni sa grosseur, ni sa figure, ni aucune autre telle cause étrangère, ne change son cours ; et on peut ici remarquer qu'elle est d'autant plus détournée par la superficie de l'eau ou de la toile, qu'elle la rencontre plus obliquement; en sorte que si elle la rencontre à angles droits, comme lorsqu'elle est poussée de H[1] vers B, elle doit passer outre en ligne droite vers G, sans aucunement se détourner; mais si elle est poussée suivant une ligne comme AB, qui soit si fort inclinée sur la superficie de l'eau ou de la toile CBE, que la ligne FE étant tirée comme tantôt ne coupe point le cercle AD, cette balle ne doit aucunement la pénétrer, mais rejaillir de sa superficie B vers l'air L, tout de même que si elle y avoit rencontré de la

[1] Figure 9.

terre. Ce qu'on a quelquefois expérimenté avec regret, lorsque faisant tirer pour plaisir des pièces d'artillerie vers le fond d'une rivière, on a blessé ceux qui étoient de l'autre côté sur le rivage.

Mais faisons encore ici une autre supposition, et pensons que la balle, ayant été poussée de A ¹ vers B, est poussée derechef, étant au point B, par la raquette CBE, qui augmente la force de son mouvement, par exemple, d'un tiers, en sorte qu'elle puisse faire par après autant de chemin en deux moments qu'elle en faisoit en trois auparavant, ce qui fera le même effet que si elle rencontroit au point B un corps de telle nature qu'elle passât au travers de sa superficie CBE d'un tiers plus facilement que par l'air. Et il suit manifestement de ce qui a été déjà démontré que, si l'on décrit le cercle AD comme devant, et les lignes AG, HB, FE, en telle sorte qu'il y ait d'un tiers moins de distance entre FE et HB qu'entre HB et AC, le point I, où la ligne droite FE et la circulaire AD s'entre-coupent, désignera le lieu vers lequel cette balle, étant au point B, se doit détourner.

Or on peut prendre aussi le revers de cette conclusion, et dire que, puisque la balle qui vient de A en ligne droite jusques à B se détourne étant au point B et prend son cours de là vers I, cela

¹ Figure 10.

signifie que la force ou facilité dont elle entre dans le corps CBEI est à celle dont elle sort du corps ACBE, comme la distance qui est entre AC et HB à celle qui est entre HB et FI, c'est-à-dire comme la ligne CB est à BE.

Enfin, d'autant que l'action de la lumière suit en ceci les mêmes lois que le mouvement de cette balle, il faut dire que, lorsque ses rayons passent obliquement d'un corps transparent dans un autre, qui les reçoit plus ou moins facilement que le premier, ils s'y détournent en telle sorte qu'ils se trouvent toujours moins inclinés sur la superficie de ces corps du côté où est celui qui les reçoit le plus aisément que du côté où est l'autre ; et c'est justement à proportion de ce qu'il les reçoit plus aisément que ne fait l'autre. Seulement faut-il prendre garde que cette inclination se doit mesurer par la quantité des lignes droites, comme CB ou AH, et EB ou IG, et semblables, comparées les unes aux autres ; non par celle des angles, tels que sont ABH ou GBI, ni beaucoup moins par celle des semblables à DBI, qu'on nomme les angles de réfraction ; car la raison ou proportion qui est entre ces angles varie à toutes les diverses inclinations des rayons, au lieu que celle qui est entre les lignes AH et IG, ou semblables, demeure la même en toutes les réfractions qui sont causées par les mêmes corps. Comme, par exemple, s'il passe un rayon dans l'air de A' vers B, qui, rencontrant au point B la superficie du verre CBR, se détourne vers I dans ce verre, et qu'il en vienne un autre de K vers B qui se détourne vers L, et un autre de P vers R qui se détourne vers S, il doit y avoir même proportion entre les lignes KM et LN, qu'entre AH et IG; mais non pas la même entre les angles KBM et LBN, qu'entre ABH et IBG.

Si bien que vous voyez maintenant en quelle sorte se doivent mesurer les réfractions ; et encore que, pour déterminer leur quantité en tant qu'elle dépend de la nature particulière des corps où elles se font, il soit besoin d'en venir à l'expérience, on ne laisse pas de le pouvoir faire assez certainement et aisément depuis qu'elles sont ainsi toutes réduites sous une même mesure ; car il suffit de les examiner en un seul rayon pour connoître toutes celles qui se font en une même superficie, et on peut éviter toute erreur, si on les examine outre cela en quelques autres. Comme si nous voulons savoir la quantité de celles qui se font en la superficie CBR, qui sépare l'air AK du verre LI, nous n'avons qu'à l'éprouver en celle du rayon ABI, en cherchant la proportion qui est entre les lignes AH et IG. Puis, si nous craignons d'avoir failli en cette expérience, il faut encore l'éprouver en quelques autres rayons, comme KBL; et, trouvant même

Figure 11.

proportion de KM à LN, que de AH à IG, nous n'aurons plus aucune occasion de douter de la vérité.

Mais peut-être vous étonnerez-vous, en faisant ces expériences, de trouver que les rayons de la lumière s'inclinent plus dans l'air que dans l'eau, sur les superficies où se fait leur réfraction ; et encore plus dans l'eau que dans le verre, tout au contraire d'une balle, qui s'incline davantage dans l'eau que dans l'air, et ne peut aucunement passer dans le verre : car, par exemple, si c'est une balle qui, étant poussée dans l'air de A¹ vers B, rencontre au point B la superficie de l'eau CBE, elle se détournera de B vers V ; et si c'est un rayon, il ira tout au contraire de B vers I. Ce que vous cesserez toutefois de trouver étrange, si vous vous souvenez de la nature que j'ai attribuée à la lumière, quand j'ai dit qu'elle n'étoit autre chose qu'un certain mouvement ou une action reçue en une matière très subtile, qui remplit les pores des autres corps; et que vous considériez que, comme une balle perd davantage de son agitation en donnant contre un corps mou que contre un qui est dur, et qu'elle roule moins aisément sur un tapis que sur une table toute nue, ainsi l'action de cette matière subtile peut beaucoup plus être empêchée par les parties de l'air, qui étant comme molles et

---

¹ Figure 10.

mal jointes ne lui font pas beaucoup de résistance, que par celles de l'eau qui lui en font davantage; et encore plus par celles de l'eau que par celles du verre ou du cristal : en sorte que d'autant que les petites parties d'un corps transparent sont plus dures et plus fermes, d'autant laissent-elles passer la lumière plus aisément, car cette lumière n'en doit pas chasser aucunes hors de leurs places, ainsi qu'une balle en doit chasser de celles de l'eau pour trouver passage parmi elles.

Au reste, sachant ainsi la cause des réfractions qui se font dans l'eau et dans le verre, et communément en tous les autres corps transparents qui sont autour de nous, on peut remarquer qu'elles y doivent être toutes semblables quand les rayons sortent de ces corps et quand ils y entrent : comme si le rayon qui vient de A vers B se détourne de B vers I en passant de l'air dans le verre, celui qui reviendra de I vers B doit aussi se détourner de B vers A. Toutefois il se peut bien trouver d'autres corps, principalement dans le ciel, où les réfractions, procédant d'autres causes, ne sont pas ainsi réciproques. Et il se peut aussi trouver certains cas auxquels les rayons se doivent courber, encore qu'ils ne passent que par un seul corps transparent; ainsi que se courbe souvent le mouvement d'une balle, pourcequ'elle est détournée vers un côté par sa pesanteur, et vers un autre par l'action dont on l'a poussée, ou pour diverses autres raisons ; car, enfin, j'ose dire que les trois comparaisons dont je viens de me servir sont si propres, que toutes les particularités qui s'y peuvent remarquer se rapportent à quelques autres qui se trouvent toutes semblables en la lumière ; mais je n'ai tâché que d'expliquer celles qui faisoient le plus à mon sujet, et je ne vous veux plus faire ici considérer autre chose, sinon que les superficies des corps transparents qui sont courbées détournent les rayons qui passent par chacun de leurs points, en même sorte que feroient les superficies plates qu'on peut imaginer toucher ces corps aux mêmes points : comme, par exemple, la réfraction des rayons AB[1], AC, AD, qui, venant du flambeau A, tombent sur la superficie courbe de la boule de cristal BCD, doit être considérée en même sorte que si AB tomboit sur la superficie plate EBF, et AC sur GCH, et AD sur IDK, et ainsi des autres ; d'où vous voyez que ces rayons se peuvent assembler ou écarter diversement, selon qu'ils tombent sur des superficies qui sont courbées diversement. Et il est temps que je commence à vous décrire quelle est la structure de l'œil, afin de vous pouvoir faire entendre comment les rayons qui entrent dedans s'y disposent pour causer le sentiment de la vue.

[1] Figure 12.

DISCOURS TROISIÈME.

DE L'ŒIL.

S'il étoit possible de couper l'œil par la moitié sans que les liqueurs dont il est rempli s'écoulassent, ni qu'aucune de ses parties changeât de place, et que le plan de la section passât justement par le milieu de la prunelle, il paroîtroit tel qu'il est représenté en cette figure[1]. ABCB est une peau assez dure et épaisse, qui compose comme un vase rond dans lequel toutes ses parties intérieures sont contenues. DEF est une autre peau plus déliée, qui est tendue ainsi qu'une tapisserie au dedans de la précédente. ZH est le nerf nommé optique, qui est composé d'un grand nombre de petits filets dont les extrémités s'étendent en tout l'espace GHI, où, se mêlant avec une infinité de petites veines et artères, elles composent une espèce de chair extrêmement tendre et délicate, laquelle est comme une troisième peau qui couvre tout le fond de la seconde. K, L, M sont trois sortes de glaires ou humeurs

[1] Figure 13.

fort transparentes, qui remplissent tout l'espace contenu au dedans de ces peaux, et ont chacune la figure en laquelle vous la voyez ici représentée. Et l'expérience montre que celle du milieu L, qu'on nomme l'humeur cristalline, cause à peu près même réfraction que le verre ou le cristal ; et que les deux autres, K et M, la cause un peu moindre, environ comme l'eau commune, en sorte que les rayons de la lumière passent plus facilement par celle du milieu que par les deux autres, et encore plus facilement par ces deux que par l'air. En la première peau, la partie BCB est transparente et un peu plus voûtée que le reste BAB. En la seconde, la superficie intérieure de la partie EF, qui regarde le fond de l'œil, est toute noire et obscure; et elle a au milieu un petit trou rond FF, qui est ce qu'on nomme la prunelle, et qui paroît si noir au milieu de l'œil quand on le regarde par dehors. Ce trou n'est pas toujours de même grandeur, et la partie EF de la peau en laquelle il est, nageant librement dans l'humeur K, qui est fort liquide, semble être comme un petit muscle qui se peut étrécir et élargir à mesure qu'on regarde des objets plus ou moins proches, ou plus ou moins éclairés, ou qu'on les veut voir plus ou moins distinctement : et vous pourrez voir facilement l'expérience de tout ceci en l'œil d'un enfant; car si vous lui faites regarder fixement un objet proche, vous verrez que sa prunelle deviendra un peu plus petite que si vous lui en faites regarder un plus éloigné, qui ne soit point avec cela plus éclairé; et derechef, qu'encore qu'il regarde toujours le même objet, il l'aura beaucoup plus petite, étant dans une chambre fort claire, que si en fermant la plupart des fenêtres on la rend fort obscure; et enfin, que demeurant au même jour et regardant le même objet, s'il tâche d'en distinguer les moindres parties, sa prunelle sera plus petite que s'il ne le considère que tout entier et sans attention. Et notez que ce mouvement doit être appelé volontaire, nonobstant qu'il soit ordinairement ignoré de ceux qui le font; car il ne laisse pas pour cela d'être dépendant et de suivre de la volonté qu'ils ont de bien voir; ainsi que les mouvements des lèvres et de la langue qui servent à prononcer les paroles se nomment volontaires, à cause qu'ils suivent de la volonté qu'on a de parler, nonobstant qu'on ignore souvent quels ils doivent être pour servir à la prononciation de chaque lettre. EN, EN, sont plusieurs petits filets noirs qui embrassent tout autour l'humeur marquée L, et qui, naissant aussi de la seconde peau en l'endroit où la troisième se termine, semblent autant de petits tendons par le moyen desquels cette humeur L, devenant tantôt plus voûtée, tantôt plus plate, selon l'intention qu'on a de regarder des objets proches ou éloignés, change un peu toute la figure du corps de l'œil. Et vous pouvez connoître ce mouvement par expérience ; car si, lorsque vous regardez fixement une tour ou une montagne un peu éloignée, on présente un livre devant vos yeux, vous n'y pourrez voir distinctement aucune lettre jusques à ce que leur figure soit un peu changée. Enfin, OO sont six ou sept muscles attachés à l'œil par dehors, qui le peuvent mouvoir de tous côtés, et même aussi peut-être, en le pressant ou retirant, aider à changer sa figure. Je laisse à dessein plusieurs autres particularités qui se remarquent en cette matière et dont les anatomistes grossissent leurs livres, car je crois que celles que j'ai mises ici suffiront pour expliquer tout ce qui sert à mon sujet, et que les autres que j'y pourrois ajouter, n'aidant en rien votre intelligence, ne feroient que divertir votre attention.

DISCOURS QUATRIÈME.

DES SENS EN GÉNÉRAL.

Mais il faut que je vous dise maintenant quelque chose de la nature des sens en général, afin de pouvoir d'autant plus aisément expliquer en particulier celui de la vue. On sait déjà assez que c'est l'âme qui sent et non le corps : car on voit que, lorsqu'elle est divertie par une extase ou forte contemplation, tout le corps demeure sans sentiment, encore qu'il y ait divers objets qui le touchent. Et on sait que ce n'est pas proprement en tant qu'elle est dans les membres qui servent d'organes aux sens extérieurs qu'elle sent, mais en tant qu'elle est dans le cerveau, où elle exerce cette faculté qu'on appelle le sens commun; car on voit des blessures et maladies qui, n'offensant que le cerveau seul, empêchent généralement tous les sens, encore que le reste du corps ne laisse point pour cela d'être animé. Enfin, on sait que c'est par l'entremise des nerfs que les impressions que font les objets dans les membres extérieurs parviennent jusques à l'âme dans le cerveau : car on voit divers accidents qui, ne nuisant à rien qu'à quelque nerf, ôtent le sentiment de toutes les parties du corps où ce nerf envoie ces branches sans rien diminuer de celui des autres. Mais, pour savoir plus particulièrement en quelle sorte l'âme, demeurant dans le cerveau, peut ainsi, par l'entremise des nerfs, recevoir les impressions des objets qui sont au dehors, il faut distinguer trois choses en ces nerfs, à savoir, premièrement, les peaux qui les enveloppent, et qui, prenant leur origine de celles qui enveloppent le cerveau, sont comme de petits tuyaux divisés en plusieurs branches qui se vont épandre çà et là par tous les membres en même façon que les veines et les artères; puis, leur substance intérieure qui s'étend en forme de petits filets tout le long de ces tuyaux depuis le cerveau, d'où elle prend son origine, jusques aux extrémités des autres membres où elle s'attache, en sorte qu'on peut imaginer en chacun de ces petits tuyaux plusieurs de ces petits filets indépendants les uns des autres; puis, enfin, les esprits animaux, qui sont comme un air ou un vent très subtil, qui, venant des chambres ou concavités qui sont dans le cerveau, s'écoule par ces mêmes tuyaux dans les muscles. Or les anatomistes et médecins avouent assez que ces trois choses se trouvent dans les nerfs; mais il ne me semble point qu'aucun d'eux en ait encore bien distingué les usages; car, voyant que les nerfs ne servent pas seulement à donner le sentiment aux membres, mais aussi à les mouvoir, et qu'il y a quelquefois des paralysies qui ôtent le mouvement sans ôter pour cela le sentiment, tantôt ils ont dit qu'il y avoit deux sortes de nerfs, dont les uns ne servoient que pour les sens, et les autres que pour les mouvements; et tantôt, que la faculté de sentir étoit dans les peaux ou membranes, et que celle de mouvoir étoit dans la substance intérieure des nerfs, qui sont choses fort répugnantes à l'expérience et à la raison : car qui a jamais pu remarquer aucun nerf qui servît au mouvement sans servir aussi à quelque sens? Et comment, si c'étoit des peaux que le sentiment dépendît, les diverses impressions des objets pourroient-elles par le moyen de ces peaux parvenir jusques au cerveau? Afin donc d'éviter ces difficultés, il faut penser que ce sont les esprits qui, coulant par les nerfs dans les muscles, et les enflant plus ou moins, tantôt les uns, tantôt les autres, selon les diverses façons que le cerveau les distribue, causent le mouvement de tous les membres, et que ce sont les petits filets dont la substance intérieure de ces nerfs est composée qui servent aux sens. Et d'autant que je n'ai point ici besoin de parler des mouvements, je désire seulement que vous conceviez que ces petits filets, étant enfermés, comme j'ai dit, en des tuyaux qui sont toujours enflés et tenus ouverts par les esprits qu'ils contiennent, ne se pressent ni empêchent aucunement les uns les autres, et sont étendus depuis le cerveau jusques aux extrémités de tous les membres qui sont capables de quelque sentiment, en telle sorte que, pour peu qu'on touche et fasse mouvoir l'endroit de ces membres où quelqu'un d'eux est attaché, on fait aussi mouvoir au même instant l'endroit du cerveau d'où il vient, ainsi que, tirant l'un des bouts d'une corde qui est toute tendue, on fait mouvoir au même instant l'autre bout : car, sachant que ces filets sont ainsi enfermés en des tuyaux, que les esprits tiennent toujours un peu enflés et entr'ouverts, il est aisé à entendre qu'encore qu'ils fussent beaucoup plus déliés que ceux que filent les vers à soie, et plus foibles que ceux des araignées, ils ne lairroient pas de se pouvoir étendre depuis la tête jusques aux membres les plus éloignés sans être en aucun hasard de se rompre, ni que les diverses situations de ces membres empêchassent leurs mouvements. Il faut, outre cela, prendre garde à ne pas supposer que, pour sentir, l'âme ait besoin de contempler quelques images qui soient envoyées par les objets jusques au cerveau, ainsi que font communément nos philosophes; ou du moins il faut concevoir la nature de ces images tout autrement qu'ils ne font : car, d'autant qu'ils ne considèrent en elles autre chose, sinon qu'elles doivent avoir de la ressemblance avec les objets qu'elles représentent. il leur est impossible de nous montrer comment elles peuvent être formées par ces objets, et reçues par les organes des sens extérieurs, et transmises par les nerfs jusques au cerveau; et ils n'ont eu aucune raison de les supposer, sinon que, voyant que notre pensée peut facilement être excitée par un tableau à concevoir l'objet qui y est peint, il leur a semblé qu'elle devoit l'être en même façon à concevoir ceux qui touchent nos sens par quelques petits tableaux qui s'en formassent en notre tête : au lieu que nous devons considérer qu'il y a plusieurs autres choses que des images qui peuvent exciter notre pensée, comme, par exemple, les signes et les paroles, qui ne ressemblent en aucune façon aux choses qu'elles signifient. Et si, pour ne nous éloigner que le moins qu'il est possible des opinions déjà reçues, nous aimons mieux avouer que les objets que nous sentons envoient véritablement leurs images jusques au dedans de notre cerveau, il faut au moins que nous remarquions qu'il n'y a aucunes images qui doivent en tout ressembler aux objets qu'elles représentent, car autrement il n'y auroit point de distinction entre l'objet et son image, mais qu'il suffit qu'elles leur ressemblent en peu de choses; et souvent même que leur perfection dépend de ce qu'elles ne leur ressemblent pas tant qu'elles pourroient faire, comme vous voyez que les tailles douces, n'étant faites que d'un peu d'encre, posée çà et là sur du papier, nous représentent des forêts, des villes, des hommes, et même des batailles et des tempêtes, bien que, d'une infinité de diverses qualités qu'elles nous font concevoir en ces objets, il n'y en ait aucune que la figure seule dont elles aient proprement la ressemblance, et encore est-ce une ressemblance fort imparfaite, vu que, sur une superficie toute plate, elles nous représentent des corps diversement relevés et enfoncés, et que même, suivant les règles de la perspective, souvent elles représentent mieux des cercles par des ovales que par d'autres cercles, et des carrés par losanges que par autres carrés, et ainsi de toutes les autres figures; en sorte que souvent, pour être plus parfaites en qualité d'images et représenter mieux un objet, elles doivent ne lui pas ressembler. Or il faut que nous pensions tout de même des images qui se forment en notre cerveau, et que nous remarquions qu'il est seulement question de savoir comment elles peuvent donner moyen à l'âme de sentir toutes les diverses qualités des objets auxquels elles se rapportent, et non point comment elles ont en soi leur ressemblance. Comme, lorsque l'aveugle, dont nous avons parlé ci-dessus, touche quelques corps de son bâton, il est certain que ces corps n'envoient autre chose jusques à lui, sinon que, faisant mouvoir diversement son bâton, selon les diverses qualités qui sont en eux, ils meuvent par même moyen les nerfs de sa main, et ensuite les endroits de son cerveau d'où viennent ces nerfs; ce qui donne occasion à son âme de sentir tout autant de diverses qualités en ces corps qu'il se trouve des variétés dans les mouvements qui sont causés par eux en son cerveau.

DISCOURS CINQUIÈME.

DES IMAGES QUI SE FORMENT SUR LE FOND DE L'OEIL.

Vous voyez donc assez que, pour sentir, l'âme n'a pas besoin de contempler aucunes images qui soient semblables aux choses qu'elle sent; mais cela n'empêche pas qu'il ne soit vrai que les objets que nous regardons en impriment d'assez parfaites dans le fond de nos yeux, ainsi que quelques uns ont déjà très ingénieusement expliqué par la comparaison de celles qui paroissent dans une chambre lorsque l'ayant toute fermée, réservé un seul trou, et ayant mis au-devant de ce trou un verre en forme de lentille, on étend derrière à certaine distance un linge blanc sur qui la lumière, qui vient des objets de dehors, forme ces images; car ils disent que cette chambre représente l'œil; ce trou, la prunelle; ce verre, l'humeur cristalline ou plutôt toutes celles des parties de l'œil qui causent quelque réfraction; et ce linge, la peau intérieure, qui est composée des extrémités du nerf optique.

Mais vous en pourrez être encore plus certain, si prenant l'œil d'un homme fraîchement mort, ou au défaut celui d'un bœuf ou de quelque autre gros animal, vous coupez dextrement vers le fond les trois peaux qui l'enveloppent, en sorte qu'une grande partie de l'humeur M [1] qui y est demeure découverte sans qu'il y ait rien d'elle pour cela qui se répande ; puis l'ayant recouverte de quelque corps blanc qui soit si délié que le jour passe au travers, comme, par exemple, d'un morceau de papier ou de la coquille d'un œuf RST, que vous mettiez cet œil dans le trou d'une fenêtre fait exprès, comme Z, en sorte qu'il ait le devant BCD tourné vers quelque lieu où il y ait divers objets, comme VXY, éclairés par le soleil, et le derrière où est le corps blanc RST, vers le dedans de la chambre P où vous serez, et en laquelle il ne doit entrer aucune lumière que celle qui pourra pénétrer au travers de cet œil, dont vous savez que toutes les parties depuis C jusques à S sont transparentes. Car cela fait, si vous regardez sur ce corps blanc RST, vous y verrez, non peut-être sans admiration et plaisir, une peinture qui représentera fort naïvement en perspective tous les objets qui seront au dehors vers VXY, au moins si vous faites en sorte que cet œil retienne sa figure naturelle, proportionnée à la distance de ces ob-

[1] Figure 14.

jets : car, pour peu que vous le pressiez plus ou moins que de raison, cette peinture en deviendra moins distincte; et il est à remarquer qu'on doit le presser un peu davantage et rendre sa figure un peu plus longue lorsque les objets sont fort proches que lorsqu'ils sont plus éloignés. Mais il est besoin que j'explique ici plus au long comment se forme cette peinture, car je pourrai par même moyen vous faire entendre plusieurs choses qui appartiennent à la vision.

Considérez donc premièrement que, de chaque point des objets VXY, il entre en cet œil autant de rayons qui pénètrent jusques au corps blanc RST que l'ouverture de la prunelle FF en peut comprendre, et que, suivant ce qui a été dit ici dessus tant de la nature de la réfraction que de celle des trois humeurs K, L, M, tous ceux de ces rayons qui viennent d'un même point se courbent en traversant les trois superficies BCD, 123 et 456, en la façon qui est requise pour se rassembler derechef environ vers un même point; et il faut remarquer qu'afin que la peinture dont il est ici question soit la plus parfaite qu'il est possible, les figures de ces trois superficies doivent être telles, que tous les rayons qui viennent de l'un des points des objets se rassemblent exactement en l'un des points du corps blanc RST; comme vous voyez ici que ceux du point X s'assemblent au point S, ensuite de quoi ceux qui viennent du point V s'assemblent aussi à peu près au point R, et ceux du point Y au point T ; et que réciproquement il ne vienne aucun rayon vers S que du point X, ni quasi aucun vers R que du point V, ni vers T que du point Y, et ainsi des autres. Or, cela posé, si vous vous souvenez de ce qui a été dit ci-dessus de la lumière et des couleurs en général, et en particulier des corps blancs, il vous sera facile à entendre qu'étant enfermé dans la chambre P, et jetant vos yeux sur le corps blanc RST, vous y devez voir la ressemblance des objets VXY. Car premièrement la lumière, c'est-à-dire le mouvement ou l'action dont le soleil ou quelque autre des corps qu'on nomme lumineux, pousse une certaine matière fort subtile, qui se trouve en tous les corps transparents, étant repoussée vers R par l'objet V, que je suppose, par exemple, être rouge, c'est-à-dire être disposé à faire que les petites parties de cette matière subtile, qui ont été seulement poussées en lignes droites par les corps lumineux, se meuvent aussi en rond autour de leurs centres, après les avoir rencontrées, et que leurs deux mouvements aient entre eux la proportion qui est requise pour faire sentir la couleur rouge, il est certain que l'action de ces deux mouvements ayant rencontré au point R un corps blanc, c'est-à-dire un corps disposé à la renvoyer vers tout autre côté

sans la changer, doit de là se réfléchir vers vos
yeux par les pores de ce corps, que j'ai supposé à
cet effet fort délié et comme percé à jour de tous
côtés, et ainsi vous faire voir le point R de couleur rouge. Puis la lumière étant aussi repoussée
de l'objet X, que je suppose jaune, vers S, et de Y,
que je suppose bleu, vers T, d'où elle est portée
vers vos yeux, elle vous doit faire paroître S de
couleur jaune, et T de couleur bleue ; et ainsi les
trois points R, S, T, paroissant des mêmes couleurs,
et gardant entre eux le même ordre que les trois
V, X, Y, en ont manifestement la ressemblance. Et
la perfection de cette peinture dépend principalement de trois choses, à savoir de ce que la prunelle
de l'œil ayant quelque grandeur, il y entre plusieurs rayons de chaque point de l'objet, comme
ici XB14S, XC25S, YD36S, et tout autant d'autres qu'on en puisse imaginer entre ces trois y
viennent du seul point X ; et de ce que ces rayons
souffrent dans l'œil de telles réfractions, que ceux
qui viennent de divers points se rassemblent à peu
près en autant d'autres divers points sur le corps
blanc RST ; et enfin de ce que, tant les petits filets
EN que le dedans de la peau EF, étant de couleur
noire, et la chambre P, toute fermée et obscure,
il ne vient d'ailleurs que des objets VXY aucune
lumière qui trouble l'action de ces rayons : car, si
la prunelle étoit si étroite qu'il ne passât qu'un

seul rayon de chaque point de l'objet vers chaque point du corps RST, il n'auroit pas assez de force pour se réfléchir de là dans la chambre P vers vos yeux. Et la prunelle étant un peu grande, s'il ne se faisoit dans l'œil aucune réfraction, les rayons qui viendroient de chaque point des objets s'épandroient çà et là en tout l'espace RST, en sorte que, par exemple, les trois points VXY enverroient trois rayons vers R, qui, se réfléchissant de là tous ensemble vers vos yeux, vous feroient paroître ce point R d'une couleur moyenne entre le rouge, le jaune et le bleu, et tout semblable aux points S et T, vers lesquels les mêmes points VXY enverroient aussi chacun un de leurs rayons. Et il arriveroit aussi quasi le même, si la réfraction qui se fait en l'œil étoit plus ou moins grande qu'elle ne doit, à raison de la grandeur de cet œil; car, étant trop grande, les rayons qui viendroient par exemple du point X s'assembleroient avant que d'être parvenus jusques à S comme vers M; et, au contraire, étant trop petite, ils ne s'assembleroient qu'au-delà, comme vers P, si bien qu'ils toucheroient le corps blanc RST en plusieurs points, vers lesquels il viendroit aussi d'autres rayons des autres parties de l'objet. Enfin, si les corps EN, EF n'étoient noirs, c'est-à-dire disposés à faire que la lumière qui donne de contre s'y amortisse, les rayons qui viendroient vers eux du corps blanc

RST pourroient de là retourner, ceux de T vers S et vers R, ceux de R vers T et vers S, et ceux de S vers R et vers T, au moyen de quoi ils troubleroient l'action les uns des autres ; et le même feroit aussi les rayons qui viendroient de la chambre P vers RST, s'il y avoit quelque autre lumière en cette chambre que celle qu'y envoient les objets VXY.

Mais, après vous avoir parlé des perfections de cette peinture, il faut aussi que je vous fasse considérer ses défauts, dont le premier et le principal est que, quelques figures que puissent avoir les parties de l'œil, il est impossible qu'elles fassent que les rayons qui viennent de divers points s'assemblent tous en autant d'autres divers points, et que tout le mieux qu'elles puissent faire c'est seulement que tous ceux qui viennent de quelque point, comme de X, s'assemblent en un autre point, comme S, dans le milieu du fond de l'œil ; en quel cas il n'y en peut avoir que quelques uns de ceux du point V qui s'assemblent justement au point R, ou du point Y qui s'assemblent justement au point T ; et les autres s'en doivent écarter quelque peu tout à l'entour, ainsi que j'expliquerai ci-après. Et ceci est cause que cette peinture n'est jamais si distincte vers ses extrémités qu'au milieu, comme il a été assez remarqué par ceux qui ont écrit de l'optique ; car c'est pour cela qu'ils ont dit que la vision se fait principalement suivant la ligne droite qui passe par les centres de l'humeur cristalline et de la prunelle, telle qu'est ici la ligne XKLS, qu'ils nomment l'essieu de la vision. Et notez que les rayons, par exemple ceux qui viennent du point V, s'écartent autour du point R d'autant plus que l'ouverture de la prunelle est plus grande : et ainsi que, si sa grandeur sert à rendre les couleurs de cette peinture plus vives et plus fortes, elle empêche en revanche que ses figures ne soient si distinctes, d'où vient qu'elle ne doit être que médiocre. Notez aussi que ses rayons s'écarteroient encore plus autour du point R qu'ils ne font, si le point V d'où ils viennent étoit beaucoup plus proche de l'œil, comme vers 10, ou beaucoup plus éloigné, comme vers 11, que n'est V à la distance duquel je suppose que la figure de l'œil est proportionnée ; de sorte qu'ils rendroient la partie R de cette peinture encore moins distincte qu'ils ne font. Et vous entendrez facilement les démonstrations de tout ceci, lorsque vous aurez vu ci-après quelles figures doivent avoir les corps transparents, pour faire que les rayons qui viennent d'un point s'assemblent en quelque autre point, après les avoir traversés. Pour les autres défauts de cette peinture, ils consistent en ce que ses parties sont renversées, c'est-à-dire en position toute contraire à celle des objets, et en ce qu'elles sont appetissées et raccourcies les unes plus, les autres moins, à raison de la diverse distance et situation des choses qu'elles représentent quasi en même façon que dans un tableau de perspective. Comme vous voyez ici clairement que T, qui est vers le côté gauche, représente Y, qui est vers le droit; et que R, qui est vers le droit, représente V, qui est vers le gauche; et, de plus, que la figure de l'objet V ne doit pas occuper plus d'espace vers R que celle de l'objet 10, qui est plus petit, mais plus proche; ni moins que celle de l'objet 11, qui est plus grand, mais à proportion plus éloigné, sinon en tant qu'elle est un peu plus distincte; et, enfin, que la ligne droite VXY est représentée par la courbe RST.

Or, ayant ainsi vu cette peinture dans l'œil d'un animal mort, et en ayant considéré les raisons, on ne peut douter qu'il ne s'en forme une toute semblable en celui d'un homme vif, sur la peau intérieure, en la place de laquelle nous avions substitué le corps blanc RST, et même qu'elle ne s'y forme beaucoup mieux, à cause que ses humeurs, étant pleines d'esprits, sont plus transparentes et ont plus exactement la figure qui est requise à cet effet. Et peut-être aussi qu'en l'œil d'un bœuf la figure de la prunelle, qui n'est pas ronde, empêche que cette peinture n'y soit si parfaite.

On ne peut douter non plus que les images qu'on fait paroitre sur un linge blanc dans une chambre obscure ne s'y forment tout de même et pour la même raison qu'au fond de l'œil ; même à cause qu'elles y sont ordinairement beaucoup plus grandes et s'y forment en plus de façons, on y peut plus commodément remarquer diverses particularités dont je désire ici vous avertir, afin que vous en fassiez l'expérience, si vous ne l'avez encore jamais faite. Voyez donc premièrement que, si on ne met aucun verre au-devant du trou qu'on aura fait en cette chambre, il paroîtra bien quelques images sur le linge, pourvu que le trou soit fort étroit, mais qui seront fort confuses et imparfaites, et qui le seront d'autant plus que ce trou sera moins étroit ; et qu'elles seront aussi d'autant plus grandes qu'il y aura plus de distance entre lui et le linge : en sorte que leur grandeur doit avoir à peu près même proportion avec cette distance que la grandeur des objets qui les causent avec la distance qui est entre eux et ce même trou. Comme il est évident que, si ACB¹ est l'objet, D le trou, et EGF l'image, EG est à FD comme AB est à CD. Puis, ayant mis un verre en forme de lentille au-devant de ce trou, considérez qu'il y a certaine distance déterminée à laquelle, tenant le linge, les images paroissent fort distinctes, et que, pour peu qu'on l'éloigne ou qu'on l'approche davantage du verre, elles commencent à l'être moins ; et que cette distance doit être mesurée par l'espace qui est, non

¹ Figure 15.

pas entre le linge et le trou, mais entre le linge et le verre : en sorte que, si l'on met le verre un peu au-delà du trou de part ou d'autre, le linge en doit aussi être d'autant approché ou reculé; et qu'elle dépend en partie de la figure de ce verre, et en partie aussi de l'éloignement des objets : car, en laissant l'objet en même lieu, moins les superficies du verre sont courbées, plus le linge en doit être éloigné ; et, en se servant du même verre, si les objets en sont fort proches, il en faut tenir le linge un peu plus loin que s'ils en sont plus éloignés, et que de cette distance dépend la grandeur des images quasi en même façon que lorsqu'il n'y a point de verre au-devant du trou; et que ce trou peut être beaucoup plus grand lorsqu'on y met un verre que lorsqu'on le laisse tout vide, sans que les images en soient pour cela de beaucoup moins distinctes ; et que plus il est grand, plus elles paroissent claires et illuminées : en sorte que, si on couvre une partie de ce verre, elles paroitront bien plus obscures qu'auparavant, mais qu'elles ne lairront pas pour cela d'occuper autant d'espace sur le linge; et que plus ces images sont grandes et claires, plus elles se voient parfaitement : en sorte que, si on pouvoit aussi faire un œil dont la profondeur fût fort grande et la prunelle fort large, et que les figures de celles de ses superficies qui causent quelque réfraction fussent proportionnées à cette grandeur, les images s'y formeroient d'autant plus visibles. Et que si, ayant deux ou plusieurs verres en forme de lentilles, mais assez plats, on les joint l'un contre l'autre, ils auront à peu près le même effet qu'auroit un seul qui seroit autant voûté ou convexe qu'eux deux ensemble, car le nombre des superficies où se font les réfractions n'y fait pas grand chose; mais que, si on éloigne ces verres à certaines distances les uns des autres, le second pourra redresser l'image que le premier aura renversée, et le troisième la renverser derechef, et ainsi de suite : qui sont toutes choses dont les raisons sont fort aisées à déduire de ce que j'ai dit; et elles seront bien plus vôtres, s'il vous faut user d'un peu de réflexion pour les concevoir, que si vous les trouviez ici mieux expliquées.

Au reste, les images des objets ne se forment pas seulement ainsi au fond de l'œil, mais elles passent encore au-delà jusques au cerveau, comme vous entendrez facilement, si vous pensez que, par exemple [1], les rayons qui viennent dans l'œil de l'objet V touchent au point R l'extrémité de l'un des petits filets du nerf optique, qui prend son origine de l'endroit 7 de la superficie intérieure du cerveau 7 8 9; et ceux de l'objet X touchent au point S l'extrémité d'un autre de ces filets dont le commencement est au point 8; et ceux de l'objet Y

---

[1] Figure 16.

en touchent un autre au point T, qui répond à l'endroit du cerveau marqué 9, et ainsi des autres; et que la lumière n'étant autre chose qu'un mouvement ou une action qui tend à causer quelque mouvement, ceux de ses rayons qui viennent de V vers R ont la force de mouvoir tout le filet R 7, et par conséquent l'endroit du cerveau marqué 7; et ceux qui viennent de X vers S, de mouvoir tout le nerf S 8, et même de le mouvoir d'autre façon que n'est mû R 7, à cause que les objets X et V sont de deux diverses couleurs; et ainsi que ceux qui viennent d'Y meuvent le point 9: d'où il est manifeste qu'il se forme derechef une peinture 7 8 9, assez semblable aux objets VXY, en la superficie intérieure du cerveau qui regarde ses concavités; et de là je pourrois encore la transporter jusques à une certaine petite glande qui se trouve environ le milieu de ses concavités, et est proprement le siége du sens commun. Même je pourrois encore plus outre vous montrer comment quelquefois elle peut passer de là par les artères d'une femme enceinte jusques à quelque membre déterminé de l'enfant qu'elle porte en ses entrailles, et y former ces marques d'envie qui causent tant d'admiration à tous les doctes.

DISCOURS SIXIÈME.

DE LA VISION.

Or, encore que cette peinture, en passant ainsi jusques au dedans de notre tête, retienne toujours quelque chose de la ressemblance des objets dont elle procède, il ne se faut point toutefois persuader, ainsi que je vous ai déjà tantôt assez fait entendre, que ce soit par le moyen de cette ressemblance qu'elle fasse que nous les sentons, comme s'il y avoit derechef d'autres yeux en notre cerveau avec lesquels nous la pussions apercevoir; mais plutôt que ce sont les mouvements par lesquels elle est composée, qui, agissant immédiatement contre notre âme tant qu'elle est unie à notre corps, sont institués de la nature pour lui faire avoir de tels sentiments, ce que je vous veux ici expliquer plus en détail. Toutes les qualités que nous apercevons dans les objets de la vue peuvent être réduites à six principales, qui sont la lumière, la couleur, la situation, la distance, la grandeur et la figure. Et premièrement, touchant la lumière et la couleur qui seules appartiennent proprement au sens de la vue, il faut penser que notre âme est de telle nature, que la force des mouvements qui se trouvent dans les endroits du cerveau d'où viennent les petits filets des nerfs optiques, lui fait avoir le sentiment de la lumière, et la façon de ces mouvements celui de la couleur, ainsi que les mouvements des nerfs qui répondent aux oreilles lui font ouïr les sons, et ceux des nerfs de la langue lui font goûter les saveurs, et généralement ceux des nerfs de tout le corps lui font sentir quelque chatouillement quand ils sont modérés, et, quand ils sont trop violents, quelque douleur, sans qu'il doive en tout cela y avoir aucune ressemblance entre les idées qu'elle conçoit et les mouvements qui causent ces idées : ce que vous croirez facilement, si vous remarquez qu'il semble à ceux qui reçoivent quelque blessure dans l'œil qu'ils voient une infinité de feux et d'éclairs devant eux, nonobstant qu'ils ferment les yeux ou bien qu'ils soient en lieu fort obscur; en sorte que ce sentiment ne peut être attribué qu'à la seule force du coup, laquelle meut les petits filets du nerf optique, ainsi que feroit une violente lumière ; et cette même force, touchant les oreilles, pourroit faire ouïr quelque son; et touchant le corps en d'autres parties, y faire sentir de la douleur. Et ceci se confirme aussi de ce que, si quelquefois on force ses yeux à regarder le soleil ou quelque autre lumière fort vive, ils en retiennent après un peu de temps l'impression, en telle sorte que, nonobstant même qu'on les tienne fermés, il semble qu'on voie diverses couleurs qui se changent et passent de l'une à l'autre, à mesure qu'elles s'affoiblissent : car cela ne peut procéder que de ce que les petits filets du nerf optique, ayant été mus extraordinairement fort, ne se peuvent arrêter sitôt que de coutume; mais l'agitation qui est encore en eux après que les yeux sont fermés, n'étant plus assez grande pour représenter cette forte lumière qui l'a causée, représente des couleurs moins vives; et ces couleurs se changent en s'affoiblissant, ce qui montre que leur nature ne consiste qu'en la diversité du mouvement, et n'est point autre que je l'ai ci-dessus supposée. Et, enfin, ceci se manifeste de ce que les couleurs paroissent souvent en des corps transparents, où il est certain qu'il n'y a rien qui les puisse causer que les diverses façons dont les rayons de la lumière y sont reçus, comme lorsque l'arc-en-ciel paroît dans les nues, et encore plus clairement lorsqu'on en voit la ressemblance dans un verre qui est taillé à plusieurs faces.

Mais il faut ici particulièrement considérer en quoi consiste la quantité de la lumière qui se voit, c'est-à-dire de la force dont est mû chacun des petits filets du nerf optique, car elle n'est pas toujours égale à la lumière qui est dans les objets, mais elle varie à raison de leur distance et de la grandeur de la prunelle, et aussi à raison de l'espace que les rayons qui viennent de chaque point de l'objet peuvent occuper au fond de l'œil. Comme, par exemple, il est manifeste que le point X [1] enverroit plus de rayons dans l'œil B qu'il ne fait, si la prunelle FF étoit ouverte jusques à G ; et qu'il en envoie tout autant en cet œil B, qui est proche de lui et dont la prunelle est fort étroite, qu'il fait en l'œil A, dont la prunelle est beaucoup plus grande, mais qui est à proportion plus éloigné. Et encore qu'il n'entre pas plus de rayons des divers points de l'objet VXY, considérés tous ensemble, dans le fond de l'œil A que dans celui de l'œil B, toutefois pourceque ces rayons ne s'y étendent qu'en l'espace TR, qui est plus petit que n'est HI, dans lequel ils s'étendent au fond de l'œil B, ils y doivent agir avec plus de force contre chacune des extrémités du nerf optique qu'ils y touchent, ce qui est fort aisé à calculer; car si, par exemple, l'espace HI est quadruple de TR, et qu'il contienne les extrémités de quatre mille des petits filets du nerf optique, TR ne contiendra que celles de mille, et par conséquent chacun de ces petits filets sera mù dans le fond de l'œil A par la millieme partie des forces qu'ont tous les rayons qui y entrent, jointes ensemble, et dans le fond

[1] Figure 17.

de l'œil B par le quart de la millième partie seulement. Il faut aussi considérer qu'on ne peut discerner les parties des corps qu'on regarde qu'en tant qu'elles diffèrent en quelque façon de couleur, et que la vision distincte de ces couleurs ne dépend pas seulement de ce que tous les rayons qui viennent de chaque point de l'objet se rassemblent à peu près en autant d'autres divers points au fond de l'œil, et de ce qu'il n'en vient aucuns autres d'ailleurs vers ces mêmes points, ainsi qu'il a été tantôt amplement expliqué, mais aussi de la multitude des petits filets du nerf optique qui sont en l'espace qu'occupe l'image au fond de l'œil. Car si, par exemple, l'objet VXY est composé de dix mille parties, qui soient disposées à envoyer des rayons vers le fond de l'œil RST en dix mille façons différentes, et par conséquent à faire voir en même temps dix mille couleurs, elles n'en pourront néanmoins faire distinguer à l'âme que mille tout au plus, si nous supposons qu'il n'y ait que mille des filets du nerf optique en l'espace RST, d'autant que dix des parties de l'objet agissant ensemble contre chacun de ces filets ne le peuvent mouvoir que d'une seule façon composée de toutes celles dont elles agissent, en sorte que l'espace qu'occupe chacun de ces filets ne doit être considéré que comme un point : et c'est ce qui fait que souvent une prairie qui sera peinte d'une infinité de couleurs toutes diverses ne paroîtra de loin que toute blanche ou toute bleue. Et généralement que tous les corps se voient moins distinctement de loin que de près; et, enfin, que plus on peut faire que l'image d'un même objet occupe d'espace au fond de l'œil, plus il peut être vu distinctement, ce qui sera ci-après fort à remarquer.

Pour la situation, c'est-à-dire le côté vers lequel est posée chaque partie de l'objet au respect de notre corps, nous ne l'apercevons pas autrement par l'entremise de nos yeux que par celle de nos mains; et sa connoissance ne dépend d'aucune image, ni d'aucune action qui vienne de l'objet, mais seulement de la situation des petites parties du cerveau d'où les nerfs prennent leur origine; car cette situation, se changeant tant soit peu à chaque fois que se change celle des membres où ces nerfs sont insérés, est instituée de la nature pour faire non seulement que l'âme connoisse en quel endroit est chaque partie du corps qu'elle anime au respect de toutes les autres, mais aussi qu'elle puisse transférer de là son attention à tous les lieux contenus dans les lignes droites qu'on peut imaginer être tirées de l'extrémité de chacune de ces parties et prolongées à l'infini. Comme lorsque l'aveugle, dont nous avons déjà tant parlé ci-dessus, tourne sa main A vers E, ou C [1] aussi

---

[1] Figure 18.

vers E, les nerfs insérés en cette main causent un certain changement en son cerveau qui donne moyen à son âme de connoître non seulement le lieu A ou C, mais aussi tous les autres qui sont en la ligne droite AE ou CE, en sorte qu'elle peut porter son attention jusques aux objets B et D, et déterminer les lieux où ils sont, sans connoître pour cela ni penser aucunement à ceux où sont ses deux mains. Et ainsi, lorsque notre œil ou notre tête se tourne vers quelque côté, notre âme en est avertie par le changement que les nerfs, insérés dans les muscles qui servent à ces mouvements, causent en notre cerveau. Comme ici, en l'œil RST [1], il faut penser que la situation du petit filet du nerf optique, qui est au point R, ou S, ou T, est suivie d'une autre certaine situation de la partie du cerveau 7, ou 8, ou 9, qui fait que l'âme peut connoître tous les lieux qui sont en la ligne RV, ou SX, ou TY; de façon que vous ne devez pas trouver étrange que les objets puissent être vus en leur vraie situation, nonobstant que la peinture qu'ils impriment dans l'œil en ait une toute contraire. Ainsi que notre aveugle peut sentir en même temps l'objet B [2], qui est à droite, par l'entremise de sa main gauche; et D, qui est à gauche, par l'entremise de sa main droite. Et, comme cet aveugle ne juge point qu'un corps soit double, encore

[1] Figure 16. — [2] Figure 18.

qu'il le touche de ses deux mains, ainsi, lorsque nos yeux sont tous deux disposés en la façon qui est requise pour porter notre attention vers un même lieu, ils ne nous y doivent faire voir qu'un seul objet, nonobstant qu'il s'en forme en chacun d'eux une peinture.

La vision de la distance ne dépend non plus que celle de la situation d'aucunes images envoyées des objets, mais premièrement de la figure du corps de l'œil; car, comme nous avons dit, cette figure doit être un peu autre pour nous faire voir ce qui est proche de nos yeux, que pour nous faire voir ce qui en est plus éloigné; et à mesure que nous la changeons pour la proportionner à la distance des objets, nous changeons aussi certaine partie de notre cerveau d'une façon qui est instituée de la nature pour faire apercevoir à notre âme cette distance : et ceci nous arrive ordinairement sans que nous y fassions des réflexions ; tout de même que lorsque nous serrons quelque corps de notre main nous la conformons à la grosseur et à la figure de ce corps, et le sentons par son moyen sans qu'il soit besoin pour cela que nous pensions à ses mouvements. Nous connoissons en second lieu la distance par le rapport qu'ont les deux yeux l'un à l'autre; car, comme notre aveugle, tenant les deux bâtons AE, CE, dont je suppose qu'il ignore la longueur, et sachant seulement l'intervalle qui est entre ses deux mains A et C, et la grandeur des angles ACE, CAE, peut de là, comme par une géométrie naturelle, connoître où est le point E, ainsi, quand nos deux yeux RST¹ et *rst* sont tournés vers X, la grandeur de la ligne S*s* et celle des deux angles XS*s* et X*s*S nous font savoir où est le point X. Nous pouvons aussi le même par l'aide d'un œil seul en lui faisant changer de place, comme si, le tenant tourné vers X, nous le mettons premièrement au point S et incontinent après au point *s*, cela suffira pour faire que la grandeur de la ligne S*s* et des deux angles XS*s* et X*s*S se trouvent ensemble en notre fantaisie et nous fassent apercevoir la distance du point X ; et ce par une action de la pensée qui, n'étant qu'une imagination toute simple, ne laisse point d'envelopper en soi un raisonnement tout semblable à celui que font les arpenteurs lorsque, par le moyen de deux différentes stations, ils mesurent les lieux inaccessibles. Nous avons encore une autre façon d'apercevoir la distance, à savoir par la distinction ou confusion de la figure, et ensemble par la force ou débilité de la lumière. Comme, pendant que nous regardons fixement vers X ², les rayons qui viennent des objets 10 et 12 ne s'assemblent pas si exactement vers R et vers T au fond de notre œil, que si ces objets étoient aux points V et Y, d'où

¹ Figure 16.   ² Figure 15.

nous voyons qu'ils sont plus éloignés ou plus proches de nous que n'est X. Puis de ce que la lumière qui vient de l'objet 10 vers notre œil est plus forte que si cet objet étoit vers V, nous le jugeons être plus proche ; et de ce que celle qui vient de l'objet 12 est plus foible que s'il étoit vers Y, nous le jugeons plus éloigné. Enfin, quand nous imaginons déjà d'ailleurs la grandeur d'un objet, ou sa situation, ou la distinction de sa figure et de ses couleurs, ou seulement la force de la lumière qui vient de lui, cela nous peut servir non pas proprement à voir, mais à imaginer sa distance. Comme regardant de loin quelque corps que nous avons accoutumé de voir de près, nous en jugeons bien mieux l'éloignement que nous ne ferions si la grandeur nous étoit moins connue ; et regardant une montagne exposée au soleil au-delà d'une forêt couverte d'ombre, ce n'est que la situation de cette forêt qui nous la fait juger la plus proche ; et regardant sur mer deux vaisseaux dont l'un soit plus petit que l'autre, mais plus proche à proportion, en sorte qu'ils paroissent égaux, nous pourrons, par la différence de leurs figures et de leurs couleurs, et de la lumière qu'ils envoient vers nous, juger lequel sera le plus loin.

Au reste, pour la façon dont nous voyons la grandeur et la figure des objets, je n'ai pas besoin d'en rien dire de particulier, d'autant qu'elle est toute comprise en celle dont nous voyons la distance et la situation de leurs parties, à savoir, leur grandeur s'estime par la connoissance ou l'opinion qu'on a de leur distance, comparée avec la grandeur des images qu'ils impriment au fond de l'œil, et non pas absolument par la grandeur de ces images, ainsi qu'il est assez manifeste de ce que, encore qu'elles soient, par exemple, cent fois plus grandes lorsque les objets sont fort proches de nous que lorsqu'ils en sont dix fois plus éloignés, elles ne nous les font point voir pour cela cent fois plus grands, mais presque égaux, au moins si leur distance ne nous trompe. Et il est manifeste aussi que la figure se juge par la connoissance ou opinion qu'on a de la situation des diverses parties des objets, et non par la ressemblance des peintures qui sont dans l'œil; car ces peintures ne contiennent ordinairement que des ovales et des losanges lorsqu'elles nous font voir des cercles et des carrés.

Mais, afin que vous ne puissiez aucunement douter que la vision ne se fasse ainsi que je l'ai expliquée, je vous veux faire encore ici considérer les raisons pourquoi il arrive quelquefois qu'elle nous trompe : premièrement, à cause que c'est l'âme qui voit, et non pas l'œil, et qu'elle ne voit immédiatement que par l'entremise du cerveau, de là vient que les frénétiques et ceux qui dorment voient souvent ou pensent voir divers objets qui ne sont point pour cela devant leurs yeux, à savoir quand quelques vapeurs, remuant leur cerveau, disposent celles de ses parties qui ont coutume de servir à la vision en même façon que feroient ces objets s'ils étoient présents. Puis, à cause que les impressions qui viennent de dehors passent vers le sens commun par l'entremise des nerfs, si la situation de ces nerfs est contrainte par quelque cause extraordinaire, elle peut faire voir les objets en d'autres lieux qu'ils ne sont. Comme si l'œil rst[1], étant disposé de soi à regarder vers X, est contraint par le doigt N à se tourner vers M, les parties du cerveau d'où viennent ses nerfs ne se disposeront pas tout-à-fait en même sorte que si c'étoient ses muscles qui le tournassent vers M, ni aussi en même sorte que s'il regardoit véritablement vers X, mais d'une façon moyenne entre ces deux, à savoir, comme s'il regardoit vers Y; et ainsi l'objet M paroîtra au lieu où est Y par l'entremise de cet œil, et Y au lieu où est X, et X au lieu où est V; et ces objets, paroissant aussi en même temps en leurs vrais lieux par l'entremise de l'autre œil RST, ils sembleront doubles. En même façon que, touchant la petite boule G[2], des deux doigts A et D croisés l'un sur l'autre, on en pense toucher deux, à cause que, pendant que ces doigts se retiennent l'un l'autre ainsi croisés, les muscles de chacun d'eux ten-

[1] Figure 16. — [2] Figure 19.

dent à les écarter, A vers C et D vers F, au moyen de quoi les parties du cerveau, d'où viennent les nerfs qui sont insérés en ces muscles, se trouvent disposées en la façon qui est requise pour faire qu'ils semblent être A vers B et D vers E, et par conséquent y toucher deux diverses boules H et I. De plus, à cause que nous sommes accoutumés de juger que les impressions qui meuvent notre vue viennent des lieux vers lesquels nous devons regarder pour les sentir, quand il arrive qu'elles viennent d'ailleurs, nous y pouvons facilement être trompés; comme ceux qui ont les yeux infectés de la jaunisse, ou bien qui regardent au travers d'un verre jaune, ou qui sont enfermés dans une chambre où il n'entre aucune lumière que par de tels verres, attribuent cette couleur à tous les corps qu'ils regardent. Et celui qui est dans la chambre obscure, que j'ai tantôt décrite, attribue au corps blanc RST [1] les couleurs des objets VXY, à cause que c'est seulement vers lui qu'il dresse sa vue. Et les yeux A,B,C,D,E,F [2], voyant les objets T,V,X,Y,Z,U, au travers des verres N,O,P, et dans les miroirs Q,R,S, les jugent être aux points G,H,I,K,L,M; et V,Z être plus petits, et X,U plus grands qu'ils ne sont : ou bien aussi X,U plus petits et avec cela renversés, à savoir, lorsqu'ils sont un peu loin des yeux C,F, d'autant que ces verres

Figure 14. — [2] Figures 20, 21, 22, 23, 24, 25.

et ces miroirs détournent les rayons qui viennent de ces objets en telle sorte que ces yeux ne les peuvent voir distinctement qu'en se disposant comme ils doivent être pour regarder vers les points G,H,I,K,L,M, ainsi que connoîtront facilement ceux qui prendront la peine de l'examiner; et ils verront, par même moyen, combien les anciens se sont abusés en leur catoptrique, lorsqu'ils ont voulu déterminer le lieu des images dans les miroirs creux et convexes. Il est aussi à remarquer que tous les moyens qu'on a pour connoître la distance sont fort incertains; car, quant à la figure de l'œil, elle ne varie quasi plus sensiblement lorsque l'objet est à plus de quatre ou cinq pieds loin de lui; et même elle varie si peu lorsqu'il est plus proche, qu'on n'en peut tirer aucune connoissance bien précise. Et pour les angles compris entre les lignes tirées des deux yeux l'un à l'autre et de là vers l'objet, ou de deux stations d'un même objet, ils ne varient aussi presque plus lorsqu'on regarde tant soit peu loin; ensuite de quoi notre sens commun même ne semble pas être capable de recevoir en soi l'idée d'une distance plus grande qu'environ de cent ou deux cents pieds, ainsi qu'il se peut vérifier de ce que la lune et le soleil, qui sont du nombre des corps les plus éloignés que nous puissions voir, et dont les diamètres sont à leur distance à peu près comme un à cent, n'ont coutume de nous paroître que d'un ou deux pieds de diamètre tout au plus, nonobstant que nous sachions assez, par raison, qu'ils sont extrèmement grands et extrèmement éloignés; car cela ne nous arrive pas faute de les pouvoir concevoir plus grands que nous ne faisons, vu que nous concevons bien des tours et des montagnes beaucoup plus grandes, mais pourceque, ne les pouvant concevoir plus éloignés que de cent ou deux cents pieds, il suit de là que leur diamètre ne nous doit paroître que d'un ou de deux pieds : en quoi la situation aide aussi à nous tromper, car ordinairement ces astres semblent plus petits lorsqu'ils sont fort hauts vers le midi que lorsque, se levant ou se couchant, il se trouve divers objets entre eux et nos yeux qui nous font mieux remarquer leur distance; et les astronomes éprouvent assez, en les mesurant avec leurs instruments, que ce qu'ils paroissent ainsi plus grands une fois que l'autre ne vient point de ce qu'ils se voient sous un plus grand angle, mais de ce qu'ils se jugent plus éloignés, d'où il suit que l'axiome de l'ancienne optique, qui dit que la grandeur apparente des objets est proportionnée à celle de l'angle de la vision, n'est pas toujours vrai. On se trompe aussi en ce que les corps blancs ou lumineux, et généralement tous ceux qui ont beaucoup de force pour mouvoir le sens de la vue, paroissent toujours quelque peu plus proches et plus grands qu'ils ne feroient s'ils en avoient moins : or la raison qui les fait paroitre plus proches est que le mouvement dont la prunelle s'étrécit pour éviter la force de leur lumière est tellement joint avec celui qui dispose tout l'œil à voir distinctement les objets proches, et par lequel on juge de leur distance, que l'un ne se peut guère faire sans qu'il se fasse aussi un peu de l'autre, en même façon qu'on ne peut fermer entièrement les deux premiers doigts de la main sans que le troisième se courbe aussi quelque peu comme pour se fermer avec eux. Et la raison pourquoi ces corps blancs ou lumineux paroissent plus grands ne consiste pas seulement en ce que l'estime qu'on fait de leur grandeur dépend de celle de leur distance, mais aussi en ce que leurs images s'impriment plus grandes dans le fond de l'œil : car il faut remarquer que les bouts des filets du nerf optique qui le couvrent, encore que très petits, ont néanmoins quelque grosseur ; en sorte que chacun d'eux peut être touché en l'une de ses parties par un objet, et en d'autres par d'autres ; et que, n'étant toutefois capable d'être mû que d'une seule façon à chaque fois, lorsque la moindre de ses parties est touchée par quelque objet fort éclatant, et les autres par d'autres qui le sont moins, il suit tout entier le mouvement de celui qui est le plus éclatant, et en représente l'image sans représenter celle des autres. Comme si les bouts de ces petits filets sont 1, 2, 3[1], et que les rayons qui viennent, par exemple, tracer l'image d'une étoile sur le fond de l'œil s'y étendent sur celui qui est marqué 1 et tant soit peu au-delà tout autour sur les extrémités des six autres marqués 2, sur lesquels je suppose qu'il ne vient point d'autres rayons, que fort foibles, des parties du ciel voisines à cette étoile, son image s'étendra en tout l'espace qu'occupent ces six marqués 2, et même peut-être encore en tout celui qu'occupent les douze marqués 3, si la force du mouvement est si grande qu'elle se communique aussi à eux. Et ainsi vous voyez que les étoiles, quoiqu'elles paroissent assez petites, paroissent néanmoins beaucoup plus grandes qu'elles ne devroient à raison de leur extrême distance; et qu'encore qu'elles ne seroient pas entièrement rondes, elles ne lairroient pas de paroître telles. Comme aussi une tour carrée, étant vue de loin, paroît ronde; et tous les corps qui ne tracent que de fort petites images dans l'œil n'y peuvent tracer les figures de leurs angles. Enfin, pour ce qui est de juger de la distance par la grandeur, ou la figure, ou la couleur, ou la lumière, les tableaux de perspective nous montrent assez combien il est facile de s'y tromper; car souvent, parceque les choses qui y sont peintes sont

[1] Figure 26.

plus petites que nous ne nous imaginons qu'elles doivent être, et que leurs linéaments sont plus confus, et leurs couleurs plus brunes ou plus foibles, elles nous paroissent plus éloignées qu'elles ne sont.

DISCOURS SEPTIÈME.

DES MOYENS DE PERFECTIONNER LA VISION.

Maintenant que nous avons assez examiné comment se fait la vision, recueillons en peu de mots et nous remettons devant les yeux toutes les conditions qui sont requises à sa perfection, afin que, considérant en quelle sorte il a déjà été pourvu à chacune par la nature, nous puissions faire un dénombrement exact de tout ce qui reste encore à l'art à y ajouter. On peut réduire toutes les choses auxquelles il faut avoir ici égard à trois principales, qui sont les objets, les organes intérieurs qui reçoivent les actions de ces objets, et les extérieurs qui disposent ces actions à être reçues comme elles doivent. Et, touchant les objets, il suffit de savoir que les uns sont proches ou accessibles, et les autres éloignés et inaccessibles, et avec cela les uns plus, les autres moins illuminés; afin que nous soyons avertis que, pour ce qui est des accessibles, nous les pouvons approcher ou éloigner, et augmenter ou diminuer la lumière qui les éclaire, selon qu'il nous sera le plus commode; mais que, pour ce qui concerne les autres, nous n'y pouvons changer aucune chose. Puis, touchant les organes intérieurs, qui sont les nerfs et le cerveau, il est certain aussi que nous ne saurions rien ajouter par art à leur fabrique, car nous ne saurions nous faire un nouveau corps; et si les médecins y peuvent aider en quelque chose, cela n'appartient point à notre sujet. Si bien qu'il ne nous reste à considérer que les organes extérieurs, entre lesquels je comprends toutes les parties transparentes de l'œil aussi bien que tous les autres corps qu'on peut mettre entre lui et l'objet; et je trouve que toutes les choses auxquelles il est besoin de pourvoir avec ces organes extérieurs peuvent être réduites à quatre points, dont le premier est, que tous les rayons qui se vont rendre vers chacune des extrémités du nerf optique ne viennent, autant qu'il est possible, que d'une même partie de l'objet, et qu'ils ne reçoivent aucun changement en l'espace qui est entre deux; car, sans cela, les images qu'ils forment ne sauroient être ni bien semblables à leur original ni bien distinctes. Le second, que ces images soient fort grandes, non pas en étendue de lieu, car elles ne sauroient occuper que le peu d'espace qui se trouve au fond de l'œil, mais en l'étendue de leurs linéaments ou de leurs traits, car il est certain qu'ils seront d'autant plus aisés à discerner qu'ils seront plus grands. Le troisième, que les rayons qui les forment soient assez forts pour mouvoir les petits filets du nerf optique, et par ce moyen être sentis, mais qu'ils ne le soient pas tant qu'ils blessent la vue. Et le quatrième, qu'il y ait le plus d'objets qu'il sera possible dont les images se forment dans l'œil en même temps, afin qu'on en puisse voir le plus qu'il sera possible tout d'une vue.

Or la nature a employé plusieurs moyens à pourvoir à la première de ces choses; car premièrement, remplissant l'œil de liqueurs fort transparentes et qui ne sont teintes d'aucune couleur, elle a fait que les actions qui viennent de dehors peuvent passer jusques au fond sans se changer; et par les réfractions que causent les superficies de ces liqueurs elle a fait qu'entre les rayons, suivant lesquels ces actions se conduisent, ceux qui viennent d'un même point se rassemblent en un même point contre le nerf, et ensuite que ceux qui viennent des autres points s'y rassemblent aussi en autant d'autres divers points le plus exactement qu'il est possible : car nous devons supposer que la nature a fait en ceci tout ce qui est possible, d'autant que l'expérience ne nous y fait rien apercevoir au contraire. Et même nous voyons que, pour rendre d'autant moindre le défaut qui ne peut en ceci être totalement évité, elle a fait qu'on puisse rétrécir la prunelle quasi autant que la force de la lumière le permet ; puis, par la couleur noire dont elle a teint toutes les parties de l'œil opposées au nerf, qui ne sont point transparentes, elle a empêché qu'il n'allât aucun autre rayon vers ces mêmes points ; et, enfin, par le changement de la figure du corps de l'œil, elle a fait qu'encore que les objets en puissent être plus ou moins éloignés une fois que l'autre, les rayons qui viennent de chacun de leurs points ne laissent pas de s'assembler toujours, aussi exactement qu'il se peut, en autant d'autres points au fond de l'œil. Toutefois elle n'a pas si entièrement pourvu à cette dernière partie qu'il ne se trouve encore quelque chose à y ajouter : car, outre que, communément à tous, elle ne nous a pas donné le moyen de courber tant les superficies de nos yeux que nous puissions voir distinctement les objets qui en sont fort proches, comme à un doigt ou un demi-doigt de distance, elle y a encore manqué davantage en quelques uns à qui elle a fait les yeux de telle figure qu'ils ne leur peuvent servir qu'à regarder les choses éloignées, ce qui arrive principalement aux vieillards ; et aussi en quelques autres à qui, au contraire, elle les a fait tels qu'ils ne leur servent qu'à regarder les choses proches, ce qui est plus ordinaire aux jeunes gens ; en sorte qu'il semble que les yeux se forment au commencement un peu plus longs et plus étroits qu'ils ne doivent être, et que par après, pendant qu'on vieillit, ils deviennent plus plats et plus larges. Or, afin que nous puissions remédier par art à ces défauts, il sera premièrement besoin que nous cherchions les figures que les superficies d'une pièce de verre ou de quelque autre corps transparent doivent avoir pour courber les rayons qui tombent sur elle en telle sorte que tous ceux qui viennent d'un certain point de l'objet se disposent, en les traversant, tout de même que s'ils étoient venus d'un autre point qui fût plus proche ou plus éloigné, à savoir, qui fût plus proche pour servir à ceux qui ont la vue courte, et qui fût plus éloigné tant pour les vieillards que généralement pour tous ceux qui veulent voir des objets plus proches que la figure de leurs yeux ne le permet. Car, par exemple, l'œil B ou C [1], étant disposé à faire que tous les rayons qui viennent du point H ou I s'assemblent au milieu de son fond; et, ne le pouvant être, à faire aussi que ceux du point V ou X s'y assemblent; il est évident que, si on met au-devant de lui le verre O ou P, qui fasse que tous les rayons du point V ou X entrent dedans tout de même que s'ils venoient du point H ou I, on suppléera par ce moyen à son défaut. Puis, à cause qu'il peut y avoir des verres de plusieurs diverses figures qui aient en cela exactement le même effet, il sera be-

[1] Figures 27 et 28.

soin, pour choisir les plus propres à notre dessein, que nous prenions encore garde principalement à deux conditions, dont la première est, que ces figures soient les plus simples et les plus aisées à décrire et à tailler qu'il sera possible ; et la seconde, que par leur moyen les rayons qui viennent des autres points de l'objet, comme EE, entrent dans l'œil à peu près de même que s'ils venoient d'autant d'autres points, comme FF : et notez que je dis seulement ici à peu près, non autant qu'il est possible ; car, outre qu'il seroit peut-être assez malaisé à déterminer par géométrie, entre une infinité de figures qui peuvent servir à ce même effet, celles qui y sont exactement les plus propres, il seroit entièrement inutile, à cause que l'œil même ne faisant pas que tous les rayons qui viennent de divers points s'assemblent justement en autant d'autres divers points, elles ne seroient pas sans doute pour cela les plus propres à rendre la vision bien distincte ; et il est impossible en ceci de choisir autrement qu'à peu près, à cause que la figure précise de l'œil ne nous peut être connue. De plus, nous aurons toujours à prendre garde, lorsque nous appliquerons ainsi quelque corps au-devant de nos yeux, que nous imitions, autant qu'il sera possible, la nature en toutes les choses que nous voyons qu'elle a observées en les construisant, et que nous ne perdions aucun des avantages qu'elle nous a donnés, si ce n'est pour en gagner quelque autre plus important.

Pour la grandeur des images, il est à remarquer qu'elle dépend seulement de trois choses, à savoir de la distance qui est entre l'objet et le lieu où se croisent les rayons qu'il envoie de divers de ses points vers le fond de l'œil, puis de celle qui est entre ce même lieu et le fond de l'œil, et enfin de la réfraction de ces rayons. Comme il est évident que l'image RST [1] seroit plus grande qu'elle n'est, si l'objet VXY étoit plus proche du lieu K où se croisent les rayons VKR et YKT, ou plutôt de la superficie BCD qui est proprement le lieu où ils commencent à se croiser, ainsi que vous verrez ci-après: ou bien, si on pouvoit faire que le corps de l'œil fût plus long, en sorte qu'il y eût plus de distance qu'il n'y a depuis sa superficie BCD, qui fait que ces rayons s'entre-croisent, jusques au fond RST; ou, enfin, si la réfraction ne les courboit pas tant en dedans vers le milieu S, mais plutôt, s'il étoit possible, en dehors. Et, quoi qu'on imagine outre ces trois choses, il n'y a rien qui puisse rendre cette image plus grande. Même la dernière n'est quasi point du tout considérable, à cause qu'on ne peut jamais augmenter l'image par son moyen que de fort peu, et ce avec tant de difficulté qu'on le peut toujours plus aisément par l'une des autres,

[1] Figure 14.

ainsi que vous saurez tout maintenant. Aussi voyons-nous que la nature l'a négligée; car, laissant que les rayons, comme VKR et YKT, se courbent en dedans vers S sur les superficies BCD et 123, elle a rendu l'image RST un peu plus petite que si elle avoit fait qu'ils se courbassent en dehors, comme ils font vers 5 sur la superficie 456. ou qu'elle les eût laissés être tout droits. On n'a point besoin aussi de considérer la première de ces trois choses lorsque ces objets ne sont point du tout accessibles ; mais, lorsqu'ils le sont, il est évident que, d'autant que nous les regardons de plus près, d'autant leurs images se forment plus grandes au fond de nos yeux, si bien que la nature ne nous a pas donné le moyen de les regarder de plus près qu'environ à un pied ou demi-pied de distance; afin d'y ajouter par art tout ce qui se peut, il est seulement besoin d'interposer un verre tel que celui qui est marqué P[1]. dont il a été parlé tout maintenant, qui fasse que tous les rayons qui viennent d'un point le plus proche qu'il se pourra entrent dans l'œil comme s'ils venoient d'un autre point plus éloigné : or tout le plus qu'on puisse faire par ce moyen, c'est qu'il n'y aura que la douze ou quinzième partie d'autant d'espace entre l'œil et l'objet qu'il y en devroit avoir sans cela, et ainsi que les rayons qui vien-

[1] Figure 28.

dront de divers points de cet objet, se croisant douze ou quinze fois plus près de lui, ou même quelque peu davantage, à cause que ce ne sera plus sur la superficie de l'œil qu'ils commenceront à se croiser, mais plutôt sur celle du verre dont l'objet sera un peu plus proche, ils formeront une image dont le diamètre sera ou douze ou quinze fois plus grand qu'il ne pourroit être si on ne se servoit point de ce verre : et par conséquent sa superficie sera environ deux cents fois plus grande, ce qui fera que l'objet paroitra environ deux cents fois plus distinctement, au moyen de quoi il paroitra aussi beaucoup plus grand, non pas deux cents fois justement, mais plus ou moins à proportion de ce qu'on le jugera être éloigné. Car, par exemple, si, en regardant l'objet X au travers du verre P, on dispose son œil C en même sorte qu'il devroit être pour voir un autre objet qui seroit à vingt ou trente pas de lui, et que, n'ayant d'ailleurs aucune connoissance du lieu où est cet objet X, on le juge être véritablement à trente pas, il semblera plus d'un million de fois plus grand qu'il n'est, en sorte qu'il pourra devenir d'une puce un éléphant; car il est certain que l'image que forme une puce au fond de l'œil, lorsqu'elle en est si proche, n'est pas moins grande que celle qu'y forme un éléphant lorsqu'il en est à trente pas. Et c'est sur ceci seul qu'est fondée toute l'invention de ces petites lunettes à puce, composées d'un seul verre dont l'usage est partout assez commun, bien qu'on n'ait pas encore connu la vraie figure qu'elles doivent avoir : et, pourcequ'on sait ordinairement que l'objet est fort proche lorsqu'on les emploie à le regarder, il ne peut paroitre si grand qu'il feroit, si on l'imaginoit plus éloigné.

Il ne reste plus qu'un autre moyen pour augmenter la grandeur des images, qui est de faire que les rayons qui viennent de divers points de l'objet se croisent le plus loin qu'il se pourra du fond de l'œil ; mais il est bien sans comparaison le plus important et le plus considérable de tous, car c'est l'unique qui puisse servir pour les objets inaccessibles aussi bien que pour les accessibles et dont l'effet n'a point de bornes : en sorte qu'on peut, en s'en servant, augmenter les images de plus en plus jusques à une grandeur indéfinie : comme, par exemple, d'autant que la première des trois liqueurs dont l'œil est rempli cause à peu près même réfraction que l'eau commune, si on applique tout contre un tuyau plein d'eau, comme EF [1], au bout duquel il y ait un verre GHI, dont la figure soit toute semblable à celle de la peau BCD qui couvre cette liqueur, et ait même rapport à la distance du fond de l'œil, il ne se fera plus aucune réfraction à l'entrée de cet œil ; mais celle qui s'y

[1] Figure 29.

faisoit auparavant, et qui étoit cause que tous les rayons qui venoient d'un même point de l'objet commençoient à se courber dès cet endroit-là pour s'aller assembler en un même point sur les extrémités du nerf optique, et qu'ensuite tous ceux qui venoient de divers points s'y croisoient pour s'aller rendre sur divers points de ce nerf, se fera dès l'entrée du tuyau GI; si bien que ces rayons, se croisant dès là, formeront l'image RST beaucoup plus grande que s'ils ne se croisoient que sur la superficie BCD, et ils la formeront de plus en plus grande, selon que ce tuyau sera plus long. Et ainsi l'eau EF faisant l'office de l'humeur K, le verre GHI celui de la peau BCD, et l'entrée du tuyau GI celui de la prunelle, la vision se fera en même façon que si la nature avoit fait l'œil plus long qu'il n'est de toute la longueur de ce tuyau, sans qu'il y ait autre chose à remarquer, sinon que la vraie prunelle sera pour lors non seulement inutile, mais même nuisible, en ce qu'elle exclura par sa petitesse les rayons qui pourroient aller vers les côtés du fond de l'œil, et ainsi empêchera que les images ne s'y étendent en autant d'espace qu'elles feroient, si elle n'étoit point si étroite. Il ne faut pas aussi que je m'oublie de vous avertir que les réfractions particulieres, qui se font un peu autrement dans le verre GHI que dans l'eau EF, ne sont point ici considérables, à cause que ce verre étant partout également épais, si la première de ses superficies fait courber les rayons un peu plus que ne feroit celle de l'eau, la seconde les redresse d'autant à même temps ; et c'est pour cette même raison que ci-dessus je n'ai point parlé des réfractions que peuvent causer les peaux qui enveloppent les humeurs de l'œil, mais seulement de celles de ses humeurs.

Or, d'autant qu'il y auroit beaucoup d'incommodité à joindre de l'eau contre notre œil en la façon que je viens d'expliquer, et même que, ne pouvant savoir précisément quelle est la figure de la peau BCD qui le couvre, on ne sauroit déterminer exactement celle du verre GHI pour le substituer en sa place ; il sera mieux de se servir d'une autre invention, et de faire, par le moyen d'un ou de plusieurs verres, ou autres corps transparents enfermés aussi en un tuyau, mais non pas joints à l'œil si exactement qu'il ne demeure un peu d'air entre deux, que, dès l'entrée de ce tuyau, les rayons qui viennent d'un même point de l'objet se plient ou se courbent en la façon qui est requise, pour faire qu'ils aillent se rassembler en un autre point vers l'endroit où se trouvera le milieu du fond de l'œil quand ce tuyau sera mis au devant. Puis, derechef, que ces mêmes rayons, en sortant de ce tuyau, se plient et se redressent en telle sorte qu'ils puissent entrer dans l'œil tout de même que s'ils n'avoient point du tout été pliés, mais seulement qu'ils vinssent de quelque lieu qui fût plus proche; et ensuite que ceux qui viendront de divers points, s'étant croisés dès l'entrée de ce tuyau, ne se décroisent point à la sortie, mais qu'ils aillent vers l'œil en même façon que s'ils venoient d'un objet qui fût plus grand ou plus proche. Comme si le tuyau HF[1] est rempli d'un verre tout solide dont la superficie GHI soit de telle figure qu'elle fasse que tous les rayons qui viennent du point X, étant dans le verre, tendent vers S; et que son autre superficie KM les plie derechef en telle sorte qu'ils tendent de là vers l'œil en même façon que s'ils venoient du point x, que je suppose en tel lieu que les lignes xC et CS ont entre elles même proportion que XH et HS; ceux qui viendront du point V les croiseront nécessairement en la superficie GHI, de façon que, se trouvant déjà éloignés d'eux, lorsqu'ils seront à l'autre bout du tuyau, la superficie KM ne les en pourra pas rapprocher, principalement si elle est concave, ainsi que je la suppose, mais elle les renverra vers l'œil à peu près en même sorte que s'ils venoient du point v, au moyen de quoi ils formeront l'image RST d'autant plus grande que le tuyau sera plus long; et il ne sera point besoin, pour déterminer les figures des corps transparents dont on voudra se servir à cet effet, de savoir exactement quelle est celle de la superficie BCD.

[1] Figure 30.

Mais, pour ce qu'il y auroit derechef de l'incommodité à trouver des verres ou autres tels corps qui fussent assez épais pour remplir tout le tuyau HF, et assez clairs et transparents pour n'empêcher point pour cela le passage de la lumière, on pourra laisser vide tout le dedans de ce tuyau et mettre seulement deux verres à ses deux bouts, qui fassent le même effet que je viens de dire que les deux superficies GHI et KLM devoient faire. Et c'est sur ceci seul qu'est fondée toute l'invention de ces lunettes, composées de deux verres mis aux deux bouts d'un tuyau, qui m'ont donné occasion d'écrire ce traité.

Pour la troisième condition qui est requise à la perfection de la vue de la part des organes extérieurs, à savoir que les actions qui meuvent chaque filet du nerf optique ne soient ni trop fortes ni trop foibles, la nature y a fort bien pourvu en nous donnant le pouvoir d'étrécir et d'élargir les prunelles de nos yeux; mais elle a encore laissé à l'art quelque chose à y ajouter: car, premièrement, lorsque ces actions sont si fortes qu'on ne peut assez étrécir les prunelles pour les souffrir, comme lorsqu'on veut regarder le soleil, il est aisé d'y apporter remède en se mettant contre l'œil quelque corps noir, dans lequel il n'y ait qu'un trou fort étroit qui fasse l'office de la prunelle; ou bien en regardant au travers d'un crêpe ou de quelque autre tel corps un peu obscur, et qui ne laisse entrer en l'œil qu'autant de rayons de chaque partie de l'objet qu'il en est besoin pour mouvoir le nerf optique sans le blesser. Et lorsque, tout au contraire, ses actions sont trop foibles pour être senties, nous pouvons les rendre plus fortes, au moins quand les objets sont accessibles, en les exposant aux rayons du soleil tellement ramassés par l'aide d'un miroir ou verre brûlant qu'ils aient le plus de force qu'ils puissent avoir pour les illuminer sans les corrompre.

Puis, outre cela, lorsqu'on se sert des lunettes dont nous venons de parler, d'autant qu'elles rendent la prunelle inutile, et que c'est l'ouverture par où elles reçoivent la lumière de dehors qui fait son office, c'est elle aussi qu'on doit élargir ou étrécir, selon qu'on veut rendre la vision plus forte ou plus foible. Et il est à remarquer que, si on ne faisoit point cette ouverture plus large que n'est la prunelle, les rayons agiroient moins fort contre chaque partie du fond de l'œil que si on ne se servoit point de lunettes : et ce en même proportion que les images qui s'y formeroient seroient plus grandes, sans compter ce que les superficies des verres interposés ôtent de leur force. Mais on peut la rendre beaucoup plus large, et ce d'autant plus que le verre qui redresse les rayons est situé plus proche du point vers lequel celui qui les a pliés les faisoit tendre. Comme si le verre GHI fait que tous les rayons qui viennent du point qu'on veut regarder tendent vers S, et qu'ils soient redressés par le verre KLM, en sorte que de là ils tendent parallèles vers l'œil : pour trouver la plus grande largeur que puisse avoir l'ouverture du tuyau il faut faire la distance qui est entre les points K et M égale au diamètre de la prunelle ; puis, tirant du point S deux lignes droites qui passent par K et M, à savoir SK, qu'il faut prolonger jusques à g, et SM jusques à i, on aura gi pour le diamètre qu'on cherchoit : car il est manifeste que, si on la faisoit plus grande, il n'entreroit point pour cela dans l'œil plus de rayons du point vers lequel on dresse sa vue, et que, pour ceux qui y viendroient de plus des autres lieux, ne pouvant aider à la vision, ils ne feroient que la rendre plus confuse. Mais si, au lieu du verre KLM, on se sert de klm, qui, à cause de sa figure, doit être mis plus proche du point S, on prendra derechef la distance entre les points k et m égale au diamètre de la prunelle ; puis, tirant les lignes droites SkG et SmI, on aura GI pour le diamètre de l'ouverture cherchée, qui, comme vous voyez, est plus grand que gi en même proportion que la ligne SL surpasse Sl. Et si cette ligne Sl n'est pas plus grande que le diamètre de l'œil, la vision sera aussi forte à peu près et aussi claire que si on ne se servoit point de lunettes, et que les objets

Figure 31.

fussent en récompense plus proches qu'ils ne sont, d'autant qu'ils paroissent plus grands : en sorte que, si la longueur du tuyau fait, par exemple, que l'image d'un objet éloigné de trente lieues se forme aussi grande dans l'œil que s'il n'étoit éloigné que de trente pas, la largeur de son entrée, étant telle que je viens de la déterminer, fera que cet objet se verra aussi clairement que si, n'en étant véritablement éloigné que de trente pas, on le regardoit sans lunettes. Et si on peut faire cette distance entre les points S et *t* encore moindre, la vision sera encore plus claire.

Mais ceci ne sert principalement que pour les objets inaccessibles; car, pour ceux qui sont accessibles, l'ouverture du tuyau peut être d'autant plus étroite qu'on les en approche davantage, sans pour cela que la vision en soit moins claire; comme vous voyez qu'il n'entre pas moins de rayons du point X [1] dans le petit verre *gi* que dans le grand GI; et enfin elle ne peut être plus large que les verres qu'on y applique, lesquels, à cause de leurs figures, ne doivent point excéder certaine grandeur, que je déterminerai ci-après.

Que si quelquefois la lumière qui vient des objets est trop forte, il sera bien aisé de l'affoiblir en couvrant tout autour les extrémités du verre qui est à l'entrée du tuyau, ce qui vaudra mieux que

[1] Figure 32.

de mettre au-devant quelques autres verres plus troubles ou colorés, ainsi que plusieurs ont coutume de faire pour regarder le soleil : car, plus cette entrée sera étroite, plus la vision sera distincte, ainsi qu'il a été dit ci-dessus de la prunelle. Et même il faut observer qu'il sera mieux de couvrir le verre par le dehors que par le dedans, afin que les réflexions qui se pourroient faire sur les bords de sa superficie n'envoient vers l'œil aucuns rayons; car ces rayons, ne servant point à la vision, y pourroient nuire.

Il n'y a plus qu'une condition qui soit désirée de la part des organes extérieurs, qui est de faire qu'on aperçoive le plus d'objets qu'il est possible en même temps; et il est à remarquer qu'elle n'est aucunement requise pour la perfection de voir mieux, mais seulement pour la commodité de voir plus, et même qu'il est impossible de voir plus d'un seul objet à la fois distinctement : en sorte que cette commodité, d'en voir cependant confusément plusieurs autres, n'est principalement utile qu'afin de savoir vers quel côté il faudra par après tourner ses yeux pour regarder celui d'entre eux qu'on voudra mieux considérer : et c'est à quoi la nature a tellement pourvu qu'il est impossible à l'art d'y ajouter aucune chose ; même tout au contraire, d'autant plus que, par le moyen de quelques lunettes, on augmente la grandeur des linéaments de l'image qui s'imprime au fond de l'œil ; d'autant fait-on qu'elle représente moins d'objets, à cause que l'espace qu'elle occupe ne peut aucunement être augmenté, si ce n'est peut-être de fort peu en la renversant, ce que je juge être à rejeter pour d'autres raisons. Mais il est aisé, si les objets sont accessibles, de mettre celui qu'on veut regarder en l'endroit où il peut être vu le plus distinctement au travers de la lunette; et, s'ils sont inaccessibles, de mettre la lunette sur une machine qui serve à la tourner facilement vers tel endroit déterminé qu'on voudra. Et ainsi il ne nous manquera rien de ce qui rend le plus cette quatrième condition considérable.

Au reste, afin que je n'omette ici aucune chose, j'ai encore à vous avertir que les défauts de l'œil, qui consistent en ce qu'on ne peut assez changer la figure de l'humeur cristalline ou bien la grandeur de la prunelle, se peuvent peu à peu diminuer et corriger par l'usage, à cause que cette humeur cristalline et la peau qui contient cette prunelle étant de vrais muscles, leurs fonctions se facilitent et s'augmentent lorsqu'on les exerce, ainsi que celles de tous les autres muscles de notre corps. Et c'est ainsi que les chasseurs et les matelots, en s'exerçant à regarder des objets fort éloignés, et les graveurs ou autres artisans qui font des ouvrages fort subtiles, à en regarder de fort proches, acquièrent ordinairement la puissance de les voir plus distinctement que les autres hommes. Et c'est ainsi aussi que ces Indiens, qu'on dit avoir pu fixement regarder le soleil sans que leur vue en fût offusquée, avoient dû sans doute auparavant, en regardant souvent des objets fort éclatants, accoutumer peu à peu leurs prunelles à s'étrécir plus que les nôtres. Mais ces choses appartiennent plutôt à la médecine, dont la fin est de remédier aux défauts de la vue par la correction des organes naturels, que non pas à la dioptrique, dont la fin n'est que de remédier aux mêmes défauts par l'application de quelques autres organes artificiels.

DISCOURS HUITIÈME.

DES FIGURES QUE DOIVENT AVOIR LES CORPS TRANSPARENTS POUR DÉTOURNER LES RAYONS PAR RÉFRACTION EN TOUTES LES FAÇONS QUI SERVENT A LA VUE.

Or, afin que je vous puisse tantôt dire plus exactement en quelle sorte on doit faire ces organes artificiels pour les rendre les plus parfaits qui puissent être, il est besoin que j'explique auparavant les figures que doivent avoir les superficies des corps transparents, pour plier et détourner les rayons de la lumière en toutes les façons qui peuvent servir à mon dessein : en quoi, si je ne me puis rendre assez clair et intelligible pour tout le monde, à cause que c'est une matière de géométrie un peu difficile, je tâcherai au moins de l'être assez pour ceux qui auront seulement appris les premiers éléments de cette science. Et d'abord, afin de ne les tenir point en suspens, je leur dirai que toutes les figures dont j'ai ici à leur parler ne seront composées que d'ellipses ou d'hyperboles, et de cercles ou de lignes droites.

L'ellipse ou l'ovale est une ligne courbe que les mathématiciens ont accoutumé de nous exposer en coupant de travers un cône ou un cylindre, et que j'ai vu aussi quelquefois employer par des jardiniers dans les compartiments de leurs parterres, où ils la décrivent d'une façon qui est véritablement fort grossière et peu exacte, mais qui fait, ce me semble, mieux comprendre sa nature que la section du cylindre ni du cône. Ils plantent en terre deux piquets, comme, par exemple, l'un au point H[1], l'autre au point I, et, ayant noué ensemble les deux bouts d'une corde, ils la passent autour d'eux en la façon que vous voyez ici BHI; puis, mettant le bout du doigt en cette corde, ils le conduisent tout autour de ces deux piquets en la tirant toujours à eux d'égale force, afin de la tenir tendue également, et ainsi décrivent sur la terre la ligne courbe DBK, qui est une ellipse. Et si, sans changer la longueur de cette corde BHI, ils plantent seulement leurs piquets H et I un peu plus proches l'un de l'autre, ils décriront derechef une ellipse, mais qui sera d'autre espèce que la précédente : et s'ils les plantent encore un peu plus proches, ils en décriront encore une autre; et enfin, s'ils les joignent ensemble tout-à-fait, ce sera un cercle qu'ils décriront ; au lieu que, s'ils diminuent la longueur de la corde en même proportion

[1] Figure 33.

que la distance de ces piquets, ils décriront bien des ellipses qui seront diverses en grandeur, mais qui seront toutes de même espèce. Et ainsi vous voyez qu'il y en peut avoir d'une infinité d'espèces toutes diverses, en sorte qu'elles ne diffèrent pas moins l'une de l'autre que la dernière fait du cercle, et que de chaque espèce il y en peut avoir de toutes grandeurs; et que si, d'un point, comme B, pris à discrétion dans quelqu'une de ces ellipses, on tire deux lignes droites vers les deux points H et I, où les deux piquets doivent être plantés pour la décrire, ces deux lignes BH et BI, jointes ensemble, seront égales à son plus grand diamètre DK, ainsi qu'il se prouve facilement par la construction; car la portion de la corde qui s'étend de I vers B, et de là se replie jusques à H, est la même qui s'étend de I vers K ou vers D, et de là se replie aussi jusques à H, en sorte que DH est égal à IK; et HD plus DI, qui valent autant que HB plus BI, sont égales à la toute DK; et, enfin, les ellipses qu'on décrit en mettant toujours même proportion entre leur plus grand diamètre DK et la distance des points H et I, sont toutes d'une même espèce. Et, à cause de certaine propriété de ces points H et I, que vous entendrez ci-après, nous les nommerons les points brûlants, l'un intérieur et l'autre extérieur : à savoir, si on les rapporte à la moitié de l'ellipse qui est vers D, I sera l'extérieur; et si on les rapporte à l'autre moitié qui est vers K, il sera l'intérieur; et quand nous parlerons sans distinction du point brûlant, nous entendrons toujours parler de l'intérieur. Puis, outre cela, il est besoin que vous sachiez que si, par ce point B[1], on tire les deux lignes droites LBG et CBE, qui se coupent l'une l'autre à angles droits, et dont l'une LG divise l'angle HBI en deux parties égales, l'autre CE touchera cette ellipse en ce point B sans la couper : de quoi je ne mets pas la démonstration, pourceque les géomètres la savent assez, et que les autres ne feroient que s'ennuyer de l'entendre. Mais ce que j'ai ici particulièrement dessein de vous expliquer, c'est que, si on tire encore de ce point B, hors de l'ellipse, la ligne droite BA, parallèle au plus grand diamètre DK, et que, l'ayant prise égale à BI des points A et I, on tire sur LG les deux perpendiculaires AL et IG, ces deux dernières AL et IG auront entre elles même proportion que les deux DK et HI. En sorte que si la ligne AB est un rayon de lumière, et que cette ellipse DBK soit en la superficie d'un corps transparent tout solide, par lequel, suivant ce qui a été dit ci-dessus, les rayons passent plus aisément que par l'air en même proportion que la ligne DK est plus grande que HI : ce rayon AB sera tellement détourné au point B, par la superficie de ce corps transparent, qu'il

---

[1] Figure 34.

ira de là vers I. Et, pourceque ce point B est pris à discrétion dans l'ellipse, tout ce qui se dit ici du rayon AB se doit entendre généralement de tout les rayons, parallèles à l'essieu DK, qui tombent sur quelque point de cette ellipse, à savoir qu'ils y seront tous tellement détournés qu'ils iront se rendre de là vers le point I.

Or ceci se démontre en cette sorte : premièrement, si on tire du point B la ligne BF perpendiculaire sur KD, et que du point N, où IG et KD s'entre-coupent, on tire aussi la ligne NM perpendiculaire sur IB, on trouvera que AL est à IG comme BF est à NM. Car, d'une part, les triangles BFN et BLA sont semblables, à cause qu'ils sont tous deux rectangles, et que NF et BA étant parallèles, les angles FNB et ABL sont égaux ; et, d'autre part, les triangles NBM et IBG sont aussi semblables, à cause qu'ils sont rectangles, et que l'angle vers B est commun à tous deux. Et, outre cela, les deux triangles BFN et BMN ont même rapport entre eux que les deux ALB et BGI, à cause que, comme les bases de ceux-ci BA et BI sont égales, ainsi BN, qui est la base du triangle BFN, est égale à soi-même en tant qu'elle est aussi la base du triangle BMN : d'où il suit évidemment que, comme BF est à NM, ainsi AL, celui des côtés du triangle ALB qui se rapporte à BF dans le triangle BFN, c'est-à-dire qui est la subtendue du même angle, est à IG, celui des côtés du triangle BGI qui se rapporte au côté NM du triangle BNM. Puis BF est à NM comme BI est à NI, à cause que les deux triangles BIF et NIM, étant rectangles et ayant le même angle vers I, sont semblables. De plus, si on tire HO parallèle à NB, et qu'on prolonge IB jusques à O, on verra que BI est à NI comme OI est à HI, à cause que les triangles BNI et OHI sont semblables. Enfin, les deux angles HBG et GBI étant égaux par la construction, HOB, qui est égal à GBI, est aussi égal à OHB, à cause que celui-ci est égal à HBG ; et par conséquent le triangle HBO est isoscèle ; et la ligne OB étant égale à HB, la toute OI est égale à DK, d'autant que les deux ensemble HB et IB lui sont égales. Et ainsi, pour reprendre du premier au dernier, AL est à IG comme BF est à NM, et BF à NM comme BI à NI, et BI à NI comme OI à HI, et OI est égal à DK ; donc AL est à IG comme DK est à HI.

Si bien que si, pour tracer l'ellipse DBK, on donne aux lignes DK et HI la proportion qu'on aura connu par expérience être celle qui sert à mesurer la réfraction de tous les rayons qui passent obliquement de l'air dans quelque verre, ou autre matière transparente qu'on veut employer, et qu'on fasse un corps de ce verre qui ait la figure que décriroit cette ellipse si elle se mouvoit circulairement autour de l'essieu DK, les rayons qui seront dans l'air parallèles à cet essieu, comme AB, ab, entrant dans ce verre, s'y détourneront en telle sorte qu'ils iront tous s'assembler au point brûlant I, qui des deux H et I est le plus éloigné du lieu d'où ils viennent. Car vous savez que le rayon AB doit être détourné au point B par la superficie courbe du verre que représente l'ellipse DBK, tout de même qu'il le seroit par la superficie plate du même verre que représente la ligne droite CBE, dans laquelle il doit aller de B vers I, à cause que AL et IG sont l'une à l'autre comme DK et HI, c'est-à-dire comme elles doivent être pour mesurer la réfraction. Et le point B ayant été pris à discrétion dans l'ellipse, tout ce que nous avons démontré de ce rayon AB se doit entendre en même façon de tous les autres parallèles à DK, qui tombent sur les autres points de cette ellipse, en sorte qu'ils doivent tous aller vers I.

De plus, à cause que tous les rayons qui tendent vers le centre d'un cercle ou d'un globe, tombant perpendiculairement sur sa superficie, n'y doivent souffrir aucune réfraction, si du centre I* on fait un cercle à telle distance qu'on voudra, pourvu qu'il passe entre D et I, comme BQB, les lignes DB et QB, tournant autour de l'essieu DQ, décriront la figure d'un verre, qui assemblera dans l'air

* Figure 35.

au point I tous les rayons qui auront été de l'autre côté, aussi dans l'air, parallèles à cet essieu, et réciproquement qui fera que tous ceux qui seront venus du point I se rendront parallèles de l'autre côté.

Et si du même centre I[1] on décrit le cercle RO à telle distance qu'on voudra au-delà du point D, et qu'ayant pris le point B dans l'ellipse à discrétion, pourvu toutefois qu'il ne soit pas plus éloigné de D que de K, on tire la ligne droite BO, qui tende vers I, les lignes RO, OB et BD, mues circulairement autour de l'essieu DR, décriront la figure d'un verre qui fera que les rayons parallèles à cet essieu du côté de l'ellipse s'écarteront çà et là de l'autre côté, comme s'ils venoient tous du point I; car il est manifeste que, par exemple, le rayon PB[2] doit être autant détourné par la superficie creuse du verre DBA, comme AB par la convexe ou bossue du verre DBK, et par conséquent que BO doit être en même ligne droite que BI, puisque PB est en même ligne droite que BA, et ainsi des autres.

Et si, derechef, dans l'ellipse DBK[3] on en décrit une autre plus petite, mais de même espèce, comme *dbk*, dont le point brûlant marqué I soit en même lieu que celui de la précédente aussi marqué I, et l'autre *h* en même ligne droite et vers le

[1] Figure 36. — [2] Figure 34. — [3] Figure 37.

même côté que DH, et qu'ayant pris B à discrétion, comme ci-devant, on tire la ligne droite B*b*, qui tende vers I, les lignes DB, B*b*, *bd*, mues autour de l'essieu D*d*, décriront la figure d'un verre qui fera que tous les rayons qui, avant que de le rencontrer auront été parallèles, se trouveront derechef parallèles après en être sortis, et qu'avec cela ils seront plus resserrés et occuperont un moindre espace du côté de la plus petite ellipse *db* que de celui de la plus grande. Et si, pour éviter l'épaisseur de ce verre DB *bd*, on décrit du centre I les cercles QB et *ro*, les superficies DBQ et *robd* représenteront les figures et la situation de deux verres moins épais qui auront en cela son même effet.

Et si on dispose les deux verres semblables DBQ[1] et *dbq* inégaux en grandeur, en telle sorte que leurs essieux soient en une même ligne droite, et leurs deux points brûlants extérieurs marqués I en un même lieu, et que leurs superficies circulaires BQ, *bq* se regardent l'une l'autre, ils auront aussi en cela le même effet.

Et si on joint ces deux verres semblables, inégaux en grandeur, DBQ[2] et *dbq*, ou qu'on les mette à telle distance qu'on voudra l'un de l'autre, pourvu seulement que leurs essieux soient en même ligne droite, et que leurs superficies elliptiques se re-

[1] Figure 38. — [2] Figure 39.

gardent, ils feront que tous les rayons qui viendront du point brûlant de l'un marqué I s'iront assembler en l'autre aussi marqué I.

Et si on joint les deux différents *dbq* [1] et DBOR en sorte aussi que leurs superficies DB et BD se regardent, ils feront que les rayons qui viendront du point *i*, que l'ellipse du verre *dbq* a pour son point brûlant, s'écarteront comme s'ils venoient du point I qui est le point brûlant du verre BDOR, ou, réciproquement, que ceux qui tendent vers ce point I s'iront assembler en l'autre marqué *i*.

Et enfin, si on joint les deux *dbor* [2] et DBOR toujours en sorte que leurs superficies *db*, BD se regardent, on fera que les rayons qui, en traversant l'un de ces verres tendent au-delà vers I, s'écarteront derechef, en sortant de l'autre, comme s'ils venoient de l'autre point *i*. Et on peut faire la distance de chacun de ces points marqués Ii plus ou moins grande, autant qu'on veut, en changeant la grandeur de l'ellipse dont il dépend; en sorte que, avec l'ellipse seule et la ligne circulaire, on peut décrire des verres qui fassent que les rayons qui viennent d'un point, ou tendent vers un point, ou sont parallèles, changent de l'une en l'autre de ces trois sortes de dispositions en toutes les façons qui puissent être imaginées.

L'hyperbole est aussi une ligne courbe que les

[1] Figure 40. — [2] Figure 31.

mathématiciens expliquent par la section d'un cône, comme l'ellipse; mais, afin de vous la faire mieux concevoir, j'introduirai encore ici un jardinier, qui s'en sert à compasser la broderie de quelque parterre. Il plante derechef ses deux piquets aux points H [1] et I; et, ayant attaché au bout d'une longue règle le bout d'une corde un peu plus courte, il fait un trou rond à l'autre bout de cette règle dans lequel il fait entrer le piquet I, et une boucle à l'autre bout de cette corde qu'il passe dans le piquet H; puis, mettant le doigt au point X où elles sont attachées l'une à l'autre, il le coule de là en bas jusques à D, tenant toujours cependant la corde toute jointe et comme collée contre la règle depuis le point X jusques à l'endroit où il la touche, et avec cela toute tendue, au moyen de quoi, contraignant cette règle de tourner autour du piquet I à mesure qu'il abaisse son doigt, il décrit sur la terre la ligne courbe XBD, qui est une partie d'une hyperbole; et après cela, tournant sa règle de l'autre côté vers Y, il en décrit en même façon une autre partie YD; et de plus, s'il passe la boucle de sa corde dans le piquet I, et le bout de sa règle dans le piquet H, il décrira une autre hyperbole SKT, toute semblable et opposée à la précédente. Mais, si, sans changer ses piquets ni sa règle, il fait seulement sa corde un peu plus longue, il décrira une hyperbole d'une

[1] Figure 12.

autre espèce, et, s'il la fait encore un peu plus longue, il en décrira encore une d'autre espèce, jusques à ce que, la faisant tout-à-fait égale à la règle, il décrira au lieu d'une hyperbole une ligne droite ; puis, s'il change la distance de ses piquets en même proportion que la différence qui est entre les longueurs de la règle et de la corde, il décrira des hyperboles qui seront toutes de même espèce, mais dont les parties semblables seront différentes en grandeur. Et enfin, s'il augmente également les longueurs de la corde et de la règle, sans changer ni leur différence ni la distance des deux piquets, il ne décrira toujours qu'une même hyperbole, mais il en décrira une plus grande partie ; car cette ligne est de telle nature que, bien qu'elle se courbe toujours de plus en plus vers un même côté, elle se peut toutefois étendre à l'infini sans que jamais ses extrémités se rencontrent : et ainsi vous voyez qu'elle a en plusieurs façons même rapport à la ligne droite que l'ellipse à la circulaire ; et vous voyez aussi qu'il y en a d'une infinité de diverses espèces, et qu'en chaque espèce il y en a une infinité dont les parties semblables sont différentes en grandeur. Et de plus, que si, d'un point comme B, pris à discrétion dans l'une d'elles, on tire deux lignes droites vers les deux points, comme H et I, où les deux piquets doivent être plantés pour la décrire, et que nous nommerons encore les points brûlants, la différence de ces deux lignes HB et IB sera toujours égale à la ligne DK, qui marque la distance qui est entre les hyperboles opposées : ce qui paroît de ce que BI est plus longue que BH d'autant justement que la règle a été prise plus longue que la corde, et que DI est aussi d'autant plus longue que DH ; car, si on accourcit celle-ci DI de KI, qui est égal à DH, on aura DK pour leur différence. Et, enfin, vous voyez que les hyperboles qu'on décrit, en mettant toujours même proportion entre DK et HI, sont toutes d'une même espèce ; puis, outre cela, il est besoin que vous sachiez que si, par le point B [1] pris à discrétion dans une hyperbole, on tire la ligne droite CE, qui divise l'angle HBI en deux parties égales, la même CE touchera cette hyperbole en ce point B sans la couper, de quoi les géomètres savent assez la démonstration.

Mais je veux ici ensuite vous faire voir que si, de ce même point B, on tire vers le dedans de l'hyperbole la ligne droite BA parallèle à DK, et qu'on tire aussi par le même point B la ligne LG qui coupe CE à angles droits, puis, ayant pris BA égale à BI, que des points A et I on tire sur LG les deux perpendiculaires AL et IG, ces deux dernières AL et IG auront entre elles même proportion que les deux DK et HI. Et ensuite que, si on donne la figure de

[1] Figure 13

cette hyperbole à un corps de verre dans lequel les réfractions se mesurent par la proportion qui est entre les lignes DK et HI, elle fera que tous les rayons qui seront parallèles à son essieu dans ce verre s'iront assembler au dehors au point I, au moins si ce verre est convexe; et s'il est concave, qu'ils s'écarteront çà et là, comme s'ils venoient de ce point I.

Ce qui peut être ainsi démontré : premièrement, si on tire du point B la ligne BF perpendiculaire sur KD prolongée autant qu'il est besoin, et du point N, où LG et KD s'entre-coupent, la ligne NM perpendiculaire sur IB aussi prolongée, on trouvera que AL est à IG comme BF est à NM; car, d'une part, les triangles BFN et BLA sont semblables, à cause qu'ils sont tous deux rectangles, et que NF et BA étant parallèles, les angles FNB et LBA sont égaux; et, d'autre part, les triangles IGB et NMB sont aussi semblables, à cause qu'ils sont rectangles, et que les angles IBG et NBM sont égaux. Et, outre cela, comme la même BN sert de base aux deux triangles BFN et NMB, ainsi BA, la base du triangle ALB, est égale à BI, la base du triangle IGB; d'où il suit que, comme les côtés du triangle BFN sont à ceux du triangle NMB, ainsi ceux du triangle ALB sont aussi à ceux du triangle IGB. Puis BF est à NM comme BI est à NI, à cause que les deux triangles BIF et NIM, étant rectangles et ayant le même angle vers I, sont semblables. De plus, si on tire HO parallèle à LG, on verra que BI est à NI comme OI est à HI, à cause que les triangles BNI et OHI sont semblables. Enfin les deux angles EBH et EBI étant égaux par la construction, et HO qui est parallèle à LG, coupant comme elle CE à angles droits, les deux triangles BEH et BEO sont entièrement égaux. Et ainsi BH la base de l'un, étant égale à BO la base de l'autre, il reste OI pour la différence qui est entre BH et BI, laquelle nous avons dit être égale à DK : si bien que AL est à IG comme DK est à HI. D'où il suit que, mettant toujours entre les lignes DK et HI la proportion qui peut servir à mesurer les réfractions du verre, ou autre matière qu'on veut employer, ainsi que nous avons fait pour tracer les ellipses, excepté que DK ne peut être ici que la plus courte, au lieu qu'elle ne pouvoit être auparavant que la plus longue, si on trace une portion d'hyperbole tant grande qu'on voudra, comme DB[1], et que de B on fasse descendre, à angles droits sur KD, la ligne droite BQ, les deux lignes DB et QB, tournant autour de l'essieu DQ, décriront la figure d'un verre, qui fera que tous les rayons qui le traverseront, et seront dans l'air parallèles à cet essieu du côté de la superficie plate BQ, en laquelle, comme vous savez, ils ne souffriront aucune réfraction, s'assembleront de l'autre côté au point I.

[1] Figure 44.

Et si, ayant tracé l'hyperbole *db* [1] semblable à la précédente, on tire la ligne droite *ro* en tel lieu qu'on voudra, pourvu que, sans couper cette hyperbole, elle tombe perpendiculairement sur son essieu *dk*; et qu'on joigne les deux points *b* et *o* par une autre ligne droite parallèle à *dk*, les trois lignes *ro*, *ob* et *bd*, mues autour de l'essieu *dk*, décriront la figure d'un verre qui fera que tous les rayons, qui seront parallèles à son essieu du côté de sa superficie plate, s'écarteront çà et là de l'autre côté, comme s'ils venoient du point I.

Et si, ayant pris la ligne *hI* [2] plus courte pour tracer l'hyperbole du verre *robd* que pour celle du verre DBQ, on dispose ces deux verres en telle sorte que leurs essieux DQ, *rd* soient en même ligne droite, et leurs deux points brûlants marqués I en même lieu, et que leurs deux superficies hyperboliques se regardent [2], ils feront que tous les rayons qui, avant que de les rencontrer, auront été parallèles à leurs essieux, le seront encore après les avoir tous deux traversés, et avec cela seront resserrés en un moindre espace du côté du verre *robd* que de l'autre.

Et si on dispose les deux verres semblables DBQ [3] et *dbq* inégaux en grandeur, en telle sorte que leurs essieux DQ, *dq* soient aussi en même ligne droite, et leurs deux points brûlants marqués I en même

[1] Figure 45.   [2] Figure 46.   [3] Figure 47.

lieu, et que leurs deux superficies hyperboliques se regardent, ils feront, comme les précédents, que les rayons parallèles d'un côté de leur essieu le seront aussi de l'autre, et avec cela seront resserrés en moindre espace du côté du moindre verre.

Et si on joint les superficies plates de ces deux verres DBQ et *dbq*[1], ou qu'on les mette à telle distance qu'on voudra l'un de l'autre, pourvu seulement que leurs superficies plates se regardent sans qu'il soit besoin avec cela que leurs essieux soient en même ligne droite; ou plutôt, si on compose un autre verre qui ait la figure de ces deux ainsi conjoints, on fera par son moyen que les rayons qui viendront de l'un des points marqués I s'iront assembler en l'autre de l'autre côté.

Et si on compose un verre qui ait la figure des deux DBQ et *robd*[2] tellement joints que leurs superficies plates s'entre-touchent, on fera que les rayons qui seront venus de l'un des points I s'écarteront comme s'ils étoient venus de l'autre.

Et enfin, si on compose un verre qui ait la figure de deux tels que *robd*[3], derechef tellement joints que leurs superficies plates s'entre-touchent, on fera que les rayons, qui, allant rencontrer ce verre, seront écartés comme pour s'assembler au point I qui est de l'autre côté, seront derechef écartés après

[1] Figure 18. — [2] Figure 19. — [3] Figure 20.

l'avoir traversé comme s'ils étoient venus de l'autre point *i*.

Et tout ceci est, ce me semble, si clair, qu'il est seulement besoin d'ouvrir les yeux et de considérer les figures pour l'entendre.

Au reste, les mêmes changements de ces rayons, que je viens d'expliquer, premièrement par deux verres elliptiques, et après par deux hyperboliques, peuvent aussi être causés par deux dont l'un soit elliptique et l'autre hyperbolique. Et de plus, on peut encore imaginer une infinité d'autres verres qui fassent comme ceux-ci, que tous les rayons qui viennent d'un point, ou tendent vers un point, ou sont parallèles, se changent exactement de l'une en l'autre de ces trois dispositions. Mais je ne pense pas avoir ici aucun besoin d'en parler, à cause que je les pourrai plus commodément expliquer ci-après en la géométrie, et que ceux que j'ai décrits sont les plus propres de tous à mon dessein, ainsi que je veux tâcher maintenant de prouver, et vous faire voir par même moyen lesquels d'entre eux y sont les plus propres, en vous faisant considérer toutes les principales choses en quoi ils diffèrent.

La première est que les figures des uns sont beaucoup plus aisées à tracer que celles des autres : et il est certain qu'après la ligne droite, la circulaire et la parabole, qui seules ne peuvent suffire pour tracer aucun de ces verres, ainsi que chacun pourra facilement voir, s'il l'examine, il n'y en a point de plus simples que l'ellipse et l'hyperbole, en sorte que la ligne droite étant plus aisée à tracer que la circulaire, et l'hyperbole ne l'étant pas moins que l'ellipse, ceux dont les figures sont composées d'hyperboles et de lignes droites sont les plus aisées à tailler qui puissent être ; puis ensuite ceux dont les figures sont composées d'ellipses et de cercles, en sorte que tous les autres que je n'ai point expliqués le sont moins.

La seconde est qu'entre plusieurs qui changent tous en même façon la disposition des rayons qui se rapportent à un seul point, ou viennent parallèles d'un seul côté, ceux dont les superficies sont le moins courbées ou bien le moins inégalement, en sorte qu'elles causent les moins inégales réfractions, changent toujours un peu plus exactement que les autres la disposition des rayons qui se rapportent aux autres points ou qui viennent des autres côtés. Mais pour entendre ceci parfaitement, il faut considérer que c'est la seule inégalité de la courbure des lignes dont sont composées les figures de ces verres, qui empêche qu'ils ne changent aussi exactement la disposition des rayons qui se rapportent à plusieurs divers points ou viennent parallèles de plusieurs divers côtés, qu'ils font celle de ceux qui se rapportent à un seul point ou viennent parallèles d'un seul côté. Car, par exemple, si, pour faire que tous les rayons qui viennent du point A[1] s'assemblent au point B, il falloit que le verre GHIK, qu'on mettroit entre deux, eût ses superficies toutes plates, en sorte que la ligne droite GH, qui en représente l'une, eût la propriété de faire que tous ces rayons, venant du point A, se rendissent parallèles dans le verre, et par même moyen, que l'autre ligne droite KI fît que de là ils s'allassent assembler au point B, ces mêmes lignes GH et KI feroient aussi que tous les rayons, venant du point C, s'iroient assembler au point D; et généralement que tous ceux qui viendroient de quelqu'un des points de la ligne droite AC, que je suppose parallèle à GH, s'iroient assembler en quelqu'un des points de BD, que je suppose aussi parallèle à KI, et autant éloigné d'elle que AC est de GH : d'autant que ces lignes GH et KI n'étant aucunement courbées, tous les points de ces autres AC et BD se rapportent à elles en même façon les uns que les autres. Tout de même, si c'étoit le verre LMNO[2], dont je suppose les superficies LMN et LON être deux égales portions de sphère, qui eût la propriété de faire que tous les rayons venant du point A s'allassent assembler au point B, il l'auroit aussi de faire que ceux du point C s'assemblassent au point D, et généralement que tous ceux de quel-

[1] Figure 51. — [2] Figure 52.

qu'un des points de la superficie CA, que je suppose être une portion de sphère, qui a même centre que LMN, s'assembleroient en quelqu'un de ceux de BD, que je suppose aussi une portion de sphère, qui a même centre que LON, et en est aussi éloignée que AC est de LMN, d'autant que toutes les parties de ces superficies LMN et LON sont également courbées au respect de tous les points qui sont dans les superficies CA et BD. Mais à cause qu'il n'y a point d'autres lignes en la nature que la droite et la circulaire, dont toutes les parties se rapportent en même façon à plusieurs divers points, et que ni l'une ni l'autre ne peuvent suffire pour composer la figure d'un verre, qui fasse que tous les rayons qui viennent d'un point s'assemblent en un autre point exactement, il est évident qu'aucune de celles qui y sont requises ne fera que tous les rayons qui viendront de quelques autres points s'assemblent exactement en d'autres points. Et que, pour choisir celles d'entre elles qui peuvent faire que ces rayons s'écartent le moins des lieux où on les voudroit assembler, il faut prendre les moins courbées et les moins inégalement courbées, afin qu'elles approchent le plus de la droite ou de la circulaire, et encore plutôt de la droite que de la circulaire, à cause que les parties de celle-ci ne se rapportent d'une même façon qu'à tous les points qui sont également distants de son centre, et ne se rapportent à aucuns autres en même façon qu'elles font à ce centre; d'où il est aisé de conclure qu'en ceci l'hyperbole surpasse l'ellipse, et qu'il est impossible d'imaginer des verres d'aucune autre figure qui rassemblent tous les rayons venant de divers points en autant d'autres points également éloignés d'eux si exactement que celui dont la figure sera composée d'hyperboles. Et même, sans que je m'arrête à vous en faire ici une démonstration plus exacte, vous pouvez facilement appliquer ceci aux autres façons de changer la disposition des rayons qui se rapportent à divers points ou viennent parallèles de divers côtés, et connoître que pour toutes, ou les verres hyperboliques y sont plus propres qu'aucuns autres, ou du moins qu'ils n'y sont pas notablement moins propres, en sorte que cela ne peut être mis en contre-poids avec la facilité d'être taillés, en quoi ils surpassent tous les autres.

La troisième différence de ces verres est que les uns font que les rayons qui se croisent en les traversant se trouvent un peu plus écartés de l'un de leurs côtés que de l'autre, et que les autres font tout le contraire. Comme si les rayons GG' sont ceux qui viennent du centre du soleil, et que H soient ceux qui viennent du côté gauche de sa cir-

* Figure 53

conférence, et KK ceux qui viennent du droit, ces rayons s'écartent un peu plus les uns des autres, après avoir traversé le verre hyperbolique DEF, qu'ils ne faisoient auparavant : et, au contraire, ils s'écartent moins après avoir traversé l'elliptique ABC¹, en sorte que cet elliptique rend les points LHM plus proches les uns des autres, que ne fait l'hyperbolique, et même il les rend d'autant plus proches qu'il est plus épais ; mais, néanmoins, tant épais qu'on le puisse faire, il ne les peut rendre qu'environ d'un quart ou d'un tiers plus proches que l'hyperbolique : ce qui se mesure par la quantité des réfractions que cause le verre ; en sorte que le cristal de montagne, dans lequel elles se font un peu plus grandes, doit rendre cette inégalité un peu plus grande. Mais il n'y a point de verre d'aucune autre figure qu'on puisse imaginer qui fasse que les points LHM soient notablement plus éloignés que fait cet hyperbolique, ni moins que fait cet elliptique.

Or vous pouvez ici remarquer par occasion en quel sens il faut entendre ce que j'ai dit ci-dessus, que les rayons venant de divers points, ou parallèles de divers côtés, se croisent tous dès la première superficie qui a la puissance de faire qu'ils se rassemblent à peu près en autant d'autres divers points : comme lorsque j'ai dit que ceux de l'objet

¹ Figure 54.

VXY¹, qui forment l'image RST sur le fond de l'œil, se croisent dès la première de ses superficies BCD. Ce qui dépend de ce que, par exemple, les trois rayons VCR, XCS et YCT se croisent véritablement sur cette superficie BCD au point C; d'où vient qu'encore que VDR se croise avec YBT beaucoup plus haut, et VBR avec YDT beaucoup plus bas, toutefois, pour ce qu'ils tendent vers les mêmes points que font VCR et YCT, on les peut considérer tout de même que s'ils se croisoient aussi au même lieu. Et, pourceque c'est cette superficie BCD qui les fait ainsi tendre vers les mêmes points, on doit plutôt penser que c'est au lieu où elle est qu'ils se croisent tous, que non pas plus haut ni plus bas; sans même que ce que les autres superficies, comme 1,2,3 et 4,5,6, les peuvent détourner, en empêche. Non plus qu'encore que les deux bâtons ACD et BCE², qui sont courbés, s'écartent beaucoup des points F et G, vers lesquels ils s'iroient rendre, si, se croisant autant qu'ils font au point C, avec cela ils étoient droits; ce ne laisse pas d'être véritablement en ce point C qu'ils se croisent. Mais ils pourroient bien être si courbés que cela les feroit croiser derechef en un autre lieu. Et, en même façon, les rayons qui traversent les deux verres convexes DBQ³ et dbq se croisent sur la superficie du premier, puis se recroisent derechef sur

¹ Figure 13. — ² Figure 55. — ³ Figure 47.

celle de l'autre, au moins ceux qui viennent de divers côtés; car, pour ceux qui viennent d'un même côté, il est manifeste que ce n'est qu'au point brûlant marqué I qu'ils se croisent.

Vous pouvez remarquer aussi par occasion que les rayons du soleil ramassés par le verre elliptique ABC[1] doivent brûler avec plus de force qu'étant ramassés par l'hyperbolique DEF[2]. Car il ne faut pas seulement prendre garde aux rayons qui viennent du centre du soleil, comme GG, mais aussi à tous les autres qui, venant des autres points de sa superficie, n'ont pas sensiblement moins de force que ceux du centre; en sorte que la violence de la chaleur qu'ils peuvent causer se doit mesurer par la grandeur du corps qui les assemble, comparée avec celle de l'espace où il les assemble : comme si le diamètre du verre ABC[3] est quatre fois plus grand que la distance qui est entre les points M et L, les rayons ramassés par ce verre doivent avoir seize fois plus de force que s'ils ne passoient que par un verre plat qui ne les détournât aucunement. Et, pourceque la distance qui est entre ces points M et L est plus ou moins grande, à raison de celle qui est entre eux et le verre ABC, ou autre tel corps qui fait que les rayons s'y assemblent sans que la grandeur du diamètre de ce corps y puisse rien ajouter, ni sa figure particu-

[1] Figure 54. — [2] Figure 53. — [3] Figure 54.

fière, qu'environ un quart ou un tiers tout au plus, il est certain que cette ligne brûlante à l'infini que quelques uns ont imaginée n'est qu'une rêverie. Et qu'ayant deux verres ou miroirs ardents dont l'un soit beaucoup plus grand que l'autre, de quelle façon qu'ils puissent être, pourvu que leurs figures soient toutes pareilles, le plus grand doit bien ramasser les rayons du soleil en un plus grand espace et plus loin de soi que le plus petit ; mais que ces rayons ne doivent point avoir plus de force en chaque partie de cet espace qu'en celui où le plus petit les ramasse ; en sorte qu'on peut faire des verres ou miroirs extrêmement petits qui brûleront avec autant de violence que les plus grands. Et un miroir ardent, dont le diamètre n'est pas plus grand qu'environ la centième partie de la distance qui est entre lui et le lieu où il doit rassembler les rayons du soleil, c'est-à-dire qui a même proportion avec cette distance qu'a le diamètre du soleil avec celle qui est entre lui et nous, fût-il poli par un ange, ne peut faire que les rayons qu'il assemble échauffent plus en l'endroit où il les assemble que ceux qui viennent directement du soleil : ce qui se doit aussi entendre des verres brûlants à proportion. D'où vous pouvez voir que ceux qui ne sont qu'à demi savants en l'optique se laissent persuader beaucoup de choses qui sont impossibles, et que ces miroirs dont on a dit qu'Archimède brûloit des navires de fort loin devoient être extrêmement grands, ou plutôt qu'ils sont fabuleux.

La quatrième différence qui doit être remarquée entre les verres dont il est ici question appartient particulièrement à ceux qui changent la disposition des rayons qui viennent de quelque point assez proche d'eux, et consiste en ce que les uns, à savoir ceux dont la superficie qui regarde vers ce point est la plus creuse à raison de leur grandeur, peuvent recevoir plus grande quantité de ces rayons que les autres, encore que leur diamètre ne soit point plus grand. Et en ceci le verre elliptique NOP[1], que je suppose si grand que ses extrémités N et P sont les points où se termine le plus petit diamètre de l'ellipse, surpasse l'hyperbolique QRS[2], quoiqu'on le suppose aussi tant grand qu'on voudra; et il ne peut être surpassé par ceux d'aucune autre figure. Enfin, ces verres diffèrent encore en ce que, pour produire les mêmes effets eu égard aux rayons qui se rapportent à un seul point ou à un seul côté, les uns doivent être plus en nombre que les autres, ou doivent faire que les rayons qui se rapportent à divers points ou à divers côtés se croisent plus de fois : comme vous avez vu que pour faire avec les verres elliptiques que les rayons qui viennent d'un point s'assemblent en un autre point, ou s'écartent comme s'ils venoient d'un autre

---

[1] Figure 56. — [2] Figure 57.

point, ou que ceux qui tendent vers un point s'écartent derechef comme s'ils venoient d'un autre point, il est toujours besoin d'y en employer deux, au lieu qu'il n'y en faut employer qu'un seul si on se sert des hyperboliques ; et qu'on peut faire que les rayons parallèles, demeurant parallèles, occupent un moindre espace qu'auparavant, tant par le moyen de deux verres hyperboliques convexes qui font que les rayons qui viennent de divers côtés se croisent deux fois, que par le moyen d'un convexe et d'un concave qui font qu'ils ne se croisent qu'une fois. Mais il est évident que jamais on ne doit employer plusieurs verres à ce qui peut être aussi bien fait par l'aide d'un seul, ni faire que les rayons se croisent plusieurs fois lorsqu'une suffit.

Et généralement il faut conclure de tout ceci que les verres hyperboliques et les elliptiques sont préférables à tous les autres qui puissent être imaginés, et même que les hyperboliques sont quasi en tout préférables aux elliptiques. Ensuite de quoi je dirai maintenant de quelle façon il me semble qu'on doit composer chaque espèce de lunettes pour les rendre les plus parfaites qu'il est possible.

DISCOURS NEUVIÈME.

LA DESCRIPTION DES LUNETTES.

Il est besoin premièrement de choisir une matière transparente qui, étant assez aisée à tailler, et néanmoins assez dure pour retenir la forme qu'on lui donnera, soit en outre la moins colorée et qui cause le moins de réflexion qu'il est possible. Et on n'en a point encore trouvé qui ait ces qualités en plus grande perfection que le verre, lorsqu'il est fort clair et fort pur, et composé de cendres fort subtiles. Car, encore que le cristal de montagne semble plus net et plus transparent, toutefois, pourceque ses superficies causent la réflexion de plus de rayons que celles du verre, ainsi que l'expérience semble nous apprendre, il ne sera peut-être pas si propre à notre dessein. Or, afin que vous sachiez la cause de cette réflexion, et pourquoi elle se fait plutôt sur les superficies tant du verre que du cristal que non pas en l'épaisseur de leur corps, et pourquoi elle s'y fait plus grande dans le cristal que dans le verre, il faut que vous

vous souveniez de la façon dont je vous ai ci-dessus fait concevoir la nature de la lumière; lorsque j'ai dit qu'elle n'étoit autre chose dans les corps transparents que l'action ou inclination à se mouvoir d'une certaine matière très subtile qui remplit leurs pores, et que vous pensiez que les pores de chacun de ces corps transparents sont si unis et si droits que la matière subtile qui peut y entrer coule facilement tout du long sans y rien trouver qui l'arrête; mais que ceux de deux corps transparents de diverse nature, comme ceux de l'air et ceux du verre ou du cristal, ne se rapportent jamais si justement les uns aux autres qu'il n'y ait toujours plusieurs des parties de la matière subtile qui, par exemple, venant de l'air vers le verre, s'y réfléchissent, à cause qu'elles rencontrent les parties solides de sa superficie : et tout de même, venant du verre vers l'air, se réfléchissent et retournent au dedans de ce verre, à cause qu'elles rencontrent les parties solides de la superficie de cet air; car il y en a aussi beaucoup en l'air qui peuvent être nommées solides à comparaison de cette matière subtile. Puis, en considérant que les parties solides du cristal sont encore plus grosses que celles du verre et ses pores plus serrés, ainsi qu'il est aisé à juger de ce qu'il est plus dur et plus pesant, on peut bien penser qu'il doit causer ses réflexions encore plus fortes, et par conséquent donner passage à moins de rayons que ne fait ni l'air ni le verre, bien que cependant il le donne plus libre à ceux auxquels il le donne, suivant ce qui a été dit ci-dessus.

Ayant donc ainsi choisi le verre le plus pur, le moins coloré, et celui qui cause le moins de réflexion qu'il est possible, si on veut par son moyen corriger le défaut de ceux qui ne voient pas si bien les objets un peu éloignés que les proches, ou les proches que les éloignés, les figures les plus propres à cet effet sont celles qui se tracent par des hyperboles. Comme, par exemple, l'œil B ou C¹, étant disposé à faire que tous les rayons qui viennent du point H ou I s'assemblent exactement au milieu de son fond, et non pas ceux du point V ou X, il faut, pour lui faire voir distinctement l'objet qui est vers V ou X, mettre entre deux le verre O ou P, dont les superficies, l'une convexe et l'autre concave, ayant les figures tracées par deux hyperboles qui soient telles que H ou I soit le point brûlant de la concave, qui doit être tournée vers l'œil, et V ou X celui de la convexe.

Et si on suppose le point I ou V assez éloigné, comme seulement à quinze ou vingt pieds de distance, il suffira, au lieu de l'hyperbole dont il devroit être le point brûlant, de se servir d'une ligne droite, et ainsi de faire l'une des superficies du

¹ Figures 17 et 18.

verre toute plate, à savoir l'intérieure qui regarde vers l'œil, si c'est I qui soit assez éloigné; ou l'extérieure, si c'est V. Car lors une partie de l'objet de la grandeur de la prunelle pourra tenir lieu d'un seul point, à cause que son image n'occupera guère plus d'espace au fond de l'œil que l'extrémité de l'un des petits filets du nerf optique. Et même il n'est pas besoin de se servir de verres différents à chaque fois qu'on veut regarder des objets un peu plus ou moins éloignés l'un que l'autre; mais c'est assez pour l'usage d'en avoir deux, dont l'un soit proportionné à la moindre distance des choses qu'on a coutume de regarder, et l'autre à la plus grande; ou même seulement d'en avoir un qui soit moyen entre ces deux. Car les yeux auxquels on les veut approprier, n'étant point tout-à-fait inflexibles, peuvent aisément assez changer leur figure pour l'accommoder à celle d'un tel verre.

Que si on veut, par le moyen aussi d'un seul verre, faire que les objets accessibles, c'est-à-dire ceux qu'on peut approcher de l'œil autant qu'on veut, paroissent beaucoup plus grands et se voient beaucoup plus distinctement que sans lunettes, le plus commode sera de faire celle des superficies de ce verre qui doit être tournée vers l'œil toute plate, et donner à l'autre la figure d'une hyperbole dont le point brûlant soit au lieu où on voudra mettre l'objet; mais notez que je dis le plus commode, car j'avoue bien que, donnant à la superficie de ce verre la figure d'une ellipse dont le point brûlant soit aussi au lieu où on voudra mettre l'objet, et à l'autre celle d'une partie de sphère dont le centre soit au même lieu que ce point brûlant, l'effet en pourra être un peu plus grand; mais en revanche un tel verre ne pourra pas si commodément être taillé. Or ce point brûlant, soit de l'hyperbole, soit de l'ellipse, doit être si proche, que l'objet, qu'il faut supposer fort petit, y étant mis, il ne reste entre lui et le verre que justement autant d'espace qu'il en faut pour donner passage à la lumière qui doit l'éclairer. Et il faut enchâsser ce verre en telle sorte qu'il n'en reste rien de découvert que le milieu, qui soit environ de pareille grandeur que la prunelle ou même un peu plus petit; et que la matière en quoi il sera enchâssé soit toute noire du côté qui doit être tourné vers l'œil, ou même aussi il ne sera pas inutile qu'elle soit garnie tout autour d'un bord de panne ou velours noir, afin qu'on la puisse commodément appuyer tout contre l'œil, et ainsi empêcher qu'il n'aille vers lui aucune lumière que par l'ouverture du verre; mais en dehors il sera bon qu'elle soit toute blanche ou plutôt toute polie, et qu'elle ait la figure d'un miroir creux, en sorte qu'elle renvoie sur l'objet tous les rayons de la lumière qui viennent vers elle. Et, pour soutenir cet objet en l'endroit où il doit être posé pour être vu, je ne désapprouve pas ces petites fioles de verre ou de cristal fort transparent, dont l'usage est déjà en France assez commun ; mais, pour rendre la chose plus exacte, il vaudra encore mieux qu'il y soit tenu ferme par un ou deux petits ressorts, en forme de bras, qui sortent du châssis de la lunette. Enfin, pour ne manquer point de lumière, il faudra, en regardant cet objet, le tourner tout droit vers le soleil. Comme si A [1] est le verre, C la partie intérieure de la matière en laquelle il est enchâssé, D l'extérieure, E l'objet, G le petit bras qui le soutient, H l'œil, et I le soleil, dont les rayons ne vont point en l'œil directement, à cause de l'interposition tant de la lunette que de l'objet, mais donnant contre le corps blanc ou le miroir D, ils se réfléchissent premièrement de là vers E, puis de E ils se réfléchissent vers l'œil.

Que si on veut faire une lunette la plus parfaite qui puisse être pour servir à voir les astres ou autres objets fort éloignés et inaccessibles, on la doit composer de deux verres hyperboliques, l'un convexe et l'autre concave, mis dans les deux bouts d'un tuyau en la façon que vous voyez ici représentée [2]. Et premièrement, *abc*, la superficie du verre concave *abcdef*, doit avoir la figure d'une

---

[1] Figure 58. — [2] Figure 59.

hyperbole qui ait son point brûlant à la distance à laquelle l'œil pour lequel on prépare cette lunette peut voir le plus distinctement ses objets. Comme ici l'œil G étant disposé à voir plus distinctement les objets qui sont vers H qu'aucuns autres, H doit être le point brûlant de l'hyperbole *abc*; et pour les vieillards qui voient mieux les objets fort éloignés que les proches, cette superficie *abc* doit être toute plate; au lieu que pour ceux qui ont la vue fort courte elle doit être assez concave. Puis, l'autre superficie *def* doit avoir la figure d'une autre hyperbole, dont le point brûlant I soit éloigné d'elle de la largeur d'un pouce ou environ, en sorte qu'il se rencontre vers le fond de l'œil lorsque ce verre est appliqué tout contre sa superficie. Notez toutefois que ces proportions ne sont pas si absolument nécessaires qu'elles ne puissent beaucoup être changées; en sorte que, sans tailler autrement la superficie *abc* pour ceux qui ont la vue courte ou longue que pour les autres, on peut assez commodément se servir d'une même lunette pour toutes sortes d'yeux en alongeant seulement ou accourcissant le tuyau. Et pour la superficie *def*, peut-être qu'à cause de la difficulté qu'on aura à la creuser tant, comme j'ai dit, il sera plus aisé de lui donner la figure d'une hyperbole dont le point brûlant soit un peu plus éloigné, ce que l'expérience enseignera mieux que mes raisons. Et je puis seulement dire en général que les autres choses étant égales, d'autant que ce point I sera plus proche, d'autant les objets paroîtront plus grands, à cause qu'il faudra disposer l'œil comme s'ils étoient plus près de lui ; et que la vision pourra être plus forte et plus claire, à cause que l'autre verre pourra être plus grand ; mais qu'elle ne sera pas si distincte, si on le rend par trop proche, à cause qu'il y aura plusieurs rayons qui tomberont trop obliquement sur sa superficie au prix des autres. Pour la grandeur de ce verre, la portion qui en demeure découverte, lorsqu'il est enchâssé dans le tuyau KLM, n'a besoin d'excéder que de fort peu la plus grande ouverture de la prunelle. Et pour son épaisseur, elle ne sauroit être trop petite; car, encore qu'en l'augmentant on puisse faire que l'image des objets soit un peu plus grande, à cause que les rayons qui viennent de divers points s'écartent un peu plus du côté de l'œil, on fait aussi en revanche qu'ils paroissent en moindre quantité et moins clairs; et l'avantage de faire que leurs images deviennent plus grandes se peut mieux gagner par autre moyen. Quant au verre convexe NOPQ, sa superficie NQP, qui est tournée vers les objets, doit être toute plate; et l'autre NOP doit avoir la figure d'une hyperbole dont le point brûlant I tombe exactement au même lieu que celui de l'hyperbole *def* de l'autre verre, et soit d'autant plus éloigné du point O qu'on veut avoir une lunette plus parfaite. Ensuite de quoi la grandeur de son diamètre NP se détermine par les deux lignes droites IdN et IfP, tirées du point brûlant I, par d et f, les extrémités du diamètre du verre hyperbolique def, que je suppose égaler celui de la prunelle ; où toutefois il faut remarquer qu'encore que le diamètre de ce verre NOPQ soit plus petit, les objets n'en paroîtront que d'autant plus distincts, et n'en paroîtront pas moindres pour cela ni en moindre quantité, mais seulement moins éclairés : c'est pourquoi, lorsqu'ils le sont trop, on doit avoir divers cercles de carton noir ou autre telle matière, comme 1, 2, 3, pour couvrir ses bords, et le rendre par ce moyen le plus petit que la force de la lumière qui vient des objets pourra permettre. Pour ce qui est de l'épaisseur de ce verre, elle ne peut de rien profiter ni aussi de rien nuire, sinon en tant que le verre n'est jamais si pur et si net qu'il n'empêche toujours le passage de quelque peu plus de rayons que ne fait l'air. Pour le tuyau KLM, il doit être de quelque matière assez ferme et solide, afin que les deux verres, enchâssés en ses deux bouts, y retiennent toujours exactement leur même situation ; et il doit être tout noir par le dedans et même avoir un bord de panne ou velours noir vers M, afin qu'on puisse, en l'appliquant tout contre l'œil, empêcher qu'il n'y entre aucune lumière que par le verre NOPQ; et pour sa longueur et sa largeur, elles sont assez déterminées par la distance et la grandeur des deux verres. Au reste, il est besoin que ce tuyau soit attaché sur quelque machine, comme RST, par le moyen de laquelle il puisse être commodément tourné de tous côtés, et arrêté vis-à-vis des objets qu'on veut regarder; et à cet effet il doit y avoir aussi une mire ou deux pinnules, comme VV, sur cette machine; et même, outre cela, pourceque d'autant que ces lunettes font que les objets paroissent plus grands, d'autant en peuvent-elles moins faire voir à chaque fois, il est besoin d'en joindre avec les plus parfaites quelques autres de moindre force par l'aide desquelles on puisse, comme par degrés, venir à la connoissance du lieu où est l'objet que ces plus parfaites font apercevoir. Comme sont ici XX et YY, que je suppose tellement ajustées avec la plus parfaite QLM, que si on tourne la machine en telle sorte que, par exemple, la planète de Jupiter paroisse au travers des deux pinnules VV, elle paroitra aussi au travers de la lunette XX, par laquelle, outre Jupiter, on pourra aussi distinguer ces autres moindres planètes qui l'accompagnent; et si on fait que quelqu'une de ces moindres planètes se rencontre justement au milieu de cette lunette XX, elle se verra aussi par l'autre YY, où, paroissant seule et beaucoup plus grande que par la précédente, on y pourra distinguer diverses régions : et derechef, entre ces diverses régions, celle du milieu se verra par la lunette KLM, et on y pourra distinguer plusieurs choses particulières par son moyen ; mais on ne pourroit savoir que ces choses fussent en tel endroit de la telle des planètes qui accompagnent Jupiter sans l'aide des deux autres, ni aussi la disposer à montrer ce qui est en tout autre endroit déterminé vers lequel on veut regarder.

On pourra encore ajouter une ou plusieurs autres lunettes plus parfaites avec ces trois, au moins si l'artifice des hommes peut passer si avant ; et il n'y a point de différence entre la façon de ces plus parfaites et de celles qui le sont moins, sinon que leur verre convexe doit être plus grand, et leur point brûlant plus éloigné ; en sorte que, si la main des ouvriers ne nous manque, nous pourrons par cette invention voir des objets aussi particuliers et aussi petits dans les astres que ceux que nous voyons communément sur la terre.

Enfin, si on veut avoir une lunette qui fasse voir les objets proches et accessibles le plus distinctement qu'il se peut, et beaucoup plus que celle que j'ai tantôt décrite pour même effet, on la doit aussi composer de deux verres hyperboliques, l'un concave et l'autre convexe, enchâssés dans les deux bouts d'un tuyau, et dont le concave *abcdef* ¹ soit tout semblable à celui de la précédente; comme aussi NOP la superficie intérieure du convexe. Mais pour l'extérieure NRP, au lieu qu'elle étoit toute plate, elle doit ici être fort convexe et avoir la figure d'une hyperbole, dont le point brûlant extérieur Z soit si proche, que l'objet y étant mis, il ne reste entre lui et le verre qu'autant d'espace qu'il en faut pour donner passage à la lumière qui doit l'éclairer. Puis le diamètre de ce verre n'a pas besoin d'être si grand que pour la lunette précédente, ni ne doit pas aussi être si petit que celui du verre A² de l'autre d'auparavant, mais il doit à peu près être tel que la ligne droite NP passe par le point brûlant intérieur de l'hyperbole NRP; car, étant moindre, il recevroit moins de rayons de l'objet Z, et étant plus grand il n'en recevroit que fort peu davantage; en sorte que son épaisseur, devant être à proportion beaucoup plus augmentée qu'auparavant, elle leur ôteroit bien autant de leur force que sa grandeur leur en donneroit; et, outre cela, l'objet ne pourroit pas être tant éclairé. Il sera bon aussi de poser cette lunette sur quelque machine comme ST, qui la tienne directement tournée vers le soleil. Et il faut enchâsser le verre NOPR dans le milieu d'un miroir creux parabolique comme CC, qui rassemble tous les rayons du soleil au point Z sur l'objet

¹ Figure 60. — ² Figure 58.

qui doit y être soutenu par le petit bras G, qui sorte de quelque endroit de ce miroir : et ce bras doit aussi soutenir autour de cet objet quelque corps noir et obscur, comme HH, justement de la grandeur du verre NOPR, afin qu'il empêche qu'aucuns des rayons du soleil ne tombent directement sur ce verre ; car de là, entrant dans le tuyau, quelques uns d'eux se pourroient réfléchir vers l'œil et affoiblir d'autant la vision ; pourcequ'encore que ce tuyau doive être tout noir par le dedans, il ne le peut être toutefois si parfaitement que sa matière ne cause toujours quelque peu de réflexion lorsque la lumière est fort vive ainsi qu'est celle du soleil. Outre cela, ce corps noir HH doit avoir un trou au milieu, marqué Z, qui soit de la grandeur de l'objet, afin que, si cet objet est en quelque façon transparent, il puisse aussi être éclairé par les rayons qui viennent directement du soleil ; ou même encore, si besoin est, par ces rayons ramassés au point Z par un verre brûlant, comme II, de la grandeur du verre NOPR, en sorte qu'il vienne de tous côtés autant de lumière sur l'objet qu'il en peut souffrir sans en être consumé, et il sera aisé de couvrir une partie de ce miroir CC ou de ce verre II, pour empêcher qu'il n'y en puisse venir trop. Vous voyez bien pourquoi j'ai ici tant de soin de faire que l'objet soit fort éclairé, et qu'il vienne beaucoup de ces rayons vers l'œil ; car le verre

NOPR, qui en cette lunette fait l'office de la prunelle, et dans lequel se croisent ceux de ces rayons qui viennent de divers points, étant beaucoup plus proche de l'objet que de l'œil, est cause qu'ils s'étendent sur les extrémités du nerf optique en un espace beaucoup plus grand que n'est la superficie de l'objet d'où ils viennent ; et vous savez qu'ils y doivent avoir d'autant moins de force qu'ils y sont plus étendus, comme on voit, au contraire, qu'étant rassemblés en un plus petit espace par un miroir ou verre brûlant, ils en ont plus : et c'est de là que dépend la longueur de cette lunette, c'est-à-dire la distance qui doit être entre l'hyperbole NOP et son point brûlant ; car d'autant qu'elle est plus longue, d'autant l'image de l'objet est plus étendue dans le fond de l'œil, ce qui fait que toutes ses petites parties y sont plus distinctes : mais cela même affoiblit aussi tellement leur action qu'enfin elle ne pourroit plus être sentie si cette lunette étoit par trop longue ; en sorte que sa plus grande longueur ne peut être déterminée que par l'expérience, et même elle varie selon que les objets peuvent plus ou moins avoir de lumière sans en être consumés. Je sais bien qu'on pourroit encore ajouter quelques autres moyens pour rendre cette lumière plus forte ; mais, outre qu'ils seroient plus malaisés à mettre en pratique, à peine trouveroit-on des objets qui en pussent souffrir davantage. On pourroit bien aussi, au lieu du verre hyperbolique NOPR, en trouver d'autres qui recevroient quelque peu plus grande quantité de rayons, mais où ils ne feroient pas que ces rayons, venant de divers points de l'objet, s'assemblassent si exactement vers l'œil en autant d'autres divers points, ou il faudroit y employer deux verres au lieu d'un, en sorte que la force de ces rayons ne seroit pas moins diminuée par la multitude des superficies de ces verres qu'elle seroit augmentée par leurs figures, et enfin l'exécution en seroit de beaucoup plus difficile. Seulement vous veux-je encore avertir que ces lunettes ne pouvant être appliquées qu'à un seul œil, il sera mieux de bander l'autre ou le couvrir de quelque voile fort obscur, afin que sa prunelle demeure la plus ouverte qu'il se pourra, que de le laisser exposé à la lumière ou de le fermer par l'aide des muscles qui meuvent ses paupières; car il y a ordinairement telle connexion entre les deux yeux que l'un ne sauroit guère se mouvoir en aucune façon que l'autre ne se dispose à l'imiter. De plus, il ne sera pas inutile non seulement d'appuyer cette lunette tout contre l'œil, en sorte qu'il ne puisse venir vers lui aucune lumière que par elle, mais aussi d'avoir auparavant attendri sa vue en se tenant en lieu obscur, et d'avoir l'imagination disposée comme pour regarder des choses fort éloignées et fort obscures, afin que la prunelle s'ouvre d'autant plus, et ainsi qu'on en puisse voir un objet d'autant plus grand. Car vous savez que cette action de la prunelle ne suit pas immédiatement de la volonté qu'on a de l'ouvrir, mais plutôt de l'idée ou du sentiment qu'on a de l'obscurité et de la distance des choses qu'on regarde.

Au reste, si vous faites un peu de réflexion sur tout ce qui a été dit ci-dessus, et particulièrement sur ce que nous avons requis de la part des organes extérieurs pour rendre la vision la plus parfaite qu'elle puisse être, il ne vous sera pas malaisé à entendre que, par ces diverses façons de lunettes, on y ajoute tout ce que l'art y peut ajouter, sans qu'il soit besoin que je m'arrête à vous en déduire la preuve plus au long. Il ne vous sera pas malaisé non plus à connoître que toutes celles qu'on a eues jusques ici n'ont pu aucunement être parfaites, vu qu'il y a très grande différence entre la ligne circulaire et l'hyperbole, et qu'on a seulement tâché en les faisant à se servir de celle-là pour les effets auxquels j'ai démontré que celle-ci étoit requise ; en sorte qu'on n'a jamais su rencontrer que lorsqu'on a failli si heureusement, que, pensant rendre sphériques les superficies des verres qu'on a taillés, on les a rendues hyperboliques, ou de quelque autre figure équivalente. Et ceci a principalement empêché qu'on n'ait pu bien faire les lunettes qui servent à voir les objets inaccessibles, car leur verre convexe doit être plus grand que celui des autres; et, outre qu'il est moins aisé de rencontrer en beaucoup qu'en peu, la différence qui est entre la figure hyperbolique et la sphérique est bien plus sensible vers les extrémités du verre que vers son centre. Mais, à cause que les artisans jugeront peut-être qu'il y a beaucoup de difficulté à tailler les verres exactement suivant cette figure hyperbolique, je tâcherai encore ici de leur donner une invention par le moyen de laquelle je me persuade qu'ils en pourront assez commodément venir à bout.

DISCOURS DIXIÈME.

DE LA FAÇON DE TAILLER LES VERRES.

Après avoir choisi le verre ou le cristal dont on a dessein de se servir, il est premièrement besoin de chercher la proportion qui, suivant ce qui a été dit ci-dessus, sert de mesure à ses réfractions, et on la pourra commodément trouver par l'aide d'un tel instrument. EFF[1] est une planche ou une règle toute plate et toute droite, et faite de telle matière qu'on voudra, pourvu qu'elle ne soit ni trop luisante ni transparente, afin que la lumière donnant dessus puisse facilement y être discernée de l'ombre. EA et FL sont deux pinnules, c'est-à-dire deux petites lames de telle matière aussi qu'on voudra, pourvu qu'elle ne soit pas transparente, élevées à plomb sur EF, et dans lesquelles il y a deux petits trous ronds A et L, posés justement vis-à-vis l'un de l'autre, en sorte que le rayon AL, passant au travers, soit parallèle à la ligne EF; puis RPQ est une pièce du verre que vous voulez éprou-

[1] Figure 61.

ver, taillée en forme de triangle, dont l'angle RQP est droit, et PRQ est plus aigu que RPQ. Les trois côtés RQ, QP et RP, sont trois faces toutes plates et polies, en sorte que la face QP étant appuyée contre la planche EFI, et l'autre face QR contre la pinnule FL, le rayon du soleil qui passe par les deux trous A et L, pénètre jusques à B au travers du verre PQR sans y souffrir aucune réfraction, à cause qu'il rencontre perpendiculairement sa superficie RQ; mais, étant parvenu au point B, où il rencontre obliquement son autre superficie RP, il n'en peut sortir sans se courber vers quelque point de la planche EF, comme par exemple vers I. Et tout l'usage de cet instrument ne consiste qu'à faire ainsi passer le rayon du soleil par ces trous A et L, afin de connoître par ce moyen le rapport qu'a le point I, c'est-à-dire le centre de la petite ovale de lumière que ce rayon décrit sur la planche EFI, avec les deux autres points B et P, qui sont, B, celui où la ligne droite qui passe par les centres des deux trous A et L se termine sur la superficie RP, et P, celui où cette superficie RP et celle de la planche EFI sont coupées par le plan qu'on imagine passer par les points B et I, et ensemble par les centres des deux trous A et L.

Or, connoissant ainsi exactement ces trois points BPI*, et par conséquent aussi le triangle qu'ils dé-

* Figure 62.

terminent, on doit transférer ce triangle avec un compas sur du papier ou quelque autre plan fort uni, puis du centre B décrire par le point P le cercle NPT, et, ayant pris l'arc NP égal à PT, tirer la ligne droite BN, qui coupe IP prolongée au point H, puis derechef du centre B par H décrire le cercle HO, qui coupe BI au point O, et on aura la proportion qui est entre les lignes HI et OI pour la mesure commune de toutes les réfractions qui peuvent être causées par la différence qui est entre l'air et le verre qu'on examine ; de quoi si on n'est pas encore certain, on pourra faire tailler du même verre d'autres petits triangles rectangles différents de celui-ci, et se servant d'eux en même sorte pour chercher cette proportion, on la trouvera toujours semblable, et ainsi on n'aura aucune occasion de douter que ce ne soit véritablement celle qu'on cherchoit; que si, après cela, dans la ligne droite HI, on prend MI égale à OI, et HD égale à DM, on aura D pour le sommet, et H et I pour les points brûlants de l'hyperbole dont ce verre doit avoir la figure pour servir aux lunettes que j'ai décrites.

Et on pourra rendre ces trois points HDI plus ou moins éloignés qu'ils ne sont de tant qu'on voudra, en tirant seulement une autre ligne droite parallèle à HI plus loin ou plus près qu'elle du point B, et tirant de ce point B trois lignes droites BH,

BD, BI qui la coupent; comme vous voyez ici qu'il y a même rapport entre les points HDI et *hdi* qu'entre les trois HDI.

Puis il est aisé, ayant ces trois points, de tracer l'hyperbole en la façon qui a été ci-dessus expliquée, à savoir, en plantant deux piques aux points H et I', et faisant que la corde mise autour du piquet H soit tellement attachée à la règle qu'elle ne puisse se replier vers I plus avant que jusques à D.

Mais si vous aimez mieux la tracer avec le compas ordinaire, en cherchant plusieurs points par où elle passe, mettez l'une des pointes de ce compas au point H et l'ayant tant ouvert que son autre pointe passe un peu au-delà du point D², comme jusques à 1, du centre H décrivez le cercle 133; puis ayant fait M2 égale à H1, du centre I, par le point 2, décrivez le cercle 233, qui coupe le précédent aux points 33, par lesquels cette hyperbole doit passer, aussi bien que par le point D, qui en est le sommet. Remettez par après tout de même l'une des pointes du compas au point H, et l'ouvrant en sorte que son autre pointe passe un peu au-delà du point 1, comme jusques à 4, du centre H décrivez le cercle 466; puis, ayant pris M5 égale à H4, du centre I par 5, décrivez le cercle 566, qui coupe le précédent aux points 66 qui

¹ Figure 42. — ² Figure 63.

ront dans l'hyperbole; et ainsi, continuant de mettre la pointe du compas au point H, et le reste comme devant, vous pouvez trouver tant de points qu'il vous plaira de cette hyperbole.

Ce qui ne sera peut-être pas mauvais pour faire grossièrement quelque modèle qui représente à peu près la figure des verres qu'on veut tailler. Mais, pour leur donner exactement cette figure, il est besoin d'avoir quelque autre invention par le moyen de laquelle on puisse décrire des hyperboles tout d'un trait, comme on décrit des cercles avec un compas; et je n'en sache point de meilleure que la suivante : premièrement, du centre T ¹, qui est le milieu de la ligne HI, il faut décrire le cercle HVI, puis du point D élever une perpendiculaire sur HI, qui coupe ce cercle au point V; et de T, tirant une ligne droite par ce point V, on aura l'angle HTV, qui est tel que, si on l'imagine tourner en rond autour de l'essieu HT, la ligne TV décrira la superficie d'un cône dans lequel la section faite par le plan VX parallèle à cet essieu HT et sur lequel DV tombe à angles droits, sera une hyperbole toute semblable et égale à la précédente. Et tous les autres plans parallèles à celui-ci couperont aussi dans ce cône des hyperboles toutes semblables, mais inégales, et qui auront leurs points brûlants plus ou moins éloi-

¹ Figure 64.

gnés, selon que ces plans le seront de cet essieu.

Ensuite de quoi on peut faire une telle machine. AB[1] est un tour ou rouleau de bois ou de métal qui, tournant sur les poles 1,2, représente l'essieu HI de l'autre figure. CG, EF sont deux lames ou planches toutes plates et unies principalement du côté qu'elles s'entre-touchent, en sorte que la superficie qu'on peut imaginer entre elles deux, étant parallèle au rouleau AB, et coupée à angles droits par le plan qu'on imagine passer par les points 1,2 et C,O,G, représente le plan VX qui coupe le cône. Et NP, la largeur de la supérieure CG, est égale au diamètre du verre qu'on veut tailler, ou tant soit peu plus grande. Enfin KLM est une règle qui, tournant avec le rouleau AB sur les poles 1,2, en sorte que l'angle ALM demeure toujours égal à HTV, représente la ligne TV qui décrit le cône. Et il faut penser que cette règle est tellement passée au travers de ce rouleau qu'elle peut se hausser et se baisser en coulant dans le trou L, qui est justement de sa grosseur; et même qu'il y a quelque part, comme vers K, un poids ou ressort qui la presse toujours contre la lame CG, par qui elle est soutenue et empêchée de passer outre. Et de plus, que son extrémité M est une pointe d'acier bien trempée qui a la force de couper cette lame CG, mais non pas l'autre EF qui est

[1] Figure 65.

dessous ; d'où il est manifeste que, si on fait mouvoir cette règle KLM sur les poles 1,2, en sorte que la pointe d'acier M passe de N par O vers P, et réciproquement de P par O vers N, elle divisera cette lame CG en deux autres, CNOP et GNOP, dont le côté NOP sera terminé d'une ligne tranchante, convexe en CNOP et concave en GNOP, qui aura exactement la figure d'une hyperbole; et ces deux lames CNOP, GNOP, étant d'acier ou autre matière fort dure, pourront servir non seulement de modèles, mais peut-être aussi d'outils ou instruments pour tailler certaines roues, dont je dirai tantôt que les verres doivent tirer leurs figures. Toutefois il y a encore ici quelque défaut en ce que la pointe d'acier M étant un peu autrement tournée lorsqu'elle est vers N ou vers P que lorsqu'elle est vers O, le fil ou le tranchant qu'elle donne à ces outils ne peut être partout égal. Ce qui me fait croire qu'il vaudra mieux se servir de la machine suivante, nonobstant qu'elle soit un peu plus composée.

ABKLM[1] n'est qu'une seule pièce qui se meut tout entière sur les poles 1,2, et dont la partie ABK peut avoir telle figure qu'on voudra; mais KLM doit avoir celle d'une règle ou autre tel corps dont les lignes qui terminent ses superficies soient parallèles; et elle doit être tellement inclinée, que la

[1] Figure 66.

ligne droite 43, qu'on imagine passer par le centre de son épaisseur, étant prolongée jusques à celle qu'on imagine passer par les poles 1,2, y fasse un angle 234 égal à celui qui a tantôt été marqué des lettres HTV. CG, EF sont deux planches parallèles à l'essieu 12, et dont les superficies qui se regardent sont fort plates et unies, et coupées à angles droits par le plan 12 GOC; mais, au lieu de s'entretoucher comme devant, elles sont ici justement autant éloignées l'une de l'autre qu'il est besoin pour donner passage entre elles deux à un cylindre ou rouleau QR, qui est exactement rond et partout d'égale grosseur; et, de plus, elles ont chacune une fente NOP, qui est si longue et si large que la règle KLM, passant par dedans, peut se mouvoir çà et là sur les poles 1,2 tout autant qu'il est besoin pour tracer entre ces deux planches une partie d'une hyperbole de la grandeur du diamètre des verres qu'on veut tailler. Et cette règle est aussi passée au travers du rouleau QR en telle façon que, le faisant mouvoir avec soi sur les poles 1,2, il demeure néanmoins toujours enfermé entre les deux planches CG,EF, et parallèle à l'essieu 12. Enfin, Y67 et Z89 sont les outils qui doivent servir à tailler en hyperbole tel corps qu'on voudra, et leurs manches YZ sont de telle épaisseur que leurs superficies, qui sont toutes plates, touchent exactement de part et d'autre celles des deux planches

CG, EF sans qu'ils laissent pour cela de glisser entre deux, à cause qu'elles sont fort polies; et ils ont chacun un trou rond 5,5 dans lequel l'un des bouts du rouleau QR est tellement enfermé, que ce rouleau peut bien se tourner autour de la ligne droite 55, qui est comme son essieu, sans les faire tourner avec soi, à cause que leurs superficies plates étant engagées entre les planches les en empêchent; mais qu'en quelque autre façon qu'il se meuve il les contraint de se mouvoir aussi avec lui. Et de tout ceci il est manifeste que, pendant que la règle KLM est poussée de N vers O et de O vers P, ou de P vers O et de O vers N, faisant mouvoir avec soi le rouleau QR, elle fait mouvoir par même moyen ces outils Y67 et Z89 en telle façon que le mouvement particulier de chacune de leurs parties décrit exactement la même hyperbole que fait l'intersection des deux lignes 34 et 55, dont l'une, à savoir 34, par son mouvement décrit le cône, et l'autre, 55, décrit le plan qui le coupe. Pour les pointes ou tranchants de ces outils, on les peut faire de diverses façons, selon les divers usages auxquels on les veut employer. Et pour donner la figure aux verres convexes il me semble qu'il sera bon de se servir premièrement de l'outil Y 67, et d'en tailler plusieurs lames d'acier presque semblables à CNOP[1], qui a tantôt été décrite; puis, tant

[1] Figure 65.

par le moyen de ces lames que de l'outil Z89, de creuser une roue comme *d* tout autour selon son épaisseur *abc*, en sorte que toutes les sections qu'on peut imaginer y être faites par des plans dans lesquels se trouve *ee*, l'essieu de cette roue, aient la figure de l'hyperbole que trace cette machine; et enfin d'attacher le verre qu'on veut tailler sur un tour, comme *hik*, et l'appliquer contre cette roue *d* en telle sorte que, faisant mouvoir ce tour sur son essieu *hk* en tirant la corde *ll*, et cette roue aussi sur le sien en la tournant, le verre mis entre deux prenne exactement la figure qu'on lui doit donner.

Or, touchant la façon de se servir de l'outil Y 67, il est à remarquer qu'on ne doit tailler que la moitié des lames *cnop* à une fois, par exemple, que celle qui est entre les points *n* et *o*; et à cet effet il faut mettre une barre en la machine vers P qui empêche que la règle KLM, étant mue de N vers O, ne se puisse avancer vers P qu'autant qu'il faut pour faire que la ligne 34, qui marque le milieu de son épaisseur, parvienne jusques au plan 12GOC, qu'on imagine couper les planches à angles droits. Et le fer de cet outil Y67 doit être de telle figure que toutes les parties de son tranchant soient en ce même plan lorsque la ligne 34 s'y trouve; et qu'il n'en ait point d'autres ailleurs qui s'avancent au-delà vers le côté marqué P, mais que tout le talus de son épaisseur se jette vers N. Au reste, on le peut faire si mousse ou si aigu, et tant ou si peu incliné, et de telle longueur qu'on voudra, selon qu'on le jugera plus à propos. Puis, ayant forgé les lames *cnop*, et leur ayant donné avec la lime la figure la plus approchante qu'on aura pu de celle qu'elles doivent avoir, il les faut appliquer et presser contre cet outil K67, et faisant mouvoir la regle KLM de N vers O, et réciproquement de O vers N, on taillera l'une de leurs moitiés; puis, afin de pouvoir rendre l'autre toute semblable, il doit y avoir une barre ou autre telle chose qui empêche qu'elles ne puissent être avancées vers cet outil au-delà du lieu où elles se trouvent lorsque leur moitié NO est achevée de tailler; et lors, les en ayant un peu reculées, il faut changer le fer de cet outil Y67, et en mettre un autre en sa place dont le tranchant soit exactement dans le même plan et de même forme, et autant avancé que le précédent, mais qui ait tout le talus de son épaisseur jeté vers P, en sorte que, si on appliquoit ces deux fers de plat l'un contre l'autre, leurs deux tranchants semblassent n'en faire qu'un. Puis, ayant transféré vers N la barre qu'on avoit mise auparavant vers P pour empêcher le mouvement de la règle KLM, il faut faire mouvoir cette regle de O vers P et de P vers O jusques à ce que les lames *cnop* soient autant avancées vers l'outil Y67 qu'auparavant, et, cela étant, elles seront achevées de tailler.

Pour la roue *d*, qui doit être de quelque matière fort dure, après lui avoir donné avec la lime la figure la plus approchante de celle qu'elle doit avoir qu'on aura pu, il sera fort aisé de l'achever, premièrement avec les lames *enop*, pourvu qu'elles aient été au commencement si bien forgées que la trempe ne leur ait rien ôté depuis de leur figure, et qu'on les applique sur cette roue en telle sorte que leur tranchant *nop* et son essieu *ee* soient en un même plan, et enfin qu'il y ait un ressort ou contrepoids qui les presse contre elle pendant qu'on la fait tourner sur son essieu. Puis aussi avec l'outil Z89, dont le fer doit être également taillé des deux côtés; et avec cela il peut avoir telle figure quasi qu'on voudra, pourvu que toutes les parties de son tranchant 89 soient dans un plan qui coupe les superficies des planches CGEF à angles droits. Et pour s'en servir on doit faire mouvoir la règle KLM sur les poles 1,2, en sorte qu'elle passe tout de suite de P jusques à N, puis réciproquement de N jusques à P, pendant qu'on fait tourner la roue sur son essieu. Au moyen de quoi le tranchant de cet outil ôtera toutes les inégalités qui se trouveront d'un côté à l'autre en l'épaisseur de cette roue, et sa pointe toutes celles qui se trouveront de haut en bas : car il doit avoir un tranchant et une pointe.

Après que cette roue aura ainsi acquis toute la perfection qu'elle peut avoir, le verre pourra facilement être taillé par les deux divers mouvements d'elle et du tour sur lequel il doit être attaché, pourvu seulement qu'il y ait quelque ressort ou autre invention qui, sans empêcher le mouvement que le tour lui donne, le presse toujours contre la roue, et que le bas de cette roue soit toujours plongé dans un vase qui contienne le grès, ou l'émeri, ou le tripoli, ou la potée, ou autre telle matière dont il est besoin de se servir pour tailler et polir le verre.

Et à l'exemple de ceci vous pouvez assez entendre en quelle sorte on doit donner la figure aux verres concaves, à savoir en faisant premièrement des lames comme *cnop* avec l'outil Z89, puis taillant une roue tant avec ces lames qu'avec l'outil 167, et tout le reste en la façon qui vient d'être expliquée. Seulement faut-il observer que la roue dont on se sert pour les convexes peut être aussi grande qu'on la voudra faire, mais que celle dont on se sert pour les concaves doit être si petite, que lorsque son centre est vis-à-vis de la ligne 55 de la machine qu'on emploie à la tailler, sa circonférence ne passe point au-dessus de la ligne 12 de la même machine. Et on doit faire mouvoir cette roue beaucoup plus vite que le tour pour polir ces verres concaves, au lieu qu'il est mieux pour les convexes de faire mouvoir le tour plus promptement ; dont la raison est que le mouvement du tour use beaucoup plus les extrémités du verre que le milieu, et qu'au contraire celui de la roue les use moins. Pour l'utilité de ces divers mouvements, elle est fort manifeste; car, polissant les verres avec la main dans une forme en la façon qui seule a été en usage jusques à présent, il seroit impossible de rien faire de bien que par hasard, encore que les formes fussent toutes parfaites ; et les polissant avec le seul mouvement du tour sur un modéle, tous les petits défauts de ce modèle marqueroient des cercles entiers sur le verre.

Je n'ajoute pas ici les démonstrations de plusieurs choses qui appartiennent à la géométrie, car ceux qui sont un peu versés en cette science les pourront assez entendre d'eux-mêmes, et je me persuade que les autres seront plus aises de m'en croire que d'avoir la peine de les lire. Au reste, afin que tout se fasse par ordre, je voudrois premièrement qu'on s'exerçât à polir des verres, plats d'un côté et convexes de l'autre, qui eussent la figure d'une hyperbole dont les points brûlants fussent à deux ou trois pieds l'un de l'autre : car cette longueur est suffisante pour une lunette qui serve à voir assez parfaitement les objets inaccessibles. Puis je voudrois qu'on fît des verres concaves de diverses figures en les creusant toujours de

plus en plus jusques à ce qu'on eût trouvé par
expérience la juste figure de celui qui rendroit
cette lunette la plus parfaite qu'il soit possible et
la mieux proportionnée à l'œil qui auroit à s'en
servir. Car vous savez que ces verres doivent être
un peu plus concaves pour ceux qui ont la vue
courte que pour les autres. Or, ayant ainsi trouvé
ce verre concave, d'autant que le même peut servir
au même œil pour toute autre sorte de lunettes,
il n'est plus besoin pour les lunettes qui servent à
voir les objets inaccessibles, que de s'exercer à
faire d'autres verres convexes qui doivent être posés plus loin du concave que le premier, et à en
faire aussi par degrés qui doivent être posés de
plus en plus loin jusques à la plus grande distance
qu'il se pourra, et qui soient aussi plus grands à
proportion. Mais notez que, d'autant que ces verres convexes doivent être posés plus loin des concaves et par conséquent aussi de l'œil, d'autant
doivent-ils être taillés plus exactement, à cause
que les mêmes défauts y détournent les rayons
d'autant plus loin de l'endroit où ils doivent aller.
Comme si le verre F [1] détourne le rayon CF autant
que le verre E détourne AE, en sorte que les angles AEG et CFH soient égaux, il est manifeste que
CF, allant vers H, s'éloigne bien plus du point D
où il iroit sans cela, que AE ne fait du point B

[1] Figure 67.

allant vers G. Enfin, la dernière et principale chose à quoi je voudrois qu'on s'exerçât, c'est à polir les verres convexes des deux côtés pour les lunettes qui servent à voir les objets accessibles, et que, s'étant premièrement exercé à en faire de ceux qui rendent ces lunettes fort courtes, à cause que ce seront les plus aisés, on tâchât après, par degrés, à en faire de ceux qui les rendent plus longues, jusques à ce qu'on soit parvenu aux plus longues dont on se puisse servir. Et, afin que la difficulté que vous pourrez trouver en la construction de ces dernières lunettes ne vous dégoûte, je vous veux avertir qu'encore que d'abord leur usage n'attire pas tant que celui de ces autres qui semblent promettre de nous élever dans les cieux, et de nous y montrer sur les astres des corps aussi particuliers et peut-être aussi divers que ceux qu'on voit sur la terre, je les juge toutefois beaucoup plus utiles, à cause qu'on pourra voir par leur moyen les divers mélanges et arrangements des petites parties dont les animaux et les plantes, et peut-être aussi les autres corps qui nous environnent, sont composés, et de là tirer beaucoup d'avantage pour venir à la connoissance de leur nature : car déjà, selon l'opinion de plusieurs philosophes, tous ces corps ne sont faits que des parties des éléments diversement mêlées ensemble; et, selon la mienne, toute leur nature et leur essence, au moins de ceux qui sont inanimés, ne consiste qu'en la grosseur, la figure, l'arrangement et les mouvements de leurs parties.

Pour la difficulté qui se rencontre, lorsqu'on voûte ou creuse ces verres des deux côtés, à faire que les sommets des deux hyperboles soient directement opposés l'un à l'autre, on y pourra remédier en arrondissant sur le tour leur circonférence, et la rendant exactement égale à celle des manches auxquels on les doit attacher pour les polir; puis, lorsqu'on les y attache, et que le plâtre ou la poix et le ciment dont on les y joint est encore frais et flexible, en les faisant passer avec ces manches par un anneau dans lequel ils n'entrent qu'à peine. Je ne vous parle point de plusieurs autres particularités qu'on doit observer en les taillant, ni aussi de plusieurs autres choses que j'ai tantôt dit être requises en la construction des lunettes, car il n'y en a aucune que je juge si difficile qu'elle puisse arrêter les bons esprits. Et je ne me règle pas sur la portée ordinaire des artisans; mais je veux espérer que les inventions que j'ai mises en ce traité seront estimées assez belles et assez importantes pour obliger quelques uns des plus curieux et des plus industrieux de notre siècle à en entreprendre l'exécution.

LES MÉTÉORES.

LES MÉTÉORES.

DISCOURS PREMIER.

DE LA NATURE DES CORPS TERRESTRES.

Nous avons naturellement plus d'admiration pour les choses qui sont au-dessus de nous que pour celles qui sont à pareille hauteur, ou au-dessous; et quoique les nues n'excèdent guère les sommets de quelques montagnes, et qu'on en voie même souvent de plus basses que les pointes de nos clochers, toutefois, à cause qu'il faut tourner les yeux vers le ciel pour les regarder, nous les imaginons si relevées, que même les poëtes et les peintres en composent le trône de Dieu, et font que là il emploie ses propres mains à ouvrir et fermer les portes des vents, à verser la rosée sur les fleurs, et à lancer la foudre sur les rochers. Ce qui me fait espérer que si j'explique ici leur nature, en telle sorte qu'on n'ait plus occasion d'admirer rien de ce qui s'y voit, ou qui en descend, on croira facilement qu'il est possible en même façon de trouver les causes de tout ce qu'il y a de plus admirable dessus la terre.

Je parlerai en ce premier discours de la nature des corps terrestres en général, afin de pouvoir mieux expliquer dans le suivant celle des exhalaisons et des vapeurs. Puis à cause que ces vapeurs s'élevant de l'eau de la mer forment quelquefois du sel au-dessus de sa superficie, je prendrai de là occasion de m'arrêter un peu à le décrire, et d'essayer en lui si on peut connoître les formes de ces corps que les philosophes disent être composés des éléments par un mélange parfait, aussi bien que celles des météores, qu'ils disent n'en être composés que par un mélange imparfait. Après cela, conduisant les vapeurs par l'air, j'examinerai d'où viennent les vents ; et les faisant assembler en quelques endroits, je décrirai la nature des nues ; et faisant dissoudre ces nues, je dirai ce qui cause la pluie, la grêle et la neige, où je n'oublierai pas celle dont les parties ont la figure de petites étoiles à six pointes très parfaitement compassées, et qui, bien qu'elle n'ait point été observée par les anciens, ne laisse pas d'être l'une des plus rares merveilles de la nature. Je n'oublierai pas aussi les tempêtes, le tonnerre, la foudre, et les divers feux qui s'allument en l'air, ou les lumières qui s'y voient ; mais, surtout, je tâcherai de bien dépeindre l'arc-en-ciel, et de rendre raison de ses couleurs, en telle sorte qu'on puisse aussi entendre la nature de toutes celles qui se trouvent en d'autres sujets; à quoi j'ajouterai la cause de celles qu'on voit communément dans les nues, et des cercles qui environnent les astres, et enfin la cause des soleils, ou des lunes, qui paroissent quelquefois plusieurs ensemble.

Il est vrai que la connoissance de ces choses dépendant des principes généraux de la nature, qui n'ont point encore été, que je sache, bien expliqués, il faudra que je me serve, au commencement, de quelques suppositions, ainsi que j'ai fait en la Dioptrique; mais je tâcherai de les rendre si simples et si faciles, que vous ne ferez peut-être pas difficulté de les croire, encore que je ne les aie point démontrées.

Je suppose premièrement que l'eau, la terre, l'air, et tous les autres tels corps qui nous environnent, sont composés de plusieurs petites parties de diverses figures et grosseurs, qui ne sont jamais si bien arrangées, ni si justement jointes ensemble, qu'il ne reste plusieurs intervalles autour d'elles; et que ces intervalles ne sont pas vides, mais remplis de cette matière fort subtile, par l'entremise de laquelle j'ai dit ci-dessus que se communiquoit l'action de la lumière. Puis, en particulier, je suppose que les petites parties dont l'eau est composée sont longues, unies et

glissantes, ainsi que de petites anguilles, qui, quoiqu'elles se joignent et s'entrelacent, ne se nouent
ni ne s'accrochent jamais pour cela en telle façon
qu'elles ne puissent aisément être séparées; et au
contraire que presque toutes celles, tant de la
terre que même de l'air, et de la plupart des autres
corps, ont des figures fort irrégulières et inégales,
en sorte qu'elles ne peuvent être si peu entrelacées qu'elles ne s'accrochent et se lient les unes
aux autres, ainsi que font les diverses branches
des arbrisseaux qui croissent ensemble dans une
haie; et lorsqu'elles se lient en cette sorte, elles
composent des corps durs comme de la terre, du
bois, ou autres semblables, au lieu que si elles
sont simplement posées l'une sur l'autre, sans être
que fort peu ou point du tout entrelacées, et
qu'elles soient avec cela si petites qu'elles puissent
être mues et séparées par l'agitation de la matière
subtile qui les environne, elles doivent occuper
beaucoup d'espace, et composer des corps liquides fort rares et fort légers, comme des huiles ou
de l'air. De plus il faut penser que la matière subtile qui remplit les intervalles qui sont entre les
parties de ces corps est de telle nature qu'elle ne
cesse jamais de se mouvoir çà et là grandement
vite, non point toutefois exactement de même vitesse, en tous lieux et en tous temps, mais qu'elle
se meut communément un peu plus vite vers la su-

perficie de la terre, qu'elle ne fait au haut de l'air où sont les nues, et plus vite vers les lieux proches de l'équateur, que vers le pole, et au même lieu plus vite l'été que l'hiver, et le jour que la nuit. Dont la raison est évidente, en supposant que la lumière n'est autre chose qu'un certain mouvement, ou une action dont les corps lumineux poussent cette matière subtile de tous côtés autour d'eux en ligne droite, ainsi qu'il a été dit en la Dioptrique. Car il suit de là que les rayons du soleil, tant droits que réfléchis, la doivent agiter davantage le jour que la nuit, et l'été que l'hiver, et sous l'équateur que sous les poles, et contre la terre que vers les nues. Puis il faut aussi penser que cette matière subtile est composée de diverses parties, qui, bien qu'elles soient toutes très petites, le sont toutefois beaucoup moins les unes que les autres, et que les plus grosses, ou, pour mieux parler, les moins petites, ont toujours le plus de force, ainsi que généralement tous les grands corps en ont plus que les moindres, quand ils sont autant ébranlés. Ce qui fait que moins cette matière est subtile, c'est-à-dire composée de parties moins petites, plus elle peut agiter les parties des autres corps; et ceci fait aussi qu'elle est ordinairement le moins subtile aux lieux et aux temps où elle est le plus agitée, comme vers la superficie de la terre que vers les nues, et sous l'équateur que sous les pôles, et en été qu'en hiver, et de jour que de nuit. Dont la raison est que les plus grosses de ses parties, ayant le plus de force, peuvent le mieux aller vers les lieux où, l'agitation étant plus grande, il leur est aisé de continuer leur mouvement. Toutefois il y en a toujours quantité de fort petites qui se coulent parmi ces plus grosses ; et il est à remarquer que tous les corps terrestres ont bien des pores par où ces plus petites peuvent passer, mais qu'il y en a plusieurs qui les ont si étroits ou tellement disposés, qu'ils ne reçoivent point les plus grosses, et que ce sont ordinairement ceux-ci qui se sentent les plus froids quand on les touche, ou seulement quand on s'en approche. Comme d'autant que les marbres et les métaux se sentent plus froids que le bois, on doit penser que leurs pores ne reçoivent pas si facilement les parties moins subtiles de cette matière, et que les pores de la glace les reçoivent encore moins facilement que ceux des marbres ou des métaux, d'autant qu'elle est encore plus froide. Car je suppose ici que, pour le froid et le chaud, il n'est point besoin de concevoir autre chose, sinon que les petites parties des corps que nous touchons, étant agitées plus ou moins fort que de coutume, soit par les petites parties de cette matière subtile, soit par telle autre cause que ce puisse être, agitent aussi plus ou moins les petits filets de ceux de nos nerfs qui sont les organes de l'attouchement ; et que lorsqu'elles les agitent plus fort que de coutume, cela cause en nous le sentiment de la chaleur, au lieu que, lorsqu'elles les agitent moins fort, cela cause le sentiment de la froideur. Et il est bien aisé à comprendre qu'encore que cette matière subtile ne sépare pas les parties des corps durs, qui sont comme des branches entrelacées, en même façon qu'elle fait celle de l'eau, et de tous les autres corps qui sont liquides, elle ne laisse pas de les agiter et faire trembler plus ou moins selon que son mouvement est plus ou moins fort, et que ses parties sont plus ou moins grosses; ainsi que le vent peut agiter toutes les branches des arbrisseaux dont une palissade est composée, sans les ôter pour cela de leurs places. Au reste, il faut penser qu'il y a telle proportion entre la force de cette matière subtile et la résistance des parties des autres corps, que lorsqu'elle est autant agitée, et qu'elle n'est pas plus subtile qu'elle a coutume d'être en ces quartiers contre la terre, elle a la force d'agiter et de faire mouvoir séparément l'une de l'autre, et même de plier la plupart des petites parties de l'eau entre lesquelles elle se glisse, et ainsi de la rendre liquide; mais que, lorsqu'elle n'est pas plus agitée ni moins subtile qu'elle a coutume d'être en ces quartiers au haut de l'air, ou qu'elle y est quelquefois en hiver contre la terre, elle n'a point assez de force pour les plier et agiter en cette façon, ce qui est cause qu'elles s'arrêtent confusément jointes et posées l'une sur l'autre, et ainsi qu'elles composent un corps dur, à savoir de la glace ; en sorte que vous pouvez imaginer même différence entre de l'eau et de la glace, que vous feriez entre un tas de petites anguilles, soit vives, soit mortes, flottantes dans un bateau de pêcheur tout plein de trous par lesquels passe l'eau d'une rivière qui les agite, et un tas des mêmes anguilles toutes sèches et roides de froid sur le rivage. Et pourceque l'eau ne se gèle jamais que la matière qui est entre ses parties ne soit plus subtile qu'à l'ordinaire, de là vient que les pores de la glace qui se forment pour lors, ne s'accommodant qu'à la grosseur des parties de cette matière plus subtile, se disposent en telle sorte qu'ils ne peuvent recevoir celle qui l'est moins; et ainsi que la glace est toujours grandement froide, nonobstant qu'on la garde jusques à l'été, et même qu'elle retient alors sa dureté sans s'amollir peu à peu comme la cire, à cause que la chaleur ne pénètre au dedans qu'à mesure que le dessus devient liquide.

Il y a ici de plus à remarquer qu'entre les parties longues et unies dont j'ai dit que l'eau étoit composée, il y en a véritablement la plupart qui se plient ou cessent de se plier selon que la matière subtile qui les environne a quelque peu plus ou moins de force qu'à l'ordinaire, ainsi que je viens d'expliquer; mais qu'il y en a aussi de plus grosses qui, ne pouvant ainsi être pliées, composent les sels; et de plus petites qui, le pouvant être toujours, composent les esprits ou eaux-de-vie, qui ne se gèlent jamais. Et que lorsque celles de l'eau commune cessent du tout de se plier, leur figure la plus naturelle n'est pas en toutes d'être droites comme des joncs, mais en plusieurs d'être courbées en diverses sortes : d'où vient qu'elles ne peuvent pour lors se ranger en si peu d'espace que lorsque la matière subtile, étant assez forte pour les plier, leur fait accommoder leurs figures les unes aux autres. Il est vrai aussi que lorsqu'elle est plus forte qu'il n'est requis à cet effet, elle est cause derechef qu'elles s'étendent en plus d'espace, ainsi qu'on pourra voir par expérience si, ayant rempli d'eau chaude un matras, ou autre tel vase dont le col soit assez long et étroit, on l'expose à l'air lorsqu'il gèle : car cette eau s'abaissera visiblement peu à peu jusques à ce qu'elle soit parvenue à certain degré de froideur, puis s'enflera et se rehaussera aussi peu à peu jusqu'à ce qu'elle soit toute gelée : en sorte que le même froid qui l'aura condensée ou resserrée au commencement, la raréfiera par après. Et on peut voir aussi par expérience que l'eau qu'on a tenue long-temps sur le feu se gèle plus tôt que d'autre, dont la raison est que celles de ses parties qui peuvent le moins cesser de se plier s'évaporent pendant qu'on la chauffe.

Mais, afin que vous receviez toutes ces suppositions avec moins de difficulté, sachez que je ne conçois pas les petites parties des corps terrestres comme des atomes ou particules indivisibles, mais que, les jugeant toutes d'une même matière, je crois que chacune pourroit être redivisée en une infinité de façons, et qu'elles ne diffèrent entre elles que comme des pierres de plusieurs diverses figures qui auroient été coupées d'un même rocher. Puis sachez aussi que, pour ne point rompre la paix avec les philosophes, je ne veux rien du tout nier de ce qu'ils imaginent dans les corps de plus que je n'ai dit, comme leurs *formes substantielles*, leurs *qualités réelles*, et choses semblables, mais qu'il me semble que mes raisons devront être d'autant plus approuvées que je les ferai dépendre de moins de choses.

DISCOURS SECOND.

DES VAPEURS ET DES EXHALAISONS.

Si vous considérez que la matière subtile qui est dans les pores des corps terrestres, étant plus fort agitée une fois que l'autre, soit par la présence du soleil, soit par telle autre cause que ce puisse être, agite aussi plus fort les petites parties de ces corps, vous entendrez facilement qu'elle doit faire que celles qui sont assez petites, et avec cela de telles figures ou en telle situation qu'elles se peuvent aisément séparer de leurs voisines, s'écartent çà et là les unes des autres et s'élèvent en l'air; non point par quelque inclination qu'elles aient à monter, ou que le soleil ait en soi quelque force qui les attire, mais seulement à cause qu'elles ne trouvent point d'autre lieu dans lequel il leur soit si aisé de continuer leur mouvement, ainsi que la poussière d'une campagne se soulève quand elle est seulement poussée et agitée par les pieds de quelque passant. Car, encore que les grains de cette poussière soient beaucoup plus gros et plus pesants que les petites parties dont nous parlons, ils ne laissent pas pour cela de prendre leur cours vers le ciel, et même on voit qu'ils y montent beaucoup plus haut lorsqu'une grande plaine est couverte de gens qui se remuent que lorsqu'elle n'est foulée que par un seul homme; ce qui doit empêcher qu'on ne s'étonne de ce que l'action du soleil élève assez haut les petites parties de la matière dont se composent les vapeurs et les exhalaisons, vu qu'elle s'étend toujours en même temps sur toute une moitié de la terre et qu'elle y demeure les jours entiers. Mais remarquez que ces petites parties qui sont ainsi élevées en l'air par le soleil doivent, pour la plupart, avoir la figure que j'ai attribuée à celles de l'eau, à cause qu'il n'y en a point d'autres qui puissent si aisément être séparées des corps où elles sont. Et ce seront celles-ci seules que je nommerai particulièrement des vapeurs, afin de les distinguer des autres qui ont des figures plus irrégulières et auxquelles je restreindrai le nom d'exhalaisons, à cause que je n'en sache point de plus propre. Toutefois aussi, entre les exhalaisons, je comprendrai celles qui, ayant à peu près même figure que les parties de l'eau, mais étant plus subtiles, composent les esprits ou eaux-de-vie, à cause qu'elles peuvent facilement s'embraser; et j'en exclurai celles qui, étant divisées en plusieurs branches, sont si subtiles qu'elles ne sont propres qu'à composer le corps de l'air. Pour celles qui, étant un peu plus grossières, sont aussi divisées en branches, il est vrai qu'elles ne peuvent guère sortir d'elles-mêmes des corps durs où elles se trouvent ; mais si quelquefois le feu s'éprend en ces corps, il les en chasse toutes en fumée. Et aussi, lorsque l'eau se glisse dans leurs pores, elle peut souvent les en dégager et les emporter en haut avec soi, en même façon que le vent, passant au travers d'une haie, emporte les feuilles ou les pailles qui se trouvent entrelacées entre ses branches ; ou plutôt comme l'eau même emporte vers le haut d'un alambic les petites parties de ces huiles que les alchimistes ont coutume de tirer des plantes sèches, lorsque les ayant abreuvées de beaucoup d'eau ils distillent le tout ensemble, et font par ce moyen que le peu d'huile qu'elles contiennent monte avec la grande quantité d'eau qui est parmi ; car, en effet, la plupart de celles-ci sont toutes les mêmes qui ont coutume de composer les corps de ces huiles. Remarquez aussi que les vapeurs occupent toujours beaucoup plus d'espace que l'eau, bien qu'elles ne soient faites que des mêmes petites parties. Dont la raison est que, lorsque ces parties composent le corps de l'eau, elles ne se meuvent qu'assez fort pour se plier et s'entrelacer en se glissant les unes contre les autres, ainsi que vous les voyez représentées vers A¹; au lieu que, lorsqu'elles ont la forme d'une vapeur, leur agitation est si grande qu'elles tournent en rond fort promptement de tous côtés, et s'étendent par même moyen de toute leur longueur, en telle sorte que chacune a la force de chasser d'autour de soi toutes celles de ses semblables qui tendent à entrer dans la petite sphère qu'elle décrit, ainsi que vous les voyez représentées vers B. Et c'est en même façon que si vous faites tourner assez vite le pivot LM², au travers duquel est passée la corde NP, vous verrez que cette corde se tiendra en l'air toute droite et étendue, occupant par ce moyen tout l'espace compris dans le cercle NOPQ, en telle sorte qu'on n'y pourra mettre aucun autre corps qu'elle ne le frappe incontinent avec force pour l'en chasser; au lieu que si vous la faites mouvoir plus lentement, elle s'entortillera de soi-même autour de ce pivot, et ainsi n'occupera plus tant d'espace.

De plus, il faut remarquer que ces vapeurs peuvent être plus ou moins pressées ou étendues, et plus ou moins chaudes ou froides, et plus ou moins transparentes ou obscures, et plus ou moins humides ou sèches une fois que l'autre. Car, premièrement, lorsque leurs parties, n'étant plus assez fort agitées pour se tenir étendues en ligne droite, commencent à se plier et se rapprocher les unes des autres, ainsi qu'elles sont représentées vers C et vers D ; ou bien lorsque, étant resserrées entre des montagnes ou entre les actions de divers vents qui, étant opposés, s'empêchent les uns les autres d'agiter l'air ; ou au-dessous de quelques nues, elles ne se peuvent pas étendre en tant d'espace que leur agitation le requiert, comme vous les pouvez voir vers E ; ou enfin lorsque, employant la plus grande partie de leur agitation à se mouvoir plusieurs ensemble vers un même côté, elles ne tournoient plus si fort que de coutume, ainsi qu'elles se voient vers F ; ou sortant de l'espace E, elles engendrent un vent qui souffle vers G ; il est manifeste que les vapeurs qu'elles composent sont plus épaisses ou plus serrées que lorsqu'il n'arrive aucune de ces trois choses. Et il est manifeste aussi que, supposant la vapeur qui est vers F autant agitée que celle qui est vers B, elle doit être beaucoup plus chaude, à cause que ses parties, étant plus serrées, ont plus de force ; en même façon que la chaleur d'un fer embrasé est bien plus ardente que celle des charbons ou de la flamme. Et c'est pour cette cause qu'on sent souvent en été une chaleur plus forte et plus étouffante lorsque l'air, étant calme et comme également pressé de tous côtés, couve une pluie, que lorsqu'il est plus clair et plus serein. Pour la vapeur qui est vers C, elle est plus froide que celle qui est vers B, nonobstant que ses parties soient un peu plus serrées, d'autant que je les suppose beaucoup moins agitées. Et, au contraire, celle qui est vers D est plus chaude, d'autant que ses parties sont supposées beaucoup plus serrées et seulement un peu moins agitées. Et celle qui est vers F est plus froide que celle qui est vers E, nonobstant que ses parties ne soient ni moins serrées ni moins agitées; d'autant qu'elles s'accordent plus à se mouvoir en même sens, ce qui est cause qu'elles ne peuvent tant ébranler les petites parties des autres corps; ainsi qu'un vent qui souffle toujours de même façon, quoique très fort, n'agite pas tant les feuilles et les branches d'une forêt qu'un plus foible qui est moins égal. Et vous pourrez connoître par expérience que c'est en cette agitation des petites parties des corps terrestres que consiste la chaleur, si, soufflant assez fort contre vos doigts joints ensemble, vous prenez garde que l'haleine qui sortira de votre bouche vous semblera froide au-dessus de votre main, où, passant fort vite et d'égale force, elle ne causera guère d'agitation; au lieu que vous la sentirez assez chaude dans les entre-deux de vos doigts, où, passant plus inégalement et lentement, elle agitera davantage leurs petites parties. Ainsi qu'on la sent aussi toujours chaude lorsqu'on souffle ayant la bouche fort ouverte, et froide lorsqu'on souffle l'ayant presque fermée. Et c'est pour la même raison qu'ordinairement les vents impétueux se sentent froids, et qu'il n'y en a guère de chauds qui ne soient lents.

De plus, les vapeurs représentées vers B, et vers E, et vers F, sont transparentes et ne peuvent être discernées par la vue d'avec le reste de l'air, d'autant que, se remuant fort vite et de même branle que la matière subtile qui les environne, elles ne la peuvent empêcher de recevoir l'action des corps lumineux, mais plutôt elles la reçoivent avec elle. Au lieu que la vapeur qui est vers C commence à devenir opaque ou obscure, à cause que ses parties n'obéissent plus tant à cette matière subtile qu'elles puissent être mues par elle en toutes façons. Et la vapeur qui est vers D ne peut être du tout si obscure que celle qui est vers C, à cause qu'elle est plus chaude : comme vous voyez qu'en hiver le froid fait paroître l'haleine ou la sueur des chevaux échauffés sous la forme d'une grosse fumée fort épaisse et obscure, au lieu qu'en été, que l'air est plus chaud, elle est invisible. Et on ne doit pas douter que l'air ne contienne souvent autant ou plus de vapeurs lorsqu'elles ne s'y voient aucunement que lorsqu'elles s'y voient; car comment se pourroit-il faire sans miracle qu'en temps chaud et en plein midi le soleil, donnant sur un lac ou un marais, manquât d'en élever beaucoup de vapeurs, vu qu'on remarque même que pour lors les eaux se dessèchent et se diminuent beaucoup davantage qu'elles ne font en temps froid et obscur. Au reste, celles qui sont vers E sont plus humides, c'est-à-dire plus disposées à se convertir en eau et à mouiller ou humecter les autres corps comme fait l'eau, que celles qui sont vers F. Car celles-ci, tout au contraire, sont sèches, vu qu'allant frapper avec force les corps humides qu'elles rencontrent, elles en peuvent chasser et emporter avec soi les parties de l'eau qui s'y trouvent, et par ce moyen les dessécher. Comme aussi nous éprouvons que les vents impétueux sont toujours secs, et qu'il n'y en a point d'humides qui ne soient foibles. Et on peut dire que ces mêmes vapeurs qui sont vers E sont plus humides que celles qui sont vers D, à cause que leurs parties, étant plus agitées, peuvent mieux s'insinuer dans les pores des autres corps pour les rendre humides; mais on peut dire aussi en un autre sens qu'elles le sont moins, à cause que la trop grande agitation de leurs parties les empêche de pouvoir prendre si aisément la forme de l'eau.

Pour ce qui est des exhalaisons, elles sont capables de beaucoup plus de diverses qualités que les vapeurs, à cause qu'il peut y avoir plus de différence entre leurs parties. Mais il suffira ici que nous remarquions que les plus grossières ne sont quasi autre chose que la terre telle qu'on la peut voir au fond d'un vase après y avoir laissé rasseoir de l'eau de neige ou de pluie, ni les plus subtiles autre chose que ces esprits ou eaux-de-vie qui s'élèvent toujours les premières des corps qu'on distille. Et qu'entre les médiocres les unes participent de la nature des sels volatils, et les autres de celle des huiles, ou plutôt des fumées qui en sortent lorsqu'on les brûle. Et, encore que la plupart de ces exhalaisons ne montent en l'air que mêlées avec les vapeurs, elles ne laissent pas de pouvoir aisément par après s'en séparer; ou d'elles-mêmes, ainsi que les huiles se démêlent de l'eau avec laquelle on les distille; ou aidées par l'agitation des vents qui les rassemblent en un ou plusieurs corps, en même façon que les villageoises, en battant leur crème, séparent le beurre du petit lait; ou même souvent aussi par cela seul que, se trouvant plus ou moins pesantes et plus ou moins agitées, elles s'arrêtent en une région plus basse ou plus haute que ne font les vapeurs. Et d'ordinaire les huiles s'élèvent moins haut que les eaux-de-vie, et celles qui ne sont que terre encore moins haut que les huiles. Mais il n'y en a point qui s'arrêtent plus bas que les parties dont se compose le sel commun; et, bien qu'elles ne soient pas proprement des exhalaisons ni des vapeurs, à cause qu'elles ne s'élèvent jamais que jusques au-dessus de la superficie de l'eau, toutefois, pourceque c'est par l'évaporation de cette eau qu'elles y viennent, et qu'il y a plusieurs choses en elles fort remarquables qui peuvent être commodément expliquées, je n'ai pas envie de les omettre.

DISCOURS TROISIÈME.

DU SEL.

La salure de la mer ne consiste qu'en ces plus grosses parties de son eau, que j'ai tantôt dit ne pouvoir être pliées comme les autres par l'action de la matière subtile, ni même agitées sans l'entremise des plus petites. Car, premièrement, si l'eau n'étoit composée de quelques parties ainsi que j'ai tantôt supposé, il lui seroit également facile ou difficile de se diviser en toutes façons et en tous sens, en sorte qu'elle n'entreroit pas si facilement qu'elle fait dans les corps qui ont des pores un peu larges, comme dans la chaux et dans le sable, ou bien elle pourroit aussi, en quelque façon, pénétrer en ceux qui les ont plus étroits, comme dans le verre et les métaux. Puis si ces parties n'avoient la figure que je leur ai attribuée lorsqu'elles sont dans les pores des autres corps, elles n'en pourroient pas si aisément être chassées par la seule agitation des vents ou de la chaleur, ainsi qu'on l'éprouve assez par les huiles ou autres liqueurs grasses, dont nous avons dit que les parties avoient d'autres figures; car on ne les peut quasi jamais entièrement faire sortir des corps où elles sont une fois entrées. Enfin, pource que nous ne voyons point de corps en la nature qui soient si parfaitement semblables entre eux qu'il ne se trouve presque toujours quelque peu d'inégalité en leur grosseur, nous ne devons faire aucune difficulté de penser que les parties de l'eau ne sont point exactement toutes égales, et particulièrement que dans la mer, qui est le réceptacle de toutes les eaux, il s'en trouve de si grosses qu'elles ne peuvent être pliées comme les autres par la force qui a coutume de les mouvoir. Et je veux tâcher ici de vous montrer que cela seul est suffisant pour leur donner toutes les qualités qu'a le sel. Premièrement ce n'est pas merveille qu'elles aient un goût piquant et pénétrant, qui diffère beaucoup de celui de l'eau douce; car, ne pouvant être pliées par la matière subtile qui les environne, elles doivent toujours entrer de pointe dans les pores de la langue, et par ce moyen y pénétrer assez avant pour la piquer; au lieu que celles qui composent l'eau douce coulant seulement par-dessus toutes couchées, à cause de la facilité qu'elles ont à se plier, n'en peuvent quasi point du tout être goûtées; et les parties du sel ayant pénétré de pointe en même façon dans les pores des chairs qu'on veut conserver, non seulement en ôtent l'humidité, mais aussi sont comme autant de petits bâtons plantés çà et là entre leurs parties, où, demeurant fermes et sans se plier, elles les soutiennent et empêchent que les autres plus pliantes qui sont parmi, ne les désarrangent en les agitant, et ainsi ne corrompent le corps qu'elles composent ; ce qui fait aussi que ces chairs, par succession de temps, deviennent plus dures ; au lieu que les parties de l'eau douce, en se pliant et se glissant par-ci par-là dans leurs pores, pourroient aider à les ramollir et à les corrompre. De plus, ce n'est pas merveille que l'eau salée soit plus pesante que la douce, puisqu'elle est composée de parties qui, étant plus grosses et plus massives, peuvent s'arranger en moindre espace ; car c'est de là que dépend la pesanteur. Mais il est besoin de considérer pourquoi ces parties plus massives demeurent mêlées avec les autres qui le sont moins, au lieu qu'il semble qu'elles devroient naturellement aller au-dessous ; et la raison en est, au moins pour celles du sel commun, qu'elles sont également grosses par les deux bouts et toutes droites, ainsi qu'autant de petits bâtons ; car s'il y en a jamais eu dans la mer qui fussent plus grosses par un bout que par l'autre, ayant été par même moyen plus pesantes, elles ont eu tout loisir d'aller au fond depuis que le monde est ; ou, s'il y en a eu de courbées, elles ont eu loisir de rencontrer des corps durs, et se joindre à eux, à cause qu'étant une fois entrées dans leurs pores, elles n'auront pu si facilement en ressortir que celles qui sont égales et droites. Mais celles-ci, se tenant couchées de travers l'une sur l'autre, donnent moyen à celles de l'eau douce, qui sont en perpétuelle agitation, de se rouler et de s'entortiller autour d'elles, s'y arrangeant et s'y disposant en certain ordre qui fait qu'elles peuvent continuer à se mouvoir plus aisément et plus vite que si elles étoient toutes seules : car, lorsqu'elles sont ainsi roulées autour des autres, la force de la matière subtile qui les agite n'est employée qu'à faire qu'elles tournent fort promptement autour de celles qu'elles embrassent, et qu'elles passent çà et là de l'une sur l'autre, sans pour cela changer aucun de leurs plis; au lieu qu'étant seules, comme elles sont lorsqu'elles composent l'eau douce, elles s'entrelacent nécessairement en telle sorte qu'il est besoin qu'une partie de cette force de la matière subtile soit employée à les plier, pour les dégager les unes des autres; et ainsi elle ne les peut faire mouvoir pour lors facilement ni si vite. Etant donc vrai que ces parties de l'eau douce peuvent mieux se mouvoir étant roulées autour de celles du sel qu'étant seules, ce n'est pas merveille qu'elles s'y roulent lorsqu'elles en sont assez proches, et qu'après, les tenant embrassées, elles empêchent que l'inégalité de leur pesanteur ne les sépare. D'où vient que le sel se fond aisément en l'eau douce, ou seulement étant exposé à l'air en temps humide, et néanmoins qu'il ne s'en fond en une quantité d'eau déterminée que jusques à une quantité déterminée, à savoir autant que les parties pliantes de cette eau peuvent embrasser des siennes en se roulant autour d'elles. Et sachant que les corps qui sont transparents le sont d'autant plus qu'ils empêchent moins les mouvements de la matière subtile qui est dans leurs pores, on voit encore de ceci que l'eau de la mer doit être naturellement plus transparente et causer des réfractions un peu plus grandes que celles des rivières. Et on voit aussi qu'elle ne se doit pas geler si aisément, en sachant que l'eau ne se gèle que lorsque la matière subtile qui est entre ses parties n'a pas la force de les agiter; et même on peut encore ici entendre la raison du secret pour faire de la glace en été, qui est l'un des plus beaux que sachent les curieux, encore qu'il ne soit pas des plus rares. Ils mettent du sel mêlé avec égale quantité de neige ou de glace pilée tout autour d'un vase plein d'eau douce; et, sans autre artifice, à mesure que ce sel et cette neige se fondent ensemble, l'eau qui est enfermée dans le vase devient glace. Dont la raison est que la matière subtile qui étoit autour des parties de cette eau, étant plus grossière ou moins subtile, et par conséquent ayant plus de force que celle qui étoit autour des parties de cette neige, va prendre sa place à mesure que les parties de la neige se roulent autour de celles du sel en se fondant; car elle trouve plus de facilité à se mouvoir dans les pores de l'eau salée qu'en ceux de l'eau douce, et elle tend incessamment à passer d'un corps en l'autre pour entrer en ceux où son mouvement est le moins empêché; au moyen de quoi la matière plus subtile, qui étoit dans la neige, entre dans l'eau pour succéder à celle qui en sort : et pourceque'elle n'a point assez de force pour y entretenir l'agitation de cette eau, cela est cause qu'elle se gèle. Mais l'une des principales qualités des parties du sel est qu'elles sont grandement fixes, c'est-à-dire qu'elles ne peuvent être élevées en vapeur ainsi que celles de l'eau douce. Dont la cause est non seulement qu'étant plus grosses elles sont plus pesantes, mais aussi qu'étant longues et droites, elles en peuvent être guère long-temps suspendues en l'air, soit qu'elles soient en action pour monter plus haut, soit pour en descendre, que l'un de leurs bouts ne se présente vers en bas, et ainsi qu'elles ne se tiennent en ligne perpendiculaire vers la terre : car, tant pour monter que descendre, il leur est bien plus aisé à diviser l'air étant en cette situation, qu'en aucune autre. Ce qui n'arrive point en même façon aux parties de l'eau douce, à cause qu'étant faciles à se plier, elles ne se tiennent jamais toutes droites, si ce n'est qu'elles tournent en rond avec vitesse, au lieu que celles du sel ne sauroient jamais guère tourner en cette sorte : car se rencontrant les unes les autres et se heurtant sans pouvoir se plier pour s'entre-céder, elles seroient incontinent contraintes de s'arrêter. Mais lorsqu'elles se trouvent suspendues en l'air, ayant une pointe en bas, comme j'ai dit, il est évident qu'elles doivent descendre plutôt que monter, à cause que la force qui les pourroit pousser vers en haut agit beaucoup moins que si elles étoient couchées de travers, et elle agit moins d'autant justement que la quantité de l'air qui résiste à leur pointe est plus petite que ne seroit celle qui résisteroit à leur longueur; au lieu que leur pesanteur étant toujours égale, agit d'autant plus que cette résistance de l'air est plus petite. A quoi si nous ajoutons que l'eau de la mer s'adoucit quand elle traverse du sable, à cause que les parties du sel, faute de se plier, ne peuvent couler ainsi que font les parties de l'eau douce par les petits chemins détournés, qui sont autour des grains de ce sable, nous saurons que les fontaines et les rivières n'étant composées que des eaux qui ont été élevées en vapeurs, ou bien qui ont passé au travers de beaucoup de sable, ne doivent point être salées, et aussi que toutes ces eaux douces rentrant dans la mer ne la doivent point rendre plus grande ni moins salée :

d'autant qu'il en ressort continuellement autant d'autres, dont quelques unes s'élèvent en l'air changées en vapeurs, puis vont retomber en pluie ou en neige sur la terre; mais la plupart pénétrant par des conduits souterrains jusques au-dessous des montagnes, d'où la chaleur qui est dans la terre les élevant aussi comme en vapeur vers leurs sommets, elles y vont remplir les sources des fontaines et des rivières. Et nous saurons aussi que l'eau de la mer doit être plus salée sous l'équateur que vers les poles, si nous considérons que le soleil y ayant beaucoup de force, en fait sortir beaucoup de vapeurs, lesquelles ne retombent point par après justement aux mêmes endroits d'où elles sont sorties, mais pour l'ordinaire en d'autres plus proches des poles, ainsi que vous entendrez mieux ci-après. Au reste, sinon que je n'ai pas envie de m'arrêter à expliquer particulièrement la nature du feu, j'ajouterois encore ici pourquoi l'eau de la mer est moins propre à éteindre les embrasements que celle des rivières, et pourquoi elle étincelle la nuit étant agitée; car vous verriez que les parties du sel étant fort aisées à embraser à cause qu'elles sont comme suspendues entre celles de l'eau douce, et ayant beaucoup de force après être ainsi ébranlées, à cause qu'elles sont droites et inflexibles, peuvent non seulement augmenter la flamme lorsqu'on les y jette, mais aussi en causer d'elles-mêmes en s'élançant hors de l'eau où elles sont. Comme si la mer qui est vers A' étant poussée avec force vers C, y rencontre un banc de sable ou quelque autre obstacle qui la fasse monter vers B, le branle que cette agitation donne aux parties du sel peut faire que les premières qui viennent en l'air s'y dégagent de celles de l'eau douce qui les tenoient entortillées, et que, se trouvant seules vers B à certaine distance l'une de l'autre, elles y engendrent des étincelles assez semblables à celles qui sortent des cailloux quand on les frappe. Il est vrai qu'à cet effet il est requis que ces parties du sel soient fort droites et fort glissantes, afin qu'elles se puissent plus aisément séparer de celles de l'eau douce; d'où vient que ni la saumure, ni l'eau de mer qui a été longtemps gardée en quelque vase, n'y sont pas propres. Il est requis aussi que celles de l'eau douce n'embrassent point trop étroitement celles du sel; d'où vient que ces étincelles paroissent plus quand il fait chaud que quand il fait froid : et que l'agitation de la mer soit assez forte; d'où vient qu'en même temps il ne sort pas du feu de toutes ses vagues : et enfin que les parties du sel se meuvent de pointe comme des flèches, et non de travers; d'où vient que toutes les gouttes qui rejaillissent hors d'une même eau n'éclairent pas en même sorte.

¹ Figure 1.

Mais considérons maintenant comment le sel flotte sur l'eau quand il se fait, nonobstant que ses parties soient fort fixes et fort pesantes, et comment il s'y forme en petits grains qui ont une figure carrée, presque semblable à celle d'un diamant taillé en table, excepté que la plus large de leurs faces est un peu creusée. Premièrement il est besoin à cet effet que l'eau de la mer soit retenue en quelques fosses, pour éviter tant l'agitation continuelle des vagues que l'affluence de l'eau douce, que les pluies et les rivières amènent sans cesse en l'océan; puis il est besoin aussi d'un temps chaud et sec, afin que l'action du soleil ait assez de force pour faire que les parties de l'eau douce, qui sont roulées autour de celles du sel, s'évaporent. Et il faut remarquer que la superficie de l'eau est toujours fort égale et unie, comme aussi celle de toutes les autres liqueurs; dont la raison est que ses parties se remuent entre elles de même façon et de même branle, et que les parties de l'air qui la touchent se remuent aussi entre elles tout de même l'une que l'autre, mais que celles-ci ne se remuent pas de même façon ni de même mesure que celles-là : et particulièrement aussi que la matière subtile qui est autour des parties de l'air se remue tout autrement que celle qui est autour des parties de l'eau; ce qui est cause que leurs superficies, en se frottant l'une contre l'autre, se polissent en même façon que si c'étoient deux corps durs, excepté que c'est beaucoup plus aisément, et presque en un instant, pourceque leurs parties, n'étant attachées en aucune façon les unes aux autres, s'arrangent toutes dès le premier coup, ainsi qu'il est requis à cet effet. Et ceci est aussi cause que la superficie de l'eau est beaucoup plus malaisée à diviser que n'est le dedans, ainsi qu'on voit par expérience en ce que tous les corps assez petits, quoique de matière fort pesante, comme sont de petites aiguilles d'acier, peuvent flotter et être soutenues au-dessus lorsqu'elle n'est point encore divisée, au lieu que lorsqu'elle l'est ils descendent jusqu'au fond sans s'arrêter. Ensuite de quoi il faut considérer que, lorsque la chaleur de l'air est assez grande pour former le sel, elle peut non seulement faire sortir hors de l'eau de mer quelques unes des parties pliantes qui s'y trouvent et les faire monter en vapeur, mais aussi les y faire monter avec telle vitesse, qu'avant qu'elles aient eu le loisir de se développer d'autour de celles du sel, elles arrivent jusques au-dessus de la superficie de cette eau, où, les apportant avec soi, elles n'achèvent de s'en développer qu'après que le trou qu'elles ont fait en cette superficie pour en sortir s'est refermé, au moyen de quoi ces parties du sel y demeurent toutes seules flottantes dessus, comme vous les voyez représentées vers D'; car, y étant couchées de leur long, elles ne sont point assez pesantes pour s'y enfoncer, non plus que les aiguilles d'acier dont je viens de parler, et elles la font seulement un peu courber et plier sous elles à cause de leur pesanteur, tout de même que font aussi ces aiguilles: de façon que les premières étant semées par-ci par-là sur cette superficie, y font plusieurs petites fosses ou courbures; puis les autres qui viennent après, se trouvant sur les pentes de ces fosses, roulent et glissent vers le fond, où elles se vont joindre contre les premières. Et il faut particulièrement ici remarquer que, de quelque part qu'elles y viennent, elles se doivent coucher justement côte à côte de ces premières, comme vous les voyez vers E*, au moins les secondes, et souvent aussi les troisièmes, à cause que par ce moyen elles descendent quelque peu plus bas qu'elles ne pourroient faire si elles demeuroient en quelque autre situation, comme en celle qui se voit vers F, ou vers G, ou vers H. Et le mouvement de la chaleur, qui ébranle toujours quelque peu cette superficie, aide à les arranger en cette sorte. Puis, lorsqu'il y en a ainsi en chaque fosse deux ou trois côte à côte l'une de l'autre, celles qui y viennent de plus se peuvent joindre encore à elles en même sens si elles s'y trouvent aucunement disposées; mais s'il arrive qu'elles penchent davantage vers les bouts des précédentes que vers les côtés, elles se vont coucher de contre à angles droits, comme vous voyez vers K, à cause que par ce moyen elles descendent aussi un peu plus bas qu'elles ne pourroient faire si elles s'arrangeoient autrement, comme elles sont vers L, ou vers M. Et pource qu'il s'en trouve à peu près autant qui se vont coucher contre les bouts des deux ou trois premières, que de celles qui se vont coucher contre leurs côtés, de là vient que, s'arrangeant ainsi plusieurs centaines toutes ensemble, elles forment premièrement une petite table qui, au jugement de la vue, paroît très carrée, et qui est comme la base du grain de sel qui commence à se former. Et il faut remarquer qu'y en ayant seulement trois ou quatre couchées en même sens, comme vers N, celles du milieu s'abaissent un peu plus que celles des bords; mais qu'y en venant d'autres qui s'y joignent en travers, comme vers O, celles-ci aident aux autres des bords à s'abaisser presque autant que celles du milieu, et en telle sorte que la petite table carrée, qui sert de base à un grain de sel, se formant ordinairement de plusieurs centaines jointes ensemble, ne peut paroître à l'œil que toute plate, encore qu'elle soit toujours tant soit peu courbée. Or, à mesure que cette table s'agrandit, elle s'abaisse de plus en plus, mais si lentement qu'elle fait plier sous soi la superficie de l'eau sans la rompre. Et lorsqu'elle est parvenue à certaine grandeur, elle se trouve si fort abaissée que les parties du sel qui viennent de nouveau vers elle, au lieu de s'arrêter contre ses bords, passent par-dessus, et y roulent en même sens et en même façon que les précédentes rouloient sur l'eau, ce qui fait qu'elles y forment derechef une table carrée qui s'abaisse en même façon peu à peu; puis les parties du sel qui viennent vers elle peuvent encore passer par-dessus, et y former une troisième table, et ainsi de suite. Mais il est à remarquer que les parties du sel qui forment la deuxième de ces tables ne roulent pas si aisément sur la première que celles qui ont formé cette première rouloient sur l'eau; car elles n'y trouvent pas une superficie du tout si unie, ni qui les laisse couler si librement; d'où vient que souvent elles ne roulent point jusqu'au milieu, qui, par ce moyen, demeurant vide, cette seconde table ne s'abaisse pas sitôt à proportion qu'avoit fait la première, mais devient un peu plus grande avant que la troisième commence à se former: et derechef, le milieu de celle-ci demeurant vide, elle devient un peu plus grande que la seconde, et ainsi de suite, jusqu'à ce que le grain entier, qui se compose d'un grand nombre de telles petites tables posées l'une sur l'autre, soit achevé, c'est-à-dire jusques à ce que, touchant aux bords des autres grains voisins, il ne puisse devenir plus large. Pour ce qui est de la grandeur de la première table qui lui sert de base, elle dépend du degré de chaleur qui agite l'eau pendant qu'elle se forme, car plus l'eau est agitée, plus les parties du sel qui nagent dessus font plier sa superficie; d'où vient que cette base demeure plus petite, et même l'eau peut être tant agitée, que les parties du sel iront au fond avant qu'elles aient formé aucuns grains. Pour le talus des quatre faces qui sortent des quatre côtés de cette base, il ne dépend que des causes déjà expliquées, lorsque la chaleur est égale pendant tout le temps que le grain est à se former; mais si elle va en augmentant, ce talus en deviendra moindre, et au contraire plus grand si elle diminue, en sorte, que si elle augmente et diminue par intervalles, il se fera comme de petits échelons de long de ces faces. Et pour les quatre querres ou côtés qui joignent ces quatre faces, elles ne sont pas ordinairement fort aiguës ni fort unies; car les parties qui se vont joindre aux côtés de ce grain s'y vont bien quasi toujours appliquer de long, comme j'ai dit; mais pour celles qui vont rouler contre ces angles, elles s'y arrangent plus aisément en autre sens, à savoir comme elles sont représentées vers P[1]; ce qui fait que ces querres sont un peu mousses et inégales, et que les grains de sel s'y fendent souvent plus aisément qu'aux au-

[1] Figure 6.

tres lieux, et aussi que l'espace vide qui demeure au milieu se fait presque rond plutôt que carré. Outre cela, pourceque les parties qui composent ces grains se vont joindre confusément, et sans autre ordre que celui que je viens d'expliquer, il arrive souvent que leurs bouts, au lieu de se toucher, laissent entre eux assez d'espace pour placer quelques parties de l'eau douce, qui s'y enferment et y demeurent pliées en rond, comme vous voyez vers R [1], pendant qu'elles ne s'y meuvent que moyennement vite ; mais lorsqu'une fort violente chaleur les agite, elles tendent avec beaucoup de force à s'étendre et se déplier en même façon qu'il a tantôt été dit qu'elles font quand l'eau se dilate en vapeur, ce qui fait qu'elles rompent leurs prisons tout d'un coup et avec éclat. Et c'est la raison pourquoi les grains de sel étant entiers se brisent en sautant et petillant quand on les jette dans le feu, et pourquoi ils ne font point le même étant mis en poudre, car alors ces petites prisons sont déjà rompues. De plus, l'eau de la mer ne peut être si purement composée des parties que j'ai décrites qu'il ne s'y en rencontre aussi quelques autres parmi qui sont de telle figure qu'elles ne laissent pas de pouvoir y demeurer encore qu'elles soient beaucoup plus déliées, et qui, s'allant engager entre les parties du sel lorsqu'il se forme,

[1] Figure 7.

lui peuvent donner, et cette odeur de violette très agréable qu'a le sel blanc quand il est fraîchement fait, et cette couleur sale qu'a le noir, et toutes les autres variétés qu'on peut remarquer dans les sels, et qui dépendent des diverses eaux dont ils se forment. Enfin vous ne vous étonnerez pas de ce que le sel est si friable et si aisé à rompre comme il est, en pensant à la façon dont se joignent ses parties; ni de ce qu'il est toujours blanc ou transparent étant pur, en pensant à leur grosseur et à la nature de la couleur blanche qui sera ci-après expliquée; ni de ce qu'il se fond assez facilement sur le feu quand il est entier, en considérant qu'il y a plusieurs parties d'eau douce enfermées entre les siennes; ni de ce qu'il se fond beaucoup plus difficilement étant bien pulvérisé et bien séché, en sorte qu'il n'y reste plus rien de l'eau douce, en remarquant qu'il ne se peut fondre étant ainsi seul, si ses parties ne se plient, et qu'elles ne peuvent que difficilement se plier. Car, encore qu'on puisse feindre qu'autrefois celles de la mer ont été toutes, par degrés, les unes plus pliantes, les autres moins, on doit penser que toutes celles qui ont pu s'entortiller autour de quelques autres se sont amollies depuis peu à peu, et rendues fort flexibles; au lieu que celles qui ne sont point ainsi entortillées sont demeurées entièrement roides; en sorte qu'il y a maintenant en cela grande différence entre celles du sel et celles de l'eau douce : mais les unes et les autres doivent être rondes, à savoir celles de l'eau douce comme des cordes, et celles du sel comme des cylindres ou des bâtons, à cause que tous les corps qui se meuvent en diverses façons et long-temps ont coutume de s'arrondir. Et on peut ensuite connoître quelle est la nature de cette eau extrêmement aigre et forte, qui peut soudre l'or, et que les alchimistes nomment l'esprit ou l'huile de sel ; car d'autant qu'elle ne se tire que par la violence d'un fort grand feu, ou du sel pur, ou du sel mêlé avec quelque autre corps fort sec et fort fixe, comme de la brique qui ne sert qu'à l'empêcher de se fondre, il est évident que ses parties sont les mêmes qui ont auparavant composé le sel, mais qu'elles n'ont pu monter par l'alambic, et ainsi de fixes devenir volatiles, sinon après qu'en se choquant les unes contre les autres, à force d'être agitées par le feu, de roides et inflexibles comme elles étoient, elles sont devenues faciles à plier, et par même moyen de rondes en forme de cylindres, elles sont devenues plates et tranchantes, ainsi que des feuilles de flambe ou de glaïeul ; car sans cela elles n'auroient pu se plier. Et ensuite il est aisé à juger la cause du goût qu'elles ont fort différent de celui du sel ; car se couchant de long sur la langue, et leurs tranchants s'appuyant contre les extrémités de ses nerfs, et coulant dessus en les coupant, elles les doivent bien agiter d'une autre sorte qu'elles ne faisoient auparavant, et par conséquent causer un autre goût, à savoir celui qu'on nomme le goût aigre. On pourroit ainsi rendre raison de toutes les autres propriétés de cette eau, mais la chose iroit à l'infini, et il sera mieux que, retournant à la considération des vapeurs, nous commencions à examiner comment elles se meuvent dans l'air, et comment elles y causent les vents.

DISCOURS QUATRIÈME.

DES VENTS.

Toute agitation d'air qui est sensible se nomme vent, et tout corps invisible et impalpable se nomme air. Ainsi lorsque l'eau est fort raréfiée et changée en vapeur fort subtile, on dit qu'elle est convertie en air, nonobstant que ce grand air que nous respirons ne soit pour la plupart composé que de parties qui ont des figures fort différentes de celles de l'eau, et qui sont beaucoup plus déliées. Et ainsi l'air étant chassé hors d'un soufflet ou poussé par un éventail, se nomme vent, nonobstant que ces vents plus étendus qui règnent sur la surface de la mer et de la terre ne soient ordinairement autre chose que le mouvement des vapeurs qui, en se dilatant, passent du lieu où elles sont en quelque autre où elles trouvent plus de commodité de s'étendre, en même façon qu'on voit en ces boules nommées des éolipyles qu'un peu d'eau s'exhalant en vapeur fait un vent assez grand et assez fort à raison du peu de matière dont il se compose;

et pourceque ce vent artificiel nous peut beaucoup aider à entendre quels sont les naturels, il sera bon ici que je l'explique. ABCDE[1] est une boule de cuivre, ou autre telle matière, toute creuse et toute fermée, excepté qu'elle a une fort petite ouverture en l'endroit marqué D; et la partie de cette boule ABC étant pleine d'eau, et l'autre AEC étant vide, c'est-à-dire ne contenant que de l'air, on la met sur le feu; puis la chaleur agitant les petites parties de l'eau, fait que plusieurs s'élèvent au-dessus de la superficie AC, où elles s'étendent et s'entre-poussent en tournoyant, et font effort pour s'écarter les unes des autres, en la façon ci-dessus expliquée; et pourcequ'elles ne peuvent ainsi s'écarter qu'à mesure qu'il en sort quelques unes par le trou D, toutes les forces dont elles s'entre-poussent conspirent ensemble à chasser par là toutes celles qui en sont les plus proches, et ainsi elles causent un vent qui souffle de là vers F. Et pourcequ'il y a toujours de nouvelles parties de cette eau qui, étant élevées par la chaleur au-dessus de cette superficie AC, s'étendent et s'écartent l'une de l'autre à mesure qu'il en sort par le trou D, ce vent ne cesse point que toute l'eau de cette boule ne soit exhalée, ou bien que la chaleur qui la fait exhaler n'ait cessé. Or les vents ordinaires qui régnent en l'air se font à peu près en même façon que

[1] Figure K.

celui-ci, et il n'y a principalement que deux choses en quoi ils diffèrent : la première est que les vapeurs dont ils se composent ne s'élèvent pas seulement de la superficie de l'eau comme en cette boule, mais aussi des terres humides, des neiges et des nues, d'où ordinairement elles sortent en plus grande abondance que de l'eau pure, à cause que leurs parties y sont déjà presque toutes déjointes et désunies, et ainsi d'autant plus aisées à séparer. La seconde est que ces vapeurs ne pouvant être renfermées en l'air, ainsi qu'en une éolipyle, sont seulement empêchées de s'y étendre également de tous côtés par la résistance de quelques autres vapeurs, ou de quelques nues, ou de quelques montagnes, ou enfin de quelque vent qui tend vers l'endroit où elles sont ; mais qu'en revanche il y a souvent ailleurs d'autres vapeurs qui, s'épaississant et se resserrant au même temps que celles-ci se dilatent, les déterminent à prendre leur cours vers l'espace qu'elles leur laissent. Comme, par exemple, si vous imaginez qu'il y a maintenant force vapeurs en l'endroit de l'air marqué F[1], qui se dilatent et tendent à occuper un espace incomparablement plus grand que celui qui les contient, et qu'au même temps il y en a d'autres vers G qui, se resserrant et se changeant en eau ou en neige, laissent la plus grande part de l'espace où elles étoient,

[1] Figure 9.

vous ne douterez pas que celles qui sont vers F ne prennent leur cours vers G, et ainsi qu'elles ne composent un vent qui souffle vers là; principalement si vous pensez avec cela qu'elles soient empêchées de s'étendre vers A et vers B par de hautes montagnes qui y sont, et vers E pourceque l'air y est pressé et condensé par un autre vent qui souffle de C jusques à D, et enfin qu'il y a des nues au-dessus d'elles qui les empêchent de s'étendre plus haut vers le ciel. Et remarquez que lorsque les vapeurs passent en cette façon d'un lieu en un autre, elles emmènent ou chassent devant soi tout l'air qui se trouve en leur chemin, et toutes les exhalaisons qui sont parmi; en sorte que, bien qu'elles causent quasi toutes seules les vents, ce ne sont pas toutefois elles seules qui les composent; et même aussi que la dilatation et condensation de ces exhalaisons et de cet air peuvent aider à la production de ces vents, mais que c'est si peu, à comparaison de la dilatation et condensation des vapeurs, qu'elles ne doivent quasi point être mises en compte; car l'air étant dilaté n'occupe qu'environ deux ou trois fois plus d'espace qu'étant médiocrement condensé, au lieu que les vapeurs en occupent plus de deux ou trois mille fois davantage; et les exhalaisons ne se dilatent, c'est-à-dire ne se tirent des corps terrestres que par l'aide d'une grande chaleur; puis ne peuvent quasi jamais, par aucune froideur, être derechef autant condensées qu'elles l'ont été auparavant; au lieu qu'il ne faut que fort peu de chaleur pour faire que l'eau se dilate en vapeur, et derechef que fort peu de froideur pour faire que les vapeurs se changent en eau.

Mais voyons maintenant en particulier les propriétés et la génération des principaux vents. Premièrement, on observe que tout l'air a son cours autour de la terre de l'orient vers l'occident, ce qu'il nous faut ici supposer, à cause que la raison n'en peut commodément être déduite qu'en expliquant toute la fabrique de l'univers, ce que je n'ai pas ici dessein de faire. Mais ensuite on observe que les vents orientaux sont ordinairement beaucoup plus secs et rendent l'air beaucoup plus net et plus serein que les occidentaux ; dont la raison est que ceux-ci, s'opposant au cours ordinaire des vapeurs, les arrêtent et font qu'elles s'épaississent en nues, au lieu que les autres les chassent et les dissipent. De plus, on observe que c'est principalement le matin que soufflent les vents d'orient, et le soir que soufflent ceux d'occident, de quoi la raison vous sera manifeste si vous regardez la terre ABCD et le soleil S', qui, en éclairant la moitié ABC et faisant le midi vers B et la minuit vers D, se couche en même temps au respect des peuples

Figure 60

qui habitent vers A, et se lève au respect de ceux qui sont vers C. Car pourceque les vapeurs qui sont vers B sont fort dilatées par la chaleur du jour, elles prennent leur cours, partie par A et partie par C, vers D, où elles vont occuper la place que laissent celles que la fraîcheur de la nuit y condense, en sorte qu'elles font un vent d'occident vers A où le soleil se couche, et un d'orient vers C où il se lève; et même il est à remarquer que ce vent qui se fait ainsi vers C est ordinairement plus fort et va plus vite que celui qui se fait vers A, tant à cause qu'il suit le cours de toute la masse de l'air, comme aussi à cause que la partie de la terre qui est entre C et D ayant été plus long-temps sans être éclairée par le soleil que celle qui est entre D et A, la condensation des vapeurs a dû s'y faire plus tôt et plus grande. On observe aussi que c'est principalement pendant le jour que soufflent les vents du nord, et qu'ils viennent de haut en bas, et qu'ils sont fort violents et fort froids et fort secs : dont vous pouvez voir la raison en considérant que la terre EBFD[1] est couverte de plusieurs nues et brouillards vers les pôles E et F, où elle n'est guère échauffée par le soleil, et que vers B, où il donne à plomb, il excite quantité de vapeurs qui, étant fort agitées par l'action de sa lumière, montent en haut très promptement jusques à ce qu'elles

[1] Figure 11.

soient tant élevées que la résistance de leur pesanteur fasse qu'il leur soit plus aisé de se détourner et de prendre leur cours de part et d'autre vers I et M au-dessus des nues G et K, que de continuer plus haut en ligne droite; et ces nues G et K étant aussi en même temps échauffées et raréfiées par le soleil, se convertissent en vapeurs qui prennent leur cours de G vers H, et de K vers L, plutôt que vers E et vers F; car l'air épais qui est vers les poles leur résiste bien davantage que ne font les vapeurs qui sortent de la terre vers le midi, et qui, étant fort agitées et prêtes à se mouvoir de tous côtés, leur peuvent facilement céder leur place. Ainsi, prenant F pour le pole arctique, le cours de ces vapeurs de K vers L fait un vent du nord qui souffle pendant le jour en Europe; et ce vent souffle de haut en bas, à cause qu'il vient des nues vers la terre; et il est ordinairement fort violent, à cause qu'il est excité par la chaleur la plus forte de toutes, à savoir celle du midi, et de la matière la plus aisée à dissoudre en vapeur, à savoir des nues. Enfin ce vent est fort froid et fort sec, tant à cause de sa force, suivant ce qui a été dit ci-dessus que les vents impétueux sont toujours secs et froids, comme aussi il est sec à cause qu'il n'est ordinairement composé que des plus grossières parties de l'eau douce mêlées avec l'air, au lieu que l'humidité dépend principalement des plus subtiles : et celles-ci ne se trouvent guère dans les nues dont il s'engendre ; car, comme vous verrez tantôt, elles participent bien plus de la nature de la glace que de celle de l'eau ; et il est froid, à cause qu'il amène avec soi vers le midi la matière très subtile qui étoit vers le nord, de laquelle dépend principalement la froideur. On observe tout au contraire que les vents du midi soufflent plus ordinairement pendant la nuit, et viennent du bas en haut, et sont lents et humides : dont la raison se peut voir aussi en regardant derechef la terre EBFD, et considérant que sa partie D qui est sous l'équateur, et où je suppose qu'il est maintenant nuit, retient encore assez de la chaleur que le soleil lui a communiquée pendant le jour pour faire sortir de soi plusieurs vapeurs, mais que l'air qui est au-dessus vers P n'en retient pas tant à proportion ; car généralement les corps grossiers et pesants retiennent toujours plus long-temps leur chaleur que ceux qui sont légers et subtils, et ceux qui sont durs la retiennent aussi plus long-temps que ceux qui sont liquides ; ce qui est cause que les vapeurs qui se trouvent vers P, au lieu de poursuivre leur cours vers Q et vers R, s'arrêtent et s'épaississent en forme de nues, qui empêchant que celles qui sortent de la terre D ne montent plus haut, les contraignent de prendre leur cours de part et d'autre vers N et vers O, et ainsi d'y faire un vent de midi qui souffle principalement pendant la nuit, et qui vient de bas en haut, à savoir de la terre vers l'air, et qui ne peut être que fort lent, tant à cause que son cours est retardé par l'épaisseur de l'air de la nuit, comme aussi à cause que sa matière, ne sortant que de la terre ou de l'eau, ne se peut dilater si promptement ni en si grande quantité que celle des autres vents, qui sort ordinairement des nues. Et enfin il est chaud et humide, tant à cause de la tardiveté de son cours, comme aussi il est humide à cause qu'il est composé des plus subtiles parties de l'eau douce aussi bien que des plus grossières, car elles sortent ensemble de la terre; et il est chaud à cause qu'il amène avec soi vers le nord la matière subtile qui étoit vers le midi. On observe aussi qu'au mois de mars, et généralement en tout le printemps, les vents sont plus secs et les changements d'air plus subits et plus fréquents qu'en aucune autre saison de l'année, dont la raison se voit encore en regardant la terre EBFD, et pensant que le soleil, que je suppose être vis-à-vis du cercle BAD qui représente l'équateur, et avoir été trois mois auparavant vis-à-vis du cercle HN qui représente le tropique du capricorne, a beaucoup moins échauffé la moitié de la terre BFD où il fait maintenant le printemps, que l'autre moitié BED où il fait l'automne, et par conséquent que cette moitié BFD est beaucoup plus couverte de neiges, et que tout l'air qui l'environne est beaucoup plus épais et plus rempli de nues que celui qui environne l'autre moitié BED: ce qui est cause que pendant le jour il s'y dilate beaucoup plus de vapeurs, et qu'au contraire pendant la nuit il s'y en condense beaucoup davantage; car la masse de la terre y étant moins échauffée, et la force du soleil n'y étant pas moindre, il doit y avoir plus d'inégalité entre la chaleur du jour et la froideur de la nuit; et ainsi ces vents d'orient, que j'ai dit souffler principalement le matin, et ceux du nord, qui soufflent sur le milieu du jour, qui les uns et les autres sont fort secs, doivent y être beaucoup plus forts et plus abondants qu'en aucune autre saison. Et pourceque les vents d'occident qui soufflent le soir y doivent aussi être assez forts, par même raison que ceux d'orient qui soufflent le matin, pour peu que le cours régulier de ces vents soit avancé ou retardé, ou détourné par les causes particulières qui peuvent plus ou moins dilater ou épaissir l'air en chaque contrée, ils se rencontrent les uns les autres et engendrent des pluies ou des tempêtes qui cessent ordinairement aussitôt après, à cause que les vents d'orient et du nord qui chassent les nues demeurent les maîtres. Et je crois que ce sont ces vents d'orient et de nord que les Grecs appeloient les ornithies, à cause qu'ils ramenoient les oiseaux qui viennent au printemps; mais pour ce qui est des étésies, qu'ils observoient après le solstice d'été, il est vraisemblable qu'ils procèdent des vapeurs que le soleil élève des terres et des eaux du septentrion, après avoir déjà assez séjourné longtemps vers le tropique du cancre ; car vous savez qu'il s'arrête bien plus à proportion vers les tropiques qu'il ne fait en l'espace qui est entre deux : et il faut penser que pendant les mois de mars, d'avril et de mai, il dissout en vapeurs et en vents la plupart des nues et des neiges qui sont vers notre pôle, mais qu'il ne peut y échauffer les terres et les eaux assez fort pour en élever d'autres vapeurs qui causent des vents que quelques semaines après, lorsque ce grand jour de six mois qu'il y fait est un peu au-delà de son midi.

Au reste, ces vents généraux et réguliers seroient toujours tels que je viens de les expliquer, si la superficie de la terre étoit partout également couverte d'eaux, ou partout également découverte, en sorte qu'il n'y eût aucune diversité de mers, de terres et de montagnes, ni aucune autre cause qui pût dilater les vapeurs que la présence du soleil, ou les condenser que son absence. Mais il faut remarquer que lorsque le soleil luit, il fait sortir communément plus de vapeurs des mers que des terres, à cause que les terres se trouvant sèches en plusieurs endroits ne lui fournissent pas tant de matière ; et qu'au contraire, lorsqu'il est absent, la chaleur qu'il a causée en fait sortir davantage des terres que des mers, à cause qu'elle y demeure plus fort imprimée. C'est pourquoi on observe souvent aux bords de la mer que le vent vient le jour du côté de l'eau, et la nuit du côté de la terre; et c'est pour cela aussi que ces feux qu'on nomme les *ardents* conduisent de nuit les voyageurs vers les eaux, car ils suivent indifféremment le cours de l'air, qui tire vers là des terres voisines, à cause que celui qui y est se condense. Il faut aussi remarquer que l'air qui touche la superficie des eaux suit leur cours en quelque façon, d'où vient que les vents changent souvent le long des côtes de la mer avec ses flux et reflux, et que le long des grandes rivières on sent en temps calme de petits vents qui suivent leur cours. Puis il faut remarquer aussi que les vapeurs qui viennent des eaux sont bien plus humides et plus épaisses que celles qui s'élèvent des terres, et qu'il y a toujours parmi celles-ci beaucoup plus d'air et d'exhalaisons, d'où vient que les mêmes tempêtes sont ordinairement plus violentes sur l'eau que sur la terre, et qu'un même vent peut être sec en un pays et humide en un autre. Comme on dit que les vents de midi, qui sont humides presque partout, sont secs en Égypte, où il n'y a que les terres sèches et brûlées du reste de l'Afrique qui leur fournissent de matière; et c'est sans doute ceci qui est cause qu'il n'y pleut presque jamais : car quoique les vents de nord venant de la mer y soient humides, toutefois pour ce qu'avec cela ils y sont les plus froids qui s'y trouvent, ils n'y peuvent pas aisément causer de pluie, ainsi que vous entendrez ci-après. Outre cela, il faut considérer que la lumière de la lune, qui est fort inégale selon qu'elle s'éloigne ou s'approche du soleil, contribue à la dilatation des vapeurs, comme fait aussi celle des autres astres : mais que c'est seulement en même proportion que nous sentons qu'elle agit contre nos yeux, car ce sont les juges les plus certains que nous puissions avoir pour connoître la force de la lumière ; et que par conséquent celle des étoiles n'est quasi point considérable, à comparaison de celle de la lune, ni celle-ci à comparaison du soleil. Enfin on doit considérer que les vapeurs s'élèvent fort inégalement des diverses contrées de la terre ; car, et les montagnes sont échauffées par les astres d'autre façon que les plaines, et les forêts que les prairies, et les champs cultivés que les déserts, et même certaines terres sont plus chaudes d'elles-mêmes ou plus aisées à échauffer que les autres; et ensuite se formant des nues en l'air fort inégales, et qui peuvent être transportées d'une région en une autre par les moindres vents, et soutenues à diverses distances de la terre, même plusieurs ensemble au-dessus les unes des autres, les astres agissent derechef d'autre façon contre les plus hautes que contre les plus basses, et contre celles-ci que contre la terre qui est au-dessous, et d'autre façon contre les mêmes endroits de la terre lorsqu'il n'y a point de nues qui les couvrent que lorsqu'il y en a, et après qu'il a plu ou neigé qu'auparavant. Ce qui fait qu'il est presque impossible de prévoir les vents particuliers qui doivent être chaque jour en chaque contrée de la terre, et que même il y en a souvent plusieurs contraires qui passent au-dessus les uns des autres; mais on y pourra bien déterminer en général quels vents doivent être les plus fréquents et les plus forts, et en quels lieux et quelles saisons ils doivent régner, si on prend exactement garde à toutes les choses qui ont été ici remarquées. Et on le pourra encore beaucoup mieux déterminer dans les grandes mers, principalement aux endroits fort éloignés de la terre, à cause que, n'y ayant point d'inégalités en la superficie de l'eau semblables à celles que nous venons de remarquer sur les terres, il s'y engendre beaucoup moins de vents irréguliers, et ceux qui viennent des côtes ne peuvent guère passer jusque là; comme témoigne assez l'expérience de nos matelots, qui, pour cette cause, ont donné à la plus large de toutes les mers le nom de Pacifique. Et je ne sache plus rien ici digne de remarque, sinon que presque tous les subits changements d'air, comme de ce qu'il devient plus chaud, ou plus rare, ou plus humide que la saison ne le requiert, dépendent des vents, non seulement de ceux qui sont aux mêmes régions où se font ces changements, mais aussi de ceux qui en sont proches, et des diverses causes dont ils procèdent. Car, par exemple, si pendant que nous sentons ici un vent de midi, qui, ne procédant que de quelque cause particulière, et ayant son origine fort près d'ici, n'amène pas beaucoup de chaleur, il y en a un de nord aux pays voisins qui vienne d'assez loin ou d'assez haut, la matière très subtile que celui-ci amène avec soi peut aisément parvenir jusques à nous, et y causer un froid extraordinaire; et ce vent de midi, ne sortant que du lac voisin, peut être fort humide, au lieu que s'il venoit des campagnes désertes qui sont au-delà, il seroit plus sec; et, n'étant causé que par la dilatation des vapeurs de ce lac, sans que la condensation d'aucunes autres qui soient vers le septentrion y contribue, il doit rendre notre air bien plus épais et plus pesant que s'il n'étoit causé que par cette condensation, sans qu'il se fît aucune dilatation de vapeurs vers le midi. A quoi si nous ajoutons que la matière subtile et les vapeurs qui sont dans les pores de la terre, prenant divers cours, y font aussi comme des vents qui amènent avec soi des exhalaisons de toutes sortes, selon les qualités des terres par où ils passent, et outre cela que les nuées, en s'abaissant, peuvent causer un vent qui chasse l'air de haut en bas, ainsi que je dirai ci-après, nous aurons, je crois, toutes les causes des changements d'air qui se remarquent.

DISCOURS CINQUIÈME.

DES NUES.

Après avoir considéré comment les vapeurs, en se dilatant, causent les vents, il faut voir comment, en se condensant et resserrant, elles composent les nues et les brouillards; à savoir, sitôt qu'elles deviennent notablement moins transparentes que l'air pur, si elles s'étendent jusques à la superficie de la terre, on les nomme des brouillards; mais si elles demeurent suspendues plus haut, on les nomme des nues. Et il est à remarquer que ce qui les fait ainsi devenir moins transparentes que l'air pur, c'est que lorsque leur mouvement s'alentit, et que leurs parties sont assez proches pour s'entre-toucher, elles se joignent et s'assemblent en divers petits tas qui sont autant de gouttes d'eau, ou bien de parcelles de glace; car, pendant qu'elles demeurent tout-à-fait séparées et flottantes en l'air, elles ne peuvent guère empêcher le cours de la lumière, au lieu qu'étant assemblées, encore que les gouttes d'eau ou les parcelles de glace qu'elles composent soient transparentes, toutefois, à cause que chacune de leurs superficies fait réfléchir une partie des rayons qui donnent decontre, ainsi qu'il a été dit en la Dioptrique de toutes celles des corps transparents, ces superficies se trouvent aisément en assez grand nombre pour les faire tous ou presque tous réfléchir. Et pour les gouttes d'eau, elles se forment lorsque la matière subtile qui est autour des petites parties des vapeurs, n'ayant plus assez de force pour faire qu'elles s'étendent et se chassent les unes les autres, en a encore assez pour faire qu'elles se plient, et ensuite que toutes celles qui se rencontrent se joignent et s'accumulent ensemble en une boule. Et la superficie de cette boule devient incontinent toute égale et toute polie, à cause que les parties de l'air qui la touchent se meuvent d'autre façon que les siennes, et aussi la matière subtile qui est en ses pores d'autre façon que celle qui est en ceux de l'air, comme il a déjà tantôt été expliqué en parlant de la superficie de l'eau de la mer; et pour même raison aussi elle devient exactement ronde : car, comme vous pouvez souvent avoir vu que l'eau des rivières tournoie et fait des cercles aux endroits où il y a quelque chose qui l'empêche de se mouvoir en ligne droite aussi vite que son agitation le requiert, ainsi faut-il penser que la matière subtile coulant par les pores des autres corps en même façon qu'une rivière par les intervalles des herbes qui croissent en son lit, et passant plus librement d'un endroit de l'air en l'autre, et d'un endroit de l'eau aussi en l'autre, que de l'air en l'eau, ou réciproquement de l'eau en l'air comme il a été ailleurs remarqué, elle doit tournoyer au dedans de cette goutte, et aussi au dehors en l'air qui l'environne, mais d'autre mesure qu'au dedans, et par ce moyen disposer en rond toutes les parties de sa superficie; car elles ne peuvent manquer d'obéir à ses mouvements, d'autant que l'eau est un corps liquide. Et sans doute ceci est suffisant pour faire entendre que les gouttes d'eau doivent être exactement rondes au sens que leurs sections sont parallèles à la superficie de la terre; car il n'y a point de raison qu'aucune des parties de leur circonférence s'éloigne ni s'approche de leurs centres plus que les autres en ce sens-là, vu qu'elles n'y sont ne plus ne moins pressées d'un côté que d'autre par l'air qui les environne, au moins s'il est calme et tranquille, comme nous le devons ici supposer. Mais pourceque les considérant en autre sens on peut douter, lorsqu'elles sont si petites, que leur pesanteur n'a pas la force de leur faire diviser l'air pour descendre, si cela ne les rend point un peu plus plates et moins épaisses en leur hauteur qu'en leur largeur, comme T[1] ou V, il faut prendre garde qu'elles ont de l'air autour de leurs côtés

[1] Figure 12.

aussi bien qu'au-dessous, et que si leur pesanteur n'est suffisante pour faire que celui qui est au-dessous leur quitte sa place et les laisse descendre, elle ne le peut être non plus pour faire que celui qui est aux côtés se retire et les laisse devenir plus larges. Et pource qu'on peut douter tout au contraire, lorsque leur pesanteur les fait descendre, si l'air qu'elles divisent ne les rend point un peu plus longues et étroites, comme X, ou Y, il faut encore prendre garde qu'en étant environnées tout autour, celui qu'elles divisent et dont elles vont occuper la place en descendant doit monter à même temps au-dessus d'elles pour y remplir celle qu'elles y laissent, et qu'il ne le peut qu'en coulant tout le long de leur superficie, où il trouve le chemin plus court et plus aisé lorsqu'elles sont rondes que si elles avoient quelque autre figure; car chacun sait que de toutes les figures c'est la ronde qui est la plus capable, c'est-à-dire celle qui a le moins de superficie à raison de la grandeur du corps qu'elle contient; et ainsi en quelle façon qu'on le veuille prendre, ces gouttes doivent toujours demeurer rondes, si ce n'est que la force de quelque vent ou quelque autre cause particulière les en empêche. Pour ce qui est de leur grosseur, elle dépend de ce que les parties de la vapeur sont plus ou moins proches les unes des autres lorsqu'elles commencent à les composer, et aussi de ce qu'elles sont par après plus ou moins agitées, et de la quantité des autres vapeurs qui peuvent venir se joindre à elles. Car chacune d'abord ne se compose que de deux ou trois des petites parties de la vapeur qui s'entre-rencontrent; mais aussitôt après, si cette vapeur a été un peu épaisse, deux ou trois des gouttes qui s'en sont formées en se rencontrant se joignent en une, et derechef deux ou trois de celles-ci encore en une, et ainsi de suite jusques à ce qu'elles ne se puissent plus rencontrer. Et pendant qu'elles se soutiennent en l'air, il peut aussi venir d'autres vapeurs se joindre à elles et les grossir, jusques à ce qu'enfin leur pesanteur les fasse tomber en pluie ou en rosée.

Pour les petites parcelles de glace, elles se forment lorsque le froid est si grand que les parties de la vapeur ne peuvent être pliées par la matière subtile qui est parmi elles. Et si ce froid ne survient qu'après que les gouttes sont déjà formées, il les laisse toutes rondes en les gelant, si ce n'est qu'il soit accompagné de quelque vent assez fort qui les fasse devenir un peu plates du côté qu'il les rencontre; et, au contraire, s'il survient dès auparavant qu'elles aient commencé à se former, les parties de la vapeur ne se joignent qu'en long et ne composent que des filets de glace fort déliés; mais si le froid survient entre ces deux temps, ce qui est le plus ordinaire, il gèle les parties de la vapeur à mesure qu'elles se plient et s'entassent plusieurs ensemble sans leur donner le loisir de s'unir assez parfaitement pour former des gouttes : et ainsi il en fait de petits nœuds ou pelotons de glace qui sont tout blancs, à cause qu'ils sont composés de plusieurs filets qui ne laissent pas d'être séparés et d'avoir chacun leurs superficies distinctes, encore qu'ils soient pliés l'un sur l'autre : et ces nœuds sont comme velus ou couverts de poils tout à l'entour, à cause qu'il y a toujours plusieurs parties de la vapeur qui, ne pouvant se plier et s'entasser sitôt que les autres, s'appliquent toutes droites contre eux et composent les petits poils qui les couvrent : et, selon que ce froid vient plus lentement ou plus à coup, et que la vapeur est plus épaisse ou plus rare, ces nœuds se forment plus gros ou plus petits, et les poils ou filets qui les environnent plus forts et plus courts, ou plus déliés et plus longs.

Et vous pouvez voir de ceci qu'il y a toujours deux choses qui sont requises pour convertir les vapeurs en eau ou en glace, à savoir que leurs parties soient assez proches pour s'entre-toucher, et qu'il y ait autour d'elles assez de froideur pour faire qu'en s'entre-touchant elles se joignent et s'arrêtent les unes aux autres. Car ce ne seroit pas assez que leur froideur fût très grande, si elles étoient éparses en l'air si loin à loin qu'elles ne s'entre-touchassent aucunement, ni aussi qu'elles fussent fort proches les unes des autres et fort pressées, si leur chaleur, c'est-à-dire leur agitation, étoit assez forte pour les empêcher de se joindre. Ainsi on ne voit pas qu'il se forme toujours des nues au haut de l'air, nonobstant que le froid y soit toujours assez grand pour cet effet : et il est requis de plus qu'un vent occidental, s'opposant au cours ordinaire des vapeurs, les assemble et les condense aux endroits où il se termine; ou bien que deux ou plusieurs autres vents, venant de divers côtés, les pressent et accumulent entre eux ; ou qu'un de ces vents les chasse contre une nue déjà formée; ou enfin qu'elles aillent s'assembler de soi-même contre le dessous de quelque nue, à mesure qu'elles sortent de la terre. Et il ne se forme pas aussi toujours des brouillards autour de nous, ni en hiver, encore que l'air y soit assez froid; ni en été, encore que les vapeurs y soient assez abondantes, mais seulement lorsque la froideur de l'air et l'abondance des vapeurs concourent ensemble, comme il arrive souvent le soir ou la nuit lorsqu'un jour assez chaud a précédé : principalement au printemps plus qu'aux autres saisons, même qu'en automne, à cause qu'il y a plus d'inégalité entre la chaleur du jour et la froideur de la nuit : et plus aussi aux lieux marécageux ou maritimes que sur les terres qui sont loin des eaux, ni sur les eaux qui sont loin des terres, à cause que l'eau, perdant plus tôt sa chaleur que la terre, y refroidit l'air dans lequel se condensent les vapeurs que les terres humides et chaudes produisent en abondance. Mais les plus grands brouillards se forment, comme les nues, aux lieux où le cours de deux ou plusieurs vents se termine; car ces vents chassent vers ces lieux-là plusieurs vapeurs qui s'y épaississent, ou en brouillards si l'air proche de la terre est fort froid, ou en nues s'il ne l'est assez pour les condenser que plus haut. Et remarquez que les gouttes d'eau ou les parcelles de glace dont les brouillards sont composés ne peuvent être que très petites; car si elles étoient tant soit peu grosses, leur pesanteur les feroit descendre assez promptement vers la terre, de façon que nous ne dirions pas que ce fussent des brouillards, mais de la pluie ou de la neige; et avec cela que jamais il ne peut y avoir aucun vent où ils sont qu'il ne les dissipe bientôt après, principalement lorsqu'ils sont composés de gouttes d'eau; car la moindre agitation d'air fait que ces gouttes, en se joignant plusieurs ensemble, se grossissent et tombent en pluie ou en rosée. Remarquez aussi, touchant les nues, qu'elles peuvent être produites à diverses distances de la terre, selon que les vapeurs ont loisir de monter plus ou moins haut avant que d'être assez condensées pour les composer: d'où vient qu'on en voit souvent plusieurs au-dessus les unes des autres, et même qui sont agitées par divers vents. Et ceci arrive principalement aux pays de montagnes, à cause que la chaleur qui élève les vapeurs y agit plus inégalement qu'aux autres lieux. Il faut remarquer, outre cela, que les plus hautes de ces nues ne peuvent quasi jamais être composées de gouttes d'eau, mais seulement de parcelles de glace: car il est certain que l'air où elles sont est plus froid ou du moins aussi froid que celui qui est au sommet des hautes montagnes, lequel néanmoins l'est assez, même au cœur de l'été, pour empêcher que les neiges ne s'y fondent. Et pourceque plus les vapeurs s'élèvent haut, plus elles y trouvent de froid qui les gèle et moins elles y peuvent être pressées par les vents. De là vient que, pour l'ordinaire, les plus hautes parties des nues ne se composent que de filets de glace fort déliés et qui sont épars en l'air fort loin à loin; puis un peu au-dessous il se forme des nœuds ou pelotons de cette glace, qui sont fort petits et couverts de poils, et par degrés encore d'autres au-dessous un peu moins petits; et enfin quelquefois tout au plus bas il se forme des gouttes d'eau. Et lorsque l'air qui les contient est entièrement calme et tranquille, ou bien qu'il est tout également emporté par quelque vent, tant ces gouttes que ces parcelles de glace y peuvent demeurer éparses assez loin à loin et sans aucun ordre, en sorte que pour lors la forme des nues ne diffère en rien de celle des brouillards. Mais, pource que souvent elles sont poussées par des vents qui n'occupent pas également tout l'air qui les environne, et qui par conséquent, ne les pouvant faire mouvoir de même mesure que cet air, coulent par-dessus et par-dessous en les pressant et les contraignant de prendre la figure qui peut le moins empêcher leur mouvement, celles de leurs superficies contre lesquelles passent ces vents deviennent toutes plates et unies. Et ce que je désire ici particulièrement que vous remarquiez, c'est que tous les petits nœuds ou pelotons de neige qui se trouvent en ces superficies s'arrangent exactement en telle sorte, que chacun d'eux en a six autres autour de soi qui le touchent, ou du moins qui ne sont pas plus éloignés de lui l'un que l'autre. Supposons, par exemple, qu'au-dessus de la terre AB [1] il vient un vent de la partie occidentale D qui s'oppose au cours ordinaire de l'air, ou, si vous l'aimez mieux, à un autre vent qui vient de la partie orientale C, et que ces deux vents se sont arrêtés au commencement l'un l'autre environ l'espace FGP, où ils ont condensé quelques vapeurs dont ils ont fait une masse confuse, pendant que leurs forces se balançant et se trouvant égales en cet endroit, ils y ont laissé l'air calme et tranquille. Car il arrive souvent

[1] Figure 15.

que deux vents sont opposés en cette sorte, à cause qu'il y en a toujours plusieurs différents autour de la terre en même temps, et que chacun d'eux y étend d'ordinaire son cours sans se détourner jusques au lieu où il en rencontre un contraire qui lui résiste; mais leurs forces n'y peuvent guère demeurer long-temps ainsi balancées, et leur matière y affluant de plus en plus s'ils ne cessent tous deux ensemble, ce qui est rare, le plus fort prend enfin son cours par le dessous ou le dessus de la nue, ou même aussi par le milieu ou tout à l'entour, selon qu'il s'y trouve plus disposé, au moyen de quoi, s'il n'amortit l'autre tout-à-fait, il le contraint au moins de se détourner. Comme ici je suppose que le vent occidental, ayant pris son cours entre G' et P, a contraint l'oriental de passer par-dessous vers F, où il a fait tomber en rosée le brouillard qui y étoit, puis a retenu au-dessus de soi la nue G, qui, se trouvant pressée entre ces deux vents, est devenue fort plate et étendue; et les petits pelotons de glace qui ont été en sa superficie tant du dessus que du dessous, comme aussi en celle du dessous de la nue P, ont dû s'y arranger en telle sorte que chacun en ait six autres qui l'environnent : car on ne sauroit imaginer aucune raison qui les en ait empêchés, et naturellement tous les corps ronds et égaux qui sont mus en un même plan par une force

Figure 64.

assez semblable s'arrangent en cette sorte, ainsi que vous pourrez voir par expérience en jetant confusément un rang ou deux de perles rondes toutes défilées sur une assiette, et les ébranlant ou soufflant seulement un peu decontre, afin qu'elles approchent les unes des autres. Mais notez que je ne parle ici que des superficies du dessous ou du dessus, et non point de celles des côtés, à cause que l'inégale quantité de matière que les vents peuvent pousser decontre à chaque moment, ou en ôter, rend ordinairement la figure de leur circuit fort irrégulière et inégale. Je n'ajoute point aussi que les petits nœuds de glace qui composent le dedans de la nue G se doivent arranger en même façon que ceux des superficies, à cause que ce n'est pas une chose du tout si manifeste. Mais je désire que vous considériez encore ceux qui se peuvent aller arrêter au-dessous d'elle après qu'elle est toute formée; car si, pendant qu'elle demeure suspendue en l'espace G, il sort quelques vapeurs des endroits de la terre qui sont vers A, lesquelles, se refroidissant en l'air peu à peu, se convertissent en petits nœuds de glace que le vent chasse vers L, il n'y a point de doute que ces nœuds s'y doivent arranger en telle sorte que chacun d'eux soit environné de six autres qui le pressent également et soient en même plan, et ainsi composer premièrement comme une feuille qui s'étende sous la superficie de cette nue, puis encore une autre feuille qui s'étende sous celle-ci, et ainsi encore d'autres autant qu'il y aura de matière. Et, de plus, il faut remarquer que le vent qui passe entre la terre et cette nue, agissant avec plus de force contre la plus basse de ces feuilles que contre celle qui est immédiatement au-dessus, et avec plus de force contre celle-ci que contre celle qui est encore au-dessus, et ainsi de suite, les peut entraîner et faire mouvoir séparément l'une de l'autre, et polir par ce moyen leurs superficies en rabattant des deux côtés les petits poils qui sont autour des pelotons dont elles sont composées. Et même il peut faire glisser une partie de ces feuilles hors du dessous de cette nue G, et les transporter au-delà, comme vers N, où elles en composent une nouvelle. Et encore que je n'aie ici parlé que des parcelles de glace qui sont entassées en forme de petits nœuds ou pelotons, le même se peut aisément aussi entendre des gouttes d'eau, pourvu que le vent ne soit point assez fort pour faire qu'elles s'entre-poussent, ou bien qu'il y ait autour d'elles quelques exhalaisons, ou, comme il arrive souvent, quelques vapeurs non encore disposées à prendre la forme de l'eau qui les séparent ; car autrement, sitôt qu'elles se touchent, elles s'assemblent plusieurs en une, et ainsi deviennent si grosses et si pesantes qu'elles sont contraintes de tomber en pluie.

Au reste, ce que j'ai tantôt dit que la figure du circuit de chaque nue est ordinairement fort irrégulière et inégale, ne se doit entendre que de celles qui occupent moins d'espace en hauteur et en largeur que les vents qui les environnent ; car il se trouve quelquefois si grande abondance de vapeurs en l'endroit où deux ou plusieurs vents se rencontrent, qu'elles contraignent ces vents de tournoyer autour d'elles au lieu de passer au-dessus ou au-dessous, et ainsi qu'elles forment une nue extraordinairement grande, qui, étant également pressée de tous côtés par ces vents, devient toute ronde et fort unie en son circuit, et même qui, lorsque ces vents sont un peu chauds ou bien qu'elle est exposée à la chaleur du soleil, y acquiert comme une écorce ou une croûte de plusieurs parcelles de glace jointes ensemble, qui peut devenir assez grosse et épaisse sans que sa pesanteur la fasse tomber, à cause que tout le reste de la nue la soutient.

DISCOURS SIXIÈME.

DE LA NEIGE, DE LA PLUIE, ET DE LA GRÊLE.

Il y a plusieurs choses qui empêchent communément que les nues ne descendent incontinent après être formées ; car, premièrement, les parcelles de glace ou les gouttes d'eau dont elles sont composées étant fort petites, et par conséquent ayant beaucoup de superficie à raison de la quantité de leur matière, la résistance de l'air qu'elles auroient à diviser, si elles descendoient, peut aisément avoir plus de force pour les en empêcher que n'en a leur pesanteur pour les y contraindre ; puis les vents, qui sont d'ordinaire plus forts contre la terre, où leur corps est plus grossier, qu'en haut de l'air, où il est plus subtil, et qui pour cette cause agissent plus de bas en haut que de haut en bas, peuvent non seulement les soutenir, mais souvent aussi les faire monter au-dessus de la région de l'air où elles se trouvent. Et le même peuvent encore les vapeurs qui, sortant de la terre ou venant de quelque autre côté, font enfler l'air qui est sous elles ; ou aussi la seule chaleur de cet air, qui en le dilatant les repousse; ou la froideur de celui qui est au-dessus, qui en le resserrant les attire, ou choses semblables. Et particulièrement les parcelles de glace, étant poussées les unes contre les autres par les vents, s'entre-touchent sans s'unir pour cela tout-à-fait, et composent un corps si rare, si léger et si étendu, que, s'il n'y survient de la chaleur qui fonde quelques unes de ses parties et par ce moyen le condense et l'appesantisse, il ne peut presque jamais descendre jusqu'à terre. Mais, comme il a été dit ci-dessus, que l'eau est en quelque façon dilatée par le froid lorsqu'elle se gèle, ainsi faut-il ici remarquer que la chaleur qui a coutume de raréfier les autres corps condense ordinairement celui des nues. Et ceci est aisé à expérimenter en la neige, qui est de la même matière dont elles sont, excepté qu'elle est déjà plus condensée; car on voit qu'étant mise en lieu chaud elle se resserre et diminue beaucoup de grosseur avant qu'il en sorte aucune eau ni qu'elle diminue de poids, ce qui arrive d'autant que les extrémités des parcelles de glace dont elle est composée, étant plus déliées que le reste, se fondent plus tôt; et en se fondant, c'est-à-dire en se pliant et devenant comme vives et remuantes, à cause de l'agitation de la matière subtile qui les environne, elles se vont glisser et attacher contre les parcelles de glace voisines, sans pour cela se détacher de celles à qui elles sont déjà jointes, et ainsi les font approcher les unes des autres. Mais, pourceque les parcelles qui composent les nues sont ordinairement plus loin à loin que celles qui composent la neige qui est sur terre, elles ne peuvent ainsi s'approcher de quelques unes de leurs voisines sans s'éloigner par même moyen de quelques autres ; ce qui fait qu'ayant été auparavant également éparses par l'air, elles se divisent après en plusieurs petits tas ou flocons qui deviennent d'autant plus gros que les parties de la nue ont été plus serrées et que la chaleur est plus lente. Et même lorsque quelque vent ou quelque dilatation de tout l'air qui est au-dessus de la nue, ou autre telle cause, fait que les plus hauts de ces flocons descendent les premiers, ils s'attachent à ceux de dessous qu'ils rencontrent en leur chemin et ainsi les rendent plus gros. Après quoi la chaleur, en les condensant et les appesantissant de plus en plus, peut aisément les faire descendre jusques à terre : et lorsqu'ils y descendent ainsi sans être fondus tout-à-fait, ils composent de la neige ; mais si l'air par où ils passent est si chaud qu'il les fonde, ainsi qu'il est toujours pendant l'été et fort souvent aussi aux autres saisons en notre climat, ils se convertissent en pluie. Et il arrive aussi quelquefois, qu'après être ainsi fondus ou presque fondus, il survient quelque vent froid qui, les gelant derechef, en fait de la grêle.

Or cette grêle peut être de plusieurs sortes; car, premièrement, si le vent froid qui la cause rencontre des gouttes d'eau déjà formées, il en fait des grains de glace tout transparents et tout ronds, excepté qu'il les rend quelquefois un peu plats du côté qu'il les pousse. Et s'il rencontre des flocons de neige presque fondus, mais qui ne soient point encore arrondis en gouttes d'eau, alors il en fait cette grêle cornue et de diverses figures irrégulières dont quelquefois les grains se trouvent fort gros, à cause qu'ils sont formés par un vent froid qui, chassant la nue de haut en bas, pousse plusieurs de ces flocons l'un contre l'autre et les gèle tous en une masse. Et il est ici à remarquer que, lorsque ce vent approche de ces flocons qui se fondent, il fait que la chaleur de l'air qui les environne, c'est-à-dire la matière subtile la plus agitée et la moins subtile qui soit en cet air, se retire dans leurs pores, à cause qu'il ne les peut pas du tout sitôt pénétrer. En même façon que sur terre quelquefois, lorsqu'il arrive tout-à-coup un vent ou une pluie qui refroidit l'air du dehors, il entre plus de chaleur qu'auparavant dans les maisons. Et la chaleur qui est dans les pores de ces flocons se tient plutôt vers leurs superficies que vers leurs centres, d'autant que la matière subtile qui la cause y peut mieux continuer ses mouvements : et là elle les fond de plus en plus un peu devant qu'ils commencent derechef à se geler : et même les plus liquides, c'est-à-dire les plus agitées de leurs parties qui se trouvent ailleurs, tendent aussi vers là, au lieu que celles qui n'ont pas loisir de se fondre demeurent au centre; d'où vient que le dehors de chaque grain de cette grêle étant ordinairement composé d'une glace continue et transparente, il y a dans le milieu un peu de neige, ainsi que vous pourrez voir en les cassant. Et pourcequ'elle ne tombe quasi jamais qu'en été, ceci vous assurera que les nues peuvent être pour lors composées de parcelles de glace aussi bien que l'hiver. Mais la raison qui empêche qu'il ne peut guère tomber en hiver de telle grêle, au moins dont les grains soient un peu gros, est qu'il n'arrive guère assez de chaleur jusques aux nues pour cet effet, sinon lorsqu'elles sont si basses que leur matière, étant fondue ou presque fondue, n'auroit pas le temps de se geler derechef avant que d'être descendue jusques à terre. Que si la neige n'est point encore si fondue, mais seulement un peu réchauffée et ramollie, lorsque le vent froid qui la convertit en grêle survient, elle ne se rend point du tout transparente, mais demeure blanche comme du sucre. Et si les flocons de cette neige sont assez petits, comme de la grosseur d'un pois ou au-dessous, chacun se convertit en un grain de grêle qui est assez rond; mais s'ils sont plus gros, ils se fendent et se divisent en plusieurs grains tout pointus en forme de pyramides : car la chaleur qui se retire dans les pores de ces flocons au moment qu'un vent froid commence à les environner condense et resserre toutes leurs parties en tirant de leurs circonférences vers leurs centres, ce qui les fait devenir assez ronds; et le froid, les pénétrant aussitôt après et les gelant, les rend beaucoup plus durs que n'est la neige. Et pourceque, lorsqu'ils sont un peu gros, la chaleur qu'ils ont au dedans continue encore de faire que leurs parties intérieures se resserrent et se condensent, en tirant toujours vers le centre, après que les extérieures sont tellement durcies et engelées par le froid qu'elles ne les peuvent suivre, il est nécessaire qu'ils se fendent en dedans, suivant des plans ou lignes droites qui tendent vers le centre, et que leurs fentes s'augmentant de plus en plus à mesure que le froid pénètre plus avant, enfin ils s'éclatent et se divisent en plusieurs pièces pointues qui sont autant de grains de grêle. Je ne détermine point en combien de tels grains chacun se peut diviser, mais il me semble que pour l'ordinaire ce doit être en huit pour le moins, et qu'ils se peuvent aussi peut-être diviser en douze ou vingt ou vingt-quatre, mais encore mieux en trente-deux, ou même en beaucoup plus grand nombre, selon qu'ils sont plus gros et d'une neige plus subtile, et que le froid qui les convertit en grêle est plus âpre et vient plus à coup. Et j'ai observé plus d'une fois de telle grêle dont les grains avoient à peu près la figure des segments d'une boule divisée en huit parties égales par trois sections qui s'entre-coupent au centre à angles droits. Puis j'en ai aussi observé d'autres qui, étant plus longs et plus petits, sembloient être environ le quart de ceux-là, bien que leurs querres s'étant émoussées et arrondies en se resserrant, ils eussent quasi la figure d'un pain de sucre. Et j'ai observé aussi que, devant ou après ou même parmi ces grains de grêle, il en tomboit communément quelques autres qui étoient ronds.

Mais les diverses figures de cette grêle n'ont encore rien de curieux ni de remarquable à comparaison de celles de la neige qui se fait de ces petits nœuds ou pelotons de glace arrangés par le vent en forme de feuilles, en la façon que j'ai tantôt décrite; car lorsque la chaleur commence à fondre les petits poils de ces feuilles, elle abat premièrement ceux du dessus et du dessous à cause que ce sont les plus exposés à son action, et fait que le peu de liqueur qui en sort se répand sur leurs superficies, où il remplit aussitôt les petites inégalités qui s'y trouvent, et ainsi les rend aussi plates et polies que sont celles des corps liquides; nonobstant qu'il s'y regèle tout aussitôt, à cause que si la chaleur n'est point plus grande qu'il est besoin pour faire que ces petits poils étant environnés d'air tout autour se dégèlent sans qu'il se fonde rien davantage, elle ne l'est pas assez pour empêcher que leur matière ne se regèle quand elle est sur ces superficies qui sont de glace. Après cela cette chaleur ramollissant et fléchissant aussi les petits poils qui restent autour de chaque nœud dans le circuit où il est environné de six autres semblables à lui, elle fait que ceux de ces poils qui sont les plus éloignés des six nœuds voisins, se pliant indifféremment çà et là, se vont tous joindre à ceux qui sont vis-à-vis de ces six nœuds; car ceux-ci étant refroidis par la proximité de ces nœuds ne peuvent se fondre, mais tout au contraire font geler derechef la matière des autres sitôt qu'elle est mêlée parmi la leur; au moyen de quoi il se forme six pointes ou rayons autour de chaque nœud, qui peuvent avoir diverses figures selon que les nœuds sont plus ou moins gros et pressés, et leurs poils plus ou moins forts et longs, et la chaleur qui les assemble plus ou moins lente et modérée, et selon aussi que le vent qui accompagne cette chaleur, si au moins elle est accompagnée de quelque vent, est plus ou moins fort. Et ainsi la face extérieure de la nuée, qui étoit auparavant telle qu'on voit vers Z[1], ou vers M, devient par après telle qu'on voit vers O, ou vers Q, et chacune des parcelles de glace dont elle est

---

[1] Figure 15.

composée a la figure d'une petite rose ou étoile fort bien taillée.

Mais, afin que vous ne pensiez pas que je n'en parle que par opinion, je vous veux faire ici le rapport d'une observation que j'en ai faite l'hiver passé, 1635. Le quatrième de février, l'air ayant été auparavant extrêmement froid, il tomba le soir à Amsterdam, où j'étois pour lors, un peu de verglas, c'est-à-dire de pluie qui se geloit en arrivant contre la terre, et après il suivit une grêle fort menue, dont je jugeai que les grains, qui n'étoient qu'à peu près de la grosseur qu'ils sont représentés vers H, étoient des gouttes de la même pluie qui s'étoient gelées au haut de l'air. Toutefois, au lieu d'être exactement ronds, comme sans doute ces gouttes avoient été, ils avoient un côté notablement plus plat que l'autre, en sorte qu'ils ressembloient presque en figure à la partie de notre œil qu'on nomme l'humeur cristalline; d'où je connus que le vent, qui étoit lors très grand et très froid, avoit eu la force de changer ainsi la figure des gouttes en les gelant. Mais ce qui m'étonna le plus de tout, fut qu'entre ceux de ces grains qui tombèrent les derniers, j'en remarquai quelques uns qui avoient autour de soi six petites dents semblables à celles des roues des horloges, ainsi que vous voyez vers I ; et ces dents étant fort blanches comme du sucre, au lieu que les grains qui étoient de glace transparente sembloient presque noirs, elles paroissoient manifestement être faites d'une neige fort subtile qui s'étoit attachée autour d'eux depuis qu'ils étoient formés, ainsi que s'attache la gelée blanche autour des plantes. Et je connus ceci d'autant plus clairement de ce que tout à la fin j'en rencontrai un ou deux qui avoient autour de soi plusieurs petits poils sans nombre, composés d'une neige plus pâle et plus subtile que celle des petites dents qui étoient autour des autres, en sorte qu'elle lui pouvoit être comparée en même façon que la cendre non foulée dont se couvrent les charbons en se consumant, à celle qui est recuite et entassée dans le foyer. Seulement avois-je de la peine à imaginer qui pouvoit avoir formé et compassé si justement ces six dents autour de chaque grain dans le milieu d'un air libre, et pendant l'agitation d'un fort grand vent, jusques à ce qu'enfin je considérai que ce vent avoit pu facilement emporter quelques uns de ces grains au-dessous ou au-delà de quelque nue, et les y soutenir, à cause qu'ils étoient assez petits, et que là ils avoient dû s'arranger en telle sorte que chacun d'eux fût environné de six autres situés en un même plan, suivant l'ordre ordinaire de la nature; et de plus qu'il étoit bien vraisemblable que la chaleur qui avoit dû être un peu auparavant au haut de l'air pour causer la pluie que j'avois observée, y avoit aussi ému quelques vapeurs que ce même vent avoit chassées contre ces grains, où elles s'étoient gelées en forme de petits poils fort déliés, et avoient même peut-être aidé à les soutenir; en sorte qu'ils avoient pu facilement demeurer là suspendus jusques à ce qu'il fût derechef survenu quelque chaleur, et que cette chaleur fondant d'abord tous les poils qui étoient autour de chaque grain, excepté ceux qui s'étoient trouvés vis-à-vis du milieu de quelqu'un des six autres grains qui l'environnoient, à cause que leur froideur avoit empêché son action, la matière de ces poils fondus s'étoit mêlée aussitôt parmi les six tas de ceux qui étoient demeurés, et les ayant par ce moyen fortifiés et rendus d'autant moins pénétrables à la chaleur, elle s'étoit gelée parmi eux, et ils avoient ainsi composé ces six dents. Au lieu que les poils sans nombre que j'avois vu autour de quelques uns des derniers grains qui étoient tombés, n'avoient point du tout été atteints par cette chaleur. Le lendemain matin sur les huit heures j'observai encore une autre sorte de grêle, ou plutôt de neige, dont je n'avois jamais ouï parler : c'étoient de petites lames de glace, toutes plates, fort polies, fort transparentes, environ de l'épaisseur d'une feuille d'assez gros papier, et de la grandeur qu'elles se voient vers K, mais si parfaitement taillées en hexagones, et dont les six côtés étoient si droits, et les six angles si égaux, qu'il est impossible aux hommes de rien faire de si exact. Je vis bien incontinent que ces lames avoient dû être premièrement de petits pelotons de glace arrangés comme j'ai tantôt dit, et pressés par un vent très fort accompagné d'assez de chaleur, en sorte que cette chaleur avoit fondu tous leurs poils, et avoit tellement rempli tous leurs pores de l'humidité qui en étoit sortie, que, de blancs qu'ils avoient été auparavant, ils étoient devenus transparents; et que ce vent les avoit à même temps si fort pressés les uns contre les autres, qu'il n'étoit demeuré aucun espace entre deux, et qu'il avoit aussi aplani leurs superficies en passant pardessus et par-dessous, et ainsi leur avoit justement donné la figure de ces lames. Seulement restoit-il un peu de difficulté en ce que ces pelotons de glace ayant été ainsi demi-fondus, et à même temps pressés l'un contre l'autre, ils ne s'étoient point collés ensemble pour cela, mais étoient demeurés tous séparés; car, quoique j'y prisse garde expressément, je n'en pus jamais rencontrer deux qui tinssent l'un à l'autre. Mais je me satisfis bientôt là-dessus en considérant de quelle façon le vent agite toujours et fait plier successivement toutes les parties de la superficie de l'eau, en coulant par-dessus sans la rendre pour cela rude ou inégale; car je connus de là qu'infailliblement il fait plier et ondoyer en même sorte les superficies des nues, et qu'y remuant continuellement chaque parcelle de glace un peu autrement que ses voisines, il ne leur permet pas de se coller ensemble tout-à-fait, encore qu'il ne les désarrange point pour cela, et qu'il ne laisse pas cependant d'aplanir et de polir leurs petites superficies, en même façon que nous voyons quelquefois qu'il polit celles des ondes qu'il fait en la poussière d'une campagne. Après cette nue il en vint une autre qui ne produisoit que de petites roses ou roues à six dents arrondies en demi-cercles, telles qu'on les voit vers Q, et qui étoient toutes transparentes et toutes plates, à peu près de même épaisseur que les lames qui avoient précédé, et les mieux taillées et compassées qu'il soit possible d'imaginer. Même j'aperçus au milieu de quelques unes un point blanc fort petit qu'on eût pu dire être la marque du pied du compas dont on s'étoit servi pour les arrondir. Mais il me fut aisé de juger qu'elles s'étoient formées de la même façon que ces lames, excepté que le vent les ayant beaucoup moins pressées et la chaleur ayant peut-être aussi été un peu moindre, leurs pointes ne s'étoient pas fondues tout-à-fait, mais seulement un peu raccourcies et arrondies par le bout en forme de dents : et pour le point blanc qui paroissoit au milieu de quelques unes, je ne doutois point qu'il ne procédât de ce que la chaleur, qui de blanches les avoit rendues transparentes, avoit été si médiocre qu'elle n'avoit pas du tout pénétré jusques à leur centre. Il suivit après plusieurs autres telles roues jointes deux à deux par un essieu, ou plutôt, à cause que du commencement ces essieux étoient fort gros, on eût pu dire que c'étoient autant de petites colonnes de cristal dont chaque bout étoit orné d'une rose à six feuilles un peu plus larges que leur base. Mais il en tomba par après de plus déliés, et souvent les roses ou étoiles qui étoient à leurs extrémités étoient inégales. Puis il en tomba aussi de plus courts, et encore de plus courts par degrés, jusques à ce qu'enfin ces étoiles se joignirent tout-à-fait; et il en tomba de doubles à douze pointes ou rayons assez longs et parfaitement bien compassés, aux unes tous égaux et aux autres alternativement inégaux, comme on les voit vers F et vers E. Et tout ceci me donna occasion de considérer que les parcelles de glace qui sont de deux divers plans ou feuilles posées l'une sur l'autre dans les nues, se peuvent attacher ensemble plus aisément que celles d'une même feuille; car, bien que le vent, agissant d'ordinaire plus fort contre les plus basses de ces feuilles que contre les plus hautes, les fasse mouvoir un peu plus vite, ainsi qu'il a été tantôt remarqué, néanmoins il peut aussi quelquefois agir contre elles d'égale force et les faire ondoyer de même façon, principalement lorsqu'il n'y en a que deux ou trois l'une sur l'autre, et lors, se criblant par les environs des pelotons qui les composent, il fait que ceux de ces pelotons qui se correspondent en diverses feuilles se tiennent toujours comme immobiles vis-à-vis les uns des autres, nonobstant l'agitation et ondoiement de ces feuilles, à cause que par ce moyen le passage lui est plus aisé. Et cependant la chaleur, n'étant pas moins empêchée par la proximité des pelotons de deux diverses feuilles de fondre ceux de leurs poils qui se regardent que par la proximité de ceux d'une même, ne fond que les autres poils d'alentour, qui, se mêlant aussitôt parmi ceux qui demeurent, et s'y regelant, composent les essieux ou colonnes qui joignent ces petits pelotons au même temps qu'ils se changent en roses ou en étoiles. Et je ne m'étonnai point de la grosseur que j'avois remarquée au commencement en ces colonnes, encore que je connusse bien que la matière des petits poils qui avoit été autour de deux pelotons n'avoit pu suffire pour les composer; car je pensai qu'il y avoit eu peut-être quatre ou cinq feuilles l'une sur l'autre, et que la chaleur, ayant agi plus fort contre les deux ou trois du milieu que contre la première et la dernière, à cause qu'elles étoient moins exposées au vent, avoit presque entièrement fondu les pelotons qui les composoient, et en avoit formé ces colonnes. Je ne m'étonnai point non plus de voir souvent deux étoiles d'inégale grandeur jointes ensemble, car, prenant garde que les rayons de la plus grande étoient toujours plus longs et plus pointus que ceux de l'autre, je jugeois que la cause en étoit que la chaleur, ayant été plus forte autour de la plus petite que de l'autre, avoit davantage fondu et émoussé les pointes de ces rayons; ou bien que cette plus petite pouvoit aussi avoir été composée d'un peloton de glace plus petit. Enfin, je ne m'étonnai point de ces étoiles doubles à douze rayons qui tombèrent après, car je jugeai que chacune avoit été composée de deux simples à six rayons par la chaleur, qui, étant plus forte entre les deux feuilles où elles étoient qu'au dehors, avoit entièrement fondu les petits filets de glace qui les conjoignoient, et ainsi les avoit collées ensemble; comme aussi elle avoit accourci ceux qui conjoignoient les autres, que j'avois vues tomber immédiatement auparavant. Or, entre plusieurs milliers de ces petites étoiles que je considérai ce jour-là, quoique j'y prisse garde expressément, je n'en pus jamais remarquer aucune qui eût plus ou moins de six rayons, excepté un fort petit nombre de ces doubles qui en avoient douze, et quatre ou cinq autres qui en avoient huit : et celles-ci n'étoient pas exactement rondes, ainsi que toutes les autres, mais un peu en ovale, et entièrement telles qu'on les peut voir vers O; d'où je jugeai qu'elles s'étoient formées en la conjonction des extrémités de deux feuilles, que le vent avoit poussées l'une contre l'autre au même temps que la chaleur convertissoit leurs petits pelotons en étoiles, car elles avoient exactement la figure que cela doit causer. Et cette conjonction, se faisant suivant une ligne toute droite, ne peut être tant empêchée par l'ondoiement que causent les vents que celle des parcelles d'une même feuille. Outre que la chaleur peut aussi être plus grande entre les bords de ces feuilles, quand elles s'approchent l'une de l'autre, qu'aux autres lieux, et cette chaleur ayant à demi fondu les parcelles de glace qui y sont, le froid qui lui succède au moment qu'elles commencent à se toucher les peut aisément coller ensemble. Au reste, outre les étoiles dont j'ai parlé jusques ici, qui étoient transparentes, il en tomba une infinité d'autres ce jour-là qui étoient toutes blanches comme du sucre, et dont quelques unes avoient à peu près même figure que les transparentes ; mais la plupart avoient leurs rayons plus pointus et plus déliés, et souvent divisés tantôt en trois branches dont les deux côtés étoient repliés en dehors de part et d'autre, et celle du milieu demeuroit droite, en sorte qu'elles représentoient une fleur de lis, comme on peut voir vers R ; et tantôt en plusieurs qui représentoient des plumes ou des feuilles de fougère, ou choses semblables. Et il tomboit aussi parmi ces étoiles plusieurs autres parcelles de glace en forme de filets, et sans autre figure déterminée. Dont toutes les causes sont aisées à entendre; car pour la blancheur de ces étoiles elle ne procédoit que de ce que la chaleur n'avoit point pénétré jusques au fond de leur matière, ainsi qu'il étoit manifeste de ce que toutes celles qui étoient fort minces étoient transparentes. Et si quelquefois les rayons des blanches n'étoient pas moins courts et mousses que ceux des transparentes, ce n'étoit pas qu'ils se fussent autant fondus à la chaleur, mais qu'ils avoient été davantage pressés par les vents : et communément ils étoient plus longs et pointus, à cause qu'ils s'étoient moins fondus; et lorsque ces rayons étoient divisés en plusieurs branches, c'étoit que la chaleur avoit abandonné les petits poils qui les composoient sitôt qu'ils avoient commencé à s'approcher les uns des autres pour s'assembler; et lorsqu'ils étoient seulement divisés en trois branches, c'étoit qu'elle les avoit abandonnés un peu plus tard; et les deux branches des côtés se replioient de part et d'autre en dehors lorsque cette chaleur se retiroit, à cause que la proximité de la branche du milieu les rendoit incontinent plus froides et moins flexibles de son côté, ce qui formoit chaque rayon en fleur de lis. Et les parcelles de glace qui n'avoient aucune figure déterminée m'assuroient que toutes les nues n'étoient pas composées de petits nœuds ou pelotons, mais qu'il y en avoit aussi qui n'étoient faites que de filets confusément entremêlés. Pour la cause qui faisoit descendre ces étoiles, la violence du vent qui continua tout ce jour-là me la rendoit fort manifeste, car je jugeois qu'il pouvoit aisément les désarranger et rompre les feuilles qu'elles composoient après les avoir faites; et que, sitôt qu'elles étoient ainsi désarrangées, penchant quelqu'un de leurs côtés vers la terre, elles pouvoient facilement fendre l'air, à cause qu'elles étoient toutes plates et se trouvoient assez pesantes pour descendre. Mais s'il tombe quelquefois de ces étoiles en temps calme, c'est que l'air de dessous en se resserrant attire à soi toute la nue, ou que celui de dessus en se dilatant le pousse en bas, et par même moyen les désarrange, d'où vient que pour lors elles ont coutume d'être suivies de plus de neige, ce qui n'arriva point ce jour-là. Le matin suivant il tomba des flocons de neige qui sembloient être composés d'un nombre infini de fort petites étoiles jointes ensemble : toutefois, en y regardant de plus près, je trouvai que celles du dedans n'étoient pas si régulièrement formées que celles du dessus, et qu'elles pouvoient aisément procéder de la dissolution d'une nue semblable à celle qui a été ci-dessus marquée G[1]. Puis, cette neige ayant cessé, un vent

[1] Figure 14.

subit en forme d'orage fit tomber un peu de grêle blanche fort longue et menue dont chaque grain avoit la figure d'un pain de sucre; et l'air devenant clair et serein tout aussitôt, je jugeai que cette grêle s'étoit formée de la plus haute partie des nues dont la neige étoit fort subtile et composée de filets fort déliés, en la façon que j'ai tantôt décrite. Enfin, à trois jours de là, voyant tomber de la neige toute composée de petits nœuds ou pelotons environnés d'un grand nombre de poils entremêlés et qui n'avoient aucune forme d'étoiles, je me confirmai en la créance de tout ce que j'avois imaginé touchant cette matière.

Pour les nuées qui ne sont composées que de gouttes d'eau, il est aisé à entendre de ce que j'ai dit comment elles descendent en pluie, à savoir, ou par leur propre pesanteur, lorsque leurs gouttes se trouvent assez grosses; ou parceque l'air qui est dessous en se retirant, ou celui qui est dessus en les pressant, leur donnent occasion de s'abaisser; ou parceque plusieurs de ces causes concourent ensemble: et c'est quand l'air du dessous se retire que se fait la pluie la plus menue qui puisse être, car même elle est alors quelquefois si menue qu'on ne dit pas que ce soit de la pluie, mais plutôt un brouillard qui descend; comme, au contraire, elle se fait fort grosse quand la nuée ne s'abaisse qu'à cause qu'elle est pressée par l'air du dessus, car les plus hautes de ses gouttes descendent les premières, en rencontrent d'autres qui les grossissent; et de plus j'ai vu quelquefois en été, pendant un temps calme accompagné d'une chaleur pesante et étouffante, qu'il commençoit à tomber de telle pluie, avant même qu'il eût paru aucune nue, dont la cause étoit qu'y ayant en l'air beaucoup de vapeurs qui sans doute étoient pressées par les vents des autres lieux, ainsi que le calme et la pesanteur de l'air le témoignoient, les gouttes en quoi ces vapeurs se convertissoient devenoient fort grosses en tombant, et tomboient à mesure qu'elles se formoient.

Pour les brouillards, lorsque la terre en se refroidissant, et l'air qui est dans ses pores se resserrant, leur donne moyen de s'abaisser, ils se convertissent en rosée s'ils sont composés de gouttes d'eau, et en bruine ou gelée blanche s'ils sont composés de vapeurs déjà gelées, ou plutôt qui se gèlent à mesure qu'elles touchent la terre. Et ceci arrive principalement la nuit ou le matin, à cause que c'est le temps que la terre en s'éloignant du soleil se refroidit. Mais le vent abat aussi fort souvent les brouillards, en survenant aux lieux où ils sont; et même il peut transporter leur matière et en faire de la rosée ou de la gelée blanche, en ceux où ils n'ont point été aperçus; et on voit alors que cette gelée ne s'attache aux plantes que sur les côtés que le vent touche.

Pour le serein, qui ne tombe jamais que le soir, et ne se connoît que par les rhumes et les maux de tête qu'il cause en quelques contrées, il ne consiste qu'en certaines exhalaisons subtiles et pénétrantes qui, étant plus fixes que les vapeurs, ne s'élèvent qu'aux pays assez chauds et aux beaux jours, et qui retombent tout aussitôt que la chaleur du soleil les abandonne : d'où vient qu'il a diverses qualités en divers pays, et qu'il est même inconnu en plusieurs, selon les différences des terres d'où sortent ces exhalaisons. Et je ne dis pas qu'il ne soit souvent accompagné de la rosée, qui commence à tomber dès le soir, mais bien que ce n'est nullement elle qui cause les maux dont on l'accuse. Ce sont aussi des exhalaisons qui composent la manne et les autres tels sucs qui descendent de l'air pendant la nuit; car pour les vapeurs, elles ne sauroient se changer en autre chose qu'en eau ou en glace; et ces sucs, non seulement sont divers en divers pays, mais aussi quelques uns ne s'attachent qu'à certains corps, à cause que leurs parties sont sans doute de telle figure qu'elles n'ont pas assez de prise contre les autres pour s'y arrêter.

Que si la rosée ne tombe point, et qu'on voie au matin les brouillards s'élever en haut, et laisser la terre tout essuyée, c'est signe de pluie : car cela n'arrive guère que lorsque la terre, ne s'étant point assez refroidie la nuit, ou étant extraordinairement échauffée le matin, produit quantité de vapeurs, qui, repoussant ces brouillards vers le ciel, font que leurs gouttes, en se rencontrant, se grossissent et se disposent à tomber en pluie bientôt après. C'est aussi un signe de pluie de voir que notre air étant fort chargé de nues, le soleil ne laisse pas de paroître assez clair dès le matin; car c'est-à-dire qu'il n'y a point d'autres nues en l'air voisin du nôtre vers l'orient, qui empêchent que la chaleur du soleil ne condense celles qui sont au-dessus de nous, et même aussi qu'elle n'élève de nouvelles vapeurs de notre terre qui les augmente : mais cette cause n'ayant lieu que le matin, s'il ne pleut point avant midi, elle ne peut rien faire juger de ce qui arrivera vers le soir. Je ne dirai rien de plusieurs autres signes de pluie qu'on observe, à cause qu'ils sont pour la plupart fort incertains; et si vous considérez que la même chaleur qui est ordinairement requise pour condenser les nues et en tirer de la pluie, les peut aussi, tout au contraire, dilater et changer en vapeurs qui quelquefois se perdent en l'air insensiblement, et quelquefois y causent des vents, selon que les parties de ces nues se trouvent un peu plus pressées, ou écartées, et que cette chaleur est un peu plus ou moins accompagnée d'humidité, et que l'air qui est aux environs se dilate plus ou moins, ou se condense; vous connoitrez bien que toutes ces choses sont trop variables et incertaines pour être assurément prévues par les hommes.

DISCOURS SEPTIÈME.

DES TEMPÊTES, DE LA FOUDRE, ET DE TOUS LES AUTRES FEUX QUI S'ALLUMENT EN L'AIR.

Au reste, ce n'est pas seulement quand les nues se dissolvent en vapeurs qu'elles causent des vents, mais elles peuvent aussi quelquefois s'abaisser si à coup qu'elles chassent avec grande violence tout l'air qui est sous elles, et en composent un vent très fort, mais peu durable, dont l'imitation se peut voir en étendant un voile un peu haut en l'air, puis de là le laissant descendre tout plat vers la terre. Les fortes pluies sont presque toujours précédées par un tel vent, qui agit manifestement de haut en bas, et dont la froideur montre assez qu'il vient des nues, où l'air est communément plus froid qu'autour de nous; et c'est ce vent qui est cause que lorsque les hirondelles volent fort bas elles nous avertissent de la pluie, car il fait descendre certains moucherons dont elles vivent, qui ont coutume de prendre l'essor, et de s'égayer au haut de l'air quand il fait beau. C'est lui aussi qui quelquefois, lors même que la nue étant fort petite, ou ne s'abaissant que fort peu, il est si foible qu'on ne le sent quasi pas en l'air libre, s'entonnant dans les tuyaux des cheminées, fait jouer les cendres et les fétus qui se trouvent au coin du feu, et y excite comme de petits tourbillons assez admirables pour ceux qui en ignorent la cause, et qui sont ordinairement suivis de quelque pluie. Mais si la nue qui descend est fort pesante et fort étendue (comme elle peut être plus aisément sur les grandes mers qu'aux autres lieux, à cause que les vapeurs y étant fort également dispersées, sitôt qu'il s'y forme la moindre nue en quelque endroit, elle étend incontinent en tous les autres circonvoisins), cela cause infailliblement une tempête, laquelle est d'autant plus forte que la nue est plus grande et pesante, et dure d'autant plus long-temps que la nue descend de plus haut. Et c'est ainsi que je m'imagine que se font ces travades que les mariniers craignent tant en leurs grands voyages, particulièrement un peu au-delà du cap de Bonne-Espérance, où les vapeurs qui s'élèvent de la mer Éthiopique, qui est fort large et fort échauffée par le soleil, peuvent aisément causer un vent d'abas, qui arrêtant le cours naturel de celles qui viennent de la mer des Indes les assemble en une nue, laquelle, procédant de l'inégalité qui est entre ces deux grandes mers et cette terre, doit devenir incontinuent beaucoup plus grande que celles qui se forment en ces quartiers, où elles dépendent de plusieurs moindres inégalités qui sont entre nos plaines, et nos lacs, et nos montagnes. Et pourcequ'il ne se voit quasi jamais d'autres nues en ces lieux-là, sitôt que les mariniers y en aperçoivent quelqu'une qui commence à se former, bien qu'elle paroisse quelquefois si petite que les Flamands l'ont comparée à l'œil d'un bœuf, duquel ils lui ont donné le nom, et que le reste de l'air semble fort calme et fort serein, ils se hâtent d'abattre leurs voiles, et se préparent à recevoir une tempête, qui ne manque pas de suivre tout aussitôt. Et même je juge qu'elle doit être d'autant plus grande que cette nue a paru au commencement plus petite; car, ne pouvant devenir assez épaisse pour obscurcir l'air et être visible, sans devenir aussi assez grande, elle ne peut paroitre ainsi petite qu'à cause de son extrême distance; et vous savez que plus un corps pesant descend de haut, plus sa chute est impétueuse. Ainsi cette nue étant fort haute, et devenant subitement fort grande et fort pesante, descend tout entière, en chassant avec grande violence tout l'air qui est sous elle, et causant par ce moyen le vent d'une tempête. Même il est à remarquer que les vapeurs mêlées parmi cet air sont dilatées par son agitation, et qu'il en sort aussi pour lors plusieurs autres de la mer, à cause de l'agitation de ses vagues, ce qui augmente beaucoup la force du vent, et, retardant la descente de la nue, fait durer l'orage d'autant plus long-temps. Puis aussi qu'il y a d'ordinaire des exhalaisons mêlées parmi ces vapeurs, qui, ne pouvant être chassées si loin qu'elles par la nue, à cause que leurs parties sont moins solides et ont des figures plus irrégulières, en sont séparées par l'agitation de l'air, en même façon que, comme il a été dit ci-dessus, en battant la crème on sépare le beurre du petit-lait, et que par ce moyen elles s'assemblent par-ci par-là en divers tas, qui, flottant toujours le plus haut qu'il se peut contre la nue, viennent enfin s'attacher aux cordes et aux mâts des navires, lorsqu'elle achève de descendre; et là étant embrassés par cette violente agitation, ils composent ces feux nommés de Saint-Elme, qui consolent les matelots, et leur font espérer le beau temps. Il est vrai que souvent ces tempêtes sont en leur plus grande force vers la fin, et qu'il peut y avoir plusieurs nues l'une sur l'autre, sous chacune desquelles il se trouve de tels feux, ce qui a peut-être été la cause pourquoi les anciens n'en voyant qu'un, qu'ils nommoient l'astre d'Hélène, ils l'estimoient de mauvais augure, comme s'ils eussent encore attendu alors le plus fort de la tempête; au lieu que lorsqu'ils en voyoient deux, qu'ils nommoient Castor et Pollux, ils les prenoient pour un bon présage, car c'étoit ordinairement le plus qu'ils en vissent, excepté peut-être lorsque l'orage étoit extraordinairement grand qu'ils en voyoient trois, et les estimoient aussi à cause de cela de mauvais augure. Toutefois j'ai ouï dire à nos mariniers qu'ils en voient quelquefois jusques au nombre de quatre ou cinq, peut-être à cause que leurs vaisseaux sont plus grands, et ont plus de mâts que ceux des anciens, ou qu'ils voyagent en des lieux où les exhalaisons sont plus fréquentes; car enfin je ne puis rien dire que par conjecture de ce qui se fait dans les grandes mers, que je n'ai jamais vues, et dont je n'ai que des relations fort imparfaites.

Mais pour les orages qui sont accompagnés de tonnerre, d'éclairs, de tourbillons et de foudre, desquels j'ai pu voir quelques exemples sur terre, je ne doute point qu'ils ne soient causés de ce qu'y ayant plusieurs nues l'une sur l'autre, il arrive quelquefois que les plus hautes descendent fort à coup sur les plus basses; comme si les deux nues A[1] et B, n'étant composées que de neige fort rare et fort étendue, il se trouve un air plus chaud autour de la supérieure A qu'autour de l'inférieure B. il est évident que la chaleur de cet air la peut condenser et appesantir peu à peu, en telle sorte que les plus hautes de ses parties, commençant les pre-

[1] Figure 16.

mières à descendre, en abattront ou entraîneront avec soi quantité d'autres, qui tomberont aussitôt toutes ensemble avec un grand bruit sur l'inférieure; en même façon que je me souviens d'avoir vu autrefois dans les Alpes, environ le mois de mai, que les neiges étant échauffées et appesanties par le soleil, la moindre émotion d'air étoit suffisante pour en faire tomber subitement de gros tas, qu'on nommoit, ce me semble, des avalanches, et qui, retentissant dans les vallées, imitoient assez bien le bruit du tonnerre. Ensuite de quoi on peut entendre pourquoi il tonne plus rarement en ces quartiers l'hiver que l'été; car il ne parvient pas alors si aisément assez de chaleur jusqu'aux plus hautes nues pour les dissoudre; et pourquoi, lorsque, pendant les grandes chaleurs, après un vent septentrional qui dure fort peu, on sent derechef une chaleur moite et étouffante, c'est signe qu'il suivra bientôt du tonnerre; car cela témoigne que ce vent septentrional, ayant passé contre la terre, en a chassé la chaleur vers l'endroit de l'air où se forment les plus hautes nues, et qu'en étant après chassé lui-même vers celui où se forment les plus basses, par la dilatation de l'air inférieur que causent les vapeurs chaudes qu'il contient, non seulement les plus hautes, en se condensant, doivent descendre, mais aussi les plus basses, demeurant fort rares, et même étant comme soufflées et repoussées par cette dilatation de l'air inférieur, leur doivent résister en telle sorte que souvent elles peuvent empêcher qu'il n'en tombe aucune partie jusques à terre. Et notez que le bruit qui se fait ainsi au-dessus de nous se doit mieux entendre, à cause de la résonnance de l'air, et être plus grand, à raison de la neige qui tombe, que n'est celui des avalanches ; puis notez aussi que de cela seul que les parties des nues supérieures tombent toutes ensemble, ou l'une après l'autre, ou plus vite, ou plus lentement, et que les inférieures sont plus ou moins grandes et épaisses, et résistent plus ou moins fort, tous les différents bruits du tonnerre peuvent aisément être causés. Pour les différences des éclairs, des tourbillons et de la foudre, elles ne dépendent que de la nature des exhalaisons qui se trouvent en l'espace qui est entre deux nues, et de la façon que la supérieure tombe sur l'autre ; car s'il a précédé de grandes chaleurs et sécheresses, en sorte que cet espace contienne quantité d'exhalaisons fort subtiles, et fort disposées à s'enflammer, la nue supérieure ne peut quasi être si petite, ni descendre si lentement, que, chassant l'air qui est entre elle et l'inférieure, elle n'en fasse sortir un éclair, c'est-à-dire une flamme légère qui se dissipe à l'heure même : en sorte qu'on peut voir alors de tels éclairs sans ouïr aucunement le bruit

du tonnerre, et même aussi quelquefois sans que
les nues soient assez épaisses pour être visibles.
Comme au contraire, s'il n'y a point en l'air d'exhalaisons qui soient propres à s'enflammer, on peut
ouïr le bruit du tonnerre sans qu'il paraisse pour
cela aucun éclair; et lorsque la plus haute nue ne
tombe que par pièces qui s'entre-suivent, elle ne
cause guère que des éclairs et du tonnerre; mais
lorsqu'elle tombe tout entière et assez vite, elle
peut causer avec cela des tourbillons et de la foudre : car il faut remarquer que ses extrémités,
comme C[1] et D, se doivent abaisser un peu plus
vite que le milieu, d'autant que l'air qui est dessous ayant moins de chemin à faire pour en sortir,
leur cède plus aisément, et ainsi que, venant à
toucher la nue inférieure plus tôt que ne fait le
milieu, il s'enferme beaucoup d'air entre deux,
comme on voit ici vers E; puis cet air étant
pressé et chassé avec grande force par ce milieu
de la nue supérieure qui continue encore à descendre, il doit nécessairement rompre l'inférieure
pour en sortir, comme on voit vers F, ou entr'ouvrir quelqu'une de ses extrémités, comme on voit
vers G; et lorsqu'il a rompu ainsi cette nue, il
descend avec grande force vers la terre, puis de là
remonte en tournoyant, à cause qu'il trouve de la
résistance de tous côtés qui l'empêche de conti-

[1] Figures 17 et 18

nuer son mouvement en ligne droite aussi vite que son agitation le requiert : et ainsi il compose un tourbillon, qui peut n'être point accompagné de foudre ni d'éclairs, s'il n'y a point en cet air d'exhalaisons qui soient propres à s'enflammer; mais lorsqu'il y en a, elles s'assemblent toutes en un tas, et étant chassées fort impétueusement, avec cet air vers la terre, elles composent la foudre; et cette foudre peut brûler les habits et raser le poil sans nuire au corps, si ces exhalaisons, qui ont ordinairement l'odeur du soufre, ne sont que grasses et huileuses, en sorte qu'elles composent une flamme légère qui ne s'attache qu'aux corps aisés à brûler ; comme au contraire elle peut rompre les os sans endommager les chairs, ou fondre l'épée sans gâter le fourreau, si ces exhalaisons, étant fort subtiles et pénétrantes, ne participent que de la nature des sels volatils ou des eaux-fortes, au moyen de quoi, ne faisant aucun effort contre les corps qui leur cèdent, elles brisent et dissolvent tous ceux qui leur font beaucoup de résistance, ainsi qu'on voit l'eau-forte dissoudre les métaux les plus durs, et n'agir point contre la cire. Enfin la foudre se peut quelquefois convertir en une pierre fort dure, qui rompt et fracasse tout ce qu'elle rencontre, si parmi ces exhalaisons fort pénétrantes il y en a quantité de ces autres qui sont grasses et ensoufrées; principalement s'il y en a aussi de plus grossières, semblables à cette terre qu'on trouve au fond de l'eau de pluie lorsqu'on la laisse rasseoir en quelque vase : ainsi qu'on peut voir par expérience, qu'ayant mêlé certaines portions de cette terre de salpêtre et de soufre, si on met le feu en cette composition, il s'en forme subitement une pierre. Que si la nue s'ouvre par le côté, comme vers G, la foudre étant élancée de travers, rencontre plutôt les pointes des tours ou des rochers que les lieux bas, comme on voit vers H. Mais lors même que la nue se rompt par le dessous, il y a raison pourquoi la foudre tombe plutôt sur les lieux hauts et éminents que sur les autres : car si, par exemple, la nue B n'est point d'ailleurs plus disposée à se rompre en un endroit qu'en un autre, il est certain qu'elle se devra rompre en celui qui est marqué F, à cause de la résistance du clocher qui est au-dessous. Il y a aussi raison pourquoi chaque coup de tonnerre est d'ordinaire suivi d'une ondée de pluie, et pourquoi, lorsque cette pluie vient fort abondante, il ne tonne guère plus davantage ; car si la force dont la nue supérieure ébranle l'inférieure en tombant dessus est assez grande pour la faire toute descendre, il est évident que le tonnerre doit cesser ; et si elle est moindre, elle ne laisse pas d'en pouvoir souvent faire sortir plusieurs flocons de neige, qui, se fondant en l'air, font de la pluie. Enfin ce n'est pas sans raison qu'on tient que le grand bruit, comme des cloches ou des canons, peut diminuer l'effet de la foudre; car il aide à dissiper et faire tomber la nue inférieure, en ébranlant la neige dont elle est composée, ainsi que savent assez ceux qui ont coutume de voyager dans les vallées où les avalanches sont à craindre; car ils s'abstiennent même de parler et de tousser en y passant, de peur que le bruit de leur voix n'émeuve la neige.

Mais comme nous avons déjà remarqué qu'il éclaire quelquefois sans qu'il tonne, ainsi aux endroits de l'air où il se rencontre beaucoup d'exhalaisons et peu de vapeurs, il se peut former des nues si peu épaisses et si légères, que tombant d'assez haut l'une sur l'autre elles ne font ouïr aucun tonnerre, ni n'excitent en l'air aucun orage, nonobstant qu'elles enveloppent et joignent ensemble plusieurs exhalaisons, dont elles composent non seulement de ces moindres flammes qu'on diroit être des étoiles qui tombent du ciel, ou d'autres qui le traversent, mais aussi des boules de feu assez grosses, et qui, parvenant jusques à nous, sont comme des diminutifs de la foudre. Même d'autant qu'il y a des exhalaisons de plusieurs diverses natures, je ne juge pas qu'il soit impossible que les nues, en les pressant, n'en composent quelquefois une matière qui, selon la couleur et la consistance qu'elle aura, semble du lait, ou du sang, ou de la chair; ou bien qui, en se brûlant, devient telle qu'on la prenne pour du fer, ou des pierres; ou enfin qui, en se corrompant, engendre quelques petits animaux en peu de temps, ainsi qu'on lit souvent, entre les prodiges, qu'il a plu du fer, ou du sang, ou des sauterelles, ou choses semblables. De plus, sans qu'il y ait eu l'air aucune nue, les exhalaisons peuvent être entassées et embrasées par le seul souffle des vents, principalement lorsqu'il y en a deux ou plusieurs contraires qui se rencontrent; et enfin sans vents et sans nues, par cela seul qu'une exhalaison subtile et pénétrante, qui tient de la nature des sels, s'insinue dans les pores d'une autre qui est grasse et ensoufrée, il se peut former des flammes légères tant au haut qu'au bas de l'air, comme on y voit au haut ces étoiles qui le traversent, et au bas tant ces ardents ou feux follets qui s'y jouent, que ces autres qui s'arrêtent à certains corps comme aux cheveux des enfants, ou au crin des chevaux, ou aux pointes des piques qu'on a frottées d'huile pour les nettoyer, ou à choses semblables. Car il est certain que non seulement une violente agitation, mais souvent aussi le seul mélange de deux divers corps est suffisant pour les embraser, comme on voit en versant de l'eau sur de la chaux, ou renfermant du foin avant qu'il soit sec, ou en une infinité d'autres exemples qui se rencontrent tous les jours en la chimie. Mais tous ces feux ont fort peu de force à comparaison de la foudre, dont la raison est qu'ils ne sont composés que des plus molles et plus gluantes parties des huiles, nonobstant que les plus vives et plus pénétrantes des sels concourent ordinairement aussi à les produire; car celles-ci ne s'arrêtent pas pour cela parmi les autres, mais s'écartent promptement en l'air libre après qu'elles les ont embrasées; au lieu que la foudre est principalement composée de ces plus vives et pénétrantes, qui étant fort violemment pressées et chassées par les nues, emportent les autres avec soi jusqu'à terre. Et ceux qui savent combien le feu du salpêtre et du soufre mêlés ensemble a de force et de vitesse, au lieu que la partie grasse du soufre étant séparée de ses esprits en auroit fort peu, ne trouveront en ceci rien de douteux. Pour la durée des feux qui s'arrêtent ou voltigent autour de nous, elle peut être plus ou moins longue, selon que leur flamme est plus ou moins lente, et leur matière plus ou moins épaisse et serrée; mais pour celle des feux qui ne se voient qu'au haut de l'air, elle ne sauroit être que fort courte, à cause que, si leur matière n'étoit fort rare, leur pesanteur les feroit descendre. Et je trouve que les philosophes ont eu raison de les comparer à cette flamme qu'on voit courir tout du long de la fumée qui sort d'un flambeau qu'on vient d'éteindre, lorsque étant approchée d'un autre flambeau elle s'allume. Mais je m'étonne fort qu'après cela ils aient pu s'imaginer que les comètes et les colonnes ou chevrons de feu qu'on voit quelquefois dans le ciel fussent composées d'exhalaisons, car elles durent incomparablement plus long-temps.

Et pourceque j'ai tâché d'expliquer curieusement leur production et leur nature dans un autre traité, et que je ne crois point qu'elles appartiennent aux météores non plus que les tremblements de terre et les minéraux que plusieurs écrivains y entassent, je ne parlerai plus ici que de certaines lumières qui, paroissant la nuit pendant un temps calme et serein, donnent sujet aux peuples oisifs d'imaginer des escadrons de fantômes qui combattent en l'air et auxquels ils font présager la perte ou la victoire du parti qu'ils affectionnent, selon que la crainte ou l'espérance prédomine en leur fantaisie. Même à cause que je n'ai jamais vu de tels spectacles, et que je sais combien les relations qu'on en fait ont coutume d'être falsifiées et augmentées par la superstition et l'ignorance, je me contenterai de toucher en peu de mots toutes les causes qui me semblent capables de les produire. La première est qu'il y ait en l'air plusieurs nues assez petites pour être prises pour autant de soldats, et qui, tombant l'une sur l'autre, enveloppent assez d'exhalaisons pour causer quantité de petits éclairs et jeter de petits feux, et peut-être aussi faire ouïr de petits bruits au moyen de quoi ces soldats semblent combattre. La seconde, qu'il y ait aussi en l'air de telles nues, mais qu'au lieu de tomber l'une sur l'autre, elles reçoivent leur lumière des feux et des éclairs de quelque grande tempête, qui se fasse ailleurs si loin de là qu'elle n'y puisse être aperçue. Et la troisième, que ces nues, ou quelques autres plus septentrionales de qui elles reçoivent leur lumière, soient si hautes que les rayons du soleil parviennent jusques à elles; car si on prend garde aux réfractions et réflexions que deux ou trois telles nues peuvent causer, on trouvera qu'elles n'ont point besoin d'être fort hautes pour faire paroître vers le septentrion de telles lumières après que l'heure du crépuscule est passée, et quelquefois aussi le soleil même au temps qu'il doit être couché. Mais ceci ne semble pas tant appartenir à ce discours qu'aux suivants, où j'ai dessein de parler de toutes les choses qu'on peut voir dans l'air sans qu'elles y soient, après avoir ici achevé l'explication de toutes celles qui s'y voient en même façon qu'elles y sont.

DISCOURS HUITIÈME.

DE L'ARC-EN-CIEL.

L'arc-en-ciel est une merveille de la nature si remarquable, et sa cause a été de tout temps si curieusement recherchée par les bons esprits, et si peu connue, que je ne saurois choisir de matière plus propre à faire voir comment, par la méthode dont je me sers, on peut venir à des connoissances que ceux dont nous avons les écrits n'ont point eues. Premièrement, ayant considéré que cet arc ne peut pas seulement paroître dans le ciel, mais aussi en l'air proche de nous, toutes fois et quantes qu'il s'y trouve plusieurs gouttes d'eau éclairées par le soleil, ainsi que l'expérience fait voir en quelques fontaines, il m'a été aisé de juger qu'il ne procède que de la façon que les rayons de la lumière agissent contre ces gouttes, et de là tendent vers nos yeux; puis, sachant que ces gouttes sont rondes, ainsi qu'il a été prouvé ci-dessus, et voyant que pour être plus grosses ou plus petites elles ne font point paroître cet arc d'autre façon, je me suis avisé d'en faire une fort grosse, afin de la pouvoir mieux examiner; et ayant rempli d'eau, à cet effet, une grande fiole de verre toute ronde et fort transparente, j'ai trouvé que le soleil venant, par exemple, de la partie du ciel marquée AFZ[1], et mon œil étant au point E, lorsque je mettois cette boule en l'endroit BCD, sa partie D me paroissoit toute rouge et incomparablement plus éclatante que le reste, et que, soit que je l'approchasse, soit que je la reculasse, et que je la misse à droite ou à gauche, ou même la fisse tourner en rond autour de ma tête, pourvu que la ligne DE fît toujours un angle d'environ 42 degrés avec la ligne EM, qu'il faut imaginer tendre du centre de l'œil vers celui du soleil, cette partie D paroissoit toujours également rouge; mais que sitôt que je faisois cet angle DEM tant soit peu plus grand, cette rougeur disparoissoit, et que si je le faisois un peu moindre, elle ne disparoissoit pas du tout si à coup, mais se divisoit auparavant comme en deux parties moins brillantes, et dans lesquelles on voyoit du jaune, du bleu et d'autres couleurs. Puis, regardant aussi vers l'endroit de cette boule qui est marqué K, j'ai aperçu que faisant l'angle KEM d'environ 52 degrés, cette partie K paroissoit aussi de couleur rouge, mais non pas si éclatante que D, et que, le faisant quelque peu plus grand, il y paroissoit d'autres cou-

[1] Figure 19.

leurs plus foibles, mais que le faisant tant soit peu moindre ou beaucoup plus grand, il n'en paroissoit plus aucune. D'où j'ai connu manifestement que tout l'air qui est vers M étant rempli de telles boules, ou en leur place de gouttes d'eau, il doit paroître un point fort rouge et fort éclatant en chacune de celles de ces gouttes dont les lignes tirées vers l'œil E font un angle d'environ 42 degrés avec EM, comme je suppose celles qui sont marquées R; et que ces points étant regardés tous ensemble, sans qu'on remarque autrement le lieu où ils sont que par l'angle sous lequel ils se voient, doivent paroître comme un cercle continu de couleur rouge, et qu'il doit y avoir tout de même des points en celles qui sont marquées S et T, dont les lignes tirées vers E font des angles un peu plus aigus avec EM, qui composent des cercles de couleurs plus foibles, et que c'est en ceci que consiste le premier et principal arc-en-ciel. Puis derechef, que l'angle MEX étant de 52 degrés, il doit paroître un cercle rouge dans les gouttes marquées X, et d'autres cercles de couleurs plus foibles dans les gouttes marquées Y; et que c'est en ceci que consiste le second et moins principal arc-en-ciel; et enfin, qu'en toutes les autres gouttes marquées V, il ne doit paroître aucunes couleurs. Examinant après cela plus particulièrement en la boule BCD ce qui faisoit que la partie D paroissoit rouge, j'ai trouvé que c'étoient les rayons du soleil qui, venant de A vers B, se courboient en entrant dans l'eau au point B, et alloient vers C, d'où ils se réfléchissoient vers D, et là, se courbant derechef en sortant de l'eau, tendoient vers E; car sitôt que je mettois un corps opaque ou obscur en quelque endroit des lignes AB, BC, CD ou DE, cette couleur rouge disparoissoit; et quoique je couvrisse toute la boule, excepté les deux points B et D, et que je misse des corps obscurs partout ailleurs, pourvu que rien n'empêchât l'action des rayons ABCDE, elle ne laissoit pas de paroître. Puis cherchant aussi ce qui étoit cause du rouge qui paroissoit vers K, j'ai trouvé que c'étoient les rayons qui venoient de F vers G, où ils se courboient vers H, et en H se réfléchissoient vers I, et en I se réfléchissoient derechef vers K, puis enfin se courboient au point K et tendoient vers E. De façon que le premier arc-en-ciel est causé par des rayons qui parviennent à l'œil après deux réfractions et une réflexion, et le second par d'autres rayons qui n'y parviennent qu'après deux réfractions et deux réflexions; ce qui empêche qu'il ne paroisse tant que le premier.

Mais la principale difficulté restoit encore, qui étoit de savoir pourquoi, y ayant plusieurs autres rayons qui, après deux réfractions et une ou deux réflexions, peuvent tendre vers l'œil quand cette boule est en autre situation, il n'y a toutefois que ceux dont j'ai parlé qui fassent paroitre quelques couleurs. Et pour la résoudre, j'ai cherché s'il n'y avoit point quelque autre sujet où elles parussent en même sorte, afin que, par la comparaison de l'un et de l'autre, je pusse mieux juger de leur cause. Puis, me souvenant qu'un prisme ou triangle de cristal en fait voir de semblables, j'en ai considéré un qui étoit tel qu'est ici MNP [1], dont les deux superficies MN et NP sont toutes plates, et inclinées l'une sur l'autre, selon un angle d'environ 30 ou 40 degrés, en sorte que si les rayons du soleil ABC traversent MN à angles droits, ou presque droits, et ainsi n'y souffrent aucune sensible réfraction, ils en doivent souffrir une assez grande en sortant par NP. Et couvrant l'une de ces deux superficies d'un corps obscur, dans lequel il y avoit une ouverture assez étroite, comme DE, j'ai observé que les rayons, passant par cette ouverture et de là s'allant rendre sur un linge ou papier blanc FGH, y peignent toutes les couleurs de l'arc-en-ciel, et qu'ils y peignent toujours le rouge vers F, et le bleu ou le violet vers H. D'où j'ai appris, premièrement, que la courbure des superficies des gouttes d'eau n'est point nécessaire à la production de ces couleurs, car celles de ce cristal sont toutes plates; ni la grandeur de l'angle sous lequel elles paroissent, car il peut ici être changé

[1] Figure 20.

sans qu'elles changent, et bien qu'on puisse faire que les rayons qui vont vers F se courbent tantôt plus et tantôt moins que ceux qui vont vers H, ils ne laissent pas de peindre toujours du rouge, et ceux qui vont vers H toujours du bleu; ni aussi la réflexion, car il n'y en a ici aucune; ni enfin la pluralité des réfractions, car il n'y en a ici qu'une seule. Mais j'ai jugé qu'il y en falloit pour le moins une, et même une dont l'effet ne fût point détruit par une contraire; car l'expérience montre que si les superficies MN et NP étoient parallèles, les rayons, se redressant autant en l'une qu'ils se pourroient courber en l'autre, ne produiroient point ces couleurs. Je n'ai pas douté qu'il n'y fallût aussi de la lumière, car sans elle on ne voit rien; et, outre cela, j'ai observé qu'il y falloit de l'ombre, ou de la limitation à cette lumière : car si on ôte le corps obscur qui est sur NP, les couleurs FGH cessent de paroître; et si on fait l'ouverture DE assez grande, le rouge, l'orange, et le jaune, qui sont vers F, ne s'étendent pas plus loin pour cela, non plus que le vert, le bleu, et le violet, qui sont vers H, mais tout le surplus de l'espace qui est entre deux vers G demeure blanc. Ensuite de quoi j'ai tâché de connoître pourquoi ces couleurs sont autres vers H que vers F, nonobstant que la réfraction et l'ombre et la lumière y concourent en même sorte; et concevant la nature de la lumière telle que je l'ai décrite en la Dioptrique, à savoir, comme l'action ou le mouvement d'une certaine matière fort subtile, dont il faut imaginer les parties ainsi que de petites boules qui roulent dans les pores des corps terrestres, j'ai connu que ces boules peuvent rouler en diverses façons, selon les diverses causes qui les y déterminent ; et, en particulier, que toutes les réfractions qui se font vers un même côté les déterminent à tourner en même sens, mais que lorsqu'elles n'ont point de voisines qui se meuvent notablement plus vite ou moins vite qu'elles, leur tournoiement n'est qu'à peu près égal à leur mouvement en ligne droite. Au lieu que lorsqu'elles en ont d'un côté qui se meuvent moins vite, et de l'autre qui se meuvent plus ou également vite, ainsi qu'il arrive aux confins de l'ombre et de la lumière, si elles rencontrent celles qui se meuvent moins vite, du côté vers lequel elles roulent, comme font celles qui composent le rayon EH, cela est cause qu'elles ne tournoient pas si vite qu'elles se meuvent en ligne droite ; et c'est tout le contraire lorsqu'elles les rencontrent de l'autre côté, comme sont celles du rayon DF. Pour mieux entendre ceci, pensez que la boule 1234[1] est poussée de V vers X, en telle sorte qu'elle ne va qu'en ligne droite, et que ses deux côtés 1 et 3 descendent également

[1] Figure 21.

vite jusques à la superficie de l'eau YY, où le mouvement du côté marqué 3, qui la rencontre le premier, est retardé, pendant que celui du côté marqué 1 continue encore, ce qui est cause que toute la boule commence infailliblement à tournoyer suivant l'ordre des chiffres 1 2 3. Puis imaginez qu'elle est environnée de quatre autres, Q, R, S, T, dont les deux Q et R tendent avec plus de force qu'elle à se mouvoir vers X, et les deux autres S et T y tendent avec moins de force, d'où il est évident que Q pressant sa partie marquée 1, et S retenant celle qui est marquée 3, augmentent son tournoiement ; et que R et T n'y nuisent point, pourceque R est disposé à se mouvoir vers X plus vite qu'elle ne la suit, et T n'est pas disposé à la suivre si vite qu'elle la précède, ce qui explique l'action du rayon DF. Puis, tout au contraire, si Q et R tendent plus lentement qu'elle vers X, et S et T y tendent plus fort, R empêche le tournoiement de la partie marquée 1, et T celui de la partie 3, sans que les deux autres Q et S y fassent rien, ce qui explique l'action du rayon EH. Mais il est à remarquer que cette boule 1 2 3 4 étant fort ronde, il peut aisément arriver que lorsqu'elle est pressée un peu fort par les deux R et T, elle se revire en pirouettant autour de l'essieu 42, au lieu d'arrêter son tournoiement à leur occasion, et ainsi, que changeant en un moment de situation,

elle tournoie après suivant l'ordre des chiffres 321 ;
car les deux R et T, qui l'ont fait commencer à se
détourner, l'obligent à continuer jusques à ce
qu'elle ait achevé un demi-tour en ce sens-là, et
qu'elles puissent augmenter son tournoiement, au
lieu de le retarder : ce qui m'a servi à résoudre la
principale de toutes les difficultés que j'ai eues en
cette matière; et il se démontre, ce me semble,
très évidemment de tout ceci, que la nature des couleurs qui paroissent vers F[1] ne consiste qu'en ce
que les parties de la matière subtile qui transmet
l'action de la lumière tendent à tournoyer avec
plus de force qu'à se mouvoir en ligne droite; en
sorte que celles qui tendent à tourner beaucoup
plus fort causent la couleur rouge, et celles qui
n'y tendent qu'un peu plus fort causent la jaune.
Comme au contraire la nature de celles qui se
voient vers H ne consiste qu'en ce que ces petites parties ne tournoient pas si vite qu'elles ont
de coutume lorsqu'il n'y a point de cause particulière qui les en empêche, en sorte que le vert paroît où elles ne tournoient guère moins vite, et
le bleu où elles tournoient beaucoup moins vite;
et ordinairement aux extrémités de ce bleu, il se
mêle de l'incarnat, qui, lui donnant de la vivacité
et de l'éclat, le change en violet ou couleur de

[1] Figure 20.

pourpre. Ce qui vient sans doute de ce que la même cause qui a coutume de retarder le tournoiement des parties de la matière subtile, étant alors assez forte pour faire changer de situation à quelques unes, le doit augmenter en celles-là, pendant qu'elle diminue celui des autres. Et en tout ceci la raison s'accorde si parfaitement avec l'expérience, que je ne crois pas qu'il soit possible, après avoir bien connu l'une et l'autre, de douter que la chose ne soit telle que je viens de l'expliquer. Car s'il est vrai que le sentiment que nous avons de la lumière soit causé par le mouvement ou l'inclination à se mouvoir de quelque matière qui touche nos yeux, comme plusieurs autres choses témoignent, il est certain que les divers mouvements de cette matière doivent causer en nous divers sentiments; et comme il ne peut y avoir d'autre diversité en ces mouvements que celle que j'ai dite, aussi n'en trouvons-nous point d'autre par expérience dans les sentiments que nous en avons, que celle des couleurs. Et il n'est pas possible de trouver aucune chose dans le cristal MNP qui puisse produire des couleurs, que la façon dont il envoie les petites parties de la matière subtile vers le linge FGH, et de là vers nos yeux. D'où il est, ce me semble, assez évident qu'on ne doit chercher autre chose non plus dans les couleurs que les autres objets font paroître; car l'expérience ordinaire témoigne que la lumière ou le blanc, et l'ombre ou le noir, avec les couleurs de l'iris qui ont été ici expliquées, suffisent pour composer toutes les autres. Et je ne saurois goûter la distinction des philosophes, quand ils disent qu'il y en a qui sont vraies, et d'autres qui ne sont que fausses ou apparentes; car toute leur vraie nature n'étant que de paroître, c'est, ce me semble, une contradiction de dire qu'elles sont fausses et qu'elles paroissent. Mais j'avoue bien que l'ombre et la réfraction ne sont pas toujours nécessaires pour les produire, et qu'en leur place la grosseur, la figure, la situation, et le mouvement des parties des corps qu'on nomme colorés, peuvent concourir diversement avec la lumière pour augmenter ou diminuer le tournoiement des parties de la matière subtile. En sorte que même en l'arc-en-ciel j'ai douté d'abord si les couleurs s'y produisoient tout-à-fait en même façon que dans le cristal MNP; car je n'y remarquois point l'ombre qui terminât la lumière, et ne connoissois point encore pourquoi elles n'y paroissoient que sous certains angles, jusques à ce qu'ayant pris la plume et calculé par le menu tous les rayons qui tombent sur les divers points d'une goutte d'eau, pour savoir sous quels angles, après deux réfractions et une ou deux réflexions, ils peuvent venir vers nos yeux, j'ai trouvé qu'après une réflexion et deux réfractions, il y en a beaucoup plus qui peuvent être vus sous l'angle de 41 à 42 degrés, que sous aucun moindre, et qu'il n'y en a aucun qui puisse être vu sous un plus grand. Puis j'ai trouvé aussi qu'après deux réflexions et deux réfractions, il y en a beaucoup plus qui viennent vers l'œil sous l'angle de 51 à 52 degrés que sous aucun plus grand, et qu'il n'y en a point qui viennent sous un moindre. De façon qu'il y a de l'ombre, de part et d'autre, qui termine la lumière, laquelle, après avoir passé par une infinité de gouttes de pluie éclairées par le soleil, vient vers l'œil sous l'angle de 42 degrés, ou un peu au-dessous, et ainsi cause le premier et principal arc-en-ciel; et il y en a aussi qui termine celle qui vient sous l'angle de 51 degrés ou un peu au-dessus, et cause l'arc-en-ciel extérieur; car ne recevoir point de rayons de lumière en ses yeux, ou en recevoir notablement moins d'un objet que d'un autre qui lui est proche, c'est voir de l'ombre. Ce qui montre clairement que les couleurs de ces arcs sont produites par la même cause que celles qui paroissent par l'aide du cristal MNP, et que le demi-diamètre de l'arc intérieur ne doit point être plus grand que de 42 degrés, ni celui de l'extérieur plus petit que de 51; et enfin que le premier doit être bien plus limité en sa superficie extérieure qu'en l'intérieure, et le second tout au contraire, ainsi qu'il se voit par expérience. Mais afin que ceux qui savent les mathématiques puissent connoître si le calcul que j'ai fait de ces rayons est assez juste, il faut ici que je l'explique.

Soit AFD¹ une goutte d'eau, dont je divise le demi-diamètre CD ou AB en autant de parties égales que je veux calculer de rayons, afin d'attribuer autant de lumière aux uns qu'aux autres. Puis je considère un de ces rayons en particulier, par exemple EF, qui au lieu de passer tout droit vers G, se détourne vers K, et se réfléchit de K vers N, et de là va vers l'œil P; ou bien se réfléchit encore une fois de N vers Q, et de là se détourne vers l'œil R. Et ayant tiré CI à angles droits sur FK, je connois de ce qui a été dit en la Dioptrique, que AE ou HF et CI ont entre elles la proportion par laquelle la réfraction de l'eau se mesure; de façon que si HF contient 8000 parties, telles que AB en contient 10000, CI en contiendra environ de 5984, pource que la réfraction de l'eau est tant soit peu plus grande que de trois à quatre; et pour le plus justement que j'aie pu la mesurer, elle est comme de 187 à 250. Ayant ainsi les deux lignes HF et CI, je connois aisément les deux arcs FG, qui est de 73 degrés 44 minutes, et FK, qui est de 106, 30. Puis ôtant

¹ Figure 11.

le double de l'arc FK de l'arc FG ajouté à 180 degrés, j'ai 40, 44 pour la quantité de l'angle ONP, car je suppose ON parallèle à EF. Et ôtant ces 40, 44 de FK, j'ai 65, 46 pour l'angle SQR, car je pose aussi SQ parallèle à EF. Et calculant en même façon tous les autres rayons parallèles à EF qui passent par les divisions du diamètre AB, je compose la table suivante :

LA LIGNE HF	LA LIGNE CI	L'ARC FG	L'ARC FK	L'ANGLE ONP	L'ANGLE SQR
1000	748	168,50	171,25	5,40	165,45
2000	1496	156,55	162,48	11,19	151,29
3000	2244	145, 4	154, 4	17,56	136, 8
4000	2992	132,30	145,10	22,30	122, 4
5000	3740	120	136, 4	27,52	108,12
6000	4488	106,16	126,40	32,56	93,44
7000	5236	91, 8	116,51	37,26	79,25
8000	5984	73,44	106,30	40,44	65,46
9000	6732	51,41	95,22	40,57	54,25
10000	7480	0	85,10	13,40	69,30

Et il est aisé à voir en cette table qu'il y a bien plus de rayons qui font l'angle ONP d'environ 40 degrés, qu'il n'y en a qui le fassent moindre; ou SQR d'environ 54, qu'il n'y en a qui le fassent plus grand ; puis, afin de la rendre encore plus précise, je fais :

LA LIGNE HF	LA LIGNE CI	L'ARC FG	L'ARC FK	L'ANGLE ONP	L'ANGLE SQR
8000	5984	73,44	106,30	40,44	65,46
8100	6058	71,48	105,25	40,58	64,37
8200	6133	69,50	104,20	41,10	63,10
8300	6208	67,48	103,14	41,20	62,54
8400	6283	65,44	102, 9	41,26	61,43
8500	6358	63,34	101, 2	41,30	60,32
8600	6432	61,22	99,56	41,30	58,26
8700	6507	59, 4	98,48	41,28	57,20
8800	6582	56,42	97,40	41,22	56,18
8900	6657	54,16	96,32	41,12	55,20
9000	6732	51,41	95,22	40,57	54,25
9100	6806	49, 0	94,12	40,36	53,36
9200	6881	46, 8	93, 2	40, 4	52,58
9300	6956	43, 8	91,51	39,26	52,25
9400	7031	39,54	90,38	38,58	52, 0
9500	7106	36,24	89,26	3 52	51,54
9600	7180	32,50	88,12	36, 6	52, 6
9700	7255	28, 8	86,58	34,12	52,46
9800	7330	22,57	85,43	31,31	54,12

et je vois ici que le plus grand angle ONP peut être de 41 degrés 30 minutes, et le plus petit SQR de 51,54; à quoi ajoutant ou ôtant environ 17 minutes pour le demi-diamètre du soleil, j'ai 41,47 pour le plus grand demi-diamètre de l'arc-en-ciel intérieur, et 51,37 pour le plus petit de l'extérieur.

Il est vrai que l'eau étant chaude, sa réfraction est tant soit peu moindre que lorsqu'elle est froide, ce qui peut changer quelque chose en ce calcul : toutefois cela ne sauroit augmenter le demi-diamètre de l'arc-en-ciel intérieur que d'un ou deux degrés tout au plus, et lors celui de l'extérieur sera de presque deux fois autant plus petit. Ce qui est digne d'être remarqué, pourceque par là on peut démontrer que la réfraction de l'eau ne peut être guere moindre ni plus grande que je la suppose ; car pour peu qu'elle fût plus grande, elle rendroit le demi-diamètre de l'arc-en-ciel intérieur moindre que 41 degrés, au lieu que par la créance commune on lui en donne 45 ; et si on la suppose assez petite pour faire qu'il soit véritablement de 45, on trouvera que celui de l'extérieur ne sera aussi guere plus de 45, au lieu qu'il paroit à l'œil beaucoup plus grand que celui de l'intérieur. Et Maurolycus, qui est je crois le premier qui a déterminé l'un de 45 degrés, détermine l'autre d'environ 56 ; ce qui montre le peu de foi qu'on doit ajouter aux observations qui ne sont pas accompagnées de la vraie raison. Au reste, je n'ai pas eu peine à connoitre pourquoi le rouge est en dehors en l'arc-en-ciel intérieur, ni pourquoi il est en dedans en l'extérieur ; car la même cause pour laquelle c'est vers F¹ plutôt que vers H qu'il paroit

¹ Figure ...

au travers du cristal MNP, fait que si, ayant l'œil en la place du linge blanc FGH, on regarde ce cristal, on y verra le rouge vers sa partie plus épaisse MP, et le bleu vers N ; pourceque le rayon teint de rouge qui va vers F vient de C, la partie du soleil la plus avancée vers MP; et cette même cause fait aussi que le centre des gouttes d'eau, et par conséquent leur plus épaisse partie, étant en dehors au respect des points colorés qui forment l'arc-en-ciel intérieur, le rouge y doit paroître en dehors, et qu'étant en dedans au respect de ceux qui forment l'extérieur, le rouge y doit aussi paroître en dedans.

Ainsi je crois qu'il ne reste plus aucune difficulté en cette matière, si ce n'est peut-être touchant les irrégularités qui s'y rencontrent, comme lorsque l'arc n'est pas exactement rond, ou que son centre n'est pas en la ligne droite qui passe par l'œil et le soleil, ce qui peut arriver si les vents changent la figure des gouttes de pluie; car elles ne sauroient perdre si peu de leur rondeur que cela ne fasse une notable différence en l'angle sous lequel les couleurs doivent paroître. On a vu aussi quelquefois, à ce qu'on m'a dit, un arc-en-ciel tellement renversé que ses cornes étoient tournées vers en haut, comme est ici représenté FF ; ce que je ne saurois juger être arrivé que par la réflexion des rayons du soleil donnant sur l'eau de la mer ou de quelque lac; comme si, venant de la partie du ciel SS, ils tombent sur l'eau DAE, et de là se réfléchissent vers la pluie CF, l'œil B verra l'arc FF, dont le centre est au point C, en sorte que CB étant prolongée jusques à A, et AS passant par le centre du soleil, les angles SAD et BAE soient égaux, et que l'angle CBF soit d'environ 42 degrés. Toutefois il est aussi requis à cet effet qu'il n'y ait point du tout de vent qui trouble la surface de l'eau vers E, et peut-être avec cela qu'il y ait quelque nue, comme G, qui empêche que la lumière du soleil, allant en ligne droite vers la pluie, n'efface celle que cette eau E y envoie; d'où vient qu'il n'arrive que rarement. Outre cela l'œil peut être en telle situation au respect du soleil et de la pluie, qu'on verra la partie inférieure qui achève le cercle de l'arc-en-ciel, sans voir la supérieure, et aussi qu'on la prendra pour un arc renversé, nonobstant qu'on ne la verra pas vers le ciel, mais vers l'eau ou vers la terre.

On m'a dit aussi avoir vu quelquefois un troisième arc-en-ciel au-dessus des deux ordinaires, mais qui étoit beaucoup plus foible, et environ autant éloigné du second que le second du premier; ce que je ne juge pas pouvoir être arrivé, si ce n'est qu'il y ait eu des grains de grêle, fort ronds et fort transparents mêlés parmi la pluie.

dans lesquels la réfraction étant notablement plus grande que dans l'eau, l'arc-en-ciel extérieur aura dû y être beaucoup plus grand, et ainsi paroitre au-dessus de l'autre. Et pour l'intérieur, qui, par même raison, aura dû être plus petit que l'intérieur de la pluie, il se peut faire qu'il n'aura point été remarqué, à cause du grand lustre de celui-ci, ou bien que leurs extrémités s'étant jointes, on ne les aura comptés tous deux que pour un, mais pour un dont les couleurs auront été autrement disposées qu'à l'ordinaire.

Et ceci me fait souvenir d'une invention pour faire paroitre des signes dans le ciel, qui pourroient causer grande admiration à ceux qui en ignoreroient les raisons. Je suppose que vous savez déjà la façon de faire voir l'arc-en-ciel par le moyen d'une fontaine. Comme si l'eau qui sort par les petits trous ABC[1], sautant assez haut, s'épand en l'air de tous côtés vers R, et que le soleil soit vers Z, en sorte que ZEM, étant ligne droite, l'angle MER puisse être d'environ 42 degrés, l'œil E ne manquera pas de voir l'iris vers R tout semblable à celui qui paroit dans le ciel. A quoi il faut maintenant ajouter qu'il y a des huiles, des eaux-de-vie et d'autres liqueurs dans lesquelles la réfraction se fait notablement plus grande ou plus petite qu'en l'eau commune, et qui ne sont pas pour cela moins claires

[1] Figure.

et transparentes : en sorte qu'on pourroit disposer par ordre plusieurs fontaines, dans lesquelles y ayant diverses de ces liqueurs, on y verroit par leur moyen toute une grande partie du ciel pleine des couleurs de l'iris; à savoir, en faisant que les liqueurs dont la réfraction seroit la plus grande fussent les plus proches des spectateurs, et qu'elles ne s'élevassent point si haut qu'elles empêchassent la vue de celles qui seroient derrière; puis à cause que, fermant une partie des trous ABC, on peut faire disparoitre telle partie de l'iris RR qu'on veut sans ôter les autres, il est aisé à entendre que tout de même, ouvrant et fermant à propos les trous de ces diverses fontaines, on pourra faire que ce qui paroitra coloré ait la figure d'une croix, ou d'une colonne, ou de quelque autre telle chose qui donne sujet d'admiration. Mais j'avoue qu'il y faudroit de l'adresse et de la dépense, afin de proportionner ces fontaines, et faire que les liqueurs y sautassent si haut que ces figures pussent être vues de fort loin par tout un peuple sans que l'artifice s'en découvrît.

DISCOURS NEUVIÈME.

DE LA COULEUR DES NUES ET DES CERCLES OU COURONNES QU'ON VOIT QUELQUEFOIS AUTOUR DES ASTRES.

Après ce que j'ai dit de la nature des couleurs, je ne crois pas avoir beaucoup de choses à ajouter touchant celles qu'on voit dans les nues; car premièrement, pour ce qui est de leur blancheur et de leur obscurité ou noirceur, elle ne procède que de ce qu'elles sont plus ou moins exposées à la lumière des astres ou à l'ombre tant d'elles-mêmes que de leurs voisines. Et il y a seulement ici deux choses à remarquer, dont l'une est que les superficies des corps transparents font réfléchir une partie des rayons qui viennent vers elles, ainsi que j'ai dit ci-dessus; ce qui est cause que la lumière peut mieux pénétrer au travers de trois piques d'eau qu'elle ne fait au travers d'un peu d'écume, qui n'est toutefois autre chose que de l'eau, mais en laquelle il y a plusieurs superficies, dont la première faisant réfléchir une partie de cette lumière, et la seconde une autre partie, et ainsi de suite, il n'en reste bientôt plus du tout ou presque plus qui passe outre. Et c'est ainsi que ni le verre pilé, ni la neige, ni les nues, lorsqu'elles sont un peu épaisses, ne peuvent être transparentes. L'autre chose qu'il y a ici à remarquer, est qu'encore que l'action des corps lumineux ne soit que de pousser en ligne droite la matière subtile qui touche nos yeux, toutefois le mouvement ordinaire des petites parties de cette matière, au moins de celles qui sont en l'air autour de nous, est de rouler en même façon qu'une balle roule étant à terre, encore qu'on ne l'ait poussée qu'en ligne droite. Et ce sont proprement les corps qui les font rouler en cette sorte qu'on nomme blancs; comme font sans doute tous ceux qui ne manquent d'être transparents qu'à cause de la multitude de leurs superficies, tels que sont l'écume, le verre pilé, la neige et les nues. Ensuite de quoi on peut entendre pourquoi le ciel étant fort pur et déchargé de tous nuages paroît bleu, pourvu qu'on sache que de lui-même il ne rend aucune clarté, et qu'il paroîtroit extrêmement noir s'il n'y avoit point du tout d'exhalaisons ni de vapeurs au-dessus de nous, mais qu'il y en a toujours plus ou moins qui font réfléchir quelques rayons vers nos yeux, c'est-à-dire qui repoussent vers nous les petites parties de la matière subtile que le soleil ou les autres astres ont poussées contre elles; et lorsque ces vapeurs sont en assez grand nombre, la matière subtile étant repoussée vers nous par les premières, en rencontre d'autres après qui font rouler et tournoyer ses petites parties avant qu'elles parviennent à nous ; ce qui fait alors paroître le ciel blanc, au lieu que si elle n'en rencontre pas assez pour faire ainsi tournoyer ses parties, il ne doit paroître que bleu, suivant ce qui a été tantôt dit de la nature de la couleur bleue. Et c'est la même cause qui fait aussi que l'eau de la mer, aux endroits où elle est fort pure et fort profonde, semble être bleue ; car il ne se réfléchit de sa superficie que peu de rayons, et aucun de ceux qui la pénètrent ne revient. De plus, on peut ici entendre pourquoi souvent, quand le soleil se couche ou se lève, tout le côté du ciel vers lequel il est paroît rouge ; ce qui arrive lorsqu'il n'y a point tant de nues ou plutôt de brouillards entre lui et nous que sa lumière ne puisse les traverser, mais qu'elle ne les traverse pas si aisément tout contre la terre qu'un peu plus haut, ni si aisément un peu plus haut que beaucoup plus haut ; car il est évident que cette lumière, souffrant réfraction dans ces brouillards, détermine les parties de la matière subtile qui la transmettent à tournoyer en même sens que feroit une boule qui viendroit du même côté en roulant sur terre ; de façon que le tournoiement des plus basses est toujours augmenté par l'action de celles qui sont plus hautes, à cause qu'elle est supposée plus forte que la leur; et vous savez que cela suffit pour faire paroître la couleur rouge, laquelle se réfléchissant après dans les nues, se peut étendre de tous côtés dans le ciel; et il est à remarquer que cette couleur paroissant le matin présage des vents ou de la pluie, à cause qu'elle témoigne qu'y ayant peu de nues vers l'orient, le soleil pourra élever beaucoup de vapeurs avant le midi, et que les brouillards qui la font paroître commencent à monter; au lieu que le soir elle témoigne le beau temps, à cause que n'y ayant que peu ou point de nues vers le couchant, les vents orientaux doivent régner, et les brouillards descendent pendant la nuit.

Je ne m'arrête point à parler plus particulièrement des autres couleurs qu'on voit dans les nues, car je crois que les causes en sont toutes assez comprises en ce que j'ai dit; mais il paroit quelquefois certains cercles autour des astres dont je ne dois pas omettre l'explication. Ils sont semblables à l'arc-en-ciel en ce qu'ils sont ronds ou presque ronds, et environnent toujours le soleil ou quelque autre astre, ce qui montre qu'ils sont causés par quelque réflexion ou réfraction dont les angles sont à peu près tous égaux; comme aussi en ce qu'ils sont colorés, ce qui montre qu'il y a de la réfraction, et de l'ombre qui limite la lumière qui les produit. Mais ils diffèrent en ce que l'arc-en-ciel ne se voit jamais que lorsqu'il pleut actuellement au lieu vers lequel on le voit, bien que souvent il ne pleuve pas au lieu où est le spectateur; et eux ne se voient jamais où il pleut : ce qui montre qu'ils ne sont pas causés par la réfraction qui se fait en des gouttes d'eau ou en de la grêle, mais par celle qui se fait en ces petites étoiles de glace transparentes dont il a été parlé ci-dessus; car on ne sauroit imaginer dans les nues aucune autre cause qui soit capable d'un tel effet; et si on ne voit jamais tomber de telles étoiles que lorsqu'il fait froid, la raison nous assure qu'il ne laisse pas de s'en former en toutes saisons. Même, à cause qu'il est besoin de quelque chaleur pour faire que de blanches qu'elles sont au commencement, elles deviennent transparentes, ainsi qu'il est requis à cet effet, il est vraisemblable que l'été y est plus propre que l'hiver. Et encore que la plupart de celles qui tombent paroissent à l'œil extrêmement plates et unies, il est certain néanmoins qu'elles sont toutes quelque peu plus épaisses au milieu qu'aux extrémités, ainsi qu'il se voit aussi à l'œil en quelques unes; et selon qu'elles le sont plus ou moins, elles font paroître ces cercles plus ou moins grands : car il y en a sans doute de plusieurs grandeurs. Et si ceux qu'on a le plus souvent observés ont eu leur diamètre d'environ 45 degrés, ainsi que quelques uns ont écrit, je veux croire que les parcelles de glace qui les causent de cette grandeur ont la convexité qui leur est la plus ordinaire, qui est peut-être aussi la plus grande qu'elles aient coutume d'acquérir sans achever entièrement de se fondre. Soit, par exemple, ABC · le soleil, D l'œil, EFG plusieurs petites parcelles de glace transparentes arrangées côte à côte les unes des autres, ainsi qu'elles sont en se formant, et dont la convexité est telle que le rayon venant par exemple du point A sur l'extrémité de celle qui est marquée G, et du point C sur l'extrémité de celle qui est marquée F, retourne vers D, et qu'il en vient vers D plusieurs autres de ceux qui traversent les autres parcelles de glace qui sont vers E, mais non point aucun de ceux qui traversent celles qui sont au-delà du cercle GG; il est manifeste qu'outre que les rayons AD, CD, et semblables, qui passent en ligne droite, font paroître le soleil de sa grandeur accoutumée, les autres qui souffrent réfraction vers EE doivent rendre toute l'aire comprise dans le cercle FF assez brillante, et faire que la circonférence entre les cercles FF et GG soit comme une couronne peinte des couleurs de l'arc-en-ciel; et même que le rouge y doit être en dedans vers F, et le bleu en dehors vers G, tout de même qu'on a coutume de l'obser-

· Figure 15.

ver. Et s'il y a deux ou plusieurs rangs de parcelles de glace l'une sur l'autre, pourvu que cela n'empêche point que les rayons du soleil ne les traversent, ceux de ces rayons qui en traverseront deux par leurs bords, se courbant presque deux fois autant que les autres, produiront encore un autre cercle coloré beaucoup plus grand en circuit, mais moins apparent que le premier; en sorte qu'on verra pour lors deux couronnes l'une dans l'autre, et dont l'intérieure sera la mieux peinte, comme il a aussi été quelquefois observé. Outre cela vous voyez bien pourquoi ces couronnes n'ont pas coutume de se former autour des astres qui sont fort bas vers l'horizon, car les rayons rencontrent alors trop obliquement les parcelles de glace pour les traverser; et pourquoi leurs couleurs ne sont pas si vives que les siennes, car elles sont causées par des réfractions beaucoup moindres; et pourquoi elles paroissent plus ordinairement que lui autour de la lune, et même se remarquent aussi quelquefois autour des étoiles, à savoir lorsque les parcelles de glace interposées, n'étant que fort peu convexes, les rendent fort petites; car d'autant qu'elles ne dépendent point de tant de réflexions et réfractions que l'arc-en-ciel, la lumière qui les cause n'a pas besoin d'être si forte. Mais souvent elles ne paroissent que blanches, non point tant par faute de lumière que pourceque la matière où elles se forment n'est pas entièrement transparente.

On en pourroit bien imaginer encore quelques autres qui se formassent à l'imitation de l'arc-en-ciel en des gouttes d'eau, à savoir premièrement par deux réfractions sans aucune réflexion; mais alors il n'y a rien qui détermine leur diamètre, et la lumière n'est point limitée par l'ombre, *comme il est requis* pour la production des couleurs: puis aussi par deux réfractions et trois ou quatre réflexions; mais leur lumière, étant alors grandement foible, peut aisément être effacée par celle qui se réfléchit de la superficie des mêmes gouttes, ce qui me fait douter si jamais elles paroissent, et le calcul montre que leur diamètre devroit être beaucoup plus grand qu'on ne le trouve en celles qu'on a coutume d'observer.

Enfin, pour ce qui est de celles qu'on voit quelquefois autour des lampes et des flambeaux, la cause n'en doit point être cherchée dans l'air, mais seulement dans l'œil qui les regarde. Et j'en ai vu cet été dernier une expérience fort manifeste. Ce fut en voyageant de nuit dans un navire, où, après avoir tenu tout le soir ma tête appuyée sur une main dont je fermois mon œil droit pendant que je regardois de l'autre vers le ciel, on apporta une chandelle au lieu où j'étois; et lors ouvrant les deux yeux, je vis deux couronnes autour de la flamme.

dont les couleurs étoient aussi vives que je les aie jamais vues en arc-en-ciel. AB ¹ est la plus grande, qui étoit rouge vers A, et bleue vers B; CD la plus petite, qui étoit rouge aussi vers C, mais vers D elle étoit blanche, et s'étendoit jusques à la flamme. Après cela, refermant l'œil droit, j'aperçus que ces couronnes disparoissoient; et qu'au contraire, en l'ouvrant et fermant le gauche, elles continuoient de paroître; ce qui m'assura qu'elles ne procédoient que de quelque disposition que mon œil droit avoit acquise pendant que je l'avois tenu fermé, et qui étoit cause qu'outre que la plupart des rayons de la flamme qu'il recevoit la représentoient vers O, où ils s'assembloient, il y en avoit aussi quelques uns qui étoient tellement détournés, qu'ils s'étendoient en tout l'espace fO, où ils peignoient la couronne CD; et quelques autres en l'espace FG, où ils peignoient la couronne AB. Je ne détermine point quelle étoit cette disposition, car plusieurs différentes peuvent causer le même effet; comme s'il y a seulement une ou deux petites rides en quelqu'une des superficies E, M, P, qui à cause de la figure de l'œil s'y étendent en forme d'un cercle dont le centre soit en la ligne EO, comme il y en a souvent de toutes droites qui se croisent en cette ligne EO, et nous font voir de grands rayons épars çà et là autour des flambeaux:

¹ Figure 16.

ou bien qu'il y ait quelque chose d'opaque entre E et P, ou même à côté en quelque lieu, pourvu qu'il s'y étende circulairement ; ou enfin que les humeurs ou les peaux de l'œil aient en quelque façon changé de tempérament ou de figure ; car il est fort commun à ceux qui ont mal aux yeux de voir de telles couronnes, et elles ne paroissent pas semblables à tous. Seulement faut-il remarquer que leur partie extérieure, comme A et C, est ordinairement rouge, tout au contraire de celles qu'on voit autour des astres, dont la raison vous sera claire, si vous considérez qu'en la production de leurs couleurs, c'est l'humeur cristalline PNM qui tient lieu du prisme de cristal dont il a tantôt été parlé, et le fond de l'œil FGf qui tient lieu du linge blanc qui étoit derrière. Mais vous douterez peut-être pourquoi, puisque l'humeur cristalline a ce pouvoir, elle ne colore pas en même façon tous les objets que nous voyons ? si ce n'est que vous considériez que les rayons qui viennent de chaque point de ces objets vers chaque point du fond de l'œil, passant les uns par celui de ses côtés qui est marqué N, et les autres par celui qui est marqué S, ont des actions toutes contraires et qui se détruisent les unes les autres, au moins en ce qui regarde la production des couleurs ; au lieu qu'ici les rayons qui vont vers FGf ne passent que par N. Et tout ceci se rapporte si bien à ce que j'ai dit de la nature des couleurs, qu'il peut, ce me semble, beaucoup servir pour en confirmer la vérité.

DISCOURS DIXIÈME.

DE L'APPARITION DE PLUSIEURS SOLEILS.

On voit encore quelquefois d'autres cercles dans les nues, qui diffèrent de ceux dont j'ai parlé en ce qu'ils ne paroissent jamais que tout blancs, et qu'au lieu d'avoir quelque astre en leur centre, ils traversent ordinairement celui du soleil ou de la lune, et semblent parallèles ou presque parallèles à l'horizon. Mais pourcequ'ils ne paroissent qu'en ces grandes nues toutes rondes dont il a été parlé ci-dessus, et qu'on voit aussi quelquefois plusieurs soleils ou plusieurs lunes dans les mêmes nues, il faut que j'explique ensemble l'un et l'autre. Soit par exemple A¹ le midi, où est le soleil, accompagné d'un vent chaud qui tend vers B, et C le septentrion, d'où il vient un vent froid, qui tend aussi vers B; et là je suppose que ces deux vents rencontrent ou assemblent une nue composée de parcelles de neige qui s'étend si loin en profondeur et en largeur, qu'ils ne peuvent passer l'un au-dessus, l'autre

¹ Figure 1.

au-dessous, ou entre deux, ainsi qu'ils ont ailleurs de coûtume, mais qu'ils sont contraints de prendre leur cours tout à l'entour; au moyen de quoi, non seulement ils l'arrondissent, mais aussi celui qui vient du midi étant chaud, fond quelque peu la neige de son circuit, laquelle étant aussitôt regelée, tant par celui du nord qui est froid, que par la proximité de la neige intérieure qui n'est pas encore fondue, peut former comme un grand anneau de glace toute continue et transparente, dont la superficie ne manquera pas d'être assez polie, à cause que les vents qui l'arrondissent sont fort uniformes. Et de plus cette glace ne manque pas d'être plus épaisse du côté DEF, que je suppose exposé au vent chaud et au soleil, que de l'autre GHI, où la neige ne s'est pu fondre si aisément. Et enfin il faut remarquer qu'en cette constitution d'air, et sans orage, il ne peut y avoir assez de chaleur autour de la nue B pour y former ainsi de la glace, qu'il n'y en ait aussi assez en la terre qui est au-dessous pour y exciter des vapeurs qui la soutiennent, en soulevant et poussant vers le ciel tout le corps de la nue qu'elle embrasse. Ensuite de quoi il est évident que la clarté du soleil, lequel je suppose être assez haut vers le midi, donnant tout autour sur la glace DEFGHI, et de là se réfléchissant sur la blancheur de la neige voisine, doit faire paroître cette neige à ceux qui seront au-dessous en forme d'un grand cercle tout blanc; et même qu'il suffit à cet effet que la nue soit ronde et un peu plus pressée en son circuit qu'au milieu, sans que l'anneau de glace doive être formé. Mais lorsqu'il l'est, on peut voir, étant au-dessous vers le point K, jusqu'à six soleils, qui semblent être enchâssés dans le cercle blanc ainsi qu'autant de diamants dans une bague; à savoir, le premier vers E, par les rayons qui viennent directement du soleil, que je suppose vers A; les deux suivants vers D et vers F, par la réfraction des rayons qui traversent la glace en ces lieux-là, où son épaisseur allant en diminuant, ils se courbent en dedans de part et d'autre, ainsi qu'ils font en traversant le prisme de cristal dont il a tantôt été parlé; et pour cette cause ces deux soleils ont leurs bords peints de rouge en celui de leurs côtés qui est vers E, où la glace est le plus épaisse, et de bleu en l'autre, où elle l'est moins. Le quatrième soleil paroît par réflexion au point H, et les deux derniers, aussi par réflexion, vers G et vers I, par où je suppose qu'on peut décrire un cercle dont le centre soit au point K, et qui passe par B le centre de la nue, en sorte que les angles KGB et KBG ou BGA sont égaux, et tout de même KIB et KBI ou BIA: car vous savez que la réflexion se fait toujours par angles égaux, et que la glace étant un corps poli, doit représenter le soleil en tous les lieux d'où ses rayons peuvent se réfléchir vers l'œil ; mais pourceque les rayons qui viennent tout droit sont toujours plus vifs que ceux qui viennent par réfraction, et ceux-ci encore plus vifs que ceux qui sont réfléchis, le soleil doit paroitre plus brillant vers E que vers D ou F, et ici encore plus brillants que vers G ou H ou I, et ces trois G, H et I ne doivent avoir aucunes couleurs autour de leurs bords, comme les deux D et F, mais seulement être blancs. Que si les regardants ne sont pas vers K, mais quelque part plus avancés vers B, en sorte que le cercle dont leurs yeux sont le centre, et qui passe par B, ne coupe point la circonférence de la nue, ils ne pourront voir les deux soleils G et I, mais seulement les quatre autres ; et si au contraire ils sont fort reculés vers H ou au-delà vers C, ils ne pourront voir que les cinq D, E, F, G et I ; et même étant assez loin au-delà, ils ne verront que les trois D, E, F, qui ne seront plus dans un cercle blanc, mais comme traversés d'une barre blanche. Comme aussi, lorsque le soleil est si peu élevé sur l'horizon qu'il ne peut éclairer la partie de la nue GHI, ou bien lorsqu'elle n'est pas encore formée, il est évident qu'on ne doit voir que les trois soleils D, E, F.

Au reste, je ne vous ai jusques ici fait considérer que le plan de cette nue, et il y a encore diverses choses à y remarquer qui se verront mieux en son profil. Premièrement, bien que le soleil ne soit pas en la ligne droite qui va de E vers l'œil K, mais plus haut ou plus bas, il ne doit pas laisser de paroître vers là, principalement si la glace ne s'y étend point trop en hauteur ni profondeur; car alors la superficie de cette glace sera si courbée qu'en quelque lieu qu'il soit, elle pourra quasi toujours renvoyer ses rayons vers K. Comme si elle a en son épaisseur la figure comprise entre les lignes 123 et 456, il est évident que, non seulement lorsque le soleil sera en la ligne droite A2, ses rayons la traversant pourront aller vers l'œil K, mais aussi lorsqu'il sera beaucoup plus bas, comme en la ligne S1, ou beaucoup plus haut, comme en la ligne T3, et ainsi le faire toujours paroître comme s'il étoit vers E; car l'anneau de glace n'étant supposé guère large, la différence qui est entre les lignes 4K, 5K et 6K n'est pas considérable. Et notez que cela peut faire paroître le soleil après même qu'il est couché, et qu'il peut aussi reculer ou avancer l'ombre des horloges et leur faire marquer une heure tout autre qu'il ne sera. Toutefois si le soleil est beaucoup plus bas qu'il ne paroît vers E, en sorte que ses rayons passent aussi en ligne droite par le dessous de la glace jusqu'à l'œil K, comme S7K, que je suppose parallèle à S1, alors, outre les six soleils précédents, on en verra encore un septième au-dessous d'eux, et qui ayant le plus de lumière effacera l'ombre qu'ils pourroient causer dans les horloges. Tout de même s'il est si haut que ses rayons puissent passer en ligne droite vers K par le dessus de la glace, comme T8K qui est parallèle à T3, et que la nue interposée ne soit point si opaque qu'elle les en empêche, on pourra voir un septième soleil au-dessus des six autres. Que si la glace 123, 456 s'étend plus haut et plus bas, comme jusqu'aux points 8 et 7, le soleil étant vers A, on en pourra voir trois l'un sur l'autre vers E, à savoir aux points 8, 5 et 7; et lors on en pourra aussi voir trois l'un sur l'autre vers D' et trois vers F, en sorte qu'il en paroîtra jusques à douze enchâssés dans le cercle blanc DEFGHI. Et le soleil étant un peu plus bas que vers S ou plus haut que vers T, il en pourra derechef paroître trois vers E, à savoir deux dans le cercle blanc et un autre au-dessous ou au-dessus; et lors il en pourra encore paroître deux vers D et deux vers F. Mais je ne sache point que jamais on en ait tant observé tout à la fois, ni même que lorsqu'on en a vu trois l'un sur l'autre, comme il est arrivé plusieurs fois, on en ait remarqué quelques autres à leurs côtés, ou bien que lorsqu'on en a vu trois côte à côte, comme il est aussi arrivé plusieurs fois, on en ait remarqué quelques autres au-

' Figure 27.

dessus ou au-dessous; dont, sans doute, la raison est que la largeur de la glace, marquée entre les points 7 et 8[1], n'a d'ordinaire aucune proportion avec la grandeur du circuit de toute la nue: en sorte que l'œil doit être fort proche du point E lorsque cette largeur lui paroît assez grande pour y distinguer trois soleils l'un sur l'autre; et au contraire fort éloigné, afin que les rayons qui se courbent vers D et vers F, où se diminue le plus de l'épaisseur de la glace, puissent parvenir jusques à lui.

Et il arrive rarement que la nue soit si entière qu'on en voie plus de trois en même temps. Toutefois on dit qu'en l'an 1625 le roi de Pologne en vit jusqu'à six. Et il n'y a que trois ans que le mathématicien de Tubinge observa les quatre désignés ici par les lettres D, E, F, H; même il remarque particulièrement, en ce qu'il en a écrit, que les deux D et F étoient rouges vers celui du milieu E, qu'il nomme le vrai soleil, et bleus de l'autre côté, et que le quatrième H étoit fort pâle, et ne paroissoit que fort peu; ce qui confirme fort ce que j'ai dit. Mais l'observation la plus belle et la plus remarquable que j'aie vue en cette matière est celle des cinq soleils qui parurent à Rome en l'an 1629, le 20 de mars, sur les deux ou trois heures après midi; et afin que vous puissiez voir si elle s'accorde avec mon discours, je la veux mettre ici

---

[1] Figure 28.

aux mêmes termes qu'elle fut dès lors divulguée :

A *observator romanus; B vertex loco observatoris incumbens; C sol verus observatus; AB planum verticale, in quo et oculus observatoris et sol observatus existunt, in quo et vertex loci B jacet, ideoque omnia per lineam verticalem AB repræsentantur; in hanc enim totum planum verticale procumbit. Circa solem C apparuere duæ incompletæ irides eidem homocentricæ, diversicolores. quarum minor sive interior DEF plenior et perfectior fuit, curta tamen sive aperta a D ad F, et in perpetuo conatu sese claudendi stabat, et quandoque claudebat, sed mox denuo aperiebat; altera, sed debilis, semper et vix conspicabilis fuit GHI, exterior et secundaria, variegata tamen et ipsa suis coloribus, sed admodum instabilis. Tertia et unicolor, eaque valde magna iris, fuit KLMN, tota alba quales sæpe visuntur in paraselenis circa lunam. Hæc fuit arcus excentricus integer ab initio solis per medium incedens; circa finem tamen ab M versus N debilis et lacer, imo quasi nullus. Cæterum in communibus circuli hujus intersectionibus cum iride exteriore GHI, emerserunt duo parhelia non usque adeo perfecta, N et K, quorum hoc debilius, illud autem fortius et luculentius splendescebat. Amborum medius nitor æmulabatur solarem, sed latera coloribus iridis pingebantur; neque rotundi ac præcisi, sed inæquales et lacunosi ipsorum ambitus cernebantur. N, inquietum spec-*

trum, ejaculabatur caudam spissam subigneam NOP, cunjugi reciprocatione. L et M fuere trans zenit B, prioribus minus vivaces, sed rotondiores et albi, instar circuli sui cui inhærebant, lac, seu argentum purum exprimentes, quanquam M media tertia jam prope disparuerat, nec nisi exigua sui vestigia subinde præbuit, quippe et circulus ex illa parte defecerat. Sol N defecit ante solem K, illoque deficiente roborabatur K, qui omnium ultimus disparuit, etc.

CKLMN étoit un cercle blanc dans lequel se voyoient cinq soleils; et il faut imaginer que le spectateur étant vers A, ce cercle étoit pendant en l'air au-dessus de lui, en sorte que le point B répondoit au sommet de sa tête, et que les deux soleils L et M étoient derrière ses épaules lorsqu'il étoit tourné vers les trois autres KCN, dont les deux K et N étoient colorés en leurs bords, et n'étoient ni si ronds ni si brillants que celui qui étoit vers C; ce qui montre qu'ils étoient causés par réfraction : au lieu que les deux L et M étoient assez ronds, mais moins brillants, et tout blancs, sans mélange d'aucune autre couleur en leurs bords : ce qui montre qu'ils étoient causés par réflexion. Et plusieurs choses ont pu empêcher qu'il n'ait paru encore un sixième soleil vers V, dont la plus vraisemblable est que l'œil en étoit si proche, à raison de la hauteur de la nue, que tous les rayons qui donnoient sur la glace vers là, se réfléchissoient plus loin que le point A ; et, encore que le point B ne soit pas ici représenté si proche des soleils L et M que du centre de la nue, cela n'empêche pas que la règle que j'ai tantôt dite touchant le lieu où ils doivent paroître n'y fût observée ; car le spectateur étant plus proche de l'arc LVM que des autres parties du cercle l'a dû juger plus grand, à comparaison d'elles, qu'il n'étoit; outre que sans doute ces nues ne sont jamais extrêmement rondes, bien qu'elles paroissent à l'œil être telles.

Mais il y a encore ici deux choses assez remarquables. La première est que le soleil N qui étoit vers le couchant, ayant une figure changeante et incertaine jetoit hors de soi comme une grosse queue de feu NOP, qui paroissoit tantôt plus longue tantôt plus courte. Ce qui n'étoit sans doute autre chose sinon que l'image du soleil étoit ainsi contrefaite et irrégulière vers N, comme on la voit souvent lorsqu'elle nage dans une eau un peu tremblante, ou qu'on la regarde au travers d'une vitre dont les superficies sont inégales. Car la glace étoit vraisemblablement un peu agitée en cet endroit-là, et n'y avoit pas ses superficies si régulières pourcequ'elle y commençoit à se dissoudre, ainsi qu'il se prouve de ce que le cercle blanc étoit rompu et comme nul entre M et N, et que le soleil N disparut avant le soleil K, qui sembloit se fortifier à mesure que l'autre se dissipoit.

La seconde chose qui reste ici à remarquer est qu'il y avoit deux couronnes autour du soleil C, peintes des mêmes couleurs que l'arc-en-ciel, et dont l'intérieure DEF étoit beaucoup plus vive et apparente que l'extérieure GHI, en sorte que je ne doute point qu'elles ne fussent causées, en la façon que j'ai tantôt dite, par la réfraction qui se faisoit, non en cette glace continue où se voyoient les soleils K et N, mais en d'autre divisée en plusieurs petites parcelles, qui se trouvoit au-dessus et au-dessous; car il est bien vraisemblable que la même cause qui avoit pu composer tout un cercle de glace de quelques unes des parties extérieures de la nue, avoit disposé les autres voisines à faire paroître ces couronnes. De façon que si on n'en observe pas toujours de telles lorsqu'on voit plusieurs soleils, c'est que l'épaisseur de la nue ne s'étend pas toujours au-delà du cercle de glace qui l'environne, ou bien qu'elle est si opaque et obscure qu'on ne les aperçoit pas au travers. Pour le lieu où se voient ces couronnes, c'est toujours autour du vrai soleil : et elles n'ont aucune conjonction avec ceux qui ne font que paroître; car, bien que les deux K et N se rencontrent ici en l'intersection de l'extérieure et du cercle blanc, c'est chose qui n'est arrivée que par hasard, et je m'assure que le même ne se vit point aux lieux un peu loin de Rome, où ce même phénomène fut remarqué. Mais je ne juge pas pour cela que leur centre soit toujours en la ligne droite tirée de l'œil vers le soleil si précisément qu'y est celui de l'arc-en-ciel ; car il y a cela de différence, que les gouttes d'eau étant rondes causent toujours même réfraction en quelque situation qu'elles soient ; au lieu que les parcelles de glace étant plates la causent d'autant plus grande qu'elles sont regardées plus obliquement. Et pourceque lorsqu'elles se forment par le tournoiement d'un vent sur la circonférence d'une nue elles y doivent être couchées en autre sens que lorsqu'elles se forment au-dessus ou au-dessous, il peut arriver qu'on voie ensemble deux couronnes l'une dans l'autre, qui soient à peu près de même grandeur, et qui n'aient pas justement le même centre.

De plus, il peut arriver qu'outre les vents qui environnent cette nue il en passe quelqu'un par-dessus ou par-dessous qui, derechef y formant quelque superficie de glace, cause d'autres variétés en ce phénomène : comme peuvent encore faire les nues d'alentour, ou la pluie s'il y en tombe ; car les rayons se réfléchissant de la glace d'une de ces nues vers ces gouttes y représenteront des parties d'arc-en-ciel dont les situations seront fort diverses ; comme aussi les spectateurs n'étant pas au-dessous d'une telle nue, mais à côté entre plusieurs, peuvent voir d'autres cercles et d'autres soleils. De quoi je ne crois pas qu'il soit besoin que je vous entretienne davantage; car j'espère que ceux qui auront compris tout ce qui a été dit en ce traité ne verront rien dans les nues à l'avenir dont ils ne puissent aisément entendre la cause, ni qui leur donne sujet d'admiration.

LA GÉOMÉTRIE.

AVERTISSEMENT.

Jusques ici j'ai tâché de me rendre intelligible à tout le monde ; mais pour ce traité, je crains qu'il ne pourra être lu que par ceux qui savent déjà ce qui est dans les livres de géométrie ; car, d'autant qu'ils contiennent plusieurs vérités fort bien démontrées, j'ai cru qu'il seroit superflu de les répéter, et n'ai pas laissé pour cela de m'en servir.

LA GÉOMÉTRIE.[*]

LIVRE PREMIER.

DES PROBLÈMES QU'ON PEUT CONSTRUIRE SANS Y EMPLOYER QUE DES CERCLES ET DES LIGNES DROITES.

Tous les problèmes de géométrie se peuvent facilement réduire à tels termes, qu'il n'est besoin par après que de connoître la longueur de quelques lignes droites pour les construire.

Et comme toute l'arithmétique n'est composée que de quatre ou cinq opérations, qui sont, l'addition, la soustraction, la multiplication, la division, et l'extraction des racines, qu'on peut prendre pour une espèce de division, ainsi n'a-t-on autre chose à faire en géométrie touchant les lignes qu'on cherche pour les préparer à être connues, que leur en ajouter d'autres, ou en ôter; ou bien en ayant une, que je nommerai l'unité pour la rapporter d'autant mieux aux nombres, et qui *Comment le calcul d'arithmétique se rapporte aux opérations de géométrie.*

---

[*] Pour en faciliter la lecture, nous avons substitué à quelques signes employés par Descartes d'autres signes universellement adoptés, toutes les fois que ces changements n'en apportoient pas dans le *principe* de la notation. Le lecteur en sera prévenu.

peut ordinairement être prise à discrétion, puis en ayant encore deux autres, en trouver une quatrième qui soit à l'une de ces deux comme l'autre est à l'unité, ce qui est le même que la multiplication; ou bien en trouver une quatrième qui soit à l'une de ces deux comme l'unité est à l'autre, ce qui est le même que la division; ou enfin trouver une ou deux, ou plusieurs moyennes proportionnelles entre l'unité et quelque autre ligne, ce qui est le même que tirer la racine carrée ou cubique, etc. Et je ne craindrai pas d'introduire ces termes d'arithmétique en la géométrie, afin de me rendre plus intelligible.

La multiplication. Soit, par exemple, AB (fig. 1) l'unité, et qu'il faille multiplier BD par BC, je n'ai qu'à joindre les points A et C, puis tirer DE parallèle à CA, et BE est le produit de cette multiplication.

La division. Ou bien, s'il faut diviser BE par BD, ayant joint les points E et D, je tire AC parallèle à DE, et BC est le produit de cette division.

L'extraction de la racine carrée. Ou s'il faut tirer la racine carrée de GH (fig. 2), je lui ajoute en ligne droite FG, qui est l'unité, et divisant FH en deux parties égales au point K, du centre K je tire le cercle FIH, puis élevant du point G une ligne droite jusques à I à angles droits sur FH, c'est GI la racine cherchée. Je ne dis rien ici de la racine cubique, ni des autres, à cause que j'en parlerai plus commodément ci-après.

Mais souvent on n'a pas besoin de tracer ainsi ces lignes sur le papier, et il suffit de les désigner par quelques lettres, chacune par une seule. Comme pour ajouter la ligne BD à GH, je nomme l'une a et l'autre b, et écris $a+b$; et $a-b$ pour soustraire b de a; et ab pour les multiplier l'une par l'autre; et $\frac{a}{b}$ pour diviser a par b; et aa ou a^2 pour multiplier a par soi-même *; et a^3 pour le multiplier encore une fois par a, et ainsi à l'infini; et $\sqrt{a^2+b^2}$, pour tirer la racine carrée de a^2+b^2; et

$\sqrt{C.a^3-b^3+ab^2}$, pour tirer la racine cubique de $a^3-b^3+ab^2$, et ainsi des autres.

Comment on peut user de chiffres en géométrie.

Où il est à remarquer que par a^2, ou b^3, ou semblables, je ne conçois ordinairement que des lignes toutes simples, encore que pour me servir des noms usités en l'algebre je les nomme des carrés ou des cubes, etc.

Il est aussi à remarquer que toutes les parties d'une même ligne se doivent ordinairement exprimer par autant de dimensions l'une que l'autre, lorsque l'unité n'est point déterminée en la question, comme ici a^3 en contient autant que ab^2 ou b^3 dont se compose la ligne que j'ai nommée

$$\sqrt{C.a^3-b^3+ab^2};$$

---

* Cependant Descartes répète presque toujours les facteurs égaux lorsqu'ils ne sont qu'au nombre de deux. Nous avons ici constamment adopté la notation a^2.

mais que ce n'est pas de même lorsque l'unité est déterminée, à cause qu'elle peut être sous-entendue partout où il y a trop ou trop peu de dimensions : comme s'il faut tirer la racine cubique de $a^2b^2 - b$, il faut penser que la quantité a^2b^2 est divisée une fois par l'unité, et que l'autre quantité b est multipliée deux fois par la même.

Au reste, afin de ne pas manquer à se souvenir des noms de ces lignes, il en faut toujours faire un registre séparé à mesure qu'on les pose ou qu'on les change, écrivant par exemple* :

AB = 1, c'est-à-dire AB égal à 1.

GH = a

BD = b, etc.

Comment il faut venir aux équations qui servent à résoudre les problèmes.

Ainsi, voulant résoudre quelque problème, on doit d'abord le considérer comme déjà fait, et donner des noms à toutes les lignes qui semblent nécessaires pour le construire, aussi bien à celles qui sont inconnues qu'aux autres. Puis, sans considérer aucune différence entre ces lignes connues et inconnues, on doit parcourir la difficulté selon l'ordre qui montre le plus naturellement de tous en quelle sorte elles dépendent mutuellement les unes des autres, jusques à ce qu'on ait trouvé moyen d'exprimer une même quantité en deux façons, ce qui se nomme une équation; car les

---

* Nous substituons partout le signe = au signe ∞ dont se servoit Descartes.

termes de l'une de ces deux façons sont égaux à ceux de l'autre. Et on doit trouver autant de telles équations qu'on a supposé de lignes qui étoient inconnues. Ou bien, s'il ne s'en trouve pas tant, et que nonobstant on n'omette rien de ce qui est désiré en la question, cela témoigne qu'elle n'est pas entièrement déterminée. Et lors on peut prendre à discrétion des lignes connues pour toutes les inconnues auxquelles ne correspond aucune équation. Après cela, s'il en reste encore plusieurs, il se faut servir par ordre de chacune des équations qui restent aussi, soit en la considérant toute seule, soit en la comparant avec les autres, pour expliquer chacune de ces lignes inconnues, et faire ainsi, en les démêlant, qu'il n'en demeure qu'une seule égale à quelque autre qui soit connue, ou bien dont le carré, ou le cube, ou le carré de carré, ou le sursolide, ou le carré de cube, etc., soit égal à ce qui se produit par l'addition ou soustraction de deux ou plusieurs autres quantités, dont l'une soit connue, et les autres soient composées de quelques moyennes proportionnelles entre l'unité et ce carré, ou cube, ou carré de carré, etc., multipliées par d'autres connues. Ce que j'écris en cette sorte :

$$z = b,$$
$$\text{ou } z^2 = -az + b^2,$$
$$\text{ou } z^3 = +az^2 + b^2z - c^3,$$
$$\text{ou } z^4 = az^3 - c^3z + d^4, \text{ etc.};$$

c'est-à-dire z, que je prends pour la quantité inconnue, est égalé à b; ou le carré de z est égal au carré de b moins a multiplié par z; ou le cube de z est égal à a multiplié par le carré de z plus le carré de b multiplié par z moins le cube de c; et ainsi des autres.

Et on peut toujours réduire ainsi toutes les quantités inconnues à une seule, lorsque le problème se peut construire par des cercles et des lignes droites, ou aussi par des sections coniques, ou même par quelque autre ligne qui ne soit que d'un ou deux degrés plus composée. Mais je ne m'arrête point à expliquer ceci plus en détail, à cause que je vous ôterois le plaisir de l'apprendre de vous-même, et l'utilité de cultiver votre esprit en vous y exerçant, qui est à mon avis la principale qu'on puisse tirer de cette science. Aussi que je n'y remarque rien de si difficile que ceux qui seront un peu versés en la géométrie commune et en l'algèbre, et qui prendront garde à tout ce qui est en ce traité, ne puissent trouver.

C'est pourquoi je me contenterai ici de vous avertir que, pourvu qu'en démêlant ces équations, on ne manque point à se servir de toutes les divisions qui seront possibles, on aura infailliblement les plus simples termes auxquels la question puisse être réduite.

Quels sont les   Et que si elle peut être résolue par la géométrie ordinaire, c'est-à-dire en ne se servant que de lignes droites et circulaires tracées sur une superficie plate, lorsque la dernière équation aura été entièrement démêlée, il n'y restera tout au plus qu'un carré inconnu, égal à ce qui se produit de l'addition ou soustraction de sa racine multipliée par quelque quantité connue, et de quelque autre quantité aussi connue.

problèmes plans.

Et lors cette racine, ou ligne inconnue, se trouve aisément; car si j'ai par exemple

Comment ils se résolvent.

$$z^2 = az + b^2,$$

je fais le triangle rectangle NLM fig. 3, dont le côté LM est égal à b, racine carrée de la quantité connue b^2, et l'autre LN est $\frac{1}{2}a$, la moitié de l'autre quantité connue qui étoit multipliée par z, que je suppose être la ligne inconnue; puis prolongeant MN, la base de ce triangle, jusques à O, en sorte que NO soit égale à NL, la toute OM est z, la ligne cherchée; et elle s'exprime en cette sorte:

$$z = \tfrac{1}{2}a + \sqrt{\tfrac{1}{4}a^2 + b^2}.$$

Que si j'ai $y^2 = -ay + b^2$, et que y soit la quantité qu'il faut trouver, je fais le même triangle rectangle NLM, et de sa base MN j'ôte NP égale à NL, et le reste PM est y, la racine cherchée. De façon que j'ai

$$y = -\tfrac{1}{2}a + \sqrt{\tfrac{1}{4}a^2 + b^2}.$$

Et tout de même si j'avois

$$x^4 = -ax^2 + b^2,$$

PM seroit x^2, et j'aurois

$$x = \sqrt{-\tfrac{1}{2}a + \sqrt{\tfrac{1}{4}a^2 + b^2}};$$

et ainsi des autres.

Enfin, si j'ai

$$z^2 = az - b^2,$$

je fais NL (fig. 4) égale à $\tfrac{1}{2}a$, et LM égale à b, comme devant; puis, au lieu de joindre les points MN, je tire MQR parallèle à LN, et du centre N, par L, ayant décrit un cercle qui la coupe aux points Q et R, la ligne cherchée z est MQ, ou bien MR; car en ce cas elle s'exprime en deux façons, à savoir

$$z = \tfrac{1}{2}a + \sqrt{\tfrac{1}{4}a^2 - b^2},$$

et

$$z = \tfrac{1}{2}a - \sqrt{\tfrac{1}{4}a^2 - b^2}.$$

Et si le cercle, qui ayant son centre au point N passe par le point L, ne coupe ni ne touche la ligne droite MQR, il n'y a aucune racine en l'équation, de façon qu'on peut assurer que la construction du problème proposé est impossible.

Au reste, ces mêmes racines se peuvent trouver par une infinité d'autres moyens, et j'ai seulement voulu mettre ceux-ci, comme fort simples, afin de faire voir qu'on peut construire tous les problèmes de la géométrie ordinaire sans faire autre chose que le peu qui est compris dans les quatre figures que j'ai expliquées. Ce que je ne crois pas que les anciens aient remarqué; car autrement ils n'eussent pas pris la peine d'en écrire tant de gros livres où le seul ordre de leurs propositions nous fait connoître qu'ils n'ont point eu la vraie méthode pour les trouver toutes, mais qu'ils ont seulement ramassé celles qu'ils ont rencontrées.

Et on le peut voir aussi fort clairement de ce que Pappus a mis au commencement de son septième livre, où après s'être arrêté quelque temps à dénombrer tout ce qui avoit été écrit en géométrie par ceux qui l'avoient précédé, il parle enfin d'une question qu'il dit que ni Euclide, ni Apollonius, ni aucun autre, n'avoient su entièrement résoudre; et voici ses mots :[1]

Quem autem dicit (Apollonius) in tertio libro locum ad tres et quatuor lineas ab Euclide perfectum non esse, neque ipse perficere poterat, neque aliquis alius; sed neque paululum quid addere iis, quæ Euclides scripsit, per ea tantum conica, quæ usque ad Euclidis tempora præmonstrata sunt, etc.

Et un peu après il explique ainsi quelle est cette question :

At locus ad tres et quatuor lineas, in quo (Apollonius) magnifice se jactat, et ostentat, nulla habita gratia ei, qui prius scripserat, est hujusmodi. Si positione datis tribus rectis lineis ab uno et eodem

Exemple tiré de Pappus.

[1] Je cite plutôt la version latine que le texte grec, afin que chacun l'entende plus aisément.

puncta, ad tres lineas in datis angulis rectæ lineæ ducantur, et data sit proportio rectanguli contenti duabus ductis ad quadratum reliquæ : punctum contingit positione datum solidum locum, hoc est unam ex tribus conicis sectionibus. Et si ad quatuor rectas lineas positione datas in datis angulis lineæ ducantur; et rectanguli duabus ductis contenti ad contentum duabus reliquis proportio data sit : similiter punctum datam coni sectionem positione continget. Si quidem igitur ad duas tantum locus planus ostensus est. Quod si ad plures quam quatuor, punctum continget locos non adhuc cognitos, sed lineas tantum dictas; quales autem sint, vel quam habeant proprietatem, non constat : earum unam, neque primam, et quæ manifestissima videtur, composuerunt ostendentes utilem esse. Propositiones autem ipsarum hæ sunt.

Si ab aliquo puncto ad positione datas rectas lineas quinque ducantur rectæ lineæ in datis angulis, et data sit proportio solidi parallelepipedi rectanguli, quod tribus ductis lineis continetur ad solidum parallelepipedum rectangulum, quod continetur reliquis duabus, et data quapiam linea, punctum positione datam lineam continget. Si autem ad sex, et data sit proportio solidi tribus lineis contenti ad solidum, quod tribus reliquis continetur; rursus punctum continget positione datam lineam. Quod si ad plures quam sex non adhuc habent dicere, an data sit proportio cujuspiam contenti quatuor lineis ad id quod reliquis continetur, quoniam non est aliquid contentum pluribus quam tribus dimensionibus.

Où je vous prie de remarquer en passant que le scrupule que faisoient les anciens d'user des termes de l'arithmétique en la géométrie, qui ne pouvoit procéder que de ce qu'ils ne voyoient pas assez clairement leur rapport, causoit beaucoup d'obscurité et d'embarras en la façon dont ils s'expliquoient; car Pappus poursuit en cette sorte:

Acquiescunt autem his, qui paulo ante talia interpretati sunt; neque unum aliquo pacto comprehensibile significantes quod his continetur. Licebit autem per conjunctas proportiones hæc, et dicere, et demonstrare universe in dictis proportionibus, atque his in hunc modum. Si ab aliquo puncto ad positione datas rectas lineas ducantur rectæ lineæ in datis angulis, et data sit proportio conjuncta ex ea, quam habet una ductarum ad unam, et altera ad alteram, et alia ad aliam, et reliqua ad datam lineam, si sint septem; si vero octo, et reliqua ad reliquam: punctum continget positione datas lineas. Et similiter quotcumque sint impares vel pares multitudine, cum hæc, ut dixi, loco ad quatuor lineas respondeant, nullum igitur posuerunt ita ut linea nota sit, etc.

La question donc qui avoit été commencée à résoudre par Euclide et poursuivie par Apollonius, sans avoir été achevée par personne, étoit telle : Ayant trois ou quatre ou plus grand nombre de lignes droites données par position ; premièrement on demande un point duquel on puisse tirer autant d'autres lignes droites, une sur chacune des données, qui fassent avec elles des angles donnés, et que le rectangle contenu en deux de celles qui seront ainsi tirées d'un même point, ait la proportion donnée avec le carré de la troisième, s'il n'y en a que trois ; ou bien avec le rectangle des deux autres, s'il y en a quatre ; ou bien, s'il y en a cinq, que le parallélipipède composé de trois ait la proportion donnée avec le parallélipipède composé des deux qui restent, et d'une autre ligne donnée ; ou s'il y en a six, que le parallélipipède composé de trois ait la proportion donnée avec le parallélipipède des trois autres; ou s'il y en a sept, que ce qui se produit lorsqu'on en multiplie quatre l'une par l'autre, ait la raison donnée avec ce qui se produit par la multiplication des trois autres, et encore d'une autre ligne donnée ; ou s'il y en a huit, que le produit de la multiplication de quatre ait la proportion donnée avec le produit des quatre autres ; et ainsi cette question se peut étendre à tout autre nombre de lignes. Puis à cause qu'il y a toujours une infinité de divers points qui peuvent satisfaire à ce qui est ici demandé, il est aussi requis de connoître et de tracer la ligne dans laquelle ils doivent tous se trouver. Et Pappus dit que lorsqu'il n'y a que trois ou quatre lignes droites données, c'est en une des trois sections coniques ; mais il n'entreprend point de la déterminer ni de la décrire, non plus que d'expliquer celles où tous ces points se doivent trouver, lorsque la question est proposée en un plus grand nombre de lignes. Seulement il ajoute que les anciens en avoient imaginé une qu'ils montroient y être utile, mais qui sembloit la plus manifeste, et qui n'étoit pas toutefois la première. Ce qui m'a donné occasion d'essayer si, par la méthode dont je me sers, on peut aller aussi loin qu'ils ont été.

Et premièrement j'ai connu que cette question n'étant proposée qu'en trois, ou quatre, ou cinq lignes, on peut toujours trouver les points cherchés par la géométrie simple, c'est-à-dire en ne se servant que de la règle et du compas, ni ne faisant autre chose que ce qui a déjà été dit ; excepté seulement lorsqu'il y a cinq lignes données, si elles sont toutes parallèles : auquel cas, comme aussi lorsque la question est proposée en 6, ou 7, ou 8, ou 9 lignes, on peut toujours trouver les points cherchés par la géométrie des solides, c'est-à-dire en y employant quelqu'une des trois sections coniques ; excepté seulement lorsqu'il y a neuf lignes données, si elles sont toutes parallèles : auquel cas, derechef, et encore en 10, 11, 12 ou 13 lignes, on peut trouver les points cherchés par le

Réponse à la question de Pappus.

moyen d'une ligne courbe qui soit d'un degré plus composée que les sections coniques ; excepté en treize, si elles sont toutes parallèles : auquel cas, et en 14, 15, 16 et 17, il y faudra employer une ligne courbe encore d'un degré plus composée que la précédente, et ainsi à l'infini.

Puis j'ai trouvé aussi que lorsqu'il n'y a que trois ou quatre lignes données, les points cherchés se rencontrent tous, non seulement en l'une des trois sections coniques, mais quelquefois aussi en la circonférence d'un cercle ou en une ligne droite ; et que lorsqu'il y en a cinq, ou six, ou sept, ou huit, tous ces points se rencontrent en quelqu'une des lignes qui sont d'un degré plus composées que les sections coniques, et il est impossible d'en imaginer aucune qui ne soit utile à cette question ; mais ils peuvent aussi derechef se rencontrer en une section conique, ou en un cercle, ou en une ligne droite. Et s'il y en a 9, ou 10, ou 11, ou 12, ces points se rencontrent en une ligne qui ne peut être que d'un degré plus composée que les précédentes ; mais toutes celles qui sont d'un degré plus composées y peuvent servir, et ainsi à l'infini.

Au reste, la première et la plus simple de toutes, après les sections coniques, est celle qu'on peut décrire par l'intersection d'une parabole et d'une ligne droite, en la façon qui sera tantôt expliquée.

LIVRE PREMIER.   327

En sorte que je pense avoir entièrement satisfait à ce que Pappus nous dit avoir été cherché en ceci par les anciens; et je tâcherai d'en mettre la démonstration en peu de mots, car il m'ennuie déjà d'en tant écrire.

Soient (*fig.* 5) AB, AD, EF, GH, etc., plusieurs lignes données par position, et qu'il faille trouver un point, comme C, duquel ayant tiré d'autres lignes droites sur les données, comme CB, CD, CF et CH, en sorte que les angles CBA, CDA, CFE, CHG, etc., soient donnés, et que ce qui est produit par la multiplication d'une partie de ces lignes soit égal à ce qui est produit par la multiplication des autres, ou bien qu'ils aient quelque autre proportion donnée, car cela ne rend point la question plus difficile.

Premièrement, je suppose la chose comme déjà faite, et pour me démêler de la confusion de toutes ces lignes je considère l'une des données, et l'une de celles qu'il faut trouver, par exemple AB et CB, comme les principales et auxquelles je tâche de rapporter ainsi toutes les autres. Que le segment de la ligne AB, qui est entre les points A et B, soit nommé x; et que BC soit nommé y; et que toutes les autres lignes données soient prolongées jusques à ce qu'elles coupent ces deux aussi prolongées, s'il est besoin, et si elles ne leur sont point parallèles; comme vous voyez ici qu'elles

Comment on doit poser les termes pour venir à l'équation de cet exemple.

coupent la ligne AB aux points A,E,G, et BC aux points R,S,T. Puis à cause que tous les angles du triangle ARB sont donnés, la proportion qui est entre les côtés AB et BR est aussi donnée, et je la pose comme de z à b, de façon que AB étant x, BR sera $\frac{bx}{z}$, et la toute CR sera $y+\frac{bx}{z}$, à cause que le point B tombe entre C et R; car si R tomboit entre C et B, CR seroit $y-\frac{bx}{z}$; et si C tomboit entre B et R, CR seroit $-y+\frac{bx}{z}$. Tout de même les trois angles du triangle DRC sont donnés, et par conséquent aussi la proportion qui est entre les côtés CR et CD, que je pose comme de z à c, de façon que CR étant $y+\frac{bx}{z}$, CD sera $\frac{cy}{z}+\frac{bcx}{z^2}$. Après cela, pourceque les lignes AB, AD et EF sont données par position, la distance qui est entre les points A et E est aussi donnée, et si on la nomme k, on aura EB égal à $k+x$; mais ce seroit $k-x$ si le point B tomboit entre E et A; et $-k+x$ si E tomboit entre A et B. Et pourceque les angles du triangle ESB sont tous donnés, la proportion de BE à BS est aussi donnée, et je la pose comme de z à d, si bien que BS est $\frac{dk+dx}{z}$, et la toute CS est $\frac{zy+dk+dx}{z}$; mais ce seroit $\frac{zy-dk-dx}{z}$, si le point S tomboit entre B et C; et ce seroit $\frac{-zy+dk+dx}{z}$, si C tomboit entre B et S. De

LIVRE PREMIER.

plus les trois angles du triangle FSC sont donnés, et ensuite la proportion de CS à CF, qui soit comme de z à e, et la toute CF sera $\frac{ezy + dek + dex}{z^2}$. En même façon AG que je nomme l est donnée, et BG est $l-x$, et à cause du triangle BGT, la proportion de BG à BT est aussi donnée, qui soit comme de z à f, et BT sera $\frac{fl-fx}{z}$, et CT $= \frac{zy + fl - fx}{z}$.

Puis derechef la proportion de CT à CH est donnée à cause du triangle TCH, et la posant comme de z à g, on aura CH $= \frac{gzy + fgl - fgx}{z^2}$.

Et ainsi vous voyez qu'en tel nombre de lignes données par position qu'on puisse avoir, toutes les lignes tirées dessus du point C à angles donnés, suivant la teneur de la question, se peuvent toujours exprimer chacune par trois termes, dont l'un est composé de la quantité inconnue y, multipliée ou divisée par quelque autre connue ; et l'autre de la quantité inconnue x, aussi multipliée ou divisée par quelque autre connue ; et le troisième d'une quantité toute connue ; excepté seulement si elles sont parallèles, ou bien à la ligne AB, auquel cas le terme composé de la quantité x sera nul ; ou bien à la ligne CB, auquel cas celui qui est composé de la quantité y sera nul, ainsi qu'il est trop manifeste pour que je m'arrête à l'expliquer. Et pour les signes $+$ et $-$ qui se joignent à ces termes, ils peuvent être changés en toutes les façons imaginables.

Puis vous voyez aussi que, multipliant plusieurs de ces lignes l'une par l'autre, les quantités x et y qui se trouvent dans le produit n'y peuvent avoir que chacune autant de dimensions qu'il y a eu de lignes à l'explication desquelles elles servent, qui ont été ainsi multipliées; en sorte qu'elles n'auront jamais plus de deux dimensions en ce qui ne sera produit que par la multiplication de deux lignes; ni plus de trois, en ce qui ne sera produit que par la multiplication de trois, et ainsi à l'infini.

Comment on trouve que ce problème est plan, lorsqu'il n'est point proposé en plus de cinq lignes.

De plus, à cause que pour déterminer le point C, il n'y a qu'une seule condition qui soit requise, à savoir que ce qui est produit par la multiplication d'un certain nombre de ces lignes soit égal, ou, ce qui n'est de rien plus malaisé, ait la proportion donnée à ce qui est produit par la multiplication des autres; on peut prendre à discrétion l'une des deux quantités inconnues x ou y, et chercher l'autre par cette équation, en laquelle il est évident que, lorsque la question n'est point posée en plus de cinq lignes, la quantité x, qui ne sert point à l'expression de la première, peut toujours n'y avoir que deux dimensions; de façon que, prenant une quantité connue pour y, il ne restera que $x^2 + $ ou $- ax +$ ou $- b^2$; et ainsi on pourra trouver la quantité x avec la règle et le compas, en la façon tantôt expliquée. Même, prenant successivement infinies diverses grandeurs pour la ligne y, on en trouvera aussi infinies pour la ligne x, et ainsi on aura une infinité de divers points, tels que celui qui est marqué C, par le moyen desquels on décrira la ligne courbe demandée.

Il se peut faire aussi, la question étant proposée en six ou plus grand nombre de lignes, s'il y en a entre les données qui soient parallèles à AB ou BC, que l'une des deux quantités x ou y n'ait que deux dimensions en l'équation, et ainsi qu'on puisse trouver le point C avec la règle et le compas. Mais au contraire si elles sont toutes parallèles, encore que la question ne soit proposée qu'en cinq lignes, ce point C ne pourra ainsi être trouvé, à cause que la quantité x ne se trouvant point en toute l'équation, il ne sera plus permis de prendre une quantité connue pour celle qui est nommée y; mais ce sera celle qu'il faudra chercher. Et pourcequ'elle aura trois dimensions, on ne la pourra trouver qu'en tirant la racine d'une équation cubique, ce qui ne se peut généralement faire sans qu'on y emploie pour le moins une section conique. Et encore qu'il y ait jusques à neuf lignes données, pourvu qu'elles ne soient point toutes parallèles, on peut toujours faire que l'équation ne monte que jusques au carré de carré ; au moyen de quoi on la peut aussi toujours résoudre par les sections coniques, en la façon que j'expliquerai ci-après. Et encore qu'il y en ait jusques à treize, on peut toujours faire qu'elle ne monte que jusques au carré de cube; ensuite de quoi on la peut résoudre par le moyen d'une ligne, qui n'est que d'un degré plus composée que les sections coniques, en la façon que j'expliquerai aussi ci-après. Et ceci est la première partie de ce que j'avois ici à démontrer; mais avant que je passe à la seconde, il est besoin que je dise quelque chose en général de la nature des lignes courbes.

LIVRE SECOND.

DE LA NATURE DES LIGNES COURBES.

Les anciens ont fort bien remarqué qu'entre les problèmes de géométrie, les uns sont plans, les autres solides et les autres linéaires, c'est-à-dire que les uns peuvent être construits en ne traçant que des lignes droites et des cercles; au lieu que les autres ne le peuvent être, qu'on n'y emploie pour le moins quelque section conique; ni enfin les autres, qu'on n'y emploie quelque autre ligne plus composée. Mais je m'étonne de ce qu'ils n'ont point outre cela distingué divers degrés entre ces lignes plus composées, et je ne saurois comprendre pourquoi ils les ont nommées mécaniques plutôt que géométriques. Car de dire que c'ait été à cause qu'il est besoin de se servir de quelque machine pour les décrire, il faudroit rejeter par même raison les cercles et les lignes droites, vu qu'on ne les décrit sur le papier qu'avec un compas et une règle, qu'on peut aussi nommer des machines. Ce n'est pas non plus à cause que les instruments qui

Quelles sont les lignes courbes qu'on peut recevoir en géométrie.

servent à les tracer, étant plus composés que la règle et le compas, ne peuvent être si justes; car il faudroit pour cette raison les rejeter des mécaniques, où la justesse des ouvrages qui sortent de la main est désirée, plutôt que de la géométrie, où c'est seulement la justesse du raisonnement qu'on recherche, et qui peut sans doute être aussi parfaite touchant ces lignes que touchant les autres. Je ne dirai pas aussi que ce soit à cause qu'ils n'ont pas voulu augmenter le nombre de leurs demandes, et qu'ils se sont contentés qu'on leur accordât qu'ils pussent joindre deux points donnés par une ligne droite, et décrire un cercle d'un centre donné qui passât par un point donné; car ils n'ont point fait de scrupule de supposer outre cela, pour traiter des sections coniques, qu'on pût couper tout cône donné par un plan donné. Et il n'est besoin de rien supposer pour tracer toutes les lignes courbes que je prétends ici d'introduire, sinon que deux ou plusieurs lignes puissent être mues l'une par l'autre, et que leurs intersections en marquent d'autres; ce qui ne me paroît en rien plus difficile. Il est vrai qu'ils n'ont pas aussi entièrement reçu les sections coniques en leur géométrie, et je ne veux pas entreprendre de changer les noms qui ont été approuvés par l'usage; mais il est, ce me semble, très clair que, prenant comme on fait pour géométrique ce qui est précis et exact, et pour mécanique ce qui ne l'est pas, et considérant la géométrie comme une science qui enseigne généralement à connoître les mesures de tous les corps, on n'en doit pas plutôt exclure les lignes les plus composées que les plus simples, pourvu qu'on les puisse imaginer être décrites par un mouvement continu, ou par plusieurs qui s'entre-suivent, et dont les derniers soient entièrement réglés par ceux qui les précedent; car par ce moyen on peut toujours avoir une connoissance exacte de leur mesure. Mais peut-être que ce qui a empêché les anciens géomètres de recevoir celles qui étoient plus composées que les sections coniques, c'est que les premières qu'ils ont considérées, ayant par hasard été la spirale, la quadratrice et semblables, qui n'appartiennent véritablement qu'aux mécaniques, et ne sont point du nombre de celles que je pense devoir ici être reçues, à cause qu'on les imagine décrites par deux mouvements séparés, et qui n'ont entre eux aucun rapport qu'on puisse mesurer exactement; bien qu'ils aient après examiné la conchoïde, la cissoïde, et quelque peu d'autres qui en sont, toutefois à cause qu'ils n'ont peut-être pas assez remarqué leurs propriétés, ils n'en ont pas fait plus d'état que des premières; ou bien c'est que, voyant qu'ils ne connoissoient encore que peu de choses touchant les sections coniques, et qu'il leur en restoit même beaucoup, touchant ce qui se peut faire avec la règle et le compas, qu'ils ignoroient, ils ont cru ne devoir point entamer de matière plus difficile. Mais pourceque j'espère que dorénavant ceux qui auront l'adresse de se servir du calcul géométrique ici proposé, ne trouveront pas assez de quoi s'arrêter touchant les problèmes plans ou solides, je crois qu'il est à propos que je les invite à d'autres recherches, où ils ne manqueront jamais d'exercice.

Voyez les lignes AB, AD, AF et semblables (*fig.* 6), que je suppose avoir été décrites par l'aide de l'instrument YZ, qui est composé de plusieurs règles tellement jointes que celle qui est marquée YZ étant arrêtée sur la ligne AN, on peut ouvrir et fermer l'angle XYZ, et que lorsqu'il est tout fermé, les points B, C, D, E, F, G, H sont tous assemblés au point A; mais qu'à mesure qu'on l'ouvre, la règle BC, qui est jointe à angles droits avec XY au point B, pousse vers Z la règle CD, qui coule sur YZ en faisant toujours des angles droits avec elle; et CD pousse DE, qui coule tout de même sur YX en demeurant parallèle à BC; DE pousse EF, EF pousse FG, celle-ci pousse GH, et on en peut concevoir une infinité d'autres qui se poussent consécutivement en même façon, et dont les unes fassent toujours les mêmes angles avec YX et les autres avec YZ. Or, pendant qu'on ouvre ainsi l'angle XYZ, le point B décrit la ligne AB, qui est un cercle; et les autres points D, F, H, où se font les intersections des autres règles, décrivent d'autres lignes courbes AD, AF, AH, dont les dernières sont par ordre plus composées que la première, et celle-ci plus que le cercle; mais je ne vois pas ce qui peut empêcher qu'on ne conçoive aussi nettement et aussi distinctement la description de cette première que du cercle, ou du moins que des sections coniques; ni ce qui peut empêcher qu'on ne conçoive la seconde, et la troisième, et toutes les autres qu'on peut décrire, aussi bien que la première; ni par conséquent qu'on ne les reçoive toutes en même façon pour servir aux spéculations de géométrie.

Je pourrois mettre ici plusieurs autres moyens pour tracer et concevoir des lignes courbes qui seroient de plus en plus composées par degrés à l'infini; mais pour comprendre ensemble toutes celles qui sont en la nature, et les distinguer par ordre en certains genres, je ne sache rien de meilleur que de dire que tous les points de celles qu'on peut nommer géométriques, c'est-à-dire qui tombent sous quelque mesure précise et exacte, ont nécessairement quelque rapport à tous les points d'une ligne droite, qui peut être exprimée par quelque équation, en tous par une même; et que, lorsque cette équation ne monte que jusqu'au rec-

La façon de distinguer toutes les lignes courbes en certains genres, et de connoître le rapport qu'ont tous leurs points à ceux des lignes droites.

tangle de deux quantités indéterminées, ou bien au carré d'une même, la ligne courbe est du premier et plus simple genre, dans lequel il n'y a que le cercle, la parabole, l'hyperbole et l'ellipse qui soient comprises; mais que lorsque l'équation monte jusqu'à la troisième ou quatrième dimension des deux, ou de l'une des deux quantités indéterminées (car il en faut deux pour expliquer ici le rapport d'un point à un autre), elle est du second; et que lorsque l'équation monte jusqu'à la cinquième ou sixième dimension, elle est du troisième; et ainsi des autres à l'infini.

Comme si je veux savoir de quel genre est la ligne EC (*fig.* 7), que j'imagine être décrite par l'intersection de la règle GL et du plan rectiligne CNKL, dont le côté KN est indéfiniment prolongé vers C, et qui, étant mû sur le plan de dessous en ligne droite, c'est-à-dire en telle sorte que son diamètre KL se trouve toujours appliqué sur quelque endroit de la ligne BA prolongée de part et d'autre, fait mouvoir circulairement cette règle GL autour du point G, à cause qu'elle lui est tellement jointe qu'elle passe toujours par le point L. Je choisis une ligne droite comme AB, pour rapporter à ses divers points tous ceux de cette ligne courbe EC; et en cette ligne AB je choisis un point comme A, pour commencer par lui ce calcul. Je dis que je choisis et l'un et l'autre, à cause qu'il est libre de les prendre tels qu'on veut ; car, encore qu'il y ait beaucoup de choix pour rendre l'équation plus courte et plus aisée, toutefois en quelle façon qu'on les prenne, on peut toujours faire que la ligne paroisse de même genre, ainsi qu'il est aisé à démontrer. Après cela, prenant un point à discrétion dans la courbe, comme C, sur lequel je suppose que l'instrument qui sert à la décrire est appliqué, je tire de ce point C la ligne CB parallèle à GA, et pourceque CB et BA sont deux quantités indéterminées et inconnues, je les nomme l'une y et l'autre x ; mais afin de trouver le rapport de l'une à l'autre, je considère aussi les quantités connues qui déterminent la description de cette ligne courbe, comme GA, que je nomme a, KL que je nomme b, et NL, parallèle à GA, que je nomme c ; puis je dis, comme NL est à LK, ou c à b, ainsi CB ou y est à BK, qui est par conséquent $\frac{b}{c}y$: et BL est $\frac{b}{c}y - b$, et AL est $x + \frac{b}{c}y - b$. De plus, comme CB est à LB, ou y à $\frac{b}{c}y - b$, ainsi AG ou a est à LA ou $x + \frac{b}{c}y - b$; de façon que, multipliant la seconde par la troisième, on produit $\frac{ab}{c}y - ab$, qui est égale à $xy + \frac{b}{c}y^2 - by$, qui se produit en multipliant la première par la dernière : et ainsi l'équation qu'il falloit trouver est

$$y^2 = cy - \frac{cx}{b}y + ay - ac,$$

de laquelle on connoît que la ligne EC est du premier genre, comme en effet elle n'est autre qu'une hyperbole.

Que si, en l'instrument qui sert à la décrire, on fait qu'au lieu de la ligne droite CNK, ce soit cette hyperbole, ou quelque autre ligne courbe du premier genre, qui termine le plan CNKL, l'intersection de cette ligne et de la règle GL décrira, au lieu de l'hyperbole EC, une autre ligne courbe qui sera du second genre. Comme si CNK est un cercle dont L soit le centre, on décrira la première conchoïde des anciens; et si c'est une parabole dont le diamètre soit KB, on décrira la ligne courbe que j'ai tantôt dit être la première et la plus simple pour la question de Pappus, lorsqu'il n'y a que cinq lignes droites données par position; mais si au lieu d'une de ces lignes courbes du premier genre, c'en est une du second qui termine le plan CNKL, on en décrira, par son moyen, une du troisième; ou si c'en est une du troisième, on en décrira une du quatrième, et ainsi à l'infini, comme il est fort aisé à connoître par le calcul. Et en quelque autre façon qu'on imagine la description d'une ligne courbe, pourvu qu'elle soit du nombre de celles que je nomme géométriques, on pourra toujours trouver une équation pour déterminer tous ses points en cette sorte.

Au reste, je mets les lignes courbes qui font

monter cette équation jusqu'au carré de carré, au même genre que celles qui ne la font monter que jusqu'au cube; et celles dont l'équation monte au carré de cube, au même genre que celles dont elle ne monte qu'au sursolide, et ainsi des autres : dont la raison est qu'il y a règle générale pour réduire au cube toutes les difficultés qui vont au carré de carré, et au sursolide toutes celles qui vont au carré de cube; de façon qu'on ne les doit point estimer plus composées.

Mais il est à remarquer qu'entre les lignes de chaque genre, encore que la plupart soient également composées, en sorte qu'elles peuvent servir à déterminer les mêmes points et construire les mêmes problèmes, il y en a toutefois aussi quelques unes qui sont plus simples, et qui n'ont pas tant d'étendue en leur puissance; comme entre celles du premier genre, outre l'ellipse, l'hyperbole et la parabole, qui sont également composées, le cercle y est aussi compris, qui manifestement est plus simple; et entre celles du second genre, il y a la conchoïde vulgaire, qui a son origine du cercle; et il y en a encore quelques autres qui, bien qu'elles n'aient pas tant d'étendue que la plupart de celles du même genre, ne peuvent toutefois être mises dans le premier.

Or, après avoir ainsi réduit toutes les lignes courbes à certains genres, il m'est aisé de pour- *Suite de l'explication de la question de*

Pappus, mise au livre précédent.

suivre en la démonstration de la réponse que j'ai tantôt faite à la question de Pappus: car premièrement, ayant fait voir ci-dessus que, lorsqu'il n'y a que trois ou quatre lignes droites données, l'équation qui sert à déterminer les points cherchés ne monte que jusqu'au carré, il est évident que la ligne courbe où se trouvent ces points est nécessairement quelqu'une de celles du premier genre, à cause que cette même équation explique le rapport qu'ont tous les points des lignes du premier genre à ceux d'une ligne droite; et que lorsqu'il n'y a point plus de huit lignes droites données, cette équation ne monte que jusqu'au carré de carré tout au plus, et que par conséquent la ligne cherchée ne peut être que du second genre, ou au-dessous; et que lorsqu'il n'y a point plus de douze lignes données, l'équation ne monte que jusqu'au carré de cube, et que par conséquent la ligne cherchée n'est que du troisième genre, ou au-dessous; et ainsi des autres. Et même à cause que la position des lignes droites données peut varier en toutes sortes, et par conséquent faire changer tant les quantités connues que les signes + et — de l'équation, en toutes les façons imaginables, il est évident qu'il n'y a aucune ligne courbe du premier genre qui ne soit utile à cette question, quand elle est proposée en quatre lignes droites; ni aucune du second qui n'y soit utile,

LIVRE SECOND.

..uand elle est proposée en huit; ni du troisième, ..uand elle est proposée en douze; et ainsi des ..utres: en sorte qu'il n'y a pas une ligne courbe ..ui tombe sous le calcul et puisse être reçue en ..éométrie, qui n'y soit utile pour quelque nombre ..e lignes.

Mais il faut ici plus particulièrement que je dé-..ermine et donne la façon de trouver la ligne cher-..hée qui sert en chaque cas, lorsqu'il n'y a que ..rois ou quatre lignes droites données; et on verra, ..ar même moyen, que le premier genre des lignes ..ourbes n'en contient aucunes autres que les trois ..ections coniques et le cercle.

Solution de cette question quand elle n'est proposée qu'en trois ou quatre lignes.

Reprenons les quatre lignes AB, AD, EF, et GH (*fig.* 5) données ci-dessus, et qu'il faille trouver ..ne autre ligne en laquelle il se rencontre une ..nfinité de points tels que C, duquel ayant tiré les ..uatre lignes CB, CD, CF, et CH, à angles donnés ..ur les données, CB multipliée par CF produit une ..omme égale à CD multipliée par CH; c'est-à-dire, ..yant fait

$$CB = y, \; CD = \frac{czy + bcx}{z^2}, \; CF = \frac{ezy + deh + dex}{z^2},$$

$$\text{et } CH = \frac{gzy + fgl - fgx}{z^2},$$

.'équation est *

$$y^2 = \frac{(cfglz - dehz^2)y - (dcz^2 + cfgz - begz)xy + bcfglx - bcfgx^2}{cz^2 - cgz^2}$$

* Les termes contenus entre deux parenthèses sont placés l'un sous ..autre dans les anciennes éditions, comme, par exemple, $\begin{Bmatrix} -dehz^2 \\ +cfglz \end{Bmatrix} y$.

au moins en supposant ez plus grand que cg; car s'il étoit moindre il faudroit changer tous les signes $+$ et $-$. Et si la quantité y se trouvoit nulle ou moindre que rien en cette équation, lorsqu'on a supposé le point C en l'angle DAG, il faudroit le supposer aussi en l'angle DAE, ou EAR, ou RAG, en changeant les signes $+$ et $-$ selon qu'il seroit requis à cet effet. Et si en toutes ces quatre positions la valeur de y se trouvoit nulle, la question seroit impossible au cas proposé. Mais supposons-la ici être possible, et pour en abréger les termes, au lieu des quantités $\frac{cfglz - dckz^2}{ez^2 - cgz^2}$, écrivons $2m$; et au lieu de $\frac{doz^2 + cfgz - bcgz}{ez^2 - cgz^2}$, écrivons $\frac{2n}{z}$; et ainsi nous aurons

$$y^2 = 2my - \frac{2n}{z}xy + \frac{bcfglx - bcfgx^2}{ez^2 - cgz^2},$$

dont la racine est

$$y = m - \frac{nx}{z} + \sqrt{m^2 - \frac{2mnx}{z} + \frac{n^2x^2}{z^2} + \frac{bcfglx - bcfgx^2}{ez^2 - cgz^2}}.$$

et derechef pour abréger, au lieu de

$-\frac{2mn}{z} + \frac{bcfgl}{ez^2 - cgz^2}$, écrivons o; et au lieu de $\frac{n^2}{z^2} - \frac{bcfg}{ez^2 - cgz^2}$,

écrivons $\frac{p}{m}$; car ces quantités étant toutes données, nous les pouvons nommer comme il nous plaît : et ainsi nous avons

$$y = m - \frac{n}{z}x + \sqrt{m^2 + ox + \frac{p}{m}x^2}.$$

qui doit être la longueur de la ligne BC, en laissant AB ou x indéterminée. Et il est évident que la question n'étant proposée qu'en trois ou quatre lignes, on peut toujours avoir de tels termes, excepté que quelques uns d'eux peuvent être nuls, et que les signes $+$ et $-$ peuvent diversement être changés.

Après cela je fais KI égale et parallèle à BA, en sorte qu'elle coupe de BC la partie BK égale à m, à cause qu'il y a ici $+m$; et je l'aurois ajoutée en tirant cette ligne IK de l'autre côté, s'il y avoit eu $-m$; et je ne l'aurois point du tout tirée, si la quantité m eût été nulle. Puis je tire aussi IL, en sorte que la ligne IK est à KL comme z est à n: c'est-à-dire que IK étant x, KL est $\frac{n}{z}x$. Et par même moyen je connois aussi la proportion qui est entre KL et IL, que je pose comme entre n et a: si bien que KL étant $\frac{n}{z}x$, IL est $\frac{a}{z}x$. Et je fais que le point K soit entre L et C, à cause qu'il y a ici $-\frac{n}{z}x$; au lieu que j'aurois mis L entre K et C, si j'eusse eu $+\frac{n}{z}x$; et je n'eusse point tiré cette ligne IL, si $\frac{nx}{z}$ eût été nulle.

Or, cela fait, il ne me reste plus pour la ligne LC que ces termes

$$LC = \sqrt{m^2 + ox + \frac{p}{m}x^2}.$$

d'où je vois que s'ils étoient nuls, ce point C se trouveroit en la ligne droite IL; et que s'ils étoient tels que la racine s'en pût tirer, c'est-à-dire que m^2 et $\frac{p}{m}x^2$ étant marqués d'un même signe $+$ ou $-$, o^2 fût égal à $4\,pm$, ou bien que les termes m^2 et ox, ou ox et $\frac{p}{m}x^2$ fussent nuls, ce point C se trouveroit en une autre ligne droite qui ne seroit pas plus malaisée à trouver que IL. Mais lorsque cela n'est pas, ce point C est toujours en l'une des trois sections coniques ou en un cercle dont l'un des diamètres est en la ligne IL, et la ligne LC est l'une de celles qui s'appliquent par ordre à ce diamètre; ou au contraire LC est parallèle au diamètre auquel celle qui est en la ligne IL est appliquée par ordre : à savoir si le terme $\frac{p}{m}x^2$ est nul, cette section conique est une parabole; et s'il est marqué du signe $+$, c'est une hyperbole; et enfin s'il est marqué du signe $-$, c'est une ellipse, excepté seulement si la quantité a^2m est égale à pz^2, et que l'angle ILC soit droit, auquel cas on a un cercle au lieu d'une ellipse. Que si cette section est une parabole, son côté droit est égal à $\frac{oz}{a}$, et son diamètre est toujours en la ligne IL; et pour trouver le point N, qui en est le sommet, il faut faire IN égale à $\frac{am^2}{oz}$; et que le point I soit entre L et N, si les termes sont $+m^2+ox$; ou bien que le point L soit entre I et N, s'ils sont $+m^2-ox$; ou bien il il faudroit que N fût entre I et L, s'il y avoit

LIVRE SECOND.

$-m^2 + ox$. Mais il ne peut jamais y avoir $-m^2$, en la façon que les termes ont ici été posés. Et enfin le point N seroit le même que le point I si la quantité m^2 étoit nulle; au moyen de quoi il est aisé de trouver cette parabole par le premier problème du premier livre d'Apollonius.

Que si la ligne demandée est un cercle, ou une ellipse, ou une hyperbole, il faut premièrement chercher le point M qui en est le centre, et qui est toujours en la ligne droite IL; ou on le trouve en prenant $\frac{aom}{2pz}$ pour IM, en sorte que si la quantité o est nulle, ce centre est justement au point I. Et si la ligne cherchée est un cercle ou une ellipse, on doit prendre le point M du même côté que le point L, au respect du point I, lorsqu'on a $+ox$; et lorsqu'on a $-ox$, on le doit prendre de l'autre. Mais tout au contraire, en l'hyperbole, si on a $-ox$, ce centre M doit être vers L; et si on a $+ox$, il doit être de l'autre côté. Après cela le côté droit de la figure doit être

$$\sqrt{\frac{o^2 z^2}{a^2} + \frac{4mpz^2}{a^2}},$$

lorsqu'on a $+m^2$, et que la ligne cherchée est un cercle ou une ellipse; ou bien lorsqu'on a $-m^2$, et que c'est une hyperbole; et il doit être

$$\sqrt{\frac{o^2 z^2}{a^2} - \frac{4mpz^2}{a^2}},$$

si la ligne cherchée, étant un cercle ou une ellipse,

on a $-m^2$; ou bien si étant une hyperbole, et la quantité o^2 étant plus grande que $4mp$, on a $+m^2$. Que si la quantité m^2 est nulle, ce côté droit est $\frac{oz}{a}$; et si ox est nulle, il est

$$\sqrt{\frac{4mpz^2}{a^2}}.$$

Puis, pour le côté traversant, il faut trouver une ligne qui soit à ce côté droit comme a^2m est à pz^2; à savoir si ce côté droit est

$$\sqrt{\frac{o^2z^2}{a^2}+\frac{4mpz}{a^2}},$$

le traversant est

$$\sqrt{\frac{a^2o^2m^2}{p^2z^2}+\frac{4a^2m^3}{pz^2}}.$$

Et en tous ces cas le diamètre de la section est en la ligne IM, et LC est l'une de celles qui lui est appliquée par ordre. Si bien que, faisant MN égale à la moitié du côté traversant, et le prenant du même côté du point M qu'est le point L, on a le point N pour le sommet de ce diamètre; ensuite de quoi il est aisé de trouver la section par les second et troisième problèmes du premier livre d'Apollonius.

Mais quand cette section étant une hyperbole, on a $+m^2$, et que la quantité o^2 est nulle ou plus petite que $4pm$, on doit tirer du centre M la ligne MOP parallèle à LC, et CP parallèle à LM, et faire MO égale à

$$\sqrt{m^2-\frac{o^2m}{4p}},$$

LIVRE SECOND.   349

ou bien la faire égale à m si la quantité ox est nulle ; puis considérer le point O comme le sommet de cette hyperbole, dont le diamètre est OP, et CP la ligne qui lui est appliquée par ordre, et son côté droit est

$$\sqrt{\frac{4a^4m^4}{p^4z^4} - \frac{a^4o^2m^2}{p^4z^4}},$$

et son côté traversant est

$$\sqrt{4m^2 - \frac{o^2m}{p}};$$

excepté quand ox est nulle, car alors le côté droit est $\frac{2a^2m^2}{pz^2}$, et le traversant est $2m$; et ainsi il est aisé de la trouver par le troisième problème du premier livre d'Apollonius.

Et les démonstrations de tout ceci sont évidentes ; car composant un espace des quantités que j'ai assignées pour le côté droit, et le traversant, et pour le segment du diamètre NL ou OP, suivant la teneur du 11e, du 12e et du 13e théorème du premier livre d'Apollonius, on trouvera tous les mêmes termes dont est composé le carré de la ligne CP, ou CL, qui est appliquée par ordre à ce diamètre. Comme en cet exemple, ôtant IM qui est $\frac{om}{pz}$, de NM qui est

$$\frac{am}{2pz}\sqrt{o^2 + 4mp},$$

j'ai IN, à laquelle ajoutant IL qui est $\frac{a}{2}x$, j'ai NL qui est

$$\frac{a}{2}x - \frac{aom}{2pz} + \frac{am}{2pz}\sqrt{o^2 + 4mp};$$

Démonstration de tout ce qui vient d'être expliqué.

et ceci étant multiplié par $\frac{2}{a}\sqrt{o^2+4mp}$, qui est le côté droit de la figure, il vient

$$x\sqrt{o^2+4mp} - \frac{om}{2p}\sqrt{o^2+4mp} + \frac{mo^2}{2p} + 2m^2,$$

pour le rectangle, duquel il faut ôter un espace qui soit au carré de NL comme le côté droit est au traversant, et ce carré de NL est

$$\frac{a^2}{z^2}x^2 - \frac{a^2om}{pz^2}x + \frac{a^2m}{pz^2}x\sqrt{o^2+4mp} + \frac{a^2o^2m^2}{2p^2z^2} + \frac{a^2m^2}{pz^2}$$
$$- \frac{a^2om^2}{2p^2z^2}\sqrt{o^2+4mp},$$

qu'il faut diviser par a^2m et multiplier par pz^2, à cause que ces termes expliquent la proportion qui est entre le côté traversant et le droit, et il vient

$$\frac{p}{m}x^2 - ox + x\sqrt{o^2+4mp} + \frac{o^2m}{2p}$$
$$- \frac{om}{2p}\sqrt{o^2+4mp} + m^2,$$

ce qu'il faut ôter du rectangle précédent, et on trouve

$$m^2 + ox - \frac{p}{m}x^2$$

pour le carré de CL, qui par conséquent est une ligne appliquée par ordre dans une ellipse, ou dans un cercle, au segment du diamètre NL.

Et si on veut expliquer toutes les quantités données par nombres, en faisant par exemple EA=3, AG=5, AB=BR, BS=½BE, GB=BT, CD=½CR, CF=2CS, CH=⅔CT, et que l'angle ABR soit de 60 degrés, et enfin que le rectangle des deux CB et CF soit égal au rectangle des deux autres CD et

CH; car il faut avoir toutes ces choses afin que la question soit entièrement déterminée ; et avec cela, supposant AB=x, et CB=y, on trouve par la façon ci-dessus expliquée

$$y^2 = 2y - xy + 5x - x^2,$$
$$y = 1 - \tfrac{1}{2}x + \sqrt{1 + 4x - \tfrac{1}{4}x^2},$$

si bien que BK doit être 1, et KL doit être la moitié de KI ; et pourceque l'angle IKL ou ABR est de 60 degrés, et KIL qui est la moitié de KIB ou IKL, de 30, ILK est droit. Et pourceque IK ou AB est nommée x, KL est $\tfrac{1}{2}x$, et IL est $x\sqrt{\tfrac{3}{4}}$, et la quantité qui étoit tantôt nommée z est 1, celle qui étoit a est $\sqrt{\tfrac{3}{4}}$, celle qui étoit m est 1, celle qui étoit o est $\tfrac{1}{4}$, et celle qui étoit p est $\tfrac{1}{2}$, de façon qu'on a $\sqrt{\tfrac{1.2}{4}}$ pour IM, et $\sqrt{\tfrac{1.2}{4}}$ pour NM; et pourceque a^2m, qui est $\tfrac{3}{4}$, est ici égal à pz^2, et que l'angle ILC est droit, on trouve que la ligne courbe NC est un cercle. Et on peut facilement examiner tous les autres cas en même sorte.

Au reste, à cause que les équations qui ne montent que jusqu'au carré sont toutes comprises en ce que je viens d'expliquer, non seulement le problème des anciens en trois et quatre lignes est ici entièrement achevé, mais aussi tout ce qui appartient à ce qu'ils nommoient la composition des lieux solides, et par conséquent aussi à celle des lieux plans, à cause qu'ils sont compris dans les

Quels sont les lieux plans et solides, et la façon de les trouver.

solides : car ces lieux ne sont autre chose, sinon que, lorsqu'il est question de trouver quelque point auquel il manque une condition pour être entièrement déterminé, ainsi qu'il arrive en cet exemple, tous les points d'une même ligne peuvent être pris pour celui qui est demandé : et si cette ligne est droite ou circulaire, on la nomme un lieu plan; mais si c'est une parabole, ou une hyperbole, ou une ellipse, on la nomme un lieu solide : et toutefois et quantes que cela est, on peut venir à une équation qui contient deux quantités inconnues, et est pareille à quelqu'une de celles que je viens de résoudre. Que si la ligne qui détermine ainsi le point cherché est d'un degré plus composée que les sections coniques, on la peut nommer, en même façon, un lieu sursolide, et ainsi des autres. Et s'il manque deux conditions à la détermination de ce point, le lieu où il se trouve est une superficie, laquelle peut être tout de même ou plate, ou sphérique, ou plus composée. Mais le plus haut but qu'aient eu les anciens en cette matière a été de parvenir à la composition des lieux solides; et il semble que tout ce qu'Apollonius a écrit des sections coniques n'a été qu'à dessein de la chercher.

De plus, on voit ici que ce que j'ai pris pour le premier genre des lignes courbes n'en peut comprendre aucunes autres que le cercle, la parabole, l'hyperbole et l'ellipse, qui est tout ce que j'avois entrepris de prouver.

Que si la question des anciens est proposée en cinq lignes qui soient toutes parallèles, il est évident que le point cherché sera toujours en une ligne droite; mais si elle est proposée en cinq lignes, dont il y en ait quatre qui soient parallèles, et que la cinquième les coupe à angles droits, et même que toutes les lignes tirées du point cherché les rencontrent aussi à angles droits, et enfin que le parallélipipède composé de trois des lignes ainsi tirées sur trois de celles qui sont parallèles soit égal au parallélipipède composé des deux lignes tirées, l'une sur la quatrième de celles qui sont parallèles, et l'autre sur celle qui les coupe à angles droits, et d'une troisième ligne donnée, ce qui est, ce semble, le plus simple cas qu'on puisse imaginer après le précédent, le point cherché sera en la ligne courbe qui est décrite par le mouvement d'une parabole, en la façon ci-dessus expliquée.

Quelle est la première et la plus simple de toutes les lignes courbes qui servent en la question des anciens quand elle est proposée en cinq lignes.

Soient par exemple les lignes données AB, IH, ED, GF, et GA (*fig.* 8), et qu'on demande le point C, en sorte que tirant CB, CF, CD, CH et CM à angles droits sur les données, le parallélipipède des trois CF, CD et CH soit égal à celui des deux autres CB et CM, et d'une troisième qui soit AI. Je pose $CB = y$, $CM = x$, AI ou AE ou $GE = a$; de façon que le point C étant entre les lignes AB et DE, j'ai CF=$2a-y$, CD=$a-y$, et CH=$y+a$; et multipliant ces trois l'une par l'autre, j'ai $y^3 - 2ay^2 - a^2y + 2a^3$ égal au produit des trois autres, qui est axy. Après cela je considère la ligne courbe CEG, que j'imagine être décrite par l'intersection de la parabole CKN, qu'on fait mouvoir en telle sorte que son diamètre KL est toujours sur la ligne droite AB, et de la règle GL qui tourne cependant autour du point G en telle sorte qu'elle passe toujours dans le plan de cette parabole par le point L. Et je fais KL=a, et le côté droit principal, c'est-à-dire celui qui se rapporte à l'essieu de cette parabole, aussi égal à a, et GA=$2a$, et CB ou MA=y, et CM ou AB=x. Puis à cause des triangles semblables GMC et CBL, GM qui est $2a-y$, est à MC qui est x, comme CB qui est y, est à BL qui est par conséquent $\frac{xy}{2a-y}$. Et pourceque KL est a, BK est $a - \frac{xy}{2a-y}$, ou bien $\frac{2a^2-ay-xy}{2a-y}$. Et enfin pourceque ce même BK, étant un segment du diamètre de la parabole, est à BC qui lui est appliquée par ordre, comme celle-ci est au côté droit qui est a, le calcul montre que $y^3 - 2ay^2 - a^2y + 2a^3$ est égal à axy; et par conséquent que le point C est celui qui étoit demandé. Et il peut être pris en tel endroit de la ligne CEG qu'on veuille choisir, ou aussi en son adjointe cEGc, qui se décrit en même façon, excepté que le sommet de la parabole est tourné vers l'autre côté, ou enfin en leurs contreposées N*l*o, *n*lO, qui sont décrites par l'intersection que fait la ligne GL en l'autre côté de la parabole KN.

Or encore que les parallèles données AB, IH, ED, et GF, ne fussent point également distantes, et que GA ne les coupât point à angles droits, ni aussi les lignes tirées du point C vers elles, ce point C ne laisseroit pas de se trouver toujours en une ligne courbe qui seroit de même nature : et il s'y peut aussi trouver quelquefois, encore qu'aucune des lignes données ne soit parallèle. Mais si lorsqu'il y en a quatre ainsi parallèles, et une cinquième qui les traverse, et que le parallélipipède de trois des lignes tirées du point cherché, l'une sur cette cinquième, et les deux autres sur deux de celles qui sont parallèles, soit égal à celui des deux tirées sur les deux autres parallèles, et d'une autre ligne donnée : ce point cherché est en une ligne courbe d'une autre nature, à savoir en une qui est telle, que toutes les lignes droites appliquées par ordre à son diamètre étant égales à celles d'une section conique, les segments de ce diamètre qui sont entre le sommet et ces lignes ont même proportion à une certaine ligne donnée, que cette ligne donnée a aux segments du diamètre de la section conique, auxquels les pareilles lignes sont appliquées par ordre. Et je ne saurois véritablement dire que cette ligne soit moins simple que la précédente, laquelle j'ai cru toutefois devoir prendre pour la première, à cause que la description et le calcul en sont en quelque façon plus faciles.

Pour les lignes qui servent aux autres cas, je ne m'arrêterai point à les distinguer par espèces, car je n'ai pas entrepris de dire tout; et, ayant expliqué la façon de trouver une infinité de points par où elles passent, je pense avoir assez donné le moyen de les décrire.

Quelles sont les lignes courbes qu'on décrit en trouvant plusieurs de leurs points, qui peuvent être reçues en géométrie.

Même il est à propos de remarquer qu'il y a grande différence entre cette façon de trouver plusieurs points pour tracer une ligne courbe, et celle dont on se sert pour la spirale et ses semblables; car par cette dernière on ne trouve pas indifféremment tous les points de la ligne qu'on cherche, mais seulement ceux qui peuvent être déterminés par quelque mesure plus simple que celle qui est requise pour la composer; et ainsi, à proprement parler, on ne trouve pas un de ses points, c'est-à-dire pas un de ceux qui lui sont tellement propres qu'ils ne puissent être trouvés que par elle; au lieu qu'il n'y a aucun point dans les lignes qui servent à la question proposée, qui ne se puisse rencontrer entre ceux qui se déterminent par la façon tantôt expliquée. Et pourceque cette façon de tracer une ligne courbe, en trouvant indifféremment plusieurs de ses points, ne s'étend qu'à celles qui peuvent aussi être décrites par un mouvement régulier et continu, on ne la doit pas entièrement rejeter de la géométrie.

Et on n'en doit pas rejeter non plus celle où on se sert d'un fil ou d'une corde repliée pour déterminer l'égalité ou la différence de deux ou plusieurs lignes droites qui peuvent être tirées de chaque point de la courbe qu'on cherche, à certains autres points, ou sur certaines autres lignes à certains angles, ainsi que nous avons fait en la Dioptrique pour expliquer l'ellipse et l'hyperbole; car encore qu'on n'y puisse recevoir aucunes lignes qui semblent à des cordes, c'est-à-dire qui deviennent tantôt droites et tantôt courbes, à cause que la proportion qui est entre les droites et les courbes n'étant pas connue, et même, je crois, ne le pouvant être par les hommes, on ne pourroit rien conclure de là qui fût exact et assuré. Toutefois à cause qu'on ne se sert de cordes en ces constructions que pour déterminer des lignes droites dont on connoît parfaitement la longueur, cela ne doit point faire qu'on les rejette.

Quelles sont aussi celles qu'on décrit avec une corde, qui peuvent y être reçues.

Or de cela seul qu'on sait le rapport qu'ont tous les points d'une ligne courbe à tous ceux d'une ligne droite, en la façon que j'ai expliquée, il est aisé de trouver aussi le rapport qu'ils ont à

Que pour trouver toutes les propriétés des lignes courbes il suffit de savoir le rapport

prent tous leurs points à ceux des lignes droites, et la façon de tirer d'autres lignes qui les coupent en tous ces points à angles droits.

tous les autres points et lignes donnés; et ensuite de connoître les diamètres, les essieux, les centres et autres lignes ou points à qui chaque ligne courbe aura quelque rapport plus particulier ou plus simple qu'aux autres; et ainsi d'imaginer divers moyens pour les décrire, et d'en choisir les plus faciles; et même on peut aussi, par cela seul, trouver quasi tout ce qui peut être déterminé touchant la grandeur de l'espace qu'elles comprennent, sans qu'il soit besoin que j'en donne plus d'ouverture. Et enfin pour ce qui est de toutes les autres propriétés qu'on peut attribuer aux lignes courbes, elles ne dépendent que de la grandeur des angles qu'elles font avec quelques autres lignes. Mais lorsqu'on peut tirer des lignes droites qui les coupent à angles droits, aux points où elles sont rencontrées par celles avec qui elles font les angles qu'on veut mesurer, ou, ce que je prends ici pour le même, qui coupent leurs contingentes, la grandeur de ces angles n'est pas plus malaisée à trouver que s'ils étoient compris entre deux lignes droites. C'est pourquoi je croirai avoir mis ici tout ce qui est requis pour les éléments des lignes courbes, lorsque j'aurai généralement donné la façon de tirer des lignes droites qui tombent à angles droits sur tels de leurs points qu'on voudra choisir. Et j'ose dire que c'est ceci le problème le plus utile et le plus général, non seulement que je sache, mais même que j'aie jamais désiré de savoir en géométrie.

Soit CE (*fig. 9*) la ligne courbe, et qu'il faille tirer une ligne droite par le point C, qui fasse avec elle des angles droits. Je suppose la chose déjà faite, et que la ligne cherchée est CP, laquelle je prolonge jusqu'au point P, où elle rencontre la ligne droite GA, que je suppose être celle aux points de laquelle on rapporte tous ceux de la ligne CE ; en sorte que faisant MA ou CB $= y$, et CM ou BA $= x$, j'ai quelque équation qui explique le rapport qui est entre x et y ; puis je fais PC $= s$, et PA $= v$, ou PM $= v - y$; et à cause du triangle rectangle PMC, j'ai s^2, qui est le carré de la base, égal à $x^2 + v^2 - 2vy + y^2$, qui sont les carrés des deux côtés ; c'est-à-dire j'ai

$$x = \sqrt{s^2 - v^2 + 2vy - y^2},$$

ou bien

$$y = v + \sqrt{s^2 - x^2};$$

et par le moyen de cette équation, j'ôte de l'autre équation, qui m'explique le rapport qu'ont tous les points de la courbe CE à ceux de la droite GA, l'une des deux quantités indéterminées x ou y ; ce qui est aisé à faire en mettant partout

$$\sqrt{s^2 - v^2 + 2vy - y^2}$$

au lieu de x, et le carré de cette somme au lieu de x^2, et son cube au lieu de x^3, et ainsi des autres.

Façon générale pour trouver des lignes droites, qui coupent les courbes données ou leurs contingentes, à angles droits.

si c'est x que je veuille ôter; ou bien si c'est y, en mettant en son lieu

$$v + \sqrt{s^2 - x^2}$$

et le carré ou le cube, etc., de cette somme au lieu de y^2 ou y^3, etc. De façon qu'il reste toujours après cela une équation en laquelle il n'y a plus qu'une seule quantité indéterminée x ou y.

Comme si CE est une ellipse, et que MA soit le segment de son diamètre, auquel CM soit appliquée par ordre, et qui ait r pour son côté droit et q pour le traversant, on a, par le treizième théorème du premier livre d'Apollonius, $x^2 = ry - \frac{r}{q}y^2$, d'où ôtant x^2, il reste

$$s^2 - v^2 + 2vy - y^2 = ry - \frac{r}{q}y^2,$$

ou bien

$$y^2 + \frac{qry - 2qvy + qv^2 - qs^2}{q - r} = 0;$$

car il est mieux en cet endroit de considérer ainsi ensemble toute la somme que d'en faire une partie égale à l'autre.

Tout de même si CE (*fig. 7*) est la ligne courbe décrite par le mouvement d'une parabole en la façon ci-dessus expliquée (*pag. 340*), et qu'on ait posé b pour GA, c pour KL, et d pour le côté droit du diamètre KL en la parabole, l'équation qui explique le rapport qui est entre x et y est

$$y^3 - by^2 - cdy + bcd + dxy = 0,$$

d'où ôtant x on a

$$y^3 - by^2 - cdy + bcd + dy\sqrt{s^2 - v^2 + 2vy - y^2} = 0;$$

et remettant en ordre ces termes par le moyen de la multiplication, il vient

$$y^6 - 2by^5 + (b^2 - 2cd + d^2)y^4 + (4bcd - 2d^2v)y^3 \\ + (c^2d^2 - d^2s^2 + d^2v^2 - 2b^2cd)y^2 - 2bc^2d^2y + b^2c^2d^2 \Big\} = 0,$$

et ainsi des autres.

Même, encore que les points de la ligne courbe ne se rapportassent pas en la façon que j'ai dit à ceux d'une ligne droite, mais en toute autre qu'on sauroit imaginer, on ne laisse pas de pouvoir toujours avoir une telle équation. Comme si CE (*fig.* 9) est une ligne qui ait tel rapport aux trois points F, G et A, que les lignes droites tirées de chacun de ses points comme C jusques au point F, surpassent la ligne FA d'une quantité qui ait certaine proportion donnée à une autre quantité dont GA surpasse les lignes tirées des mêmes points jusques à G. Faisons $GA = b$, $AF = c$, et prenant à discrétion le point C dans la courbe, que la quantité dont CF surpasse FA, soit à celle dont GA surpasse GC, comme d à e; en sorte que si cette quantité qui est indéterminée se nomme z, CF est $c + z$, et GC est $b - \frac{e}{d}z$. Puis posant $MA = y$, GM est $b - y$, et FM est $c + y$, et à cause du triangle rectangle CMG, ôtant le carré de GM du carré de GC, on a le carré de CM, qui est

$$\frac{e^2}{d^2}z^2 - \frac{2be}{d}z + 2by - y^2;$$

puis ôtant le carré de FM du carré de CF, on a encore le carré de CM en d'autres termes, à savoir $z^2 + 2cz - 2cy - y^2$; et ces termes étant égaux aux précédents, ils font connoître y ou MA, qui est

$$\frac{d^2z^2 + 2cd^2z - c^2z^2 + 2bdcz}{2bd^2 + 2cd^2},$$

et substituant cette somme au lieu de y dans le carré de CM, on trouve qu'il s'exprime en ces termes :

$$\frac{bd^2z^2 + cc^2z^2 + 2bcd^2z - 2bcdcz}{bd^2 + cd^2} - y^2.$$

Puis supposant que la ligne droite PC rencontre la courbe à angles droits au point C, et faisant $PC = s$ et $PA = v$ comme devant, PM est $v - y$; et à cause du triangle rectangle PCM, on a $s^2 - v^2 + 2vy - y^2$ pour le carré de CM, ou derechef, ayant au lieu de y substitué la somme qui lui est égale, il vient

$$z^2 + \frac{2bcd^2z - 2bcdcz - 2cd^2vz - 2bdcvz - bd^2s^2 + bd^2v^2 - cd^2s^2 + cd^2v^2}{bd^2 + cc^2 + c^2v - d^2v} = 0$$

pour l'équation que nous cherchions.

Or après qu'on a trouvé une telle équation, au lieu de s'en servir pour connoître les quantités x, ou y, ou z, qui sont déjà données, puisque le point C est donné, on la doit employer à trouver v ou s, qui déterminent le point P qui est demandé. Et à cet effet il faut considérer que si ce point P est tel qu'on le désire, le cercle dont il sera le centre, et qui passera par le point C, y touchera la ligne courbe GE sans la couper; mais que si ce point P est tant soit peu plus proche ou plus éloigné du

LIVRE SECOND.   365

point A qu'il ne doit, ce cercle coupera la courbe, non seulement au point C, mais aussi nécessairement en quelque autre. Puis il faut aussi considérer que lorsque ce cercle coupe la ligne courbe CE, l'équation par laquelle on cherche la quantité x ou y, ou quelque autre semblable, en supposant PA et PC être connues, contient nécessairement deux racines qui sont inégales. Car par exemple, si ce cercle coupe la courbe aux points C et E (*fig.* 10), ayant tiré EQ parallèle à CM, les noms des quantités indéterminées x et y conviendront aussi bien aux lignes EQ et QA qu'à CM et MA ; puis PE est égale à PC à cause du cercle, si bien que cherchant les lignes EQ et QA, par PE et PA qu'on suppose comme données, on aura la même équation que si on cherchoit CM et MA par PC, PA ; d'où il suit évidemment que la valeur de x ou de y, ou de telle autre quantité qu'on aura supposée, sera double en cette équation, c'est-à-dire qu'il y aura deux racines inégales entre elles, et dont l'une sera CM, l'autre EQ, si c'est x qu'on cherche, ou bien l'une sera MA et l'autre QA, si c'est y; et ainsi des autres. Il est vrai que si le point E ne se trouve pas du même côté de la courbe que le point C, il n'y aura que l'une de ces deux racines qui soit vraie, et l'autre sera renversée ou moindre que rien : mais plus ces deux points C et E sont proches l'un de l'autre, moins il y a de différence entre ces deux racines ; et enfin elles sont entièrement égales, s'ils sont tous deux joints en un, c'est-à-dire si le cercle qui passe par C y touche la courbe CE sans la couper.

De plus il faut considérer que lorsqu'il y a deux racines égales en une équation, elle a nécessairement la même forme que si on multiplie par soi-même la quantité qu'on y suppose être inconnue, moins la quantité connue qui lui est égale, et qu'après cela, si cette dernière somme n'a pas tant de dimensions que la précédente, on la multiplie par une autre somme qui en ait autant qu'il lui en manque, afin qu'il puisse y avoir séparément équation entre chacun des termes de l'une et chacun des termes de l'autre.

Comme par exemple, je dis que la première équation trouvée ci-dessus, à savoir

$$y^2 + \frac{qry - 2qvy + qv^2 - q s^2}{q - r},$$

doit avoir la même forme que celle qui se produit en faisant e égal à y, et multipliant $y - e$ par soi-même, d'où il vient $y^2 - 2ey + e^2$, en sorte qu'on peut comparer séparément chacun de leurs termes, et dire que puisque le premier qui est y^2, est tout le même en l'une qu'en l'autre, le second qui est en l'une $\frac{qry - 2qvy}{q - r}$, est égal au second de l'autre qui est $-2ey$; d'où cherchant la quantité v qui est la ligne PA, on a $v = e - \frac{r}{q}e + \frac{1}{2}r$, ou bien à cause

LIVRE SECOND.

que nous avons supposé e égal à y, on a $c = y - \frac{1}{2}y + \frac{1}{4}r$. Et ainsi on pourroit trouver s par le troisième terme $e^2 = \frac{qv^2 - q^2v^2}{q-r}$; mais pourceque la quantité v détermine assez le point P, qui est le seul que nous cherchions, on n'a pas besoin de passer outre.

Tout de même la seconde équation trouvée ci-dessus, à savoir

$y^6 - 2by^5 + (b^2 - 2cd + d^2)y^4 + (4bcd - 2d^2v)y^3$
$+ (c^2d^2 - 2b^2cd + d^2v^2 - d^2s^2)y^2 - 2bc^2d^2y + b^2c^2d^2$,

doit avoir même forme que la somme qui se produit lorsqu'on multiplie

$y^2 - 2ey + e^2$ par $y^4 + fy^3 + g^2y^2 + h^3y + k^4$

qui est

$y^6 + (f - 2e)y^5 + (g^2 - 2ef + e^2)y^4 + (h^3 - 2eg^2 + e^2f)y^3$
$+ (k^4 - 2eh^3 + e^2g^2)y^2 + (e^2h^3 - 2ek^4)y + e^2k^4$;

de façon que de ces deux équations j'en tire six autres qui servent à connoître les six quantités f, g, h, k, v et s. D'où il est fort aisé à entendre que, de quelque genre que puisse être la ligne courbe proposée, il vient toujours par cette façon de procéder autant d'équations qu'on est obligé de supposer de quantités qui sont inconnues. Mais pour démêler par ordre ces équations, et trouver enfin la quantité v, qui est la seule dont on a besoin, et à l'occasion de laquelle on cherche les autres, il faut premièrement par le second terme chercher f.

la première des quantités inconnues de la dernière somme, et on trouve

$$f = 2e - 2b.$$

Puis par le dernier, il faut chercher k, la dernière des quantités inconnues de la même somme, et on trouve

$$k^4 = \frac{b^2c^2d^2}{e^2}.$$

Puis par le troisième terme, il faut chercher g, la seconde quantité, et on a

$$g^2 = 3e^2 - 4be - 2cd + b^2 + d^2.$$

Puis par la pénultième, il faut chercher h, la pénultième quantité, qui est

$$h^3 = \frac{2b^2c^2d^2}{e^3} - \frac{2bc^2d^2}{e^2}.$$

Et ainsi il faudroit continuer suivant ce même ordre jusques à la dernière, s'il y en avoit davantage en cette somme; car c'est chose qu'on peut toujours faire en même façon.

Puis, par le terme qui suit en ce même ordre, qui est ici le quatrième, il faut chercher la quantité v, et on a

$$v = \frac{2e^3}{d^3} - \frac{3be^2}{d^2} + \frac{b^2e}{d^2} - \frac{2cc}{d} + e + \frac{2be}{d} + \frac{bc^2}{e^2} - \frac{b^2c^2}{e^4};$$

ou mettant y au lieu de e qui lui est égal, on a

$$v = \frac{2y^3}{d^3} - \frac{3by^2}{d^2} + \frac{b^2y}{d^2} - \frac{2cy}{d} + y + \frac{2bc}{d} + \frac{bc^2}{y^2} - \frac{b^2c^2}{y^3}$$

pour la ligne AP.

Et ainsi la troisième équation, qui est

$$z^2 + \frac{2bcd^4z - 2bcdez - 2cd^4vz - 2bdevz - bd^2z^3 + bd^2v^2 - cd^2z^3 + cd^2v^2}{bd^4 + ce^2 + e^2v - d^2v}$$

a la même forme que
$$z^2 - 2fz + f^2,$$
en supposant f égal a z, si bien qu'il y a derechef équation entre $-2f$ ou $-2z$, et
$$\frac{2bcd^2 - 2bcde - 2cd^2v - 2bdev}{bd^2 + cc^2 + c^2v - d^2v},$$
d'où on connoît que la quantité v est
$$\frac{bcd^2 - bcde + bd^2z + cc^2z}{cd^2 + bde - c^2z + d^2z}.$$

C'est pourquoi, composant la ligne AP (*fig.* 9) de cette somme égale à v, dont toutes les quantités sont connues, et tirant du point P ainsi trouvé, une ligne droite vers C, elle y coupe la courbe CE à angles droits; qui est ce qu'il falloit faire. Et je ne vois rien qui empêche qu'on n'étende ce problème en même façon à toutes les lignes courbes qui tombent sous quelque calcul géométrique.

Même il est à remarquer, touchant la dernière somme, qu'on prend à discrétion pour remplir le nombre des dimensions de l'autre somme lorsqu'il y en manque, comme nous avons pris tantôt $y^4 + fy^3 + g^2y^2 + h^3y + k^4$, que les signes $+$ et $-$ y peuvent être supposés tels qu'on veut, sans que la ligne v ou AP se trouve diverse pour cela, comme vous pourrez aisément voir par expérience; car s'il falloit que je m'arrêtasse à démontrer tous les théorèmes dont je fais quelque mention, je serois contraint d'écrire un volume beaucoup plus gros que je ne désire. Mais je veux bien en passant vous avertir que l'invention de supposer deux équations de même forme, pour comparer séparément tous les termes de l'une à ceux de l'autre, et ainsi en faire naître plusieurs d'une seule, dont vous avez vu ici un exemple, peut servir à une infinité d'autres problèmes, et n'est pas l'une des moindres de la méthode dont je me sers.

Je n'ajoute point les constructions par lesquelles on peut décrire les contingentes ou les perpendiculaires cherchées, ensuite du calcul que je viens d'expliquer, à cause qu'il est toujours aisé de les trouver, bien que souvent on ait besoin d'un peu d'adresse pour les rendre courtes et simples.

Exemple de la construction de ce problème en la conchoïde.

Comme par exemple, si DC (*fig.* 11) est la première conchoïde des anciens, dont A soit le pole et BH la règle, en sorte que toutes les lignes droites qui regardent vers A, et sont comprises entre la courbe CD et la droite BH, comme DB et CE, soient égales, et qu'on veuille trouver la ligne CG qui la coupe au point C à angles droits, on pourroit, en cherchant dans la ligne BH le point par où cette ligne CG doit passer, selon la méthode ici expliquée, s'engager dans un calcul autant ou plus long qu'aucun des précédents : et toutefois la construction qui devroit après en être déduite est fort simple ; car il ne faut que prendre CF en la ligne droite CA, et la faire égale à CH qui est perpendiculaire sur HB ; puis du point F tirer FG parallèle à BA et égale à EA ; au moyen de quoi on a le point G, par lequel doit passer CG la ligne cherchée.

Au reste, afin que vous sachiez que la considération des lignes courbes ici proposée n'est pas sans usage, et qu'elles ont diverses propriétés qui ne cèdent en rien à celles des sections coniques, je veux encore ajouter ici l'explication de certaines ovales que vous verrez être très utiles pour la théorie de la catoptrique et de la dioptrique. Voici la façon dont je les décris :

Explication de quatre nouveaux genres d'ovales, qui servent à l'optique.

Premièrement, ayant tiré les lignes droites FA et AR (*fig.* 12), qui s'entre-coupent au point A, sans qu'il importe à quels angles, je prends en l'une le point F à discrétion, c'est-à-dire plus ou moins éloigné du point A, selon que je veux faire ces ovales plus ou moins grandes, et de ce point F, comme centre, je décris un cercle qui passe quelque peu au-delà du point A, comme par le point 5 ; puis de ce point 5 je tire la ligne droite 56, qui coupe l'autre au point 6, en sorte que A6 soit moindre que A5 selon telle proportion donnée qu'on veut, à savoir selon celle qui mesure les réfractions si on s'en veut servir pour la dioptrique. Après cela je prends aussi le point G en la ligne FA du côté où est le point 5, à discrétion, c'est-à-dire en faisant que les lignes AF et GA ont entre elles telle proportion donnée qu'on veut. Puis je fais RA égale à GA en la ligne AG, et du centre G décrivant un cercle dont le rayon soit égal à R6, il coupe l'autre cercle de part et d'autre au point 1, qui est l'un de ceux par où doit passer la première des ovales cherchées. Puis derechef du centre F je décris un cercle qui passe un peu au-deçà ou au-delà du point 5, comme par le point 7, et ayant tiré la ligne droite 78 parallèle à 56, du centre G je décris un autre cercle dont le rayon est égal à la ligne R8, et ce cercle coupe celui qui passe par le point 7 au point 1, qui est encore l'un de ceux de la même ovale; et ainsi on en peut trouver autant d'autres qu'on voudra, en tirant derechef d'autres lignes parallèles à 78, et d'autres cercles des centres F et G.

Pour la seconde ovale il n'y a point de différence, sinon qu'au lieu de AR (*fig.* 13) il faut de l'autre côté du point A prendre AS égal à AG, et que le rayon du cercle décrit du centre G, pour couper celui qui est décrit du centre F et qui passe par le point 5, soit égal à la ligne S6, ou qu'il soit égal à S8, si c'est pour couper celui qui passe par le point 7, et ainsi des autres; au moyen de quoi ces cercles s'entre-coupent aux points marqués 2, 2, qui sont ceux de cette seconde ovale A2X.

Pour la troisième et la quatrième, au lieu de la ligne AG il faut prendre AH (*fig.* 14 et 15) de l'autre côté du point A, à savoir du même qu'est le point F; et il y a ici de plus à observer que cette ligne AH doit être plus grande que AF, laquelle peut même être nulle, en sorte que le point F se rencontre où est le point A en la description de toutes ces ovales. Après cela les lignes AR et AS étant égales à AH, pour décrire la troisième ovale A3Y, je fais un cercle du centre H, dont le rayon est égal à S6, qui coupe au point 3 celui du centre F, qui passe par le point 5; et un autre dont le rayon est égal à S8, qui coupe celui qui passe par le point 7 au point aussi marqué 3, et ainsi des autres. Enfin, pour la dernière ovale, je fais des cercles du centre H, dont les rayons sont égaux aux lignes R6, R8, et semblables, qui coupent les autres cercles aux points marqués 4.

On pourroit encore trouver une infinité d'autres moyens pour décrire ces mêmes ovales : comme par exemple, on peut tracer la première AV (fig. 16), lorsqu'on suppose les lignes FA et AG être égales, si on divise la toute FG au point L, en sorte que FL soit à LG comme A5 à A6, c'est-à-dire qu'elles aient la proportion qui mesure les réfractions. Puis ayant divisé AL en deux parties égales au point K, qu'on fasse tourner une règle comme EF autour du point F, en pressant du doigt C la corde EC, qui étant attachée au bout de cette règle vers E, se replie de C vers K, puis de K derechef vers C, et de C vers G, où son autre bout soit attaché, en sorte que la longueur de cette corde soit composée de celle des lignes GA, plus AL, plus FE, moins AF; et ce sera le mouvement du point C qui décrira cette ovale, à l'imitation de ce qui a été dit en la dioptrique de l'ellipse et de l'hyperbole; mais je ne veux point m'arrêter plus long-temps sur ce sujet.

Or, encore que toutes ces ovales semblent être quasi de même nature, elles sont néanmoins de quatre divers genres, chacun desquels contient sous soi une infinité d'autres genres, qui derechef contiennent chacun autant de diverses espèces que fait le genre des ellipses ou celui des hyperboles; car selon que la proportion qui est entre les lignes A5, A6, ou semblables, est différente, le genre subalterne de ces ovales est différent; puis selon que la proportion qui est entre les lignes AF et AG ou AH est changée, les ovales de chaque genre subalterne changent d'espèce; et selon que AG ou AH est plus ou moins grande, elles sont diverses en grandeur; et si les lignes A5 et A6 sont égales, au lieu des ovales du premier genre ou du troisième, on ne décrit que des lignes droites; mais au lieu de celles du second on a toutes les hyperboles possibles, et au lieu de celles du dernier toutes les ellipses.

Les propriétés de ces ovales touchant les Outre cela, en chacune de ces ovales il faut considérer deux parties qui ont diverses propriétés;

à savoir en la première, la partie qui est vers A (*fig.* 12), fait que les rayons qui étant dans l'air viennent du point F, se retournent tous vers le point G, lorsqu'ils rencontrent la superficie convexe d'un verre dont la superficie est 1A1, et dans lequel les réfractions se font telles que, suivant ce qui a été dit en la Dioptrique, elles peuvent toutes être mesurées par la proportion qui est entre les lignes A5 et A6 ou semblables, par l'aide desquelles on a décrit cette ovale.

Mais la partie qui est vers V fait que les rayons qui viennent du point G se réfléchiroient tous vers F, s'ils y rencontroient la superficie concave d'un miroir dont la figure fût 1V1, et qui fût de telle matière qu'il diminuât la force de ces rayons selon la proportion qui est entre les lignes A5 et A6; car de ce qui a été démontré en la Dioptrique, il est évident que, cela posé, les angles de la réflexion seroient inégaux, aussi bien que sont ceux de la réfraction, et pourroient être mesurés en même sorte.

En la seconde ovale la partie 2A2 (*fig.* 13) sert encore pour les réflexions dont on suppose les angles être inégaux; car étant en la superficie d'un miroir composé de même matière que le précédent, elle feroit tellement réfléchir tous les rayons qui viendroient du point G, qu'ils sembleroient après être réfléchis venir du point F. Et il est à remarquer qu'ayant fait la ligne AG beaucoup plus grande que AF, ce miroir seroit convexe au milieu vers A, et concave aux extrémités; car telle est la figure de cette ligne, qui en cela représente plutôt un cœur qu'une ovale.

Mais son autre partie X2 sert pour les réfractions, et fait que les rayons qui étant dans l'air tendent vers F, se détournent vers G en traversant la superficie d'un verre qui en ait la figure.

La troisième ovale sert toute aux réfractions, et fait que les rayons qui étant dans l'air tendent vers F (*fig.* 14), se vont rendre vers H dans le verre, après qu'ils ont traversé sa superficie dont la figure est A3Y3, qui est convexe partout, excepté vers A où elle est un peu concave, en sorte qu'elle a la figure d'un cœur aussi bien que la précédente; et la différence qui est entre les deux parties de cette ovale consiste en ce que le point F est plus proche de l'une que n'est le point H, et qu'il est plus éloigné de l'autre que ce même point H.

En même façon la dernière ovale sert toute aux réflexions, et fait que si les rayons qui viennent du point H (*fig.* 15) rencontroient la superficie concave d'un miroir de même matière que les précédents, et dont la figure fût A4Z4, ils se réfléchiroient tous vers F.

De façon qu'on peut nommer les points F et G

LIVRE SECOND.   375

ou H les points brûlants de ces ovales, à l'exemple de ceux des ellipses et des hyperboles, qui ont été ainsi nommés en la Dioptrique.

J'omets quantité d'autres réfractions et réflexions qui sont réglées par ces mêmes ovales, car n'étant que les converses ou les contraires de celles-ci, elles en peuvent facilement être déduites. Mais il ne faut pas que j'omette la démonstration de ce que j'ai dit; et à cet effet prenons, par exemple, le point C (*fig. 9 et 12*) à discrétion en la première partie de la première de ces ovales; puis tirons la ligne droite CP qui coupe la courbe au point C à angles droits, ce qui est facile par le problème précédent: car prenant b pour AG, c pour AF, $c+z$ pour CF, et supposant que la proportion qui est entre d et e, que je prendrai ici toujours pour celle qui mesure les réfractions du verre proposé, désigne aussi celle qui est entre les lignes A5 et A6 ou semblables, qui ont servi pour décrire cette ovale, ce qui donne $b - \frac{e}{d}z$ pour CG, on trouve que la ligne AP est

$$\frac{bcd^2 - bcde + bd^2z + ce^2z}{cd^2 + bde - e^2z + d^2z},$$

Démonstration des propriétés de ces ovales touchant les réflexions et réfractions.

ainsi qu'il a été montré ci-dessus (pag. 367). De plus, du point P ayant tiré PQ à angles droits sur la droite CF, et PN aussi à angles droits sur CG, considérons que si PQ est à PN comme d est à e, c'est-à-dire comme les lignes qui mesurent les réfractions du verre convexe AC, le rayon qui vient du point F au point C, doit tellement s'y courber en entrant dans ce verre, qu'il s'aille rendre après vers G, ainsi qu'il est très évident de ce qui a été dit en la Dioptrique. Puis enfin voyons par le calcul s'il est vrai que PQ soit à PN comme d est à e. Les triangles rectangles PQF et CMF sont semblables; d'où il suit que CF est à CM comme FP est à PQ, et par conséquent que PF étant multipliée par CM et divisée par CF est égale à PQ. Tout de même les triangles rectangles PNG et CMG sont semblables; d'où il suit que GP multipliée par CM et divisée par CG est égale à PN. Puis à cause que les multiplications ou divisions qui se font de deux quantités par une même ne changent point la proportion qui est entre elles, si PF multipliée par CM et divisée par CF, est à GP multipliée aussi par CM et divisée par CG, comme d est à e, en divisant l'une et l'autre de ces deux sommes par CM, puis les multipliant toutes deux par CF et derechef par CG, il reste FP multipliée par CG, qui doit être à GP multipliée par CF, comme d est à e. Or par la construction FP est

$$c + \frac{bcd^2 - bcde + bd^2z + ce^2z}{cd^2 + bde - e^2z + d^2z},$$

ou bien

$$FP = \frac{bcd^2 + c^2d^2 + bd^2z + cd^2z}{cd^2 + bde - e^2z + d^2z},$$

et CG est $b - \frac{e^2z}{d^2}$; si bien que, multipliant FP par CG, il vient

$$\frac{b^2cd^2 + bc^2d^2 + b^2d^2z + bcd^2z - bcdez - c^2dez - bdez^2 - cdez^2}{cd^2 + bde - e^2z + d^2z},$$

puis GP est

$$b - \frac{bcd^2 - bcde + bd^2z + ce^2z}{cd^2 + bde - e^2z + d^2z},$$

ou bien

$$GP = \frac{b^2de + bcde - be^2z - ce^2z}{cd^2 + bde - e^2z + d^2z},$$

et CF est $c + z$; si bien qu'en multipliant GP par CF il vient

$$\frac{b^2cde + bc^2de + b^2dez + bcdez - bce^2z - c^2e^2z - be^2z^2 - ce^2z^2}{cd^2 + bde - e^2z + d^2z}.$$

Et pourceque la première de ces sommes divisée par d est la même que la seconde divisée par e, il est manifeste que FP multipliée par CG, est à GP multipliée par CF, c'est-à-dire que PQ est à PN comme d est à e, qui est tout ce qu'il falloit démontrer.

Et sachez que cette même démonstration s'étend à tout ce qui a été dit des autres réfractions ou réflexions qui se font dans les ovales proposées, sans qu'il y faille changer aucune chose que les signes $+$ et $-$ du calcul; c'est pourquoi chacun les peut aisément examiner de soi-même, sans qu'il soit besoin que je m'y arrête.

Mais il faut maintenant que je satisfasse à ce que j'ai omis en la Dioptrique, lorsqu'après avoir remarqué qu'il peut y avoir des verres de plusieurs diverses figures qui fassent aussi bien l'un que l'autre que les rayons venant d'un même point de l'objet s'assemblent tous en un autre point après les avoir traversés ; et qu'entre ces verres, ceux qui sont fort convexes d'un côté et concaves de l'autre ont plus de force pour brûler que ceux qui sont également convexes des deux côtés ; au lieu que tout au contraire ces derniers sont les meilleurs pour les lunettes. Je me suis contenté d'expliquer ceux que j'ai cru être les meilleurs pour la pratique, en supposant la difficulté que les artisans peuvent avoir à les tailler. C'est pourquoi, afin qu'il ne reste rien à souhaiter touchant la théorie de cette science, je dois expliquer encore ici la figure des verres qui, ayant l'une de leurs superficies autant convexe ou concave qu'on voudra, ne laissent pas de faire que tous les rayons qui viennent vers eux d'un même point, ou parallèles, s'assemblent après en un même point ; et celles des verres qui font le semblable, étant également convexes des deux côtés, ou bien la convexité de l'une de leurs superficies ayant la proportion donnée à celle de l'autre.

<small>Comment on peut faire un verre autant convexe ou concave, en l'une de ses superficies, qu'on voudra, qui rassemble à un point donné tous les rayons qui</small> Posons pour le premier cas, que les points G, Y, C et F (*fig.* 17 *et* 18) étant donnés, les rayons qui viennent du point G ou bien qui sont parallèles à GA se doivent assembler au point F, après avoir traversé un verre si concave, que Y étant le milieu de sa superficie intérieure, l'extrémité en soit au point C, en sorte que la corde CMC et la

flèche YM de l'arc CYC sont données. La question *viennent d'un autre point donné.* va là, que premièrement il faut considérer de laquelle des ovales expliquées la superficie du verre YC doit avoir la figure, pour faire que tous les rayons qui étant dedans tendent vers un même point, comme vers H, qui n'est pas encore connu, s'aillent rendre vers un autre, à savoir vers F, après en être sortis. Car il n'y a aucun effet touchant le rapport des rayons, changé par réflexion ou réfraction d'un point à un autre, qui ne puisse être causé par quelqu'une de ces ovales; et on voit aisément que celui-ci le peut être par la partie de la troisième ovale qui a tantôt été marquée 3A3 (*fig.* 14), ou par celle de la même qui a été marquée 3Y3, ou enfin par la partie de la seconde qui a été marquée 2X2 (*fig.* 15). Et pourceque ces trois tombent ici sous même calcul, on doit, tant pour l'une que pour l'autre, prendre Y (*fig.* 17 et 18) pour leur sommet, C pour l'un des points de leur circonférence, et F pour l'un de leurs points brûlants; après quoi il ne reste plus à chercher que le point H qui doit être l'autre point brûlant. Et on le trouve en considérant que la différence qui est entre les lignes FY et FC doit être à celle qui est entre les lignes HY et HC comme *d* est à *e*, c'est-à-dire comme la plus grande des lignes qui mesurent les réfractions du verre proposé est à la moindre, ainsi qu'on peut voir manifestement de la description de ces ovales. Et pourceque les lignes FY et FG sont données, leur différence l'est aussi, et ensuite celle qui est entre HY et HG, pourceque la proportion qui est entre ces deux différences est donnée. Et de plus, à cause que YM est donnée, la différence qui est entre MH et HG l'est aussi; et enfin pourceque CM est donnée, il ne reste plus qu'à trouver MH le côté du triangle rectangle CMH dont on a l'autre côté CM, et on a aussi la différence qui est entre CH la base et MH le côté demandé; d'où il est aisé de le trouver : car si on prend k pour l'excès de CH sur MH, et n pour la longueur de la ligne CM, on aura $\frac{n^2}{2k} - \frac{1}{2}k$ pour MH. Et après avoir ainsi le point H, s'il se trouve plus loin du point Y (*fig.* 18) que n'en est le point F, la ligne CY doit être la première partie de l'ovale du troisième genre, qui a tantôt été nommée 3A3 (*fig.* 14). Mais si HY (*fig.* 17) est moindre que FY : ou bien elle surpasse HF de tant, que leur différence est plus grande à raison de la toute FY que n'est e la moindre des lignes qui mesurent les réfractions comparée avec d la plus grande, c'est-à-dire que faisant HF $= c$, et HY $= c + h$, dh est plus grande que $2ce + eh$, et lors CY doit être la seconde partie de la même ovale du troisième genre, qui a tantôt été nommée 3Y3 (*fig.* 14) : ou bien dh est égale ou moindre que $2ce + eh$, et lors CY (*fig.* 17) doit être la seconde partie de l'ovale du second genre, qui a ci-dessus été nommée 2X2 (*fig.* 13) : et enfin si le point H (*fig.* 17) est le même que le point F, ce qui n'arrive que lorsque FY et FC sont égales, cette ligne YC est un cercle.

Après cela il faut chercher CAC l'autre superficie de ce verre, qui doit être une ellipse dont H soit le point brûlant, si on suppose que les rayons qui tombent dessus soient parallèles ; et lors il est aisé de la trouver. Mais si on suppose qu'ils viennent du point G, ce doit être la première partie d'une ovale du premier genre dont les deux points brûlants soient G et H, et qui passe par le point C ; d'où on trouve le point A pour le sommet de cette ovale, en considérant que GC doit être plus grande que GA d'une quantité qui soit à celle dont HA surpasse HC, comme d à e ; car ayant pris k pour la différence qui est entre CH et HM, si on suppose x pour AM, on aura $x-k$ pour la différence qui est entre AH et CH ; puis si on prend g pour celle qui est entre GC et GM qui sont données, on aura $g+x$ pour celle qui est entre GC et GA ; et pourceque cette dernière $g+x$ est à l'autre $x-k$ comme d est à e, on a

$$ge + ex = dx - dk,$$

ou bien $\frac{ge + dk}{d - e}$ pour la ligne x ou AM, par laquelle on détermine le point A qui étoit cherché.

Posons maintenant pour l'autre cas, qu'on ne

Comment on peut faire un

verre qui ait le même effet que le précédent, et que la convexité de l'une de ses superficies ait la proportion donnée avec celle de l'autre.

donne que les points G, C et F (*fig.* 18), avec la proportion qui est entre les lignes AM et YM, et qu'il faille trouver la figure du verre ACY qui fasse que tous les rayons qui viennent du point G s'assemblent au point F.

On peut derechef ici se servir de deux ovales dont l'une AC ait G et H pour ses points brûlants, et l'autre CY ait F et H pour les siens. Et pour les trouver, premièrement, supposant le point H, qui est commun à toutes deux, être connu, je cherche AM par les trois points G, C, H, en la façon tout maintenant expliquée, à savoir, prenant k pour la différence qui est entre CH et HM, et g pour celle qui est entre GC et GM, et AC étant la première partie de l'ovale du premier genre, j'ai $\frac{gc+dh}{d-e}$ pour AM; puis je cherche aussi MY par les trois points F, C, H, en sorte que CY soit la première partie d'une ovale du troisième genre; et prenant y pour MY, et f pour la différence qui est entre CF et FM, j'ai $f+y$ pour celle qui est entre CF et FY; puis ayant déjà k pour celle qui est entre CH et HM, j'ai $k+y$ pour celle qui est entre CH et HY, que je sais devoir être à $f+y$ comme e est à d, à cause de l'ovale du troisième genre, d'où je trouve que y ou MY est $\frac{fe-dk}{d-e}$; puis joignant ensemble les deux quantités trouvées pour AM et MY, je trouve $\frac{gc+fe}{d-e}$ pour la toute AY: d'où il suit que, de quelque côté que soit supposé le point H, cette ligne AY est toujours composée d'une quantité qui est à celle dont les deux ensemble GC et CF surpassent la toute GF, comme e, la moindre des deux lignes qui servent à mesurer les réfractions du verre proposé, est à $d-e$ la différence qui est entre ces deux lignes, ce qui est un assez beau théorème. Or ayant ainsi la toute AY, il la faut couper selon la proportion que doivent avoir ses parties AM et MY; au moyen de quoi, pourcequ'on a déjà le point M, on trouve aussi les points A et Y, et ensuite le point H par le problème précédent. Mais auparavant il faut regarder si la ligne AM ainsi trouvée est plus grande que $\frac{ge}{d-e}$, ou plus petite, ou égale. Car si elle est plus grande, on apprend de là que la courbe AC doit être la première partie d'une ovale du premier genre, et CY la première d'une du troisième, ainsi qu'elles ont été ici supposées; au lieu que si elle est plus petite, cela montre que c'est CY qui doit être la première partie d'une ovale du premier genre, et que AC doit être la première d'une du troisième; enfin si AM est égale à $\frac{ge}{d-e}$, les deux courbes AC et CY doivent être deux hyperboles.

On pourroit étendre ces deux problèmes à une infinité d'autres cas que je ne m'arrête pas à déduire, à cause qu'ils n'ont eu aucun usage en la dioptrique.

On pourroit aussi passer outre et dire (lorsque l'une des superficies du verre est donnée, pourvu qu'elle ne soit que toute plate, ou composée de sections coniques ou de cercles) comment on doit faire son autre superficie, afin qu'il transmette tous les rayons d'un point donné à un autre point aussi donné ; car ce n'est rien de plus difficile que ce que je viens d'expliquer, ou plutôt c'est chose beaucoup plus facile à cause que le chemin en est ouvert. Mais j'aime mieux que d'autres le cherchent, afin que s'ils ont encore un peu de peine à le trouver, cela leur fasse d'autant plus estimer l'invention des choses qui sont ici démontrées.

Comment on peut appliquer ce qui a été dit ici des lignes courbes, décrites sur une superficie plate, à celles qui se décrivent dans un espace qui a trois dimensions.

Au reste je n'ai parlé en tout ceci que des lignes courbes qu'on peut décrire sur une superficie plate ; mais il est aisé de rapporter ce que j'en ai dit à toutes celles qu'on sauroit imaginer être formées par le mouvement régulier des points de quelque corps dans un espace qui a trois dimensions : à savoir, en tirant deux perpendiculaires de chacun des points de la ligne courbe qu'on veut considérer, sur deux plans qui s'entre-coupent à angles droits, l'une sur l'un et l'autre sur l'autre ; car les extrémités de ces perpendiculaires décrivent deux autres lignes courbes, une sur chacun de ces plans, desquelles on peut en la façon ci-dessus expliquée déterminer tous les points et les rapporter à ceux de la ligne droite qui est commune à ces deux plans, au moyen de quoi ceux de la courbe qui a trois dimensions sont entièrement déterminés. Même si on veut tirer une ligne droite qui coupe cette courbe au point donné à angles droits, il faut seulement tirer deux autres lignes droites dans les deux plans, une en chacun, qui coupent à angles droits les deux lignes courbes qui y sont aux deux points où tombent les perpendiculaires qui viennent de ce point donné; car ayant élevé deux autres plans, un sur chacune de ces lignes droites, qui coupe à angles droits le plan où elle est, on aura l'intersection de ces deux plans pour la ligne droite cherchée. Et ainsi je pense n'avoir rien omis des éléments qui sont nécessaires pour la connoissance des lignes courbes.

LIVRE TROISIÈME.

DE LA CONSTRUCTION DES PROBLÈMES QUI SONT SOLIDES OU PLUS QUE SOLIDES.

De quelles lignes courbes on peut se servir en la construction de chaque problème.

Encore que toutes les lignes courbes qui peuvent être décrites par quelque mouvement régulier doivent être reçues en la géométrie, ce n'est pas à dire qu'il soit permis de se servir indifféremment de la première qui se rencontre pour la construction de chaque problème, mais il faut avoir soin de choisir toujours la plus simple par laquelle il soit possible de le résoudre. Et même il est à remarquer que par les plus simples on ne doit pas seulement entendre celles qui peuvent le plus aisément être décrites, ni celles qui rendent la construction ou la démonstration du problème proposé plus facile, mais principalement celles qui sont du plus simple genre qui puisse servir à déterminer la quantité qui est cherchée.

Exemple touchant l'invention de plusieurs moyennes proportionnelles.

Comme, par exemple, je ne crois pas qu'il y ait aucune façon plus facile pour trouver autant de moyennes proportionnelles qu'on veut, ni dont la démonstration soit plus évidente, que d'y employer les lignes courbes qui se décrivent par l'instrument XYZ (*fig.* 6) ci-dessus expliqué. Car, voulant trouver deux moyennes proportionnelles entre YA et YE, il ne faut que décrire un cercle dont le diamètre soit YE, et pourceque ce cercle coupe la courbe AD au point D, YD est l'une des moyennes proportionnelles cherchées, dont la démonstration se voit à l'œil par la seule application de cet instrument sur la ligne YD; car, comme YA ou YB, qui lui est égale, est à YC, ainsi YC est à YD, et YD à YE.

Tout de même pour trouver quatre moyennes proportionnelles entre YA et YG, ou pour en trouver six entre YA et YN, il ne faut que tracer le cercle YFG qui, coupant AF au point F, détermine la ligne droite YF qui est l'une de ces quatre proportionnelles; ou YHN qui, coupant AH au point H, détermine YH l'une des six; et ainsi des autres.

Mais pourceque la ligne courbe AD est du second genre, et qu'on peut trouver deux moyennes proportionnelles par les sections coniques qui sont du premier; et aussi pourcequ'on peut trouver quatre ou six moyennes proportionnelles par des lignes qui ne sont pas de genres si composés que sont AF et AH, ce seroit une faute en géométrie que de les y employer. Et c'est une faute aussi, d'autre côté, de se travailler inutilement à vouloir construire quelque problème par un genre de lignes plus simple que sa nature ne permet.

De la nature des équations.

Or, afin que je puisse ici donner quelques règles pour éviter l'une et l'autre de ces deux fautes, il faut que je die quelque chose en général de la nature des équations, c'est-à-dire des sommes composées de plusieurs termes partie connus et partie inconnus, dont les uns sont égaux aux autres, ou plutôt qui, considérés tous ensemble, sont égaux à rien : car ce sera souvent le meilleur de les considérer en cette sorte.

Combien il peut y avoir de racines en chaque équation.

Sachez donc qu'en chaque équation, autant que la quantité inconnue a de dimensions, autant peut-il y avoir de diverses racines, c'est-à-dire de valeurs de cette quantité; car, par exemple, si on suppose x égale à 2, ou bien $x-2$ égal à rien; et derechef $x=3$, ou bien $x-3=0$; en multipliant ces deux équations
$$x-2=0, \text{ et } x-3=0,$$
l'une par l'autre, on aura
$$x^2-5x+6=0,$$
ou bien
$$x^2=5x-6,$$
qui est une équation en laquelle la quantité x vaut 2 et tout ensemble vaut 3. Que si derechef on fait
$$x-4=0,$$
et qu'on multiplie cette somme par

$$x^2 - 5x + 6 = 0,$$

on aura

$$x^3 - 9x^2 + 26x - 24 = 0,$$

qui est une autre équation en laquelle x, ayant trois dimensions, a aussi trois valeurs, qui sont 2, 3 et 4.

Mais souvent il arrive que quelques unes de ces racines sont fausses ou moindres que rien ; comme si on suppose que x désigne aussi le défaut d'une quantité qui soit 5, on a

$$x + 5 = 0,$$

qui, étant multipliée par

$$x^3 - 9x^2 + 26x - 24 = 0,$$

fait

$$x^4 - 4x^3 - 19x^2 + 106x - 120 = 0$$

pour une équation en laquelle il y a quatre racines, à savoir trois vraies qui sont 2, 3, 4, et une fausse qui est 5.

Et on voit évidemment de ceci que la somme d'une équation qui contient plusieurs racines peut toujours être divisée par un binôme composé de la quantité inconnue moins la valeur de l'une des vraies racines, laquelle que ce soit, ou plus la valeur de l'une des fausses ; au moyen de quoi on diminue d'autant ses dimensions.

Et réciproquement que si la somme d'une équation ne peut être divisée par un binôme composé de la quantité inconnue + ou − quelque autre

Quelles sont les fausses racines.

Comment on peut diminuer le nombre des dimensions d'une équation lorsqu'on connoit quelqu'une de ses racines.

Comment on peut examiner si quelque quantité donnée est la

valeur d'une racine.

quantité, cela témoigne que cette autre quantité n'est la valeur d'aucune de ses racines. Comme cette dernière

$$x^4 - 4x^3 - 19x^2 + 106x - 120 = 0$$

peut bien être divisée par $x-2$, et par $x-3$, et par $x-4$, et par $x+5$, mais non point par $x+$ ou $-$ aucune autre quantité; ce qui montre qu'elle ne peut avoir que les quatre racines 2, 3, 4 et 5.

Combien il peut y avoir de vraies racines en chaque équation.

On connoît aussi de ceci combien il peut y avoir de vraies racines et combien de fausses en chaque équation : à savoir il y en peut avoir autant de vraies que les signes $+$ et $-$ s'y trouvent de fois être changés, et autant de fausses qu'il s'y trouve de fois deux signes $+$ ou deux signes $-$ qui s'entre-suivent. Comme en la dernière, à cause qu'après $+x^4$ il y a $-4x^3$, qui est un changement du signe $+$ en $-$, et après $-19x^2$ il y a $+106x$, et après $+106x$ il y a -120, qui sont encore deux autres changements, on connoît qu'il y a trois vraies racines; et une fausse, à cause que les deux signes $-$ de $4x^3$ et $19x^2$ s'entre-suivent.

Comment on fait que les fausses racines d'une équation deviennent vraies, et les vraies fausses.

De plus, il est aisé de faire en une même équation que toutes les racines qui étoient fausses deviennent vraies, et par même moyen que toutes celles qui étoient vraies deviennent fausses, à savoir en changeant tous les signes $+$ ou $-$ qui sont en la seconde, en la quatrième, en la sixième, ou autres places qui se désignent par les nombres

LIVRE TROISIÈME.

pairs, sans changer ceux de la première, de la troisième, de la cinquième, et semblables qui se désignent par les nombres impairs. Comme si, au lieu de

$$+x^4-4x^3-19x^2+106x-120=0,$$

on écrit

$$+x^4+4x^3-19x^2-106x-120=0,$$

on a une équation en laquelle il n'y a qu'une vraie racine qui est 5, et trois fausses qui sont 2, 3 et 4.

Que si, sans connoître la valeur des racines d'une équation, on la veut augmenter ou diminuer de quelque quantité connue, il ne faut qu'au lieu du terme inconnu en supposer un autre qui soit plus ou moins grand de cette même quantité, et le substituer partout en la place du premier.

Comment on peut augmenter ou diminuer les racines d'une équation sans les connoître.

Comme si on veut augmenter de 3 la racine de cette équation

$$x^4+4x^3-19x^2-106x-120=0,$$

il faut prendre y au lieu de x, et penser que cette quantité y est plus grande que x de 3, en sorte que $y-3$ est égal à x; et au lieu de x^2 il faut mettre le carré de $y-3$, qui est y^2-6y+9; et au lieu de x^3 il faut mettre son cube qui est $y^3-9y^2+27y-27$; et enfin au lieu de x^4 il faut mettre son carré de carré qui est $y^4-12y^3+54y^2-108y+81$. Et ainsi, décrivant la somme précédente en substituant partout y au lieu de x, on a

$$y^4 - 12y^3 + 54y^2 - 108y + 81$$
$$+ 4y^3 - 36y^2 + 108y - 108$$
$$- 19y^2 + 114y - 171$$
$$- 106y + 318$$
$$- 120$$

$$y^4 - 8y^3 - y^2 + 8y = 0,$$

ou bien

$$y^3 - 8y^2 - y + 8 = 0,$$

où la vraie racine qui étoit 5 est maintenant 8, à cause du nombre 3 qui lui est ajouté.

Que si on veut au contraire diminuer de trois la racine de cette même équation, il faut faire $y + 3 = x$, et $y^2 + 6y + 9 = x^2$, et ainsi des autres, de façon qu'au lieu de

$$x^4 + 4x^3 - 19x^2 - 106x - 120 = 0,$$

on met

$$y^4 + 12y^3 + 54y^2 + 108y + 81$$
$$+ 4y^3 + 36y^2 + 108y + 108$$
$$- 19y^2 - 114y - 171$$
$$- 106y - 318$$
$$- 120$$

$$y^4 + 16y^3 + 71y^2 - 4y - 420 = 0.$$

Qu'en augmentant les vraies racines on diminue les fausses, et au contraire.

Et il est à remarquer qu'en augmentant les vraies racines d'une équation on diminue les fausses de la même quantité, ou au contraire en diminuant les

---

[1] Descartes indique l'absence d'un terme par le signe * mis à la place de ce terme; nous l'ôterons comme inutile, de même que le facteur 1 qu'il laisse quelquefois.

vraies on augmente les fausses ; et que si on diminue, soit les unes, soit les autres, d'une quantité qui leur soit égale, elles deviennent nulles; et que si c'est d'une quantité qui les surpasse, de vraies elles deviennent fausses, ou de fausses vraies. Comme ici, en augmentant de 3 la vraie racine qui étoit 5, on a diminué de 3 chacune des fausses, en sorte que celle qui étoit 4 n'est plus que 1, et celle qui étoit 3 est nulle, et celle qui étoit 2 est devenue vraie et est 1, à cause que $-2+3$ fait $+1$: c'est pourquoi en cette équation

$$y^3 - 8y^2 - y + 8 = 0$$

il n'y a plus que trois racines, entre lesquelles il y en a deux qui sont vraies, 1 et 8, et une fausse qui est aussi 1; et en cette autre

$$y^4 + 16y^3 + 71y^2 - 4y - 420 = 0,$$

il n'y en a qu'une vraie qui est 2, à cause que $+5-3$ fait $+2$, et trois fausses qui sont 5, 6 et 7.

Or par cette façon de changer la valeur des racines sans les connoître on peut faire deux choses qui auront ci-après quelque usage. La première est qu'on peut toujours ôter le second terme de l'équation qu'on examine, à savoir en diminuant les vraies racines de la quantité connue de ce second terme divisée par le nombre des dimensions du premier, si l'un de ces deux termes étant marqué du signe $+$, l'autre est marqué du signe $-$; ou bien en l'augmentant de la même quantité, s'ils

Comment on peut ôter le second terme d'une équation.

ont tous deux le signe $+$ ou tous deux le signe $-$. Comme pour ôter le second terme de la dernière équation qui est

$$y^4 + 16y^3 + 71y^2 - 4y - 420 = 0,$$

ayant divisé 16 par 4, à cause des quatre dimensions du terme y^4, il vient derechef 4; c'est pourquoi je fais $z - 4 = y$, et j'écris

$$z^4 - 16z^3 + 96z^2 - 256z + 256$$
$$+ 16z^3 - 192z^2 + 768z - 1024$$
$$+ 71z^2 - 568z + 1136$$
$$- 4z + 16$$
$$- 420$$
$$\overline{z^4 \qquad\quad - 25z^2 - 60z - 36 = 0}$$

où la vraie racine qui étoit 2 est 6, à cause qu'elle est augmentée de 4; et les fausses, qui étoient 5, 6 et 7, ne sont plus que 1, 2 et 3, à cause qu'elles sont diminuées chacune de 4.

Tout de même si on veut ôter le second terme de

$$x^4 - 2ax^3 + (2a^2 - c^2)x^2 - 2a^3x + a^4 = 0,$$

pourceque divisant $2a$ par 4 il vient $\tfrac{1}{2}a$, il faut faire $z + \tfrac{1}{2}a = x$, et écrire

$$z^4 + 2az^3 + \tfrac{3}{2}a^2z^2 + \tfrac{1}{2}a^3z + \tfrac{1}{16}a^4$$
$$- 2az^3 - 3a^2z^2 - \tfrac{3}{2}a^3z - \tfrac{1}{4}a^4$$
$$+ 2a^2z^2 + 2a^3z + \tfrac{1}{2}a^4$$
$$- c^2z^2 - ac^2z - \tfrac{1}{4}a^2c^2$$
$$- 2a^3z - a^4$$
$$+ a^4$$
$$\overline{z^4 + (\tfrac{1}{2}a^2 - c^2)z^2 - (a^3 + ac^2)z + \tfrac{5}{16}a^4 - \tfrac{1}{4}a^2c^2 = 0}$$

et si on trouve après la valeur de z, en lui ajoutant $\frac{1}{3}a$ on aura celle de x.

La seconde chose qui aura ci-après quelque usage est qu'on peut toujours, en augmentant la valeur des vraies racines d'une quantité qui soit plus grande que n'est celle d'aucune des fausses, faire qu'elles deviennent toutes vraies, en sorte qu'il n'y ait point deux signes $+$ ou deux signes $-$ qui s'entre-suivent, et outre cela que la quantité connue du troisième terme soit plus grande que le carré de la moitié de celle du second. Car encore que cela se fasse lorsque ces fausses racines sont inconnues, il est aisé néanmoins de juger à peu près de leur grandeur et de prendre une quantité qui les surpasse d'autant ou de plus qu'il n'est requis à cet effet. Comme si on a

$$x^6 + nx^5 - 6n^2x^4 + 36n^3x^3 - 216n^4x^2 + 1296n^5x - 7776n^6 = 0,$$

en faisant $y - 6n = x$ on trouvera

$$\begin{matrix} y^6 - 36n \\ + n \end{matrix} \begin{Bmatrix} y^5 + 540n^2 \\ - 30n^2 \\ - 6n^2 \end{Bmatrix} \begin{matrix} y^4 - 4320n^3 \\ + 360n^3 \\ + 144n^3 \\ + 36n^3 \end{matrix} \begin{Bmatrix} y^3 + 19440n^4 \\ - 2160n^4 \\ - 1296n^4 \\ - 648n^4 \\ - 216n^4 \end{Bmatrix} \begin{matrix} y^2 - 46656n^5 \\ + 6480n^5 \\ + 5184n^5 \\ + 3888n^5 \\ + 2592n^5 \\ + 1296n^5 \end{matrix} \begin{Bmatrix} y + 46656n^6 \\ - 7776n^6 \\ - 7776n^6 \\ - 7776n^6 \\ - 7776n^6 \\ - 7776n^6 \\ - 7776n^6 \end{Bmatrix}$$

$$y^6 - 35n\ y^5 + 504n^2\ y^4 - 3780n^3\ y^3 + 15120n^4\ y^2 - 27216n^5\ y = 0.$$

Où il est manifeste que $504n^2$, qui est la quantité connue du troisième terme, est plus grande que le carré de $\frac{35}{2}n$, qui est la moitié de celle du second. Et il n'y a point de cas pour lequel la quantité dont on augmente les vraies racines ait besoin

Comment on peut faire que toutes les fausses racines d'une équation deviennent vraies sans que les vraies deviennent fausses.

à cet effet d'être plus grande, à proportion de celles qui sont données, que pour celui-ci.

Comment on fait que toutes les places d'une équation soient remplies.

Mais à cause que le dernier terme s'y trouve nul, si on ne désire pas que cela soit, il faut encore augmenter tant soit peu la valeur des racines, et ce ne sauroit être de si peu que ce ne soit assez pour cet effet; non plus que lorsqu'on veut accroitre le nombre des dimensions de quelque équation, et faire que toutes les places de ses termes soient remplies, comme si, au lieu de $x^5 - b = 0$, on veut avoir une équation en laquelle la quantité inconnue ait six dimensions et dont aucun des termes ne soit nul, il faut premièrement pour
$$x^5 - b = 0$$
écrire
$$x^6 - bx = 0;$$
puis, ayant fait $y - a = x$, on aura
$$y^6 - 6ay^5 + 15a^2y^4 - 20a^3y^3 + 15a^4y^2 - 6a^5 \left\{ \begin{matrix} y + a^6 \\ -b \end{matrix} \right. + ab = 0,$$
où il est manifeste que, tant petite que la quantité a soit supposée, toutes les places de l'équation ne laissent pas d'être remplies.

Comment on peut multiplier ou diviser les racines sans les connoître.

De plus on peut, sans connoître la valeur des vraies racines d'une équation, les multiplier ou diviser toutes par telle quantité connue qu'on veut; ce qui se fait en supposant que la quantité inconnue étant multipliée ou divisée par celle qui doit multiplier ou diviser les racines est égale à quelque autre; puis multipliant ou divisant la quantité con-

LIVRE TROISIÈME.

que du second terme par cette même qui doit multiplier ou diviser les racines, et par son carré celle du troisième, et par son cube celle du quatrième, et ainsi jusques au dernier. Ce qui peut servir pour réduire à des nombres entiers et rationnaux les fractions, ou souvent aussi les nombres sourds qui se trouvent dans les termes des équations. Comme si on a

Comment on réduit les nombres rompus d'une équation à des entiers.

$$x^3 - \sqrt{3}x^2 + \tfrac{26}{27}x - \tfrac{8}{27\sqrt{3}} = 0,$$

et qu'on veuille en avoir une autre en sa place, dont tous les termes s'expriment par des nombres rationnaux, il faut supposer $y = x\sqrt{3}$, et multiplier par $\sqrt{3}$ la quantité connue du second terme qui est aussi $\sqrt{3}$, et par son carré qui est 3 celle du troisième qui est $\tfrac{26}{27}$, et par son cube qui est $3\sqrt{3}$ celle du dernier qui est $\tfrac{8}{27\sqrt{3}}$, ce qui fait

$$y^3 - 3y^2 + \tfrac{26}{9}y - \tfrac{8}{9} = 0.$$

Puis si on en veut avoir encore une autre en la place de celle-ci, dont les quantités connues ne s'expriment que par des nombres entiers, il faut supposer $z = 3y$, et multipliant 3 par 3, $\tfrac{26}{9}$ par 9 et $\tfrac{8}{9}$ par 27, on trouve

$$z^3 - 9z^2 + 26z - 24 = 0,$$

où les racines étant 2, 3 et 4, on connoit de là que celles de l'autre d'auparavant étoient $\tfrac{2}{3}$, 1 et $\tfrac{4}{3}$, et que celles de la première étoient

$$\tfrac{2}{9}\sqrt{3}, \tfrac{1}{3}\sqrt{3} \text{ et } \tfrac{4}{9}\sqrt{3}.$$

Cette opération peut aussi servir pour rendre la

Comment on rend la quan-

398 LA GÉOMÉTRIE.

ité comme de l'un des termes d'une équation égale à telle autre qu'on veut.

quantité connue de quelqu'un des termes de l'équation égale à quelque autre donnée, comme si ayant
$$x^3 - b^2x + c^3 = 0,$$
on veut avoir en sa place une autre équation en laquelle la quantité connue du terme qui occupe la troisième place, à savoir celle qui est ici b^2 soit $3a^2$, il faut supposer $y = x\sqrt{\frac{3a^2}{b^2}}$, puis écrire
$$y^3 - 3a^2y + \frac{3a^3c^3}{b^3}\sqrt{3} = 0.$$

Que les racines tant vraies que fausses peuvent être réelles ou imaginaires.

Au reste, tant les vraies racines que les fausses ne sont pas toujours réelles, mais quelquefois seulement imaginaires, c'est-à-dire qu'on peut bien toujours en imaginer autant que j'ai dit en chaque équation, mais qu'il n'y a quelquefois aucune quantité qui corresponde à celles qu'on imagine; comme encore qu'on en puisse imaginer trois en celle-ci,
$$x^3 - 6x^2 + 13x - 10 = 0,$$
il n'y en a toutefois qu'une réelle qui est 2, et pour les deux autres, quoiqu'on les augmente ou diminue, ou multiplie en la façon que je viens d'expliquer, on ne sauroit les rendre autres qu'imaginaires.

La réduction des équations cubiques, lorsque le problème est plan.

Or quand, pour trouver la construction de quelque problème, on vient à une équation en laquelle la quantité inconnue a trois dimensions, premièrement, si les quantités connues qui y sont contiennent quelques nombres rompus, il les faut réduire à d'autres entiers par la multiplication tantôt expliquée; et s'ils en contiennent de sourds, il faut aussi les réduire à d'autres rationnaux autant qu'il sera possible, tant par cette même multiplication que par divers autres moyens qui sont assez faciles à trouver. Puis examinant par ordre toutes les quantités qui peuvent diviser sans fraction le dernier terme, il faut voir si quelqu'une d'elles, jointe avec la quantité inconnue par le signe $+$ ou $-$, peut composer un binôme qui divise toute la somme; et si cela est, le problème est plan, c'est-à-dire il peut être construit avec la règle et le compas; car, ou bien la quantité connue de ce binôme est la racine cherchée, ou bien l'équation étant divisée par lui se réduit à deux dimensions, en sorte qu'on en peut trouver après la racine par ce qui a été dit au premier livre.

Par exemple, si on a
$$y^6 - 8y^4 - 124y^2 - 64 = 0,$$
le dernier terme qui est 64 peut être divisé sans fraction par 1, 2, 4, 8, 16, 32 et 64; c'est pourquoi il faut examiner par ordre si cette équation ne peut point être divisée par quelqu'un des binômes y^2-1 ou y^2+1, y^2-2 ou y^2+2, y^2-4, etc.; et on trouve qu'elle peut l'être par y^2-16 en cette sorte :

$$\begin{array}{r}+y^6 - 8y^4 - 124y^2 - 64 = 0\\ -y^6 - 8y^4 - 4y^2 - 16\\ \hline 0 \quad -16y^4 - 128y^2\\ -16 \quad -16\\ \hline + y^4 + 8y^2 + 4 = 0.\end{array}$$

La façon de diviser une équation par un binôme qui contient sa racine.

Je commence par le dernier terme, et divise -64 par -16, ce qui fait $+4$ que j'écris dans le quotient; puis je multiplie $+4$ par $+y^2$, ce qui fait $+4y^2$; c'est pourquoi j'écris $-4y^2$ en la somme qu'il faut diviser, car il y faut toujours écrire le signe $+$ ou $-$ tout contraire à celui que produit la multiplication; et joignant $-124y^2$ avec $-4y^2$, j'ai $-128y^2$ que je divise derechef par -16, et j'ai $+8y^2$ pour mettre dans le quotient; et en le multipliant par y^2, j'ai $-8y^4$ pour joindre avec le terme qu'il faut diviser, qui est aussi $-8y^4$; et ces deux ensemble font $-16y^4$ que je divise par -16, ce qui fait $+y^4$ pour le quotient, et $-y^6$ pour joindre avec $+y^6$, ce qui fait 0 et montre que la division est achevée. Mais s'il étoit resté quelque quantité, ou bien qu'on n'eût pu diviser sans fraction quelqu'un des termes précédents, on eût par là reconnu qu'elle ne pouvoit être faite.

Tout de même si on a

$$\left. \begin{array}{l} y^6 + a^2 \\ - 2c^2 \end{array} \right) \left. \begin{array}{l} y^4 - a^4 \\ + c^4 \end{array} \right| \left. \begin{array}{l} y^2 - a^6 \\ - 2a^4c^2 \\ - a^2c^4 \end{array} \right\} = 0$$

le dernier terme se peut diviser sans fraction par a, a^2, a^2+c^2, a^3+ac^2, et semblables; mais il n'y en a que deux qu'on ait besoin de considérer, à savoir a^2 et a^2+c^2, car les autres, donnant plus ou moins de dimensions dans le quotient qu'il n'y en a en la quantité connue du pénultième terme, em-

LIVRE TROISIÈME.

pêcheroient que la division ne s'y pût faire. Et notez que je ne compte ici les dimensions de y^6 que pour trois, à cause qu'il n'y a point de y^5, ni de y^3, ni de y en toute la somme. Or en examinant le binôme $y^2 - a^2 - c^2 = o$, on trouve que la division se peut faire par lui en cette sorte :

$$\begin{array}{l}+y^6 \\ -y^6\end{array} \left.\begin{array}{l}+ a^2 \\ -2c^2\end{array}\right\} y^4 \begin{array}{l}-a^4 \\ +c^4\end{array} \left.\begin{array}{l}\\ \end{array}\right\} y^2 \begin{array}{l}-a^6 \\ -2a^4c^2\end{array} \left.\begin{array}{l}\\ \end{array}\right\} = o$$

$$\begin{array}{l}o -2a^2 \\ + c^2\end{array} \left.\begin{array}{l}\\ \end{array}\right\} y^4 \begin{array}{l}-a^4 \\ -a^2c^2\end{array} \left.\begin{array}{l}\\ \end{array}\right\} y^2 \begin{array}{l}-a^2c^4 \\ -a^2-c^2\end{array}$$

$$\overline{-a^2-c^2} \quad \overline{-a^2-c^2}$$

$$+ y^4 \quad \begin{array}{l}+2a^2 \\ -c^2\end{array} \left.\begin{array}{l}\\ \end{array}\right\} y^2 \begin{array}{l}+a^4 \\ +a^2c^2\end{array} \left.\begin{array}{l}\\ \end{array}\right\} = o,$$

ce qui montre que la racine cherchée est $a^2 + c^2$, et la preuve en est aisée à faire par la multiplication.

Mais lorsqu'on ne trouve aucun binôme qui puisse ainsi diviser toute la somme de l'équation proposée, il est certain que le problème qui en dépend est solide; et ce n'est pas une moindre faute après cela de tâcher à le construire sans y employer que des cercles et des lignes droites, que ce seroit d'employer des sections coniques à construire ceux auxquels on n'a besoin que de cercles : car enfin tout ce qui témoigne quelque ignorance s'appelle faute.

Quels problèmes sont solides lorsque l'équation est cubique.

Que si on a une équation dont la quantité inconnue ait quatre dimensions, il faut en même façon, après en avoir ôté les nombres sourds et rompus,

La réduction des équations qui ont quatre dimensions, lorsque le pro-

s'il y en a, voir si on pourra trouver quelque binôme qui divise toute la somme en le composant de l'une des quantités qui divisent sans fraction le dernier terme. Et si on en trouve un, ou bien la quantité connue de ce binôme est la racine cherchée, ou du moins, après cette division, il ne reste en l'équation que trois dimensions, ensuite de quoi il faut derechef l'examiner en la même sorte. Mais lorsqu'il ne se trouve point de tel binôme, il faut, en augmentant ou diminuant la valeur de la racine, ôter le second terme de la somme en la façon tantôt expliquée, et après la réduire à une autre qui ne contienne que trois dimensions; ce qui se fait en cette sorte : au lieu de

$$+x^4 \ldots px^2 \ldots qx \ldots r = 0,$$

il faut écrire

$$+y^6 \ldots 2py^4 + (p^2 \ldots 4r)y^2 - q^2 = 0.$$

Et pour les signes $+$ ou $-$ que j'ai omis, s'il y a eu $+p$ en la précédente équation, il faut mettre en celle-ci $+2p$, ou s'il y a eu $-p$, il faut mettre $-2p$; et au contraire s'il y a eu $+r$, il faut mettre $-4r$, ou s'il y a eu $-r$, il faut mettre $+4r$; et soit qu'il y ait eu $+q$ ou $-q$, il faut toujours mettre $-q^2$ et $+p^2$, au moins si on suppose que x^4 et y^6 sont marqués du signe $+$, car ce seroit tout le contraire si on y supposoit le signe $-$.

Par exemple, si on a

$$+x^4 - 4x^2 - 8x + 35 = 0,$$

il faut écrire en son lieu
$$y^6-8y^4-124y^2-64=0,$$
car la quantité que j'ai nommée p étant -4, il faut mettre $-8y^4$ pour $2py^4$; et celle que j'ai nommée r étant 35, il faut mettre $(16-140)y^2$, c'est-à-dire $-124y^2$ au lieu de $(p^2-4r)y^2$; et enfin q étant 8, il faut mettre -64 pour $-q^2$. Tout de même, au lieu de
$$+x^4-17x^2-20x-6=0,$$
il faut écrire
$$+y^6-34y^4+313y^2-400=0;$$
car 34 est double de 17, et 313 en est le carré joint au quadruple de 6, et 400 est le carré de 20.

Tout de même aussi au lieu de
$$+z^4+(\tfrac{1}{2}a^2-c^2)z^2-(a^3+ac^2)z+\tfrac{1}{16}a^4-\tfrac{1}{4}a^2c^2=0,$$
il faut écrire
$$y^6+(a^2-2c^2)y^4+(c^4-a^4)y^2-a^6-2a^4c^2-a^2c^4=0;$$
car p est $\tfrac{1}{2}a^2-c^2$, et p^2 est $\tfrac{1}{4}a^4-a^2c^2+c^4$, et $4r$ est $-\tfrac{1}{4}a^4+a^2c^2$, et enfin $-q^2$ est $-a^6-2a^4c^2-a^2c^4$.

Après que l'équation est ainsi réduite à trois dimensions, il faut chercher la valeur de y^2 par la méthode déjà expliquée; et si elle ne peut être trouvée, on n'a point besoin de passer outre, car il suit de là infailliblement que le problème est solide. Mais si on la trouve, on peut diviser par son moyen la précédente équation en deux autres, en chacune desquelles la quantité inconnue n'aura que deux dimensions et dont les racines seront les mêmes que les siennes; à savoir, au lieu de

$$+x^4\ldots px^2\ldots qx\ldots r=0,$$

il faut écrire ces deux autres

$$+x^2-yx+\tfrac{1}{2}y^2\ldots\tfrac{1}{2}p\ldots\frac{q}{2y}=0$$

et $$+x^2+yx+\tfrac{1}{2}y^2\ldots\tfrac{1}{2}p\ldots\frac{q}{2y}=0.$$

Et pour les signes + et — que j'ai omis, s'il y a $+p$ en l'équation précédente, il faut mettre $+\tfrac{1}{2}p$ en chacune de celles-ci, et $-\tfrac{1}{2}p$ s'il y a en l'autre $-p$; mais il faut mettre $+\frac{q}{2y}$ en celle où il y a $-yx$, et $-\frac{q}{2y}$ en celle où il y a $+yx$, lorsqu'il y a $+q$ en la première; et au contraire, s'il y a $-q$, il faut mettre $-\frac{q}{2y}$ en celle où il y a $-yx$, et $+\frac{q}{2y}$ en celle où il y a $+yx$. Ensuite de quoi il est aisé de connoître toutes les racines de l'équation proposée, et par conséquent de construire le problème dont elle contient la solution, sans y employer que des cercles et des lignes droites.

Par exemple, à cause que faisant

$$y^6-34y^4+313y^2-400=0$$

pour

$$x^4-17x^2-20x-6=0,$$

on trouve que y^2 est 16, on doit, au lieu de cette équation

$$+x^4-17x^2-20x-6=0,$$

écrire ces deux autres

$$+x^2-4x-3=0,$$

et $$+x^2+4x+2=0,$$

car y est 4, $\frac{1}{2}y^2$ est 8, p est 12, et q est 20, de façon que

$+\frac{1}{2}y^2-\frac{1}{2}p-\frac{q}{2y}$ fait -3, et $+\frac{1}{2}y^2-\frac{1}{2}p+\frac{q}{2y}$ fait $+2$.

Et tirant les racines de ces deux équations, on trouve toutes les mêmes que si on les tiroit de celle où est x^4, à savoir, on en trouve une vraie qui est $\sqrt{7}+2$, et trois fausses qui sont

$$\sqrt{7}-2, 2+\sqrt{2}, \text{ et } 2-\sqrt{2}.$$

Ainsi ayant
$$x^4-4x^2-8x+35=0,$$
pourceque la racine de
$$y^6-8y^4-124y^2-64=0$$
est derechef 16, il faut écrire
$$x^2-4x+5=0$$
et
$$x^2+4x+7=0.$$

Car ici

$+\frac{1}{2}y^2-\frac{1}{2}p-\frac{q}{2y}$ fait 5, et $+\frac{1}{2}y^2-\frac{1}{2}p+\frac{q}{2y}$ fait 7.

Et pourcequ'on ne trouve aucune racine, ni vraie ni fausse, en ces deux dernières équations, on connoît de là que les quatre de l'équation dont elles procèdent sont imaginaires, et que le problème pour lequel on l'a trouvée est plan de sa nature, mais qu'il ne sauroit en aucune façon être construit, à cause que les quantités données ne peuvent se joindre.

Tout de même ayant
$$z^4+(\tfrac{1}{2}a^2-c^2)z^2-(a^3+ac^2)z+\tfrac{1}{2}a^4-\tfrac{1}{4}a^2c^2=0,$$

pourceque'on trouve a^2+c^2 pour y^2, il faut écrire
$$z^2 - \sqrt{a^2+c^2}\,z + \tfrac{1}{4}a^2 - \tfrac{1}{2}a\sqrt{a^2+c^2} = 0,$$
et
$$z^2 + \sqrt{a^2+c^2}\,z + \tfrac{1}{4}a^2 + \tfrac{1}{2}a\sqrt{a^2+c^2} = 0,$$
car y est $\sqrt{a^2+c^2}$, et $+\tfrac{1}{4}y^2 + \tfrac{1}{2}p$ est $\tfrac{1}{2}a^2$, et $\frac{q}{2y}$ est $\tfrac{1}{2}a\sqrt{a^2+c^2}$, d'où on connoît que la valeur de z est
$$\tfrac{1}{2}\sqrt{a^2+c^2} + \sqrt{-\tfrac{1}{2}a^2 + \tfrac{1}{4}c^2 + \tfrac{1}{2}a\sqrt{a^2+c^2}},$$
ou bien
$$\tfrac{1}{2}\sqrt{a^2+c^2} - \sqrt{-\tfrac{1}{2}a^2 + \tfrac{1}{4}c^2 + \tfrac{1}{2}a\sqrt{a^2+c^2}}.$$
Et pourceque nous avions fait ci-dessus $z + \tfrac{1}{2}a = x$, nous apprenons que la quantité x, pour la connoissance de laquelle nous avons fait toutes ces opérations, est
$$+\tfrac{1}{2}a + \sqrt{\tfrac{1}{4}a^2 + \tfrac{1}{2}c^2} - \sqrt{\tfrac{1}{4}c^2 - \tfrac{1}{2}a^2 + \tfrac{1}{2}a\sqrt{a^2+c^2}}.$$

Exemple de l'usage de ces réductions. Mais afin qu'on puisse mieux connoître l'utilité de cette règle il faut que je l'applique à quelque problème.

Si le carré AD (*fig.* 19) et la ligne BN étant donnés, il faut prolonger le côté AC jusques à E, en sorte que EF, tirée de E vers B, soit égale à NB : on apprend de Pappus, qu'ayant premièrement prolongé BD jusques à G, en sorte que DG soit égale à DN, et ayant décrit un cercle dont le diamètre soit BG, si on prolonge la ligne droite AC, elle rencontrera la circonférence de ce cercle au point E qu'on demandoit. Mais pour ceux qui ne sauroient point cette construction, elle seroit assez difficile à rencontrer; et, en la cherchant par la méthode ici proposée, ils ne s'aviseroient jamais de prendre DG pour la quantité inconnue, mais plutôt CF ou FD, à cause que ce sont elles qui conduisent le plus aisément à l'équation; et lors ils en trouveroient une qui ne seroit pas facile à démêler sans la règle que je viens d'expliquer. Car posant a pour BD ou CD, et c pour EF, et x pour DF, on a CF$=a-x$, et comme CF ou $a-x$ est à FE ou c, ainsi FD ou x est à BF, qui par conséquent est $\frac{cx}{a-x}$. Puis à cause du triangle rectangle BDF dont les côtés sont l'un x et l'autre a, leurs carrés, qui sont x^2+a^2, sont égaux à celui de la base, qui est $\frac{c^2x^2}{x^2-2ax+a^2}$; de façon que, multipliant le tout par $x^2-2ax+a^2$, on trouve que l'équation est

$$x^4-2ax^3+2a^2x^2-2a^3x+a^4=c^2x^2.$$

ou bien

$$x^4-2ax^3+(2a^2-c^2)x^2-2a^3x+a^4=0;$$

et on connoît par les règles précédentes que sa racine, qui est la longueur de la ligne DF, est

$$\tfrac{1}{2}a+\sqrt{\tfrac{1}{4}a^2+\tfrac{1}{4}c^2}-\sqrt{\tfrac{1}{4}c^2-\tfrac{1}{4}a^2+\tfrac{1}{2}a\sqrt{a^2+c^2}}.$$

Que si on posoit BF, ou CE, ou BE, pour la quantité inconnue, on viendroit derechef à une équation en laquelle il y auroit quatre dimensions, mais qui seroit plus aisée à démêler, et on y viendroit assez aisément ; au lieu que si c'étoit DC qu'on supposàt, on viendroit beaucoup plus difficilement à l'équation, mais aussi elle seroit très simple. Ce que je mets ici pour vous avertir que, lorsque le problème proposé n'est point solide, si en le cherchant par un chemin on vient à une équation fort composée, on peut ordinairement venir à une plus simple en le cherchant par un autre.

Je pourrois encore ajouter diverses règles pour démêler les équations qui vont au cube ou au carré de carré, mais elles seroient superflues ; car lorsque les problèmes sont plans on en peut toujours trouver la construction par celles-ci.

Règle générale pour réduire les équations qui passent le carré de carré. Je pourrois aussi en ajouter d'autres pour les équations qui montent jusques au sursolide, ou au carré de cube, ou au-delà, mais j'aime mieux les comprendre toutes en une, et dire en général que, lorsqu'on a tâché de les réduire à même forme que celles d'autant de dimensions qui viennent de la multiplication de deux autres qui en ont moins, et qu'ayant dénombré tous les moyens par lesquels cette multiplication est possible, la chose n'a pu succéder par aucun, on doit s'assurer qu'elles ne sauroient être réduites à de plus simples ; en sorte que si la quantité inconnue a trois ou quatre dimensions, le problème pour lequel on la cherche est solide, et si elle en a cinq ou six, il est d'un degré plus composé, et ainsi des autres.

Au reste, j'ai omis ici les démonstrations de la plupart de ce que j'ai dit, à cause qu'elles m'ont semblé si faciles que, pourvu que vous preniez la peine d'examiner méthodiquement si j'ai failli, elles se présenteront à vous d'elles-mêmes; et il sera plus utile de les apprendre en cette façon qu'en les lisant.

Or, quand on est assuré que le problème proposé est solide, soit que l'équation par laquelle on le cherche monte au carré de carré, soit qu'elle ne monte que jusques au cube, on peut toujours en trouver la racine par l'une des trois sections coniques, laquelle que ce soit, ou même par quelque partie de l'une d'elles, tant petite qu'elle puisse être, en ne se servant au reste que de lignes droites et de cercles. Mais je me contenterai ici de donner une règle générale pour les trouver toutes par le moyen d'une parabole, à cause qu'elle est en quelque façon la plus simple.

Façon générale pour construire tous les problèmes solides réduits à une équation de trois ou quatre dimensions.

Premièrement, il faut ôter le second terme de l'équation proposée, s'il n'est déjà nul, et ainsi la réduire à telle forme

$$z^3 = \ldots apz \ldots a^2 q,$$

si la quantité inconnue n'a que trois dimensions; ou bien à telle

$$z^4 = \ldots apz^2 \ldots a^2 qz \ldots a^3 r,$$

si elle en a quatre; ou bien, en prenant a pour l'unité, à telle

$$z^3 = \ldots pz \ldots q,$$

et à telle

$$z^4 = \ldots pz^2 \ldots qz \ldots r.$$

Après cela, supposant que la parabole FAG (*fig.* 20) est déjà décrite, et que son essieu est ACDKL, et que son côté droit est a ou 1 dont AC est la moitié, et enfin que le point C est au dedans de cette parabole, et que A en est le sommet; il faut faire CD $= \frac{1}{2} p$, et la prendre du même côté qu'est le point A au regard du point C, s'il y a $+ p$ en l'équation; mais s'il y a $- p$, il faut la prendre de l'autre côté. Et du point D, ou bien, si la quantité p étoit nulle, du point C (*fig.* 21) il faut élever une ligne à angles droits jusques à E, en sorte qu'elle soit égale à $\frac{1}{2} q$. Et enfin du centre E il faut décrire le cercle FG dont le demi-diamètre soit AE si l'équation n'est que cubique, en sorte que la quantité r soit nulle. Mais quand il y a $+ r$ il faut dans cette ligne AE (*fig.* 20) prolongée prendre d'un côté AR égale à r, et de l'autre AS égale au côté droit de la parabole qui est 1; et ayant décrit un cercle dont le diamètre soit RS, il faut faire AH perpendiculaire sur AE, laquelle AH rencontre ce cercle RHS au point H qui est celui par où l'autre cercle FHG doit passer. Et quand il y a $- r$, il faut, après avoir ainsi trouvé la ligne AH (*fig.* 22), inscrire AI qui lui soit égale, dans un autre cercle dont AE soit le diamètre, et lors c'est par le point I que doit passer FIG le premier cercle cherché. Or ce cercle FG peut couper ou toucher la parabole en un, ou deux, ou trois, ou quatre points, desquels tirant des perpendiculaires sur l'essieu, on a toutes les racines de l'équation tant vraies que fausses. A savoir si la quantité q est marquée du signe $+$, les vraies racines seront celles de ces perpendiculaires qui se trouveront du même côté de la parabole que E le centre du cercle, comme FL; et les autres, comme GK, seront fausses. Mais au contraire, si cette quantité q est marquée du signe $-$, les vraies seront celles de l'autre côté, et les fausses ou moindres que rien seront du côté où est E le centre du cercle. Et enfin si ce cercle ne coupe ni ne touche la parabole en aucun point, cela témoigne qu'il n'y a aucune racine ni vraie ni fausse en l'équation, et qu'elles sont toutes imaginaires. En sorte que cette règle est la plus générale et la plus accomplie qu'il soit possible de souhaiter.

Et la démonstration en est fort aisée; car si la ligne GK (*fig.* 20), trouvée par cette construction, se nomme z, AK sera z^2, à cause de la parabole en laquelle GK doit être moyenne proportionnelle entre AK et le côté droit qui est 1; puis, si de AK j'ôte AC qui est $\frac{1}{2}$, et CD qui est $\frac{1}{2}p$, il reste DK ou EM qui est $z^2 - \frac{1}{2}p - \frac{1}{2}$, dont le carré est
$$z^4 - pz^2 - z^2 + \tfrac{1}{4}p^2 + \tfrac{1}{2}p + \tfrac{1}{4};$$
et à cause que DE ou KM est $\frac{1}{2}q$, la toute GM est

$z+\frac{1}{2}q$, dont le carré est
$$z^2+qz+\frac{1}{4}q^2;$$
et assemblant ces deux carrés on a
$$z^4-pz^2+qz+\frac{1}{4}q^2+\frac{1}{4}p^2+\frac{1}{2}p+\frac{1}{4},$$
pour le carré de la ligne GE, à cause qu'elle est la base du triangle rectangle EMG.

Mais à cause que cette même ligne GE est le demi-diamètre du cercle FG, elle se peut encore expliquer en d'autres termes, à savoir ED étant $\frac{1}{2}q$, et AD étant $\frac{1}{2}p+\frac{1}{2}$, AE est
$$\sqrt{\frac{1}{4}q^2+\frac{1}{4}p^2+\frac{1}{2}p+\frac{1}{4}},$$
à cause de l'angle droit ADE; puis HA étant moyenne proportionnelle entre AS qui est 1 et AR qui est r, elle est $\sqrt{r}$; et à cause de l'angle droit EAH, le carré de HE ou EG est
$$\frac{1}{4}q^2+\frac{1}{4}p^2+\frac{1}{2}p+\frac{1}{4}+r;$$
si bien qu'il y a équation entre cette somme et la précédente, ce qui est le même que
$$z^4=pz^2-qz+r,$$
et par conséquent la ligne trouvée GK qui a été nommée z est la racine de cette équation, ainsi qu'il falloit démontrer. Et si vous appliquez ce même calcul à tous les autres cas de cette règle en changeant les signes $+$ et $-$ selon l'occasion, vous y trouverez votre compte en même sorte, sans qu'il soit besoin que je m'y arrête.

L'invention   Si on veut donc, suivant cette règle, trouver deux

LIVRE TROISIÈME.   415

moyennes proportionnelles entre les lignes a et q (*fig.* 21), chacun sait que posant z pour l'une, comme a est à z, ainsi z à $\frac{z^2}{a}$, et $\frac{z^2}{a}$ à $\frac{z^3}{a^2}$; de façon qu'il y a équation entre q et $\frac{z^3}{a^2}$, c'est-à-dire

$$z^3 = a^2 q.$$

de deux moyennes proportionnelles.

Et la parabole FAG étant décrite, avec la partie de son essieu AC qui est $\frac{1}{2}a$ la moitié du côté droit, il faut du point C élever la perpendiculaire CE égale à $\frac{1}{2}q$, et du centre E par A, décrivant le cercle AF, on trouve FL et LA pour les deux moyennes cherchées.

Tout de même si on veut diviser l'angle NOP (*fig.* 25), ou bien l'arc ou portion de cercle NQPT en trois parties égales, faisant NO = 1 pour le rayon du cercle, et NP = q pour la subtendue de l'arc donné, et NQ = z pour la subtendue du tiers de cet arc, l'équation vient

$$z^3 = 3z - q.$$

La façon de diviser un angle en trois.

Car ayant tiré les lignes NQ, OQ, OT, et faisant QS parallèle à TO, on voit que comme NO est à NQ, ainsi NQ à QR, et QR à RS; en sorte que NO étant 1, et NQ étant z, QR est z^2, et RS est z^3; et à cause qu'il s'en faut seulement RS ou z^3 que la ligne NP qui est q ne soit triple de NQ qui est z, on a $\qquad q = 3z - z^3$, ou bien

$$z^3 = 3z - q.$$

414   LA GÉOMÉTRIE.

Puis la parabole FAG étant décrite, et CA la moitié de son côté droit principal étant $\frac{1}{2}$, si on prend CD = $\frac{2}{3}$, et la perpendiculaire DE = $\frac{1}{2}q$, et que du centre E par A on décrive le cercle FAgG, il coupe cette parabole aux trois points F, g et G, sans compter le point A qui en est le sommet; ce qui montre qu'il y a trois racines en cette équation, à savoir les deux GK et gk qui sont vraies, et la troisième qui est fausse, à savoir FL. Et de ces deux vraies c'est gk la plus petite qu'il faut prendre pour la ligne NQ qui étoit cherchée; car l'autre GK est égale à NV la subtendue de la troisième partie de l'arc NVP, qui avec l'autre arc NQP achève le cercle. Et la fausse FL est égale à ces deux ensemble QN et NV, ainsi qu'il est aisé à voir par le calcul.

Que tous les problèmes solides se peuvent réduire à ces deux constructions.

Il seroit superflu que je m'arrêtasse à donner ici d'autres exemples, car tous les problèmes qui ne sont que solides se peuvent réduire à tel point qu'on n'a aucun besoin de cette règle pour les construire, sinon en tant qu'elle sert à trouver deux moyennes proportionnelles, ou bien à diviser un angle en trois parties égales, ainsi que vous connoitrez en considérant que leurs difficultés peuvent toujours être comprises en des équations qui ne montent que jusques au carré de carré ou au cube, et que toutes celles qui montent au carré de carré se réduisent au carré par le moyen de quelques autres qui ne montent que jusques au cube, et enfin qu'on peut ôter le second terme de celles-ci; en sorte qu'il n'y en a point qui ne se puisse réduire à quelqu'une de ces trois formes :

$$z^3 = -pz+q,$$
$$z^3 = +pz+q,$$
$$z^3 = +pz-q.$$

Or si on a $z^3 = -pz+q$, la règle dont Cardan attribue l'invention à un nommé Scipio Ferreus nous apprend que la racine est

$$\sqrt{C.+\tfrac{1}{2}q+\sqrt{\tfrac{1}{4}q^2+\tfrac{1}{27}p^3}}-\sqrt{C.-\tfrac{1}{2}q+\sqrt{\tfrac{1}{4}q^2+\tfrac{1}{27}p^3}}.$$

Comme aussi lorsqu'on a $z^3 = +pz+q$, et que le carré de la moitié du dernier terme est plus grand que le cube du tiers de la quantité connue du pénultième, une pareille règle nous apprend que la racine est

$$\sqrt{C.+\tfrac{1}{2}q+\sqrt{\tfrac{1}{4}q^2-\tfrac{1}{27}p^3}}+\sqrt{C.+\tfrac{1}{2}q-\sqrt{\tfrac{1}{4}q^2-\tfrac{1}{27}p^3}}.$$

D'où il paroît qu'on peut construire tous les problèmes dont les difficultés se réduisent à l'une de ces deux formes, sans avoir besoin des sections coniques pour autre chose que pour tirer les racines cubiques de quelques quantités données, c'est-à-dire pour trouver deux moyennes proportionnelles entre ces quantités et l'unité.

Puis, si on a $z^3 = +pz+q$, et que le carré de la moitié du dernier terme ne soit point plus grand que le cube du tiers de la quantité connue du pénultième, en supposant le cercle NQPV dont le demi-diamètre NO soit $\sqrt{\frac{1}{3}p}$, c'est-à-dire la moyenne proportionnelle entre le tiers de la quantité donnée p et l'unité, et supposant aussi la ligne NP inscrite dans ce cercle qui soit $\frac{3q}{p}$, c'est-à-dire qui soit à l'autre quantité donnée q comme l'unité est au tiers de p, il ne faut que diviser chacun des deux arcs NQP et NVP en trois parties égales, et on aura NQ la subtendue du tiers de l'un, et NV la subtendue du tiers de l'autre, qui jointes ensemble composeront la racine cherchée.

Enfin si on a $z^3 = pz - q$, en supposant derechef le cercle NQPV dont le rayon NO soit $\sqrt{\frac{1}{3}p}$, et l'inscrite NP soit $\frac{3q}{p}$, NQ la subtendue du tiers de l'arc NQP sera l'une des racines cherchées, et NV la subtendue du tiers de l'autre arc sera l'autre. Au moins, si le carré de la moitié du dernier terme n'est point plus grand que le cube du tiers de la quantité connue du pénultième; car s'il étoit plus grand, la ligne NP ne pourroit être inscrite dans le cercle, à cause qu'elle seroit plus longue que son diamètre, ce qui seroit cause que les deux vraies racines de cette équation ne seroient qu'imaginaires, et qu'il n'y en auroit de réelle que la fausse, qui, suivant la règle de Cardan, seroit

$$\sqrt{C.\tfrac{1}{2}q + \sqrt{\tfrac{1}{4}q^2 - \tfrac{1}{27}p^3}} + \sqrt{C.\tfrac{1}{2}q - \sqrt{\tfrac{1}{4}q^2 - \tfrac{1}{27}p^3}}.$$

Au reste, il est à remarquer que cette façon

La façon d'exprimer la va-

d'exprimer la valeur des racines par le rapport qu'elles ont aux côtés de certains cubes dont il n'y a que le contenu qu'on connoisse, n'est en rien plus intelligible ni plus simple que de les exprimer par le rapport qu'elles ont aux subtendues de certains arcs ou portions de cercles dont le triple est donné; en sorte que toutes celles des équations cubiques qui ne peuvent être exprimées par les règles de Cardan, le peuvent être autant ou plus clairement par la façon ici proposée.

leur de toutes les racines des équations cubiques, et ensuite de toutes celles qui ne montent que jusques au carré de carré.

Car si, par exemple, on pense connoître la racine de cette équation

$$z^3 = -qz + p,$$

à cause qu'on sait qu'elle est composée de deux lignes dont l'une est le côté d'un cube duquel le contenu est $\frac{1}{2}q$, ajouté au côté d'un carré duquel derechef le contenu est $\frac{1}{4}q^2 - \frac{1}{27}p^3$, et l'autre est le côté d'un autre cube dont le contenu est la différence qui est entre $\frac{1}{2}q$ et le côté de ce carré dont le contenu est $\frac{1}{4}q^2 - \frac{1}{27}p^3$, qui est tout ce qu'on en apprend par la règle de Cardan. Il n'y a point de doute qu'on ne connoisse autant ou plus distinctement la racine de celle-ci

$$z^3 = +qz - p,$$

en la considérant inscrite dans un cercle dont le demi-diamètre est $\sqrt{\frac{1}{3}p}$, et sachant qu'elle y est la subtendue d'un arc dont le triple a pour sa subtendue $\frac{3q}{p}$. Même ces termes sont beaucoup moins embarrassés que les autres, et ils se trouveront beaucoup plus courts si on veut user de quelque chiffre particulier pour exprimer ces subtendues, ainsi qu'on fait du chiffre $\sqrt{C.}$ pour exprimer le côté des cubes.

Et on peut aussi ensuite de ceci exprimer les racines de toutes les équations qui montent jusques au carré de carré par les règles ci-dessus expliquées: en sorte que je ne sache rien de plus à désirer en cette matière : car enfin la nature de ces racines ne permet pas qu'on les exprime en termes plus simples, ni qu'on les détermine par aucune construction qui soit ensemble plus générale et plus facile.

Pourquoi les problèmes solides ne peuvent être construits sans les sections coniques, ni ceux qui sont plus composés sans quelques autres lignes plus composées.

Il est vrai que je n'ai pas encore dit sur quelles raisons je me fonde pour oser ainsi assurer si une chose est possible ou ne l'est pas. Mais si on prend garde comment, par la méthode dont je me sers, tout ce qui tombe sous la considération des géomètres se réduit à un même genre de problèmes, qui est de chercher la valeur des racines de quelque équation, on jugera bien qu'il n'est pas malaisé de faire un dénombrement de toutes les voies par lesquelles on les peut trouver, qui soit suffisant pour démontrer qu'on a choisi la plus générale et la plus simple. Et particulièrement pour ce qui est des problèmes solides, que j'ai dit ne pouvoir être construits sans qu'on y emploie quelque ligne plus composée que la circulaire, c'est chose qu'on peut assez trouver de ce qu'ils se réduisent tous à deux constructions, en l'une desquelles il faut avoir tout ensemble les deux points qui déterminent deux moyennes proportionnelles entre deux lignes données, et en l'autre les deux points qui divisent en trois parties égales un arc donné ; car d'autant que la courbure du cercle ne dépend que d'un seul rapport de toutes ses parties au point qui en est le centre, on ne peut aussi s'en servir qu'à déterminer un seul point entre deux extrêmes, comme à trouver une moyenne proportionnelle entre deux lignes droites données, ou diviser en deux un arc donné; au lieu que la courbure des sections coniques, dépendant toujours de deux diverses choses, peut aussi servir à déterminer deux points différents.

Mais pour cette même raison il est impossible qu'aucun des problèmes qui sont d'un degré plus composés que les solides, et qui présupposent l'invention de quatre moyennes proportionnelles, ou la division d'un angle en cinq parties égales, puissent être construits par aucune des sections coniques. C'est pourquoi je croirai faire en ceci tout le mieux qui se puisse, si je donne une règle générale pour les construire, en y employant la ligne courbe qui se décrit par l'intersection d'une parabole et d'une ligne droite en la façon ci-dessus expliquée; car j'ose assurer qu'il n'y en a point de plus simple en la nature qui puisse servir à ce même effet, et vous avez vu comme elle suit immédiatement les sections coniques en cette question tant cherchée par les anciens, dont la solution enseigne par ordre toutes les lignes courbes qui doivent être reçues en géométrie.

Façon générale pour construire tous les problèmes réduits à une équation qui n'a point plus de six dimensions.

Vous savez déjà comment, lorsqu'on cherche les quantités qui sont requises pour la construction de ces problèmes, on les peut toujours réduire à quelque équation qui ne monte que jusques au carré de cube ou au sursolide. Puis vous savez aussi comment, en augmentant la valeur des racines de cette équation, on peut toujours faire qu'elles deviennent toutes vraies, et avec cela que la quantité connue du troisième terme soit plus grande que le carré de la moitié de celle du second; et enfin comment, si elle ne monte que jusques au sursolide, on la peut hausser jusques au carré de cube, et faire que la place d'aucun de ces termes ne manque d'être remplie. Or, afin que toutes les difficultés dont il est ici question puissent être résolues par une même règle, je désire qu'on fasse toutes ces choses, et par ce moyen qu'on les réduise toujours à une équation de telle forme,

$$y^6 - py^5 + qy^4 - ry^3 + sy^2 - ty + u = 0,$$

et en laquelle la quantité nommée q soit plus grande que le carré de la moitié de celle qui est nommée p.

LIVRE TROISIÈME.

Puis ayant fait la ligne BK (*fig.* 24) indéfiniment longue des deux côtés, et du point B ayant tiré la perpendiculaire AB dont la longueur soit $\frac{1}{2}p$, il faut dans un plan séparé décrire une parabole, comme CDF, dont le côté droit principal soit

$$\sqrt{\frac{1}{n^a}+q-\tfrac{1}{4}p^2},$$

que je nommerai n pour abréger. Après cela, il faut poser le plan dans lequel est cette parabole sur celui où sont les lignes AB et BK, en sorte que son essieu DE se rencontre justement au-dessus de la ligne droite BK; et ayant pris la partie de cet essieu qui est entre les points E et D égale à $\frac{2\sqrt{a}}{pn}$, il faut appliquer sur ce point E une longue règle en telle façon qu'étant aussi appliquée sur le point A du plan de dessous, elle demeure toujours jointe à ces deux points pendant qu'on haussera ou baissera la parabole tout le long de la ligne BK sur laquelle son essieu est appliqué; au moyen de quoi l'intersection de cette parabole et de cette règle, qui se fera au point C, décrira la ligne courbe ACN, qui est celle dont nous avons besoin de nous servir pour la construction du problème proposé. Car après qu'elle est ainsi décrite, si on prend le point L en la ligne BK, du côté vers lequel est tourné le sommet de la parabole, et qu'on fasse BL égale à DE, c'est-à-dire à $\frac{2\sqrt{a}}{pn}$; puis du point L vers B qu'on prenne en la même ligne BK la ligne LH égale à $\frac{t}{2n\sqrt{u}}$, et que du point H ainsi trouvé on tire à angles droits du côté qu'est la courbe ACN la ligne HI dont la longueur soit $\frac{r}{2n^2} + \frac{\sqrt{u}}{n^2} + \frac{pt}{4n^3\sqrt{u}}$, qui pour abréger sera nommée $\frac{m}{n^2}$; et après, ayant joint les points L et I, qu'on décrive le cercle LPI dont IL soit le diamètre, et qu'on inscrive en ce cercle la ligne LP dont la longueur soit $\sqrt{\frac{s+p\sqrt{u}}{n^2}}$; puis enfin du centre I, par le point P ainsi trouvé, qu'on décrive le cercle PCN. Ce cercle coupera ou touchera la ligne courbe ACN en autant de points qu'il y aura de racines en l'équation, en sorte que les perpendiculaires tirées de ces points sur la ligne BK, comme CG, NR, QO, et semblables, seront les racines cherchées, sans qu'il y ait aucune exception ni aucun défaut en cette règle. Car si la quantité s étoit si grande à proportion des autres p, q, r, t et u, que la ligne LP se trouvât plus grande que le diamètre du cercle IL, en sorte qu'elle n'y pût être inscrite, il n'y auroit aucune racine en l'équation proposée qui ne fût imaginaire; non plus que si le cercle IP étoit si petit qu'il ne coupât la courbe ACN en aucun point. Et il la peut couper en six différents, ainsi qu'il peut y avoir six diverses racines en l'équation. Mais lorsqu'il la coupe en moins, cela témoigne qu'il y a quelques unes de ces racines qui sont égales entre elles, ou bien qui ne sont qu'imaginaires.

Que si la façon de tracer la ligne ACN par le mouvement d'une parabole vous semble incommode, il est aisé de trouver plusieurs autres moyens pour la décrire : comme si, ayant les mêmes quantités que devant pour AB et BL (*fig.* 25), et la même pour BK qu'on avoit posée pour le côté droit principal de la parabole, on décrit le demi-cercle KST dont le centre soit pris à discrétion dans la ligne BK, en sorte qu'il coupe quelque part la ligne AB comme au point S; et que du point T où il finit on prenne vers K la ligne TV égale à BL; puis ayant tiré la ligne SV, qu'on en tire une autre qui lui soit parallèle par le point A, comme AC, et qu'on en tire aussi une autre par S qui soit parallèle à BK, comme SC, le point C où ces deux parallèles se rencontrent sera l'un de ceux de la ligne courbe cherchée. Et on en peut trouver en même sorte autant d'autres qu'on en désire.

Or la démonstration de tout ceci est assez facile; car, appliquant la règle AE (*fig.* 24) avec la parabole FD sur le point C, comme il est certain qu'elles peuvent y être appliquées ensemble, puisque ce point C est en la courbe ACN qui est décrite par leur intersection, si CG se nomme y, GD sera $\frac{y^2}{n}$, à cause que le côté droit qui est n est à CG comme

CG à GD; et ôtant DE qui est $\frac{2\sqrt{u}}{pn}$, de GD, on a
$\frac{y^2}{n} - \frac{2\sqrt{u}}{pn}$ pour GE. Puis, à cause que AB est à BE
comme CE est à GE, AB étant $\frac{1}{2}p$, BE est $\frac{py}{2n} - \frac{\sqrt{u}}{ny}$.

Et tout de même en supposant que le point C
(*fig.* 25) de la courbe a été trouvé par l'intersection
des lignes droites SC parallèle à BK, et AC parallèle à SV, SB qui est égale à CG est y; et BK étant
égale au côté droit de la parabole que j'ai nommé
n, BT est $\frac{y^2}{n}$, car comme KB est à BS, ainsi BS est
à BT. Et TV étant la même que BL, c'est-à-dire
$\frac{2\sqrt{u}}{pn}$, BV est $\frac{y^2}{n} - \frac{2\sqrt{u}}{pn}$; et comme SB est à BV, ainsi
AB est à BE, qui est par conséquent $\frac{py}{2n} - \frac{\sqrt{u}}{ny}$ comme
devant, d'où on voit que c'est une même ligne
courbe qui se décrit en ces deux façons.

Après cela, pource que BL et DE (*fig.* 24) sont
égales, DL et BE le sont aussi; de façon qu'ajoutant LH qui est $\frac{t}{2n\sqrt{u}}$, à DL qui est $\frac{py}{2n} - \frac{\sqrt{u}}{ny}$, on a la
toute DH qui est

$$\frac{py}{2n} - \frac{\sqrt{u}}{ny} + \frac{t}{2n\sqrt{u}};$$

et en ôtant GD qui est $\frac{y^2}{n}$, on a GH qui est

$$\frac{py}{2n} - \frac{\sqrt{u}}{ny} + \frac{t}{2n\sqrt{u}} - \frac{y^2}{n}.$$

ce que j'écris par ordre en cette sorte,

$$GH = \frac{-y^3 + \tfrac{1}{2}py^2 + \frac{ty}{2\sqrt{u}} - \sqrt{u}}{ny}.$$

et le carré de GH est

$$\frac{y^6 - py^5 + \left(\frac{1}{3}p^2 - \frac{t}{\sqrt{u}}\right)y^4 + \left(2t\sqrt{u} + \frac{pt}{2\sqrt{u}}\right)y^3 + \left(\frac{t^2}{4u} - p t\sqrt{u}\right)y^2 - ty + u}{n^2 y^2}$$

Et en quelque autre endroit de cette ligne courbe qu'on veuille imaginer le point C, comme vers N ou vers Q, on trouvera toujours que le carré de la ligne droite qui est entre le point H et celui où tombe la perpendiculaire du point C sur BH, peut être exprimé en ces mêmes termes et avec les mêmes signes + et —.

De plus, HI étant $\frac{m}{n^2}$, et LH étant $\frac{t}{2n\sqrt{u}}$, IL est

$$\sqrt{\frac{m^2}{n^4} + \frac{t^2}{4n^2 u}},$$

à cause de l'angle droit IHL ; et LP étant

$$\sqrt{\frac{s}{n^2} + \frac{pt\sqrt{u}}{n^2}},$$

IP ou IC est

$$\sqrt{\frac{m^2}{n^4} + \frac{t^2}{4n^2 u} - \frac{s}{n^2} - \frac{pt\sqrt{u}}{n^2}},$$

à cause aussi de l'angle droit IPL. Puis ayant fait CM perpendiculaire sur IH, IM est la différence qui est entre HI et HM ou CG, c'est-à-dire entre $\frac{m}{n^2}$ et y, en sorte que son carré est toujours

$$\frac{m^2}{n^4} - \frac{2my}{n^2} + y^2,$$

qui étant ôté du carré de IC, il reste

$$\frac{t^2}{4n^2 u} - \frac{s}{n^2} - \frac{pt\sqrt{u}}{n^2} + \frac{2my}{n^2} - y^2$$

pour le carré de CM, qui est égal au carré de GH

déjà trouvé. Ou bien en faisant que cette somme soit divisée comme l'autre par n^2y^2, on a

$$\frac{-n^2y^4+2my^4-p\sqrt{u}y^3-sy^2+\frac{t^2}{4u}y^2}{n^2y^2};$$

puis remettant $\frac{1}{\sqrt{u}}y^4+qy^4-\frac{1}{4}p^2y^4$ pour n^2y^4, et $ry^3+2\sqrt{u}y^3+\frac{pt}{2\sqrt{u}}y^3$ pour $2my^3$; et multipliant l'une et l'autre comme par n^2y^2, on a

$$y^6-py^5+\left(\tfrac{1}{4}p^2-\tfrac{1}{\sqrt{u}}\right)y^4+\left(2\sqrt{u}+\tfrac{pt}{2\sqrt{u}}\right)y^3+\left(\tfrac{t^2}{4u}-p\sqrt{u}\right)y^2-ty+u$$

égal à

$$\left(\tfrac{1}{4}p^2-q-\tfrac{1}{\sqrt{u}}\right)y^4+\left(r+2\sqrt{u}+\tfrac{pt}{2\sqrt{u}}\right)y^3+\left(\tfrac{t^2}{4u}-s-p\sqrt{u}\right)y^2.$$

c'est-à-dire qu'on a

$$y^6-py^5+qy^4-ry^3+sy^2-ty+u=0.$$

D'où il paroît que les lignes CG, NR, QO, et semblables, sont les racines de cette équation, qui est ce qu'il falloit démontrer.

Ainsi donc si on veut trouver quatre moyennes proportionnelles entre les lignes a et b, ayant posé x pour la première, l'équation est

$$x^5-a^4b=0,\text{ ou bien }x^6-a^4bx=0.$$

Et faisant $y-a=x$, il vient

$$y^6-6ay^5+15a^2y^4-20a^3y^3+15a^4y^2-(6a^5+a^4b)y+a^6+a^5b=0;$$

c'est pourquoi il faut prendre $3a$ pour la ligne AB, et

$$\sqrt{\frac{6a^4+a^3b}{\sqrt{a^2+ab}}+6a^2}$$

pour BK ou le côté droit de la parabole, que j'ai

nommé n, et $\frac{a}{3n}\sqrt{a^2+ab}$ pour DE ou BL. Et après avoir décrit la ligne courbe ACN sur la mesure de ces trois, il faut faire

$$LH = \frac{6a^3+a^2b}{2n\sqrt{a^2+ab}}$$

et

$$HI = \frac{10a^3}{n^3} + \frac{a^2}{n^2}\sqrt{a^2+ab} + \frac{18a^4+3a^3b}{2n^2\sqrt{a^2+ab}}.$$

et

$$LP = \frac{a}{n}\sqrt{15a^2+6a\sqrt{a^2+ab}};$$

car le cercle, qui ayant son centre au point I passera par le point P ainsi trouvé, coupera la courbe aux deux points C et N, desquels ayant tiré les perpendiculaires NR et CG, si la moindre NR est ôtée de la plus grande CG, le reste sera x, la première des quatre moyennes proportionnelles cherchées.

Il est aisé en même façon de diviser un angle en cinq parties égales, et d'inscrire une figure de onze ou treize côtés égaux dans un cercle, et de trouver une infinité d'autres exemples de cette règle.

Toutefois il est à remarquer qu'en plusieurs de ces exemples il peut arriver que le cercle coupe si obliquement la parabole du second genre, que le point de leur intersection soit difficile à reconnoître, et ainsi que cette construction ne soit pas commode pour la pratique ; à quoi il seroit aisé de remédier en composant d'autres règles à l'imitation de celle-ci, comme on en peut composer de mille sortes.

Mais mon dessein n'est pas de faire un gros livre, et je tâche plutôt de comprendre beaucoup en peu de mots, comme on jugera peut-être que j'ai fait, si on considère qu'ayant réduit à une même construction tous les problèmes d'un même genre, j'ai tout ensemble donné la façon de les réduire à une infinité d'autres diverses, et ainsi de résoudre chacun d'eux en une infinité de façons; puis outre cela, qu'ayant construit tous ceux qui sont plans en coupant d'un cercle une ligne droite, et tous ceux qui sont solides en coupant aussi d'un cercle une parabole, et enfin tous ceux qui sont d'un degré plus composés en coupant tout de même d'un cercle une ligne qui n'est que d'un degré plus composée que la parabole, il ne faut que suivre la même voie pour construire tous ceux qui sont plus composés à l'infini : car, en matière de progressions mathématiques, lorsqu'on a les deux ou trois premiers termes, il n'est pas malaisé de trouver les autres. Et j'espère que nos neveux me sauront gré, non seulement des choses que j'ai ici expliquées, mais aussi de celles que j'ai omises volontairement, afin de leur laisser le plaisir de les inventer.

TRAITÉ

DE

LA MÉCANIQUE.

Ce Traité n'est qu'une petite partie d'un ouvrage plus étendu et plus régulier que Descartes avoit dessein de composer. Il a été traduit en français par le Père Poisson, de l'Oratoire, et publié à Paris (1668) in-4°, réimprimé in-12, 1724, à la suite de la *Méthode*, de la *Dioptrique*, et des *Météores*.

Jean-Daniel Mayor ayant trouvé un fragment manuscrit de Descartes, intitulé *Explication des engins*, le traduisit en latin, et le fit imprimer à Kiell (1672). On reconnoît sans peine, dit Niceron, que ce petit ouvrage n'est guère différent de la *Mécanique*.

TRAITÉ

DE

LA MÉCANIQUE.

EXPLICATION DES MACHINES ET ENGINS PAR L'AIDE DESQUELS ON PEUT AVEC UNE PETITE FORCE LEVER UN FARDEAU FORT PESANT.

L'invention de tous ces engins n'est fondée que sur un seul principe, qui est que la même force qui peut lever un poids, par exemple, de cent livres à la hauteur de deux pieds, en peut aussi lever un de deux cents livres à la hauteur d'un pied, ou un de quatre cents à la hauteur d'un demi-pied, et ainsi des autres, si tant est qu'elle lui soit appliquée.

Et ce principe ne peut manquer d'être reçu si on considère que l'effet doit être toujours proportionné à l'action qui est nécessaire pour le produire; de façon que, s'il est nécessaire d'employer l'action par laquelle on peut lever un poids de cent livres à la hauteur de deux pieds pour en lever un à la hauteur d'un pied seulement, celui-ci doit peser deux cents livres : car c'est le même de lever cent livres à la hauteur d'un pied, et derechef encore cent à la hauteur d'un pied, que d'en lever deux cents à la hauteur d'un pied, et le même aussi que d'en lever cent à la hauteur de deux pieds.

Or les engins qui servent à faire cette application d'une force qui agit par un grand espace à un poids qu'elle fait lever par un moindre sont la poulie (*trochlea*), le plan incliné, le coin (*cuneus*), le tour ou la roue (*axis in peritrochio*), la vis (*cochlea*), et le levier (*vectis*), et autres semblables : car si on ne veut point les rapporter les uns aux autres, on en peut trouver davantage ; et si on les y veut rapporter, il n'est pas besoin d'en mettre tant.

LA POULIE.

Soit ABC (*fig.* 1) une corde passée autour de la poulie D, à laquelle poulie soit attaché le poids E. Et premièrement, supposant que deux hommes soutiennent ou haussent également chacun un des bouts de cette corde, il est évident que si ce poids pèse deux cents livres, chacun de ces hommes n'emploiera pour le soutenir ou soulever que la force qui lui faut pour soutenir ou soulever cent livres, car chacun n'en porte que la moitié. Faisons après cela que A, l'un des bouts de cette corde, étant attaché ferme à quelque clou, l'autre C soit derechef soutenu par un homme; et il est évident que cet homme en C n'aura besoin, non plus que devant, pour soutenir le poids E, que de la force qu'il faut pour soutenir cent livres, à cause que le clou qui est vers A y fait le même office que l'homme que nous y supposions auparavant. Enfin, posons que cet homme qui est vers C tire la corde pour faire hausser le poids E; et il est évident que, s'il y emploie la force qu'il faut pour lever cent livres à la hauteur de deux pieds, il fera hausser le poids E, qui en pèse deux cents, de la hauteur d'un pied; car la corde ABC étant doublée comme elle est, on la doit tirer de deux pieds par le bout C pour faire autant hausser le poids E que si deux hommes la tiroient l'un par le bout A et l'autre par le bout C, chacun de la longueur d'un pied seulement.

Il y a toutefois une chose qui empêche que ce calcul ne soit exact, à savoir la pesanteur de la poulie et la difficulté qu'on peut avoir à faire couler la corde et à la porter, mais cela est fort peu à comparaison de ce qu'on lève et ne peut être estimé qu'à peu près.

Au reste, il faut remarquer que ce n'est point la poulie qui cause cette force, mais seulement le mouvement de la corde qui est double de celui du poids; car si on attache encore une poulie vers A (*fig.* 2), par laquelle on passe la corde ABCH, il ne faudra pas moins de force pour tirer H vers K, et ainsi lever le poids E, qu'il en falloit auparavant pour tirer C vers G. Mais si à ces deux poulies on en ajoute encore une autre vers D, à laquelle on attache le poids, et dans laquelle on passe la corde tout de même qu'en la première, alors on n'aura pas besoin de plus de force pour lever ce poids de deux cents livres que pour en lever un de cinquante sans poulie, à cause qu'en tirant quatre pieds de la corde on ne l'élèvera que d'un pied : et ainsi, en multipliant les poulies, on peut élever les plus grands fardeaux avec les plus petites forces.

On doit aussi remarquer qu'il faut toujours un peu plus de force pour lever un poids que pour le soutenir, ce qui est cause que j'ai parlé ici séparément de l'un et de l'autre.

LE PLAN INCLINÉ.

Si, n'ayant qu'assez de force pour lever cent livres, on veut néanmoins lever le corps F (*fig.* 3), qui en pèse deux cents, à la hauteur de la ligne BA, il ne faut que le tirer ou rouler le long du plan incliné CA, que je suppose deux fois aussi long que la ligne AB; car, par ce moyen, pour le faire parvenir au point A, on y emploiera la force qu'il faut pour faire monter cent livres deux fois aussi haut. Et d'autant qu'on aura fait ce plan CA plus incliné, d'autant aura-t-on besoin de moins de force pour lever le poids F par son moyen.

Mais il y a encore à rabattre de ce calcul la difficulté qu'il y auroit à mouvoir le corps F le long du plan AC, si ce plan étoit couché sur la ligne BC, dont je suppose toutes les parties également distantes du centre de la terre. Il est vrai que cet empêchement étant d'autant moindre que le plan est plus dur, plus égal et plus poli, il ne peut derechef être estimé qu'à peu près et n'est pas fort considérable.

On n'a pas besoin non plus de considérer que la ligne BC étant une partie de cercle qui a même centre que la terre, le plan AC doit être tant soit peu voûté, et avoir la figure d'une partie de spirale décrite entre deux cercles, qui aient aussi pour centre celui de la terre, car cela n'est nullement sensible.

LE COIN.

La puissance du coin ABCD (*fig.* 4) s'entend d'elle-même ensuite de ce qui vient d'être dit du plan incliné; car la force dont on frappe dessus agit comme pour le faire mouvoir suivant la ligne BD, et le bois ou autre corps qu'il fend ne s'entr'ouvre, ou bien le fardeau qu'il soulève ne se hausse que selon la ligne AC : de façon que la force dont on pousse ou frappe ce coin doit avoir même proportion à la résistance de ce bois ou de ce fardeau que la ligne AC à la ligne BD.

LA ROUE OU LE TOUR.

On voit aussi fort aisément que la force dont on tourne la roue A (*fig.* 5), ou les chevilles B qui font mouvoir le tour ou cylindre C, sur lequel se roule une corde à laquelle le poids D qu'on veut lever est attachée, doit avoir même proportion avec ce poids que la circonférence de ce cylindre avec la circonférence du cercle que décrit cette force, ou, ce qui est le même, que le diamètre de l'un avec le diamètre de l'autre, à cause que les circonférences ont même raison entre elles que les diamètres. De façon que le cylindre C n'ayant qu'un pied de diamètre, si la roue AB en a six, et que le poids D pèse six cents livres, il suffira que la force en B soit capable de lever cent livres, et ainsi des autres.

On peut aussi, au lieu de la corde qui se roule autour du cylindre C, y mettre une petite roue avec des dents qui fassent tourner une autre plus grande roue, et ainsi multiplier le pouvoir de la force autant qu'on voudra, sans qu'il y ait rien à rabattre de ceci que la difficulté de mouvoir la machine, ainsi qu'aux autres.

LA VIS.

Lorsqu'on sait la puissance du tour et du plan

incliné, celle de la vis est aisée à connoître et à
calculer; car elle n'est composée que d'un plan fort
incliné qui tournoie sur un cylindre; et si ce plan
est tellement incliné que le cylindre doive faire,
par exemple, dix tours pour s'avancer de la longueur d'un pied dans l'écrou, et que la grandeur
de la circonférence du cercle que décrit la force
qui le tourne soit de dix pieds, à cause que dix fois
dix font cent, un homme seul pourra presser aussi
fort avec cette vis que cent pourroient faire sans
elle, pourvu seulement qu'on en rabatte la force
qu'il faut à la tourner.

Or j'ai parlé ici de presser plutôt que de hausser
ou remuer, à cause que c'est à cela que l'on emploie le plus ordinairement cette vis. Mais lorsqu'on s'en veut servir à lever des fardeaux, au lieu
de la faire avancer dans un écrou, on joint à elle
une roue à plusieurs dents tellement faites, que si
cette roue a par exemple trente dents, pendant que
la vis fait un tour entier, elle ne lui fait faire que
la trentième partie d'un tour; et si le poids est attaché à une corde qui, se roulant autour de l'essieu de cette roue, ne l'élève que d'un pied de
haut pendant que la roue fait un tour entier, et
que la grandeur de la circonférence du cercle que
décrit la force qui tourne la vis soit derechef de
dix pieds, à cause que dix fois trente font trois cents,
un homme seul pourra lever un aussi grand poids

avec cet instrument, lequel s'appelle la vis sans fin, que trois cents hommes sans lui; pourvu derechef qu'on en rabatte la difficulté qu'on peut avoir à le tourner, qui n'est pas proprement causée par la pesanteur du fardeau, mais par la forme ou la matière de l'instrument, et cette difficulté est en lui plus sensible qu'aux précédents, d'autant qu'il a plus de force.

LE LEVIER.

J'ai différé à parler du levier jusques à la fin, à cause que c'est l'engin pour lever des fardeaux le plus difficile de tous à expliquer.

Supposons que CH (*fig.* 6) est un levier tellement arrêté au point O (par le moyen d'une cheville de fer qui passe au travers ou autrement) qu'il puisse tourner autour de ce point O, sa partie C décrivant le demi-cercle ABCDE et sa partie H le demi-cercle FGHIK, et que le poids qu'on veut lever par son moyen étant en H et la force en C, la ligne CO soit posée triple de OH; puis considérant que pendant que la force qui meut ce levier décrit tout le demi-cercle ABCDE et agit suivant cette ligne ABCDE, bien que le poids décrive aussi le demi-cercle FGHIK, il ne se hausse pas toutefois de la longueur de cette ligne courbe FGHIK, mais seulement de la longueur de la ligne droite FK; de façon que la proportion que doit avoir la force qui meut ce poids à sa pesanteur ne doit pas être mesurée par celle qui est entre les deux diamètres de ces cercles ou entre leurs deux circonférences, ainsi qu'il a été dit du tour ci-dessus, mais plutôt par celle qui est entre la circonférence du plus grand et le diamètre du plus petit. Considérons outre cela qu'il s'en faut beaucoup que cette force n'ait besoin d'être si grande pour tourner ce levier, lorsqu'il est vers A ou vers E, que lorsqu'il est vers B ou vers D; ni si grande lorsqu'il est vers B ou vers D, que lorsqu'il est vers C; dont la raison est que le poids y monte moins, ayant supposé que la ligne COH est parallèle à l'horizon, et que AOF la coupe à angles droits; ainsi qu'il est aisé à voir, si on prend le point G également distant des points F et H, et le point B également distant des points A et C, et qu'ayant tiré GS perpendiculaire sur FO, on regarde que la ligne FS qui marque combien monte ce poids pendant que la force agit le long de la ligne AB est beaucoup moindre que la ligne SO qui marque combien il monte pendant que la force agit le long de la ligne BC.

Et pour mesurer exactement quelle doit être cette force en chaque point de la ligne courbe ABCDE, il faut savoir qu'elle y agit tout de même que si elle traînoit le poids sur un plan circulairement incliné, et que l'inclination de chacun des points de ce plan circulaire se doit mesurer par celle de la ligne droite qui touche le cercle en ce point ; comme, par exemple, quand la force est au point B, pour trouver la proportion qu'elle doit avoir avec la pesanteur du poids qui est alors au point G, il faut tirer la contingente GM, et penser que la pesanteur de ce poids est à la force qui est requise pour le traîner sur ce plan, et par conséquent aussi pour le hausser suivant le cercle FGH, comme la ligne GM est à SM ; puis, à cause que BO est triple de OG, la force en B n'a besoin d'être à ce poids en G que comme le tiers de la ligne SM est à la toute GM. Tout de même, quand la force est au point D, pour savoir combien pèse le poids qui est alors au point I, il faut tirer la contingente IP, et la droite IN perpendiculaire sur l'horizon ; et du point P pris à discrétion en cette ligne IP (pourvu que ce soit au-dessous du point I), il faut tirer PN parallèle au même horizon, afin d'avoir la proportion qui est entre la ligne IP et le tiers de la ligne IN, pour celle qui est entre la pesanteur du poids et la force qui doit être au point D pour le mouvoir, et ainsi des autres ; où toutefois il faut excepter le point H, auquel la contingente étant perpendiculaire sur l'horizon, le poids ne peut être que triple de la force qui doit être en C pour le mouvoir, et aussi les points F et K, auxquels la contingente étant parallèle au même horizon, la moindre force qu'on puisse déterminer est suffisante pour mouvoir ce poids.

De plus, afin d'être entièrement exact, il faut remarquer que les lignes GS et PN doivent être des parties de cercle qui aient pour centre celui de la terre, et GM, IP des parties de spirales tirées entre deux tels cercles, et enfin que les lignes droites SM et IN, tendant toutes deux vers le centre de la terre, ne sont pas exactement parallèles; et outre cela que le point H, où je suppose que la contingente est perpendiculaire sur l'horizon, doit être tant soit peu plus proche du point F que du point K, auxquels points F et K les contingentes sont parallèles au même horizon. Ensuite de quoi on peut résoudre facilement toutes les difficultés de la balance, et montrer que lorsqu'elle est supposée très exacte, et même qu'on imagine son centre en O, par lequel elle est soutenue, n'être qu'un point indivisible, ainsi que je l'ai ici supposé pour le levier, si ses bras sont penchés de part ou d'autre, celui qui sera le plus bas se doit toujours trouver plus pesant que l'autre ; en sorte que le centre de gravité n'est pas immobile en un sens.

Mais ces dernières considérations ne servent de rien pour l'usage, et il seroit utile pour ceux qui se mêlent d'inventer de nouvelles machines qu'ils ne sussent rien de plus en cette matière que ce que je viens d'en écrire, car ils ne seroient pas en danger de se tromper en leur compte, comme ils font souvent en supposant d'autres principes. Au reste, on peut appliquer les engins ici expliqués en une infinité de diverses façons, et il y a une infinité d'autres choses à considérer dans les mécaniques dont je ne dis rien à cause que mes trois feuillets sont remplis, et que vous n'en avez pas demandé davantage.

ABRÉGÉ

DE LA MUSIQUE.

Descartes composa ce Traité en 1618, pendant son séjour à Bréda, n'ayant que 22 ans. Il n'a été imprimé qu'après sa mort : *Compendium musicæ*, Ultrajecti (1650), in-4°; et Amstelodami (1656), in-4°. Il existe une traduction anglaise de cet ouvrage, publiée à Londres (1653). Le Père Poisson, de l'Oratoire, l'a aussi mis en français, et sa traduction a été imprimée avec des éclaircissements à la suite de la *Mécanique*, Paris (1668), in-4°. Réimprimée in-12 (1724) avec *la Méthode*, *la Dioptrique*, *les Météores* et *la Mécanique*, 2 volumes.

ABRÉGÉ
DE LA MUSIQUE.

L'OBJET DE LA MUSIQUE EST LE SON.

Sa fin est de plaire et d'exciter en nous diverses passions; car il est certain qu'on peut composer des airs qui seront tout ensemble tristes et agréables; et il ne faut pas trouver étrange que la musique soit capable de si différents effets, puisque les élégies même et les tragédies nous plaisent d'autant plus que plus elles excitent en nous de compassion et de douleur et qu'elles nous touchent davantage.

Les moyens pour cette fin, c'est-à-dire les propriétés du son les plus remarquables, sont deux : savoir, ses différences considérées par rapport au temps ou à la durée, et par rapport à la force ou à l'intensité du son considéré en tant que grave ou aigu; car, quant à la nature et à la qualité du son, savoir de quels corps et de quels moyens on se doit servir pour le rendre plus agréable, cela regarde les physiciens.

Et il semble que ce qui fait que la voix de l'homme nous agrée plus que les autres, c'est seulement parcequ'elle est plus conforme à la nature de nos esprits; c'est peut-être aussi cette sympathie ou antipathie d'humeur et d'inclination qui fait que la voix d'un ami nous semble plus agréable que celle d'un ennemi, par la même raison qu'on dit qu'un tambour couvert d'une peau de brebis ne résonne point et perd entièrement son *son* lorsque l'on frappe sur un autre tambour couvert d'une peau de loup.

CHOSES A REMARQUER.

Remarquez premièrement que tous les sens sont capables de quelque plaisir.

Secondement, que ce plaisir des sens consiste en une certaine proportion et correspondance de l'objet avec le sens; d'où vient par exemple qu'une décharge de mousqueterie ou que le bruit du tonnerre seroit un son peu propre pour la musique, d'autant qu'il blesseroit l'oreille, de même que l'éclat brillant des rayons du soleil blesse les yeux de celui qui le regarde directement.

Troisièmement, cet objet pour plaire doit être de telle façon qu'il ne paroisse pas confus au sens, qui ne doit pas travailler pour le connoître et le distinguer. De là vient qu'une figure, si régulière soit-elle, n'est pas agréable à la vue lorsqu'elle est embarrassée de plusieurs traits, comme est cette partie de l'astrolabe qu'on appelle *la mère*; au lieu qu'une figure comme pourroit être l'araignée du même astrolabe, dont les parties sont plus égales et observent plus de symétrie, gêne moins l'œil qui le regarde; dont la raison est que le sens se satisfait bien davantage en ce dernier objet qu'en l'autre, où il y a un amas de parties qu'il ne peut apercevoir assez distinctement.

En quatrième lieu, cet objet est plus aisément aperçu par les sens dont les parties sont moins différentes entre elles.

En cinquième lieu, ces parties-là ont moins de différence entre elles entre lesquelles il y a plus de proportion.

En sixième lieu, cette proportion doit être arithmétique et non pas géométrique, d'autant qu'en celle-là il y a moins de choses à considérer, les différences étant partout égales; et ainsi le sens ne travaille pas tant pour connoître distinctement et en détail tout ce qui s'y rencontre. Comme la proportion des lignes 2, 3, 4 (*fig.* 1) est plus aisément connue que celle des lignes 2, $\sqrt{8}$, 4 (*fig.* 2), d'autant qu'en la première figure il ne faut considérer que l'unité dont une ligne excède l'autre, au lieu qu'en la deuxième figure il faut connoître aussi les parties AB et BC qui, étant incommensurables, ne peuvent à mon avis être parfaitement connues en même temps par le sens, mais seulement par rapport à la proportion arithmétique, en sorte qu'il connoisse par exemple deux parties en AB, dont il y en a trois en BC.

En septième lieu, entre les objets de chaque sens, celui-là n'est pas le plus agréable à l'âme qui en est ou très aisément ou très difficilement aperçu, mais celui qui n'est pas tellement facile à connoître qu'il ne laisse quelque chose à souhaiter à la passion avec laquelle les sens ont accoutumé de se porter vers leurs objets, ni aussi tellement difficile qu'il fasse souffrir les sens en travaillant à le connoître.

Enfin, il faut remarquer que la variété est très agréable en toutes choses, ce qui étant posé, parlons de la première propriété du son, savoir :

DU NOMBRE ET DU TEMPS QU'ON DOIT OBSERVER DANS LES SONS.

Le temps dans les sons doit être composé ou de parties égales, parceque ce sont elles qui, comme nous avons remarqué au quatrième lieu, sont les plus aisées à connoître; ou de parties qui soient en proportion double ou triple sans aller au-delà, d'autant qu'elles sont les plus propres pour être entendues distinctement, comme nous avons dit en la cinquième et sixième remarque.

Or si les mesures étoient plus inégales, l'oreille ne pourroit qu'avec peine et grande application connoitre leurs différences, ainsi que l'expérience nous enseigne; car si je voulois mettre cinq notes égales en valeur contre une seule, on ne pourroit la chanter qu'avec difficulté.

Mais vous direz peut-être qu'on en peut mettre quatre ou même huit contre une: donc, etc... A quoi je réponds que ces nombres ne sont pas nombres premiers entre eux, et partant ne produisent pas de nouvelles proportions, mais seulement multiplient la raison double; ce qu'on peut aisément connoître, parcequ'on ne s'en peut servir, sinon étant prises deux à deux. Car je ne puis me servir de ces notes seules A (*fig.* 3) dont la seconde n'est que le quart de la première, mais bien de celles-ci B, où les deux dernières font la moitié de la première. Ainsi la proportion de l'un à l'autre est seulement la double multipliée.

De ces deux sortes de proportions dans le temps sont venues les deux mesures qui sont en usage dans la musique, savoir, par la division en trois temps, et celle qui se fait en deux temps. Or cette division est marquée par un mouvement de la main, qu'on appelle batterie, qui se fait pour soulager notre imagination, et par laquelle on peut connoitre plus aisément tous les membres d'une pièce ou chanson, et se divertir en contemplant les proportions qui s'y rencontrent.

Or cette proportion est souvent gardée avec tant d'exactitude dans les membres d'une chanson, qu'entendant encore la fin d'un temps, nous nous ressouvenons par son moyen du commencement et de la suite de la même chanson; ce qui arrive ordinairement si toute la chanson est composée de 8, 16, 32 ou 64 membres et davantage, pourvu que toutes les divisions augmentent en proportion double; car alors ayant entendu les deux premiers membres, nous les concevons comme un seul; ayant entendu le troisième, nous le joignons avec les deux premiers, en sorte que la proportion est triple: lorsque nous entendons le quatrième, nous le joignons au troisième, et de ces deux derniers nous n'en faisons qu'un; puis, joignant les deux premiers aux deux derniers, on concevra ces quatre membres ensemble comme un seul, et c'est ainsi que notre imagination se conduit jusques à la fin, où elle se représente toute la chanson comme un corps entier composé de plusieurs membres.

Peu de personnes observent comment l'oreille s'aperçoit de cette mesure ou batterie, dans une musique composée de plusieurs voix et chantée en diminution. Or cela arrive, à mon avis, par une certaine élévation ou intensité de voix dans la musique vocale, ou par la force du pincement ou trait d'archet dans celle qu'on exprime sur des instruments et qui rend le son plus fort et plus distinct au commencement de chaque batterie, ce que les musiciens qui chantent ou ceux qui touchent les instruments savent naturellement remarquer, particulièrement dans les chansons aux mesures et branle desquelles nous avons coutume de danser et d'ajuster nos pas; car c'est là principalement que cette règle s'observe, de distinguer exactement chaque mesure de musique par les gestes et les mouvements réglés de notre corps, à quoi il semble même que la musique nous porte naturellement. Car il est certain que le son a la force d'ébranler tous les corps d'alentour, comme on peut remarquer par le son des cloches un peu grosses, ou par le bruit du tonnerre, dont je laisse à chercher la raison aux physiciens; mais ce fait étant très certain, selon l'aveu de tout le monde, et le son étant plus fort et plus distinctement aperçu au commencement de chaque mesure que dans la suite, ainsi que nous avons dit ci-dessus, il faut aussi demeurer d'accord qu'il ébranle et meut plus fortement nos esprits animaux, ce qui excite tout le corps et le rend disposé à se mouvoir. D'où il est évident que des bêtes pourroient danser avec mesure, si on les y instruisoit, ou si on les y accoutumoit de longue main, parcequ'il n'est besoin pour cela que d'un effort et mouvement naturel.

Pour ce qui regarde les différentes passions que la musique peut exciter en nous par la seule variété des mesures, je dis en général qu'une mesure lente produit en nous des passions lentes, telles que peuvent être la langueur, la tristesse, la crainte et l'orgueil, etc.; et que la mesure prompte, au contraire, fait naître des passions promptes et plus vives, comme est la gaieté et la joie, etc.

Il faut dire la même chose de deux manières de battre la mesure, que celle qui est carrée ou qui se résout toujours en parties égales est plus lente et moins vive que celle qu'on bat en triplat, ou qui est composée de trois temps; dont la raison est que celle-ci arrête et tient le sens plus attentif, d'autant qu'elle renferme plus de choses à observer, à savoir trois membres, au lieu qu'en celle-là il n'y en a que deux. Mais une recherche plus exacte de cette matière suppose aussi une connoissance plus profonde des passions de l'âme, ainsi je n'en dirai pas davantage.

Je ne puis néanmoins oublier que la mesure a tant de puissance et de force dans la musique, qu'elle seule est capable de faire sentir à l'oreille quelque plaisir, comme l'expérience le fait voir en un tambour qu'on touche pour régler la marche ou avertir les gens de guerre: car toute son harmonie consiste en la mesure, qui peut être alors composée non seulement de deux ou de trois temps, mais aussi de cinq ou sept ou même davantage; car l'oreille n'ayant alors à considérer que le temps, on peut se servir d'une plus grande diversité de mesure, afin de l'occuper et de l'entretenir davantage.

DE LA DIVERSITÉ DES SONS A L'ÉGARD DU GRAVE ET DE L'AIGU.

Cette diversité des sons peut être considérée en trois manières, ou dans les sons que divers corps produisent en même temps, ou dans ceux qui naissent successivement d'une même voix, ou dans les sons enfin que plusieurs voix ou instruments différents font entendre successivement.

La première manière a donné lieu aux consonnances et accords, la seconde aux degrés, et la troisième aux dissonances qui approchent le plus des consonnances; tellement qu'il doit y avoir une moindre diversité de sons dans les accords que dans les degrés, parceque autrement cela travailleroit trop l'oreille, qui souffre plus à vouloir distinguer tous les sons qui se font ensemble que ceux qui ne se produisent que successivement et l'un après l'autre. Il faut aussi, par proportion, dire la même chose de la différence qu'ont les degrés avec ces dissonances qui se souffrent dans le rapport de plusieurs voix ou instruments.

ABRÉGÉ

DES CONSONNANCES.

Il faut premièrement remarquer que l'unisson n'est pas une consonnance, d'autant qu'on n'y rencontre pas la condition nécessaire pour en faire une, savoir, la différence des sons à l'égard du grave et de l'aigu; mais qu'il a même rapport aux consonnances que l'unité aux nombres.

Secondement, des deux termes qu'on suppose dans la consonnance, celui qui est le plus grave domine bien davantage, et contient l'autre en quelque façon.

Comme on peut voir dans les cordes de luth, car si on en pince une, celles qui sont plus élevées qu'elle d'une octave ou d'une quinte tremblent et résonnent d'elles-mêmes.

Or celles qui sont plus basses n'en font pas de même, du moins n'observe-t-on point qu'elles remuent en aucune façon, dont il semble que voici la raison : le son est au son comme la corde à la corde; or chaque corde contient en soi toutes les autres cordes qui sont moindres qu'elle, et non pas celles qui sont plus grandes; par conséquent aussi, dans chaque son, tous les aigus sont contenus dans le grave, mais non pas réciproquement tous les graves dans celui qui est aigu.

D'où il est évident que l'on doit chercher le terme plus aigu par la division du plus grave, laquelle division doit être arithmétique, c'est-à-dire en parties égales, ainsi que nous avons remarqué ci-dessus. Soit donc AB (*fig.* 4) le terme le plus grave ; si j'en veux trouver le terme le plus aigu, pour en former la première de toutes les consonnances, alors je le divise en deux (ce nombre étant le premier de tous), comme vous voyez qu'on a fait au point C, et alors AC, AB sont éloignées l'une de l'autre par la première des consonnances, qui est appelée octave ou diapason. Que si je veux avoir les autres consonnances qui suivent immédiatement la première, je divise AB en trois parties, et alors il n'en résultera pas seulement un terme aigu, mais deux, savoir AD et AE, d'où naîtront deux consonnances de même genre, savoir une douzième et une quinte. Je puis encore diviser la ligne AB en quatre ou en cinq ou en six parties, et non pas davantage, parceque la capacité des oreilles ne s'étend pas au-delà, et que leur délicatesse ou imbécillité est telle, qu'elles ne pourroient pas sans peine distinguer une plus grande différence de sons.

Où il faut remarquer qu'il ne résulte qu'une consonnance de la première division, deux de la seconde, trois de la troisième, et ainsi du reste, comme on peut voir en cette table (*fig.* 5), où toutes les consonnances ne sont pas encore comprises ; mais, afin que nous puissions trouver celles qui y manquent, il faut auparavant que nous traitions de l'octave.

DE L'OCTAVE.

De ce qui a été dit ci-dessus, il est manifeste que l'octave est la première de toutes les consonnances, et celle qui, après l'unisson, est la plus aisément aperçue par l'oreille; cela se confirme par l'expérience des flûtes, qui, étant embouchées et remplies de vent plus qu'à l'ordinaire, passent d'un ton grave à un autre plus aigu d'une octave entière. Or il n'y a pas de raison pourquoi on passe tout d'un coup à l'octave, et non pas à la quinte et aux autres consonnances, sinon parceque l'octave est la première de toutes et qui diffère le moins de l'unisson; d'où il suit, je pense, qu'on n'entend jamais aucun *son* que son octave en dessus ne me semble frapper les oreilles en quelque façon; et de là vient aussi qu'au luth on ajoute des cordes menues et plus aiguës d'une octave aux grosses qui rendent un son plus grave, afin qu'étant touchées ensemble, on entende les grosses distinctement; d'où il est manifeste qu'il est impossible qu'aucun son qui sera d'accord avec un des termes d'une octave puisse discorder avec l'autre terme de la même octave.

Il y a une autre chose à remarquer dans l'octave : savoir, qu'elle est la plus ample de toutes les consonnances; c'est-à-dire qu'elle les renferme toutes, ou bien qu'elle les compose étant jointe avec quelqu'une de celles qu'elle contient; ce qu'on peut démontrer de cela seul que toutes les consonnances sont composées de parties égales, de façon que si leurs termes sont plus éloignés l'un de l'autre que d'une octave, je puis, sans diviser davantage le terme le plus grave, ajouter une octave au plus aigu, ce qui fera voir qu'il est composé de cette octave et de son reste. Comme si on divise AB (*fig.* 4) en trois parties égales dont AD, AB soient éloignées l'une de l'autre d'une douzième, je dis que cette douzième est composée d'une octave et de son reste, savoir la quinte. En effet, elle est composée de AD et AE qui est une octave, et de AE et AB qui sont une quinte, et ainsi des autres. C'est pourquoi, lorsque l'octave compose les autres consonnances, elle ne multiplie pas tant que les autres le nombre des proportions, étant la seule qui puisse être doublée. Car en effet, si on la double une fois, elle produit seulement 4; si c'est deux fois, elle produit 8; mais si on double une quinte, qui est la première consonnance après l'octave, elle donne 9; car il y a une quinte de 4 à 6, et de même de 6 à 9, lequel nombre est beaucoup plus grand que 4, et excède l'ordre ou la suite des six premiers nombres dans lesquels nous avons ci-dessus renfermé toutes les consonnances.

De toutes ces choses il s'ensuit que toutes les consonnances se doivent réduire à trois espèces : la première est simple, l'autre est composée d'une simple et d'une octave, et la troisième est composée d'une simple et de deux octaves. Et on n'ajoute pas à ces trois une autre espèce de consonnance qui soit composée de trois octaves et d'une consonnance simple, d'autant que ce sont les bornes où notre faculté peut aller, qui ne peut s'étendre au-delà de trois octaves, parcequ'alors les nombres des proportions se multiplieroient trop. De là on a tiré le catalogue général de toutes les consonnances tel qu'on le voit en la *fig.* 6.

Nous avons ici ajouté la sexte mineure, que nous n'avions pas encore trouvée entre les autres ci-dessus; mais on la peut tirer de l'octave, car en ayant ôté le diton, ce qui restera sera la sexte mineure. Mais nous en parlerons incontinent plus clairement.

Ayant donc dit que tous les accords se rencontrent dans l'octave, il faut voir comment cela se fait, et comment ils naissent de sa division, afin de mieux connoître leur nature.

Premièrement, il est certain, suivant les remarques qui sont au commencement de ce traité, que cette division doit être arithmétique ou en parties égales. Or on peut voir dans la corde AB (*fig.* 7) ce qui doit être divisé : car cette corde

AB est distante ou différente de AC, de la partie CB : or le son AB est distant ou différent de AC d'une octave ; et partant, l'espace et la distance de l'octave sera la partie du son CB. C'est donc cette partie CB qui doit être divisée en deux parties égales, afin que toute l'octave soit divisée, ce qui se fait en D. Et afin de savoir quel accord doit naître proprement de cette division, il faut considérer que AB, qui est le terme le plus grave, est divisé en D, non par rapport à soi-même, car alors il le faudroit diviser en C, comme nous avons fait ci-dessus, parceque ce n'est plus maintenant un unisson qu'on divise, mais une octave qui a deux termes. C'est pourquoi quand le plus grave est divisé, cela se fait par rapport à l'autre qui est aigu, et non pas par rapport à soi-même ; tellement que l'accord qui s'engendre proprement de cette division doit être entre les termes AC et AD qui font une quinte, et non pas entre AD et AB qui font une quarte, parceque DB est seulement ce qui reste, et qui par accident engendre un accord, d'autant que le son qui fait un accord avec un terme d'une octave doit aussi s'accorder avec l'autre.

Derechef, après avoir divisé l'espace CB en D, on pourra, par la même raison, diviser CD en E, ce qui naturellement engendrera un diton, et en même temps tous les autres accords par accident, et il n'est pas besoin de diviser encore après cela CE; mais en cas qu'on le voulût faire, ce seroit, par exemple, en F, d'où naîtroit le ton majeur, et par accident le ton mineur, et les demi-tons dont nous parlerons ci-après; car ils ont lieu successivement dans la voix, et non pas dans les accords.

Or il ne faut pas s'imaginer que ce soit sans fondement qu'on ait dit qu'il n'y a que la quinte et le diton qui s'engendrent de la division de l'octave, et que les autres ne s'engendrent que par accident; car j'ai reconnu par expérience dans les cordes de luth ou de quelque autre instrument que ce soit, que si vous en touchez une, la force du son ébranlera toutes les autres cordes qui seront plus aiguës d'une quinte ou d'un diton, sans que j'aie pu observer que la même chose soit arrivée dans les quartes ou autres accords. Or cette force des accords ne peut venir sans doute que de leur perfection ou imperfection, en ce que les premiers sont des accords essentiellement et par eux-mêmes, au lieu que les autres ne le sont que par accident, en tant qu'ils viennent et descendent de ceux-là.

Il faut maintenant examiner si ce que nous avons dit ci-dessus est véritable, savoir, que toutes les consonances simples sont renfermées dans l'octave; ce que nous ferons aisément, si nous faisons un cercle de CB (*fig.* 8), moitié du *son* AB qui comprend l'octave, en sorte que B se vienne joindre à C, et que ce cercle soit ensuite divisé en D et en E, comme CB en la figure précédente a été divisé. Or la raison pour laquelle tous les accords se doivent ainsi trouver est que rien n'est d'accord avec un terme d'une octave qui ne soit en même temps d'accord avec l'autre terme de la même octave, ainsi que nous l'avons prouvé ci-dessus; et partant, si dans la figure une partie du cercle fait un accord, le reste aussi en doit renfermer quelqu'un.

On connoîtra par cette figure pour quelle raison on appelle l'octave diapason, savoir, parcequ'elle renferme en soi tous les intervalles des autres consonnances.

Au reste, nous n'y avons rapporté que les consonnances simples, étant très aisé d'ajouter à chacun des intervalles supérieurs un ou deux cercles entiers, en cas qu'on voulût aussi y trouver les accords composés; et il sera toujours évident que tous les accords sont composés de l'octave.

Nous pouvons inférer de ce que nous avons déjà dit que toutes les consonnances ou accords se réduisent à trois genres; car, ou elles naissent de la première division de l'unisson, ainsi que font les octaves, ou bien de la division de l'octave même en parties égales, comme les quintes et les quartes, ou enfin de la division de la quinte même. Les premières de ces consonnances s'appellent consonnances ou accords du premier genre; les secondes, accords de la seconde division; les troisièmes sont les accords de la troisième et dernière division.

De plus, nous avons encore divisé les accords en ceux qui, proprement et par eux-mêmes, naissent de ces divisions, en ceux qui en naissent seulement par accident; et nous avons dit qu'il n'y en avoit que trois de ceux-là, ce qu'on peut même prouver par la cinquième figure, dans laquelle nous avons exposé les accords avec leurs nombres, car il faut bien prendre garde qu'il n'y a que trois nombres accordants, 2, 3 et 5, les nombres 4 et 6 étant composés d'eux, et ainsi n'ayant lieu entre les accordants que par accident, comme il est évident par la même figure, dans laquelle on voit que ces nombres, de leur nature et en droite ligne, ne produisent pas de nouveaux accords, mais ceux-là seulement qui sont composés des premiers, comme, par exemple, 4 produit une quinzième, 6 une dix-neuvième; mais par accident et au bout de la ligne, 4 produit une quarte, et 6 une tierce mineure; où je vous prie de remarquer en passant que, dans le nombre de quatre, la quarte naît immédiatement de l'octave comme un monstre défectueux et imparfait.

DE LA QUINTE.

Voici le plus agréable et le plus doux de tous les accords; c'est pourquoi on a coutume de le faire régner dans toutes les chansons, dans lesquelles il tient toujours le premier rang. C'est de lui que naissent les modes, et auquel convient ce que nous avons dit en la septième remarque faite au commencement de ce traité; car soit que nous tirions la perfection des consonnances de la division d'une corde ou du rapport de leurs nombres, il n'y en a proprement que trois, entre lesquelles la quinte tenant le milieu, elle aura ce tempérament, qu'elle ne frappera pas les oreilles si aigrement que le diton ni si mollement que le diapason, mais plaira davantage qu'aucun autre.

On peut aussi connoître par la sixième figure qu'il y a trois sortes de quintes, entre lesquelles la douzième tient le second rang, et que pour cela nous appellerons la plus parfaite. Tellement qu'il ne faudroit se servir que de cette seule espèce de quinte dans la musique, si ce n'étoit que l'agrément dépend aussi de la diversité, ainsi que nous avons observé dans la dernière de nos remarques.

Mais vous direz peut-être que l'on se sert quelquefois dans la musique de l'octave seule, sans aucune variété, comme lorsque deux personnes chantent un même air, dont l'une a la voix plus haute d'une octave que l'autre, ce qui ne se fait pas avec la quinte ; et partant, il semble que l'octave ayant cet avantage par-dessus la quinte, mérite aussi d'être appelée la plus agréable de toutes les consonnances.

Néanmoins je réponds que cette objection ne sert que pour appuyer notre sentiment, bien loin de l'ébranler : car si l'octave a cette propriété, c'est parcequ'elle renferme l'unisson, et alors les deux voix sont entendues comme une seule, ce qui n'arrive pas dans la quinte, dont les termes diffèrent entre eux davantage, et partant remplissent aussi plus l'oreille ; c'est pourquoi l'on s'en dégoûteroit aisément si on s'en servoit dans les chansons sans y mêler d'autres accords, ce que j'appuie d'un exemple assez familier : ainsi nous nous dégoûterions bien plus tôt si nous ne mangions que du sucre, ou d'autres semblables friandises, que si nous ne mangions que du pain, que tout le monde avoue pourtant n'être pas si agréable au goût que ces choses.

DE LA QUARTE.

Cette consonnance est la plus malheureuse de toutes, et jamais on ne la fait entrer dans la musique, si ce n'est par accident et avec l'appui des autres, non qu'elle soit plus imparfaite que la tierce mineure ou que la sexte mineure, mais parcequ'elle approche si fort de la quinte, qu'elle perd toute sa grâce en comparaison d'elle.

Pour comprendre ces choses, il faut remarquer qu'on n'entend jamais une quinte dans la musique, qu'on n'entende aussi en quelque façon la quarte plus haute : ce qui suit de ce que nous avons dit à l'occasion de l'unisson, qu'avec lui on a coutume d'entendre un son plus élevé d'une octave. Car, par exemple, que AC (*fig.* 9) soit distant de DB d'une quinte, et que EF en soit la résonnance plus élevée d'une octave, EF sera sans doute distante de BD d'une quarte, et c'est d'où vient que la quarte, qui accompagne toujours la quinte, en peut être appelée comme l'ombre.

De là aussi il est aisé de juger pourquoi la quarte n'a pas lieu d'elle-même dans la musique, et qu'elle ne se met point entre la basse et une autre partie; car, ayant déjà dit que les autres accords ne servent dans la musique qu'à varier la quinte, sans doute que la quarte, qui en est l'ombre, sera absolument inutile à cet effet, puisqu'elle ne la varie point : car si on se servoit de la quarte contre la basse, alors la quinte, comme plus haute, résonneroit toujours, et feroit que l'oreille jugeroit bien qu'elle est hors de sa place et mise en une plus basse, ce qui lui rendroit la quarte tout-à-fait désagréable, comme lui ayant été présentée l'ombre pour le corps, ou l'image pour la chose même.

DU DITON, TIERCE MINEURE ET DES SEXTES.

Il est aisé de conclure de ce que nous avons déjà établi que le diton est plus parfait que la quarte pour plusieurs raisons, auxquelles on peut encore ajouter que la perfection d'un accord ne dépend pas seulement de ce qu'il est, lorsqu'on le considère comme simple, mais aussi de tout ce qui en est composé; dont la raison est qu'on ne peut jamais entendre un accord si dénué que le résonnement de celui qui en est composé ne se fasse aussi quelque peu entendre, ayant ci-dessus observé que le résonnement d'une octave plus aiguë est renfermé dans l'unisson. Or le diton, considéré de cette manière, est composé de bien moindres nombres que la quarte, ainsi que l'on peut voir dans la sixième figure, et partant il est aussi plus parfait. C'est pourquoi nous lui avons donné rang avant la quarte, ayant tâché de placer les accords dans cette figure selon le degré de leur perfection.

Il faut maintenant expliquer pourquoi le troisième genre de diton en la sixième figure est le plus parfait, et que, sur une corde de luth, il fait un tremblement sensible à la vue, plutôt que le premier et le second; ce que j'estime et même ose assurer venir de ce qu'il consiste dans une proportion multiple, et les autres dans une proportion superparticulière ou multiple et superparticulière tout ensemble.

Or je démontre pourquoi les plus parfaits accords (que j'ai expressément placés les premiers dans la cinquième figure) naissent de la proportion multiple : par exemple, que la ligne AB (*fig.* 10) soit différente de CD du troisième genre de diton; en quelque façon qu'on veuille imaginer que l'oreille reçoive le son, il est constant qu'il lui est plus facile de distinguer quelle proportion il y a entre AB et CD, qu'entre CF et CD. En effet, on le connoîtra d'abord, en rapportant le son AB aux parties du son CD, savoir à CE, EF, FG, etc., dont il ne restera rien à la fin, au lieu que, dans la proportion de CF à CD, si on rapporte CF à FH, la même chose n'arrivera pas, d'autant qu'il restera HD, sur laquelle il faut encore réfléchir pour connoître quelle est la proportion qui se rencontre entre CF et CD, ce qui embrasse davantage.

On pourra encore connoître la même chose, en supposant que le son frappe les oreilles de plusieurs coups, et ce d'autant plus promptement que le son est plus aigu; car alors, afin que le son AB se conforme avec le son CD, il doit frapper justement cinq fois l'oreille pendant que CD ne la frappera qu'une fois : or le son CF ne retournera point à l'unisonance, que le son CD n'ait auparavant frappé deux fois l'oreille, comme il s'ensuit de ce que nous avons démontré ci-dessus. Et de quelque façon que l'on conçoive que le son s'entende, la même chose s'expliquera toujours.

La tierce mineure est engendrée du diton, comme la quarte l'est de la quinte; et comme le diton est moins parfait que la quinte, aussi la tierce mineure est-elle moins parfaite que la quarte. Néanmoins on ne laisse pas de l'employer pour varier la quinte, et même on le doit : car l'octave, se faisant toujours entendre dans l'unisson, elle ne peut apporter aucune variété; le seul diton aussi n'est pas suffisant pour cela, car il ne peut y avoir de variété, sinon du moins entre deux sons ; c'est pourquoi on lui a dû ajouter la tierce mineure, afin que les pièces de musique où les ditons règnent beaucoup soient différentes de celles dans lesquelles on réitère souvent les tierces mineures.

La sexte majeure procède du diton, dont elle suit la nature et les propriétés, aussi bien que la dixième majeure et la dix-septième. Il ne faut que jeter les yeux sur la cinquième figure pour entendre cela : vous y verrez au nombre quatre que la quinzième, l'octave et la quarte s'y rencontrent. Ce nombre est le premier composé, et on le résout et divise jusques à l'unité, par le nombre binaire qui représente l'octave, d'où il arrive que tous les accords qui en sortent sont propres pour la composition, entre lesquels la quarte se rencontrant (laquelle nous avons pour cela ci-devant nommée le monstre de l'octave, ou une octave défectueuse), il faut conclure qu'elle n'est pas inutile en la composition, où les mêmes raisons qui empêchent qu'on ne l'emploie seule n'ont pas lieu, car alors elle reçoit quelque perfection de celle qui lui est jointe, et n'est plus sujette à la quinte.

La sexte mineure est dérivée de la tierce mineure, comme la sexte majeure du diton; et ainsi elle en emprunte et les propriétés et la nature, sans que rien en puisse empêcher.

Il seroit maintenant à propos de parler des différents effets des accords, et du pouvoir qu'ils ont pour exciter diverses passions dans l'âme; mais une recherche plus exacte et plus étendue de ces choses peut en partie se tirer de ce qui en a été dit, le surplus passeroit les bornes d'un abrégé que je me suis proposé de faire: car leurs vertus et propriétés sont en si grand nombre et appuyées de circonstances si foibles et si légères, qu'un volume entier ne seroit pas suffisant pour les renfermer.

Je dirai seulement, touchant cela, que la variété la plus considérable se fait par ces quatre derniers accords, dont le diton et la sexte majeure sont plus gais et plus agréables que la tierce et la sexte mineures, comme ceux qui pratiquent la musique savent fort bien; et que l'on peut aussi aisément conclure de ce que nous en avons dit auparavant, où nous avons prouvé que la tierce mineure s'engendroit du diton par accident, et la sexte majeure par nature, comme n'étant qu'un diton composé.

DES DEGRÉS OU TONS DE MUSIQUE.

Les degrés sont nécessaires dans la musique, principalement pour deux raisons : l'une, pour pouvoir passer d'un accord à l'autre par leur moyen, ce qui seroit difficile à faire par les seuls accords, du moins avec cette variété qui rend la musique agréable; l'autre, pour diviser en certains intervalles l'espace que le son occupe et embrasse, afin que, par ce moyen, la voix passe des uns aux autres plus commodément, et avec plus d'agrément et de douceur que si elle passoit par des accords seulement.

Si on considère les degrés en la première façon, on verra qu'il n'y en peut avoir que de quatre espèces, car alors on les doit tirer de l'inégalité qui se rencontre entre les accords : or tous les accords ne diffèrent l'un de l'autre que d'une $\frac{1}{2}$, ou $\frac{1}{3}$, ou

$\frac{1}{24}$, ou enfin $\frac{1}{25}$ partie, outre les intervalles qui font les autres accords; et partant tous les degrés consistent dans ces nombres, dont les deux premiers sont appelés tons majeur et mineur, les deux derniers se nomment demi-tons majeur et mineur.

Il faut maintenant prouver que les degrés, ainsi considérés, s'engendrent par l'inégalité des accords; ce que je montre ainsi : toutes les fois qu'on passe d'un accord à l'autre, il faut, ou qu'un seul terme se meuve, ou tous les deux ensemble; or, de quelque façon que se fasse ce passage, il ne se peut faire que par des intervalles qui montrent l'inégalité qui se rencontre parmi les accords : donc, etc.

La première partie de la mineure se démontre ainsi : si, par exemple, il y a une quinte entre A (*fig.* 11) et B, et que de A à C il y ait une sexte mineure, sans doute qu'il y aura la même différence entre B et C, qu'il y a entre une quinte et une sexte mineure, savoir $\frac{1}{16}$.

Pour la preuve de la seconde partie de la mineure, il faut observer qu'on ne doit pas seulement avoir égard à la proportion dans les sons, lorsqu'ils sont produits plusieurs ensemble, mais aussi lorsqu'ils se suivent les uns les autres et sont produits successivement, en sorte que le son d'une voix doit être d'accord, autant que faire se peut, avec le son de la voix précédente, ce qui n'arrivera jamais si les degrés ne s'engendrent de l'inégalité des sons. Que DE, par exemple, soit une quinte, et que l'un et l'autre terme se meuve par des mouvements contraires, afin que de ce changement il en naisse une tierce mineure, si l'intervalle DF n'est pas engendré de l'inégalité de la quarte avec la quinte, F ne pourra pas s'accorder par relation avec E, mais elle le pourra si cet intervalle en est engendré; il en est de même des autres, comme il est aisé de s'en convaincre par l'expérience : sur quoi il faut remarquer (pour ce qui regarde cette relation) que nous avons expressément ajouté qu'elle devoit s'accorder autant que faire se peut, car il y a des rencontres où cela peut ne pas arriver, comme on verra dans la suite.

Mais si on considère ces degrés en la seconde manière, savoir, comme il les faut ranger et compasser dans toute l'étendue ou intervalle des sons, afin qu'une voix seule puisse par leur moyen s'élever ou s'abaisser immédiatement, alors de tous les tons qu'on a déjà trouvés, ceux-là seuls seront censés légitimes en qui les accords seront immédiatement divisés. Pour bien connoître ceci, il faut remarquer que toute l'étendue ou intervalle des sons se divise en octaves, dont l'une ne peut être en aucune façon différente de l'autre, et ainsi il suffit de diviser l'espace d'une seule octave pour avoir tous les degrés. Remarquez encore que cette octave a déjà été divisée en diton, en tierce mineure, et en quarte ; ce qui suit manifestement de ce que nous avons dit au sujet de la sixième figure du précédent traité.

D'où il est évident que les degrés ne peuvent pas diviser toute l'octave, s'ils ne divisent le diton, la tierce mineure et la quarte, ce qui se fait ainsi : le diton se divise en ton majeur et ton mineur ; la tierce mineure, en ton majeur et demi-ton majeur ; la quarte, en tierce mineure et ton mineur, laquelle tierce se divise encore en ton majeur et demi-ton majeur ; et ainsi l'octave entière est composée de trois tons majeurs, de deux mineurs, et de deux semi-tons majeurs.

Nous n'avons donc ici que trois sortes de degrés, car on en exclut le demi-ton mineur, parcequ'il ne divise pas immédiatement les accords, mais seulement le ton mineur ; comme il paroît de ce que si l'on dit que le diton est composé du ton majeur et de l'un et de l'autre demi-ton, alors l'on voit que ces deux demi-tons composent le ton mineur.

Mais pourquoi, dira-t-on, n'admet-on pas aussi le degré qui s'engendre de la division d'un autre, et qui divise seulement les accords médiatement, et non pas immédiatement ? Je réponds premièrement, que la voix ne peut pas aller par tant de différentes divisions, et en même temps s'accorder avec une autre voix différente, sans grande difficulté, comme on le peut expérimenter. Secondement, le demi-ton mineur se joindroit au ton majeur, avec lequel il feroit une dissonance fort désagréable, car elle consisteroit entre ces nombres, 64 et 75 ; c'est pourquoi la voix ne se pourroit mouvoir par cet intervalle. Mais, pour mieux satisfaire à cette objection,

Remarquez que le son aigu et élevé a besoin pour être formé, ou d'une haleine beaucoup plus forte, si c'est une voix, ou d'un pincement plus sec et plus vigoureux, s'il est fait sur des cordes, que le son bas et grave ; ce que l'on expérimente dans les cordes, qui, plus elles sont tendues, rendent aussi un son plus aigu, et dont la raison est que l'air fait plus de résistance, qu'on le divise en plus de parties et plus petites, qui causent le son aigu ; d'où il arrive aussi que le son frappe l'oreille d'autant plus fortement qu'il est aigu. Cela posé,

Il semble que la raison la plus naturelle pourquoi on s'est servi de degrés dans les chansons est que, si la voix ne passoit que par les termes des accords, il y auroit une trop grande disproportion entre la force de l'un et la foiblesse de l'autre, ce que les chantres et les auditeurs auroient peine à souffrir.

Par exemple, si je veux monter de A à B (*fig.* 12), le son B se faisant entendre avec plus de force que le son A, afin de déguiser cette disproportion, on y insère au milieu le terme C, par le moyen duquel comme pour un degré on monte et passe à B avec plus de facilité et de douceur de voix.

Tellement que les degrés ne sont autre chose qu'un certain milieu compris entre les termes des accords pour adoucir la rudesse de leur inégalité, et qui, n'ayant pas d'eux-mêmes assez d'agrément pour contenter l'oreille, sont considérés par rapport aux accords; tellement que la voix passant par un degré, l'oreille n'est pas entièrement satisfaite qu'elle ne soit arrivée au second, qui pour cela doit faire un accord avec le précédent, ce qui éclaircit la difficulté ci-dessus proposée.

De plus, c'est aussi la raison pourquoi on se sert plutôt de degrés, dans la voix successive, que de neuvièmes et de septièmes qui naissent des degrés, et dont quelques unes sont composées de moindres nombres que les degrés mêmes, savoir, parceque ces sortes d'intervalles ne divisent pas les moindres accords, et ne peuvent pas pour cela adoucir la rudesse qui se rencontre entre leurs termes.

Je n'en dirai pas davantage touchant l'invention des degrés, que je pourrois prouver être engendrés par la division du diton, comme le diton l'est par la division de la quinte. Je pourrois aussi en tirer plusieurs choses qui appartiennent à leurs diverses perfections, mais ce seroit un ouvrage trop long, auquel ce que nous avons dit des accords peut suppléer.

Il faut maintenant parler de l'ordre et de la disposition que ces degrés doivent observer dans tout l'espace de l'octave, qui doit nécessairement être tel, que le demi-ton majeur et le ton mineur aient toujours de part et d'autre auprès d'eux un ton majeur avec lequel le ton mineur compose un diton, et le demi-ton majeur une tierce mineure, selon ce que nous avons déjà remarqué. Or l'octave contenant deux demi-tons et deux tons mineurs, devroit aussi, pour éviter la fraction, contenir quatre tons majeurs; mais, n'en ayant que trois, il faut nécessairement en quelque endroit user de quelque fraction qui soit la différence entre le ton majeur et le ton mineur, laquelle nous nommons un schisme, ou même entre le ton majeur et le demi-ton majeur, laquelle contient le demi-ton mineur avec un schisme : car, par le moyen de ces fractions, le ton majeur deviendra en quelque façon mobile, et pourra tenir lieu de deux; ce qu'on peut aisément voir dans les *figures* 13 et 14, dans lesquelles nous avons mis en rond l'espace de toute l'octave, en la même manière que nous avons déjà fait ci-dessus, dans la *figure* 8.

Or, dans l'une et dans l'autre de ces figures, chaque intervalle représente un degré, excepté le schisme dans la première figure, et le demi-ton mineur avec un schisme dans la seconde; car ces deux intervalles sont mobiles en quelque façon, se rapportant tantôt à l'un et tantôt à l'autre de leurs degrés voisins.

De là vient qu'en la *figure* 13 nous ne pouvons pas d'abord descendre par degrés de 288 à 405, si nous ne faisons retentir en quelque façon le terme du milieu, en sorte que, si on le compare à 288, il semble être 480; si au contraire il regarde 405, il semble être 486, afin de faire une tierce mineure avec l'un et avec l'autre. Or cette différence entre 480 et 486 est si peu de chose, que la mobilité du terme qui est fait de l'un et de l'autre ne paroît presque pas être dissonante à l'oreille.

De même nous ne pouvons pas non plus, dans la *figure* 14, monter par degrés du terme 480 à 324, si nous n'élevons le terme moyen, en sorte qu'il soit de 384 s'il regarde 480, et de 405 s'il regarde 324, afin qu'il fasse un diton avec l'un et avec l'autre; mais y ayant une différence si grande entre 384 et 405, que pas une de ces voix ne se peut si bien ajuster que, s'accordant avec l'un des extrèmes, elle ne semble en même temps être dissonante avec l'autre, on est obligé de chercher une autre voie, la plus exacte qu'il est possible, par laquelle, ne pouvant pas tout-à-fait suppléer à ce défaut, on puisse du moins le corriger en quelque chose. Or il n'y en a point d'autre que celle qui se rencontre dans la *figure* 15, savoir, par l'usage du schisme : ainsi, voulant passer par le terme 405, nous éloignerons le terme G d'un schisme, afin que 480 soit réduit à 486. Voulant aussi passer par 384, il faudra changer le terme D, et nous aurons 320 au lieu de 324, et ainsi il sera éloigné d'une tierce mineure de 384.

D'où il est évident que tous les espaces par lesquels une voix seule se peut mouvoir et changer sont compris dans la *figure* 15; car, après avoir corrigé ce qui étoit incommode en la *figure* 14, alors elle n'est plus différente de la première, comme il est aisé de le reconnoître.

De plus, il n'est pas moins évident, par ce que nous venons de dire, que cet ordre des tons, que les musiciens appellent vulgairement la main ou la gamme, comprend en soi toutes les manières selon lesquelles on peut disposer les degrés que nous avons prouvé ci-devant être compris dans les deux figures précédentes. Or il faut observer que cette main renferme tous les termes de l'une et de l'autre figure, comme le montre la *figure* 15, où nous avons mis cette gamme en rond, pour la confronter plus aisément avec les deux autres, avertissant, en passant, qu'elle commence au terme F, auquel nous avons expressément assigné le plus grand nombre, pour faire voir que ce terme est le plus bas de tous; ce qui doit être ainsi, parceque nous ne pouvons commencer les divisions de toute l'octave que de deux lieux, à savoir, ou en mettant au premier lieu deux tons, et après un demi-ton trois tons consécutifs au dernier lieu; ou, au contraire, en mettant trois tons au premier lieu et deux seulement au dernier. Or le terme F représente ces deux lieux tout ensemble: car si nous y commençons par bémol, il n'y a que deux tons au premier lieu; si c'est par bécarre, il y en aura trois, et partant, etc.

Il est donc clair et évident, en premier lieu, par cette dernière figure et par la figure 14, que toute l'octave ne contient que cinq espaces par où la voix passe et se meut naturellement, c'est-à-dire sans aucune fraction ni terme mobile, lequel il a fallu trouver avec artifice pour aller au-delà; d'où il est arrivé qu'on a donné ces cinq intervalles à la voix de nature, et qu'on n'a inventé que six syllabes, comme autant de caractères, pour les exprimer, savoir, *ut*, *ré*, *mi*, *fa*, *sol*, *la*.

Secondement, que de l'*ut* au *ré* il y a toujours un ton majeur, du *ré* au *mi* toujours un ton mineur, du *mi* au *fa* toujours un demi-ton majeur; du *fa* au *sol* toujours un ton majeur, et enfin du *sol* au *la* toujours un ton mineur.

En troisième lieu, qu'il n'y a que deux sortes de voix artificielles, savoir bémol et bécarre; parceque l'espace qui est entre A et C, lequel n'est point divisé par la voix de nature, peut être divisé seulement en deux manières, ou bien en mettant le semiton au premier lieu, ou en le mettant au second.

En quatrième lieu, on voit pourquoi on répète les mêmes notes dans les voix artificielles ; car, par exemple, quand on monte de A en B, n'y ayant point de notes qui valent un demi-ton majeur que *mi* et *fa*, il suit manifestement que *mi* doit être placé en A et *fa* en B ; il en faut dire de même des autres lieux, en les parcourant par ordre ; et il ne faut pas croire qu'il eût été plus à propos d'inventer d'autres notes ; car, outre que c'eût été inutilement, parcequ'elles n'eussent marqué que les mêmes intervalles que celles-ci signifient dans la voix naturelle, cela eût aussi été fort incommode aux musiciens, cette confusion de notes étant embarrassante, soit pour leur donner place sur le papier ou même pour les chanter.

Enfin, on peut maintenant connoître comment se font les muances d'une voix à l'autre, savoir par des termes communs à deux voix ; de plus, que ces voix sont distantes l'une de l'autre d'une quinte, et que la voix en bémol est la plus basse de toutes, parcequ'elle commence au terme F, que nous avons ci-dessus montré être le premier, et on l'appelle bémol, à cause que plus un ton est grave ou bas, et plus aussi est-il mol et foible, parcequ'il faut moins d'effort de voix pour le faire entendre.

comme nous avons déjà remarqué. Pour la voix de nature ou naturelle, elle tient le milieu et elle le doit tenir, car autrement elle seroit mal nommée naturelle, si pour l'exprimer on avoit besoin de hausser ou d'abaisser excessivement sa voix. Enfin, la voix qui est désignée par ce caractère ♮, est appelée bécarre, tant à cause qu'elle est la plus aiguë et la plus élevée, comme étant opposée à celle de bémol, que parcequ'elle divise l'octave en triton et fausse quinte, et c'est pour cela qu'elle est moins agréable que bémol.

Quelqu'un dira peut-être que cette main ou cette gamme n'est pas assez ample pour renfermer toutes les nuances des degrés; car, comme on y montre la manière de passer de nature en bémol ou en bécarre, aussi devroit-on y mettre d'autres rangs de part et d'autre, comme nous avons fait en la figure 16, afin d'avoir la même liberté de passer de bémol en nature ou en bécarre, ou de bécarre en nature ou en bémol; ce qui se confirme de ce que les musiciens ordinaires se servent souvent de tels intervalles, qu'ils désignent ou par un dièse ou par un bémol, que pour cela ils ôtent de sa place.

A quoi je réponds qu'il y auroit par ce moyen un progrès à l'infini, mais que dans cette main on n'a dû exprimer simplement que les nuances d'une chanson. Or on démontre que ces nuances sont exactement comprises en ces trois rangs (auxquels répondent les trois clefs), parcequ'en chaque rang il n'y a que six termes, dont deux se changent lorsque la muance se fait au rang suivant, et ainsi il n'en reste plus que quatre de ceux qui étoient dans le premier rang; si on veut passer au troisième, deux de ces quatre qui étoient demeurés se changeront encore, et ainsi il n'en restera plus que deux de ceux qui étoient dans le premier rang, qui enfin seroient entièrement abolis au quatrième, si on vouloit pousser jusque là, ainsi que la figure fait voir; tellement qu'il arriveroit que ce ne seroit plus sur la fin la même chanson qui auroit été au commencement, puisqu'il n'y resteroit aucun terme.

Pour ce qui regarde l'usage des dièses, ils ne font pas un rang à part, comme font bémol et bécarre, mais ils ne consistent qu'en un terme qu'on élève, ce me semble, d'un demi-ton mineur, tous les autres termes de la chanson demeurant en même état : et je ne puis maintenant me souvenir assez bien comment et pourquoi cela se fait, ni même aussi pourquoi une seule note s'élevant au-dessus de *la*, on lui donne une marque de bémol, pour en pouvoir donner ici la raison; mais j'estime que la pratique nous la pourra apprendre, si des degrés où l'on se sert de ces choses et des voix qui font un accord avec elles, on en soustrait les nombres, ce qui mérite bien qu'on y pense sérieusement.

On pourroit encore opposer que ces six voix *ut ré mi fa sol la* sont superflues, et que quatre seroient suffisantes, n'y ayant que trois intervalles différents, et je ne nie pas en effet qu'on ne pût chanter la musique en cette manière; mais comme il y a une grande différence entre le terme aigu et le terme grave, et que celui-ci est bien plus considérable que l'autre, comme nous avons remarqué ci-dessus, de là vient qu'il est plus à propos et plus aisé de se servir de diverses notes que de se servir des mêmes pour l'aigu et pour le grave.

Or ce lieu demande que nous expliquions la pratique de ces degrés, comment les parties de musique en sont réglées, par quel moyen l'on peut réduire la musique vulgaire aux règles que nous avons établies, et de quelle manière toutes ses consonnances et autres intervalles se peuvent déduire par le calcul.

Pour cela, il faut savoir que les musiciens ordinaires, et qui n'ont que la pratique, renferment leur musique entre cinq lignes, auxquelles on en peut ajouter d'autres, selon l'étendue des tons de la pièce.

De plus, que ces lignes sont éloignées l'une de l'autre de deux degrés; ce qui fait qu'entre deux de ces lignes, il en faut toujours sous-entendre une qu'on omet pour éviter la confusion. Or toutes ces lignes étant également éloignées l'une de l'autre, et signifiant en même temps des espaces inégaux, on a pour cela inventé deux signes, savoir ♭ mol et ♮ bécarre, dont l'un est mis sur la corde qui représente ♭ fa, ♮ mi. De plus, une chanson ayant souvent plusieurs parties qui sont décrites séparément, on ne pourroit pas connoître par ces seuls signes ♭ et ♮, laquelle seroit le dessus ou la basse; c'est pourquoi on a inventé trois autres signes, savoir 𝄢, 𝄡 et 𝄞, dont l'ordre et le rang ont déjà été prouvés ci-dessus; et afin de mieux connoître toutes ces choses, nous avons fait la figure 17, où nous avons décrit toutes les cordes que nous avons éloignées l'une de l'autre plus ou moins, selon qu'elles dénotent de plus grands ou de plus petits espaces; en sorte qu'on pût voir à l'œil la proportion des accords.

Outre cela, nous avons partagé cette figure en deux colonnes, pour faire voir la différence qu'il y a entre les signes ♭ et ♮; car les pièces qui se doivent chanter par l'un ne se peuvent pas décrire aussi par l'autre, si tous leurs tons ne sont transportés de leur place d'une quarte ou d'une quinte; en sorte qu'où devroit être F *ut fa*, là se mette C *sol ut fa*.

Nous n'allons pas plus loin, et on doit en demeurer là, d'autant que ces termes divisent les trois octaves dans lesquelles nous avons dit ci-dessus que tous les accords sont renfermés; en quoi je suis aussi appuyé de l'usage ordinaire des musiciens, qui ne vont presque jamais au-delà de cet espace.

L'usage de ces nombres (*fig.* 18) est pour connoître exactement quelle proportion ont entre elles les notes qui sont employées dans toutes les parties d'une chanson; car les sons que ces notes représentent sont l'un à l'autre comme les nombres qu'on a mis à chaque corde sont entre eux; tellement que si une corde d'instrument est divisée en cinq cent quarante parties égales, et que le son de cette corde représente le terme F, qui est le plus bas de tous, quatre cent quatre-vingts parties de la même corde rendront le son du terme G, et ainsi des autres.

Or nous avons ici disposé les degrés des quatre parties, afin qu'on voie de combien elles doivent être distantes l'une de l'autre; non que pour cela les clefs 𝄢, 𝄡 et 𝄞 n'aient quelquefois place ailleurs, ce qui arrive selon la diversité des degrés par où passe chaque partie, mais parceque cette façon est la plus naturelle et la plus en usage.

Au reste, nous avons mis seulement des nombres sur les cordes ordinaires des notes, supposées en leur place naturelle; que si l'on trouve des dièses à l'endroit de quelques notes ou un bémol ou un bécarre, qui les fassent sortir de leur lieu, alors il faudra se servir d'autres nombres pour en expliquer la valeur, dont la quantité se prendra des autres notes des autres parties avec lesquelles ces dièses s'accordent.

DES DISSONANCES.

Tous les intervalles autres que ceux dont nous avons traité jusques à présent sont appelés dissonances; néanmoins nous ne nous proposons de parler ici que de celles qui se rencontrent nécessairement dans l'ordre des tons que nous avons ci-dessus expliqué, en sorte qu'on ne peut pas se dispenser de s'en servir dans les chansons.

De ces dissonances, il y en a de trois sortes; car, ou elles naissent des degrés seuls et de l'octave, ou de la différence qu'il y a entre le ton majeur et le ton mineur que nous appelons schisme, ou enfin de la différence qui est entre le ton majeur et le demi-ton majeur.

Sous le premier genre sont comprises les septièmes et les neuvièmes, ou seizièmes qui ne sont que des neuvièmes composées, comme les neuvièmes mêmes ne sont que des degrés composés de l'octave, et les septièmes que le reste de l'octave dont on a ôté quelque degré, d'où l'on peut inférer qu'il y a trois diverses neuvièmes et autant de septièmes, parcequ'il y a trois sortes de degrés : or elles consistent toutes entre ces nombres :

Neuvième très grande		Septième majeure	
Neuvième majeure		Septième mineure	
Neuvième mineure		Septième très petite	

Entre les neuvièmes il y en a deux majeures qui sont engendrées de deux tons, la première du ton majeur, et la seconde du ton mineur ; nous en avons appelé une très grande, pour ne les pas confondre ensemble ; pour la même raison, il y a tout au contraire deux septièmes mineures, et pour les distinguer il en a fallu aussi nommer une très petite.

Il est manifeste qu'on ne peut pas éviter dans les sons successifs ces sortes de dissonances quand on chante à plusieurs parties ; mais on demandera peut-être pourquoi elles ne sont pas en usage dans la voix successive d'une partie seule, aussi bien que les degrés, vu que quelques unes d'entre elles se peuvent exprimer par des nombres moindres que ne font les degrés, et conséquemment semblent devoir être plus agréables à l'oreille.

L'éclaircissement de cette difficulté dépend de ce que nous avons ci-dessus remarqué, savoir, que plus la voix est aiguë, et plus aussi a-t-on besoin de force et d'haleine pour se faire entendre, et c'est pour cela qu'on a inventé les degrés, afin qu'ils tinssent comme le milieu entre les termes des consonnances, et que par leur moyen l'on pût passer plus aisément du terme grave d'un accord à l'aigu, ou de l'aigu au grave; ce qui ne se peut faire avec des septièmes ou des neuvièmes, dont les termes sont plus éloignés que ceux des consonnances mêmes, et qui devroient par conséquent être poussés avec plus d'inégalité, d'effort et de contension.

Sous le second genre de dissonances sont la tierce mineure et la quinte, l'une et l'autre diminuées d'un schisme, comme aussi la quarte et la sexte majeure, toutes deux augmentées d'un schisme; car y ayant nécessairement un terme mobile dans l'intervalle d'un schisme, on ne peut éviter, dans toute la suite des degrés, qu'il n'en naisse de semblables dissonances en relation, c'est-à-dire dans un air successif et chanté par plusieurs voix.

Or on peut voir, par le détail et l'induction qu'on en fera, qu'il ne peut pas y avoir d'autres dissonances que celles que nous avons ici rapportées; les voici avec leurs nombres :

Tierce mineure défective. . . . . . . $\frac{27}{32}$

Quinte défective d'un schisme. . . . $\frac{27}{40}$

Quinte augmentée d'un schisme. . . . $\frac{20}{27}$

Sixième majeure augmentée d'un schisme $\frac{16}{27}$

ou bien en cette manière :

Tierce mineure défective $\begin{cases} b \text{ de G à B, } 480 \text{ à } 405. \\ a \text{ de B à D, } 384 \text{ à } 324. \end{cases}$

Quinte défective d'un schisme de G à D, 480 à 324.

Quarte augment. d'un schisme de D à G, 324 à 240.

Sixième majeure augmen- ♮ de B à G, 405 à 240,
tée d'un schisme   ♭ de D à B, 324 à 192.

Ces nombres sont si grands, que semblables intervalles semblent ne se pouvoir pas souffrir; mais d'autant, comme nous avons déjà remarqué, que l'intervalle du schisme est si peu considérable que l'oreille a de la peine à le discerner, de là vient que ces dissonances empruntent de la douceur et de l'agrément des accords dont elles sont les plus proches; car les termes des accords ne sont pas tellement fixés, que, pour un léger changement de l'un d'eux, toute l'harmonie et la beauté de l'accord se perdent entièrement; et cette raison est si puissante, que telles dissonances dans la voix successive d'une même partie suppléent même quelquefois aux accords dont elles sont engendrées.

La troisième sorte de dissonances comprend le triton et la fausse quinte, car en celle-ci le demi-ton majeur y est substitué à la place du ton majeur; le contraire arrive dans le triton. Ces deux dissonances s'expliquent par ces nombres :

$$\text{Triton} \ldots \frac{7}{5},$$
$$\text{Fausse quinte} \frac{4}{3};$$

ou ainsi,

Triton . . . ♮ F à B, 540 à 384.
             ♭ B à E, 405 à 288.

Fausse quinte $\begin{cases} a \text{ B à F, } 384 \text{ à } 270, \\ b \text{ E à B, } 288 \text{ à } 202 \text{ ou } 576 \text{ à } 405. \end{cases}$

Or ces nombres sont trop grands pour rendre un intervalle agréable aux oreilles, et n'ont pas des accords assez voisins, comme les autres, pour en emprunter la douceur: d'où vient qu'on doit éviter les dissonances dans la relation, principalement lorsque la musique est lente et sans diminution; car en celle qu'on chante avec diminution l'oreille n'a pas le loisir d'apercevoir le défaut de ces dissonances, lequel paroit d'autant plus rude, qu'elles ont des quintes voisines, avec lesquelles l'oreille les comparant, on s'aperçoit plus aisément de leur imperfection par la douceur qu'ont les quintes. Nous finirons ici l'explication de toutes les propriétés du son, où il faut seulement remarquer, pour confirmer ce que nous avons dit ci-devant, que toute la diversité des sons à l'égard de l'aigu et du grave naît de ces nombres 2, 3 et 5, et que tous les nombres qui expliquent les degrés et les dissonances sont composés de ces trois seulement, par lesquels étant divisés, on les réduit à l'unité.

DE LA MANIÈRE DE COMPOSER, ET DES MODES.

On peut avoir appris du peu que nous avons dit que l'on peut composer une musique assez juste si on observe ces trois choses:

Premièrement, que tous les sons qui se chantent ensemble fassent quelque accord et consonnance, hormis la quarte, qu'on ne doit jamais faire entendre la dernière, c'est-à-dire contre la basse.

Secondement, que la même voix ne se meuve successivement que par degrés ou par accords.

En troisième lieu, que nous ne fassions point entrer le triton, ou la fausse quinte, non pas même en relation.

Mais, pour donner à la pièce plus de beauté et d'ornement, il faut encore observer ces règles :

Premièrement, il faut commencer par les accords les plus parfaits, car l'attention s'en réveille plus tôt que si on commençoit par quelque accord froid et languissant; ou même on peut commencer par la pause ou le silence d'une belle voix, car lorsqu'après que la voix qui a commencé a déjà rempli l'oreille, on se sent frappé de nouveau par cette autre qu'on n'attendoit point, cette nouveauté attache et lie notre attention. Nous n'avons point ci-devant parlé de la pause, parcequ'elle n'est rien de soi, mais cause seulement quelque nouveauté et diversité lorsqu'une voix qu'on a cessé d'entendre, ou qu'on n'avoit point encore entendue, vient à commencer.

En second lieu, deux octaves ou deux quintes ne se doivent jamais suivre immédiatement : or la raison pourquoi cette défense regarde plutôt ceaccords que les autres, c'est parcequ'ils sont très parfaits, et qu'ainsi l'oreille est entièrement satisfaite et remplie lorsque l'un d'eux a été entendu; et si tout aussitôt quelque autre accord n'en renouvelle l'attention, elle se trouve si occupée de la perfection du précédent, qu'elle s'attache peu à considérer la diversité et pour ainsi dire la symphonie froide et peu touchante de cette musique, ce qui n'arrive pas dans les tierces et autres accords: au contraire, lorsqu'on les réitère, l'attention se fortifie, et le goût s'augmente, qui nous tient en suspens, attendant un accord plus parfait.

En troisième lieu, il faut autant qu'il est possible que les parties procèdent par des mouvements contraires, pour diversifier davantage la pièce, car par ce moyen le mouvement de chaque voix est toujours différent de celui de son opposée, et les accords sont différents de ceux qui leur sont voisins; de plus il faut aussi que chaque voix se meuve plus souvent par degrés que par sauts ou grands intervalles.

En quatrième lieu, lorsqu'on veut passer d'une consonnance moins parfaite à une autre plus parfaite, prenons toujours la plus proche plutôt que celle qui est plus éloignée; comme, par exemple, de la sexte majeure il faut passer à l'octave, de la sexte mineure à la quinte, etc.; ce qu'il faut entendre aussi de l'unisson et des accords très parfaits.

Or la raison pourquoi cela s'observe plutôt dans le mouvement ou passage des consonnances imparfaites aux parfaites que dans celui des parfaites aux imparfaites, est que, lorsque nous entendons un accord imparfait, l'oreille en attend un autre plus parfait où elle se plaise et se repose davantage; et elle s'y porte par une inclination qui lui est naturelle, ce qui fait qu'on doit se servir de la plus proche consonnance comme de celle qu'elle désire; mais au contraire, lorsqu'on en entend une parfaite, on n'en attend point une autre plus imparfaite, de sorte qu'il importe peu de laquelle on se serve. Cette règle néanmoins ne s'observe pas toujours, et je ne puis à présent me ressouvenir par quels accords et par quels mouvements on passe plus aisément à d'autres. Tout cela dépend de la pratique et de l'usage, et qui étant une fois su, il est aisé à mon avis d'en connoître les raisons par tout ce que nous avons dit, ainsi que j'en ai découvert autrefois plusieurs qui m'ont échappé de la mémoire dans l'embarras de mes voyages.

En cinquième lieu, on doit tellement contenter l'oreille à la fin de la pièce, qu'elle ne s'attende plus à rien, et qu'elle s'aperçoive que la chanson est achevée; ce qu'on pourra faire par certains ordres de tons qui finissent toujours par des accords parfaits, que l'on appelle vulgairement cadences. On en peut voir de toutes les espèces chez Zarlin, qui les rapporte bien au long. Il a fait aussi des tables générales, où il explique quelles consonnances doivent s'entre-suivre dans toute la chanson; ce qu'il appuie en même temps de plusieurs raisons, qu'on peut néanmoins tirer en plus grand nombre et plus plausibles des principes que nous avons établis.

Enfin il faut que toute la chanson, et que chaque voix en particulier, soit renfermée entre certaines bornes, qu'on appelle modes, dont nous parlerons incontinent.

Toutes ces choses doivent être exactement observées dans le contre-point de deux ou de plusieurs voix ensemble, lorsqu'il n'y a point de diminution ou autre notable diversité; mais dans les pièces qu'on chante en diminution et qui sont beaucoup figurées, on se dispense souvent de la plupart de ces règles : et, pour en dire quelque chose en peu de mots, je parlerai d'abord des quatre parties ou voix qui entrent dans la musique; car, quoiqu'on y en ajoute quelquefois davantage, ou qu'on se passe quelquefois de moins, c'est toutefois l'harmonie la plus parfaite et la mieux reçue.

La première et la plus grave de toutes ces voix est celle qu'on appelle la basse; c'est la principale et celle qui doit davantage remplir l'oreille, étant comme le fondement des autres, dont nous avons cidessus rapporté la raison. Or elle a coutume de

se chanter par bonds et par sauts, et non pas
de couler par degrés conjoints, d'autant que les
degrés n'ont été inventés que pour adoucir la
rudesse et la difficulté qui se rencontreroient dans
l'inégalité des termes d'un accord si on les chan-
toit l'un après l'autre, l'aigu dominant et conséquemment se faisant entendre bien plus fortement
que le grave; car cette rudesse est moins sensible
dans la basse que dans les autres parties, à cause
qu'elle est plus grave, et que pour cela elle n'a pas
besoin de tant d'effort et de contention que les
autres pour se faire entendre. J'ajoute enfin que
les autres parties regardant celle-ci comme la principale, elle doit aussi frapper l'oreille davantage
pour en être ouïe plus distinctement; ce qui se
fait lorsque dans les moindres accords on la
conduit par sauts, c'est-à-dire passant immédiatement d'un terme à l'autre plutôt que par
degrés.

La seconde est la taille, qui est la plus approchante de la basse; elle est aussi la principale en
son genre, car elle contient le sujet et elle est le
soutien de toute l'harmonie, étant comme le nerf
répandu dans tout le corps de la symphonie qui
entretient et lie tous les membres; c'est pourquoi
elle se conduit ordinairement par degrés, afin que
ses parties en soient plus unies, et que ses notes,
ou pour mieux dire les sons qu'elles représentent,

soient plus aisément aperçus et distingués des autres.

La contre-taille ou haute-contre est opposée à la taille; son usage dans la musique n'est que pour la rendre plus agréable par la diversité de ses mouvements contraires. Elle va par sauts, comme la basse, mais pour différentes raisons; car cela ne se fait que pour la commodité et la diversité, étant justement située entre deux voix qui se conduisent par degrés. Les musiciens ordinaires ont coutume de composer leurs pièces de telle sorte qu'elle descend quelquefois au-dessous de la taille; mais cela est peu important et ne cause presque jamais aucune nouveauté, si ce n'est dans l'*imitation*, la *conséquence*, ou les *fugues*, et autres contre-points artificiels.

Le dessus est la voix la plus aiguë et est opposé à la basse, tellement que souvent l'un et l'autre se rencontrent par des mouvements contraires. Cette voix principalement doit aller par degrés, car étant très aiguë, la différence des termes seroit en elle trop désagréable, si ceux qu'elle feroit successivement entendre étoient trop éloignés l'un de l'autre. Or elle doit être conduite le plus vite de toutes dans la musique figurée, autant que la basse le doit être lentement : dont les raisons se peuvent tirer de ce que nous avons dit ci-dessus, car le son plus bas frappe aussi plus lentement l'oreille, qui ne pourroit souffrir qu'il allât aussi promptement et avec autant de vitesse que l'autre, d'autant qu'elle n'auroit pas alors le loisir de distinguer chaque ton.

Après avoir expliqué ces choses, il ne faut pas oublier de dire que dans ces pièces on se sert souvent des dissonances au lieu d'accords, ce qui se fait en deux manières, savoir, ou par diminution, ou par syncope.

La diminution se fait lorsque deux ou quatre ou plusieurs notes d'une partie répondent à une seule d'une autre partie en même temps; dans lesquelles on doit observer cet ordre, que la première doit faire un accord avec la note de l'autre partie, mais que la seconde, pourvu qu'elle ne soit éloignée que d'un degré de la première, peut faire une dissonance, et être éloignée de l'autre partie d'un triton même ou d'une fausse quinte, parcequ'alors elle semble n'être employée que par accident, et comme un chemin pour passer de la première note à la troisième, avec laquelle cette première note doit être d'accord aussi bien que la note de la partie opposée. Que si cette seconde note va par sauts, c'est-à-dire si elle est éloignée de la première de l'intervalle d'un accord, alors elle doit aussi être d'accord avec la partie opposée, la raison précédente n'ayant plus lieu. Mais alors la troisième note pourra ne pas être tout-à-fait d'accord avec elle, si elle se meut par degrés, comme en cet exemple (*fig.* 19).

La syncope se fait lorsque, dans une partie, la fin d'une note est entendue en même temps que le commencement d'une note de la partie opposée, comme on peut voir en cet exemple, où le dernier temps de la note B n'est pas d'accord avec le commencement de la note C : ce qu'on souffre néanmoins, à cause que l'oreille est encore remplie du son de la note A, avec qui elle étoit d'accord; et ainsi B est au respect de C, comme une voix seulement relative, dans laquelle on souffre les dissonances. Leur variété même fait que les accords entre lesquels elles sont mêlées en sont mieux entendus, et réveillent l'attention; car la dissonance BC fait qu'on s'attend à quelque chose de nouveau, et qu'on tient son jugement en suspens, touchant la beauté de la symphonie, jusques à ce qu'on entende la note D, où l'oreille commence à se satisfaire, et encore davantage en E, avec laquelle, après que la fin de la note D a entretenu l'attention, la note F, qui lui succède aussitôt, fait un accord parfait, à savoir une octave.

On se sert de ces syncopes dans les cadences, parcequ'on goûte mieux ce qu'on a désiré longtemps. Ainsi le son se repose et s'arrête plus doucement dans un accord parfait ou un unisson, lorsque quelque dissonance les précède; les degrés même doivent être mis entre les dissonances : car tout ce qui n'est point un accord passe ici pour une dissonance.

Il faut encore observer que l'oreille se plaît davantage à entendre finir les parties par une octave que par une quinte, et encore mieux par l'unisson; non pas que la quinte ne soit le plus agréable de tous les accords, mais parcequ'à la fin on doit chercher le repos, qui est plus grand dans les sons entre lesquels il y a peu ou point de différence, comme dans l'unisson. Or non seulement ce repos ou cette cadence est agréable à la fin, mais même dans le milieu d'une pièce; la fuite de cette cadence est merveilleusement agréable, lorsqu'une partie semble se vouloir reposer, tandis que l'autre avance toujours et ne laisse pas de passer outre. Et cette sorte de figure dans la musique a du rapport à celles de rhétorique dont on use dans le discours, auxquelles on peut aussi comparer les fugues, les échos, et autres semblables figures, qui se font lorsque deux parties chantent successivement et en différents temps la même chose, ou même tout le contraire; ce qu'elles peuvent faire aussi en même temps, et même cette contrariété n'est pas quelquefois désagréable en certaines parties de musique : mais pour ce qui regarde ces contre-points ou autres figures dans lesquelles on observe un semblable artifice depuis le commencement jusqu'à la fin, ils n'appartiennent pas autrement à la musique que les acrostiches ou vers rétrogrades, et autres semblables jeux de l'esprit font à la poésie, qui, comme notre musique, a été inventée pour nous récréer l'esprit et exciter en l'âme diverses passions.

DES MODES.

Ce traité est fort célèbre parmi les praticiens, et chacun sait assez ce que c'est que des modes, ainsi il seroit inutile d'en vouloir ici parler à fond. Remarquez seulement qu'ils viennent de ce que l'octave n'est pas divisée en degrés égaux, car tantôt le ton et tantôt le demi-ton s'y rencontre ; de plus, ils viennent aussi de la quinte, à cause qu'elle est très agréable et que toutes les pièces semblent n'être faites que pour elle : car l'octave ne peut être divisée en degrés qu'en sept modes ou manières différentes, dont chacun peut encore être divisé en deux diverses manières par la quinte, hormis deux, en chacun desquels la fausse quinte se rencontre une fois au lieu de la quinte; d'où sont venus douze modes seulement, entre lesquels même il y en a quatre qui sont peu agréables, d'autant qu'il se rencontre un triton dans leurs quintes; en sorte qu'ils ne peuvent monter ou descendre par degrés de la principale quinte, pour qui toute la pièce semble être composée, qu'il n'y ait nécessairement une fausse relation du triton ou de la fausse quinte.

Il y a trois termes principaux en chaque mode, par lesquels il faut commencer, et principalement finir, comme chacun sait. On les appelle modes, tant parcequ'ils empêchent que la chanson ne passe les bornes prescrites à chaque partie, que principalement aussi parcequ'ils peuvent beaucoup aider et servir à composer différents airs qui nous touchent diversement selon la diversité de leurs modes. Les musiciens qui n'ont que la pratique et l'expérience traitent de cela assez amplement, et l'on en peut ici trouver aisément les raisons; car il est constant qu'il y a certains modes où, dans les plus considérables lieux et dans ceux qui le sont moins, se rencontrent souvent des ditons et des tierces mineures, d'où, comme nous avons montré ci-devant, naît presque toute la variété de la musique.

On pourroit dire la même chose touchant les degrés mêmes; car le ton majeur en est le premier qui approche beaucoup des accords, et qui s'engendre par lui-même de la division du diton, au lieu que les autres ne s'engendrent que par accidents. De ces observations et autres semblables on pourroit inférer plusieurs choses touchant la nature des degrés, mais cela seroit trop long. Ensuite de quoi je devrois aussi traiter en particulier de chacune des passions que la musique est capable d'exciter en l'âme; et si cela étoit, je montrerois quels sont les degrés, les consonances, les temps, les figures, et choses semblables, qui les peuvent exciter en nous; mais ce seroit aller au-delà du dessein que je me suis proposé de ne faire ici qu'un abrégé.

J'aperçois terre enfin, et je me hâte pour gagner le rivage; j'avoue que j'ai omis ici plusieurs choses par le désir que j'ai eu d'être court; que le défaut de mémoire m'en a aussi fait omettre plusieurs, mais que j'en ai omis bien davantage par ignorance. Je veux bien néanmoins que cet avorton de mon esprit, semblable, par le peu de politesse qu'il a, aux petits ourseaux qui ne font que de naître, vous aille trouver pour être un témoignage de notre familiarité et un gage certain de l'affection particulière que j'ai pour vous; mais à condition, s'il vous plaît, que, l'ayant enseveli parmi vos pancartes dans un coin de votre cabinet, il ne souffre jamais la censure et le jugement d'autres que de vous: car il seroit à craindre que ces personnes n'eussent pas, comme vous, assez de bienveillance pour moi, que de vouloir bien détourner leurs yeux de dessus ce tronc informe, pour les porter sur des pièces plus achevées, et où je pense, sans flatterie, avoir donné quelques marques et témoignages de mon esprit; et elles ne sauroient pas que cet ouvrage a été composé à la hâte pour plaire à vous seul, y ayant travaillé dans un temps où je ne pensois à rien moins qu'à écrire de cette matière, et où je menois une vie fainéante et peu retirée, à laquelle l'ignorance et la conversation des gens de guerre sembloit me convier.

FIN DU TOME CINQUIÈME.

TABLE

DES PRINCIPALES DIFFICULTÉS QUI SONT EXPLIQUÉES DANS LA DIOPTRIQUE.

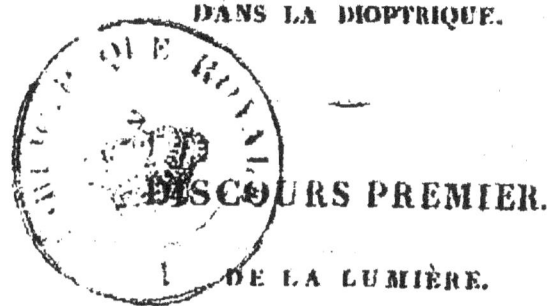

DISCOURS PREMIER.

DE LA LUMIÈRE.

Comment il suffit de concevoir la nature de la lumière pour entendre toutes ses propriétés. PAGE	5
Comment ses rayons passent en un instant du soleil jusques à nous.	6
Comment on voit les couleurs par son moyen.	7
Quelle est la nature des couleurs en général.	ibid.
Qu'on n'a point besoin d'*espèces intentionnelles* pour les voir.	8
Ni même qu'il y ait rien dans les objets qui soit semblable aux sentiments que nous en avons.	ibid.
Que nous voyons de jour par le moyen des rayons qui viennent des objets vers nos yeux.	ibid.
Et qu'au contraire les chats voient de nuit par le moyen des rayons qui tendent de leurs yeux vers les objets.	9
Quelle est la matière qui transmet les rayons.	10
Comment les rayons de plusieurs divers objets peuvent entrer ensemble dans l'œil.	ibid.
Ou allant vers divers yeux passer par un même endroit de l'air sans se mêler ni s'entr'empêcher.	ibid.
Ni être empêchés par la fluidité de l'air.	ibid.

Ni par l'agitation des vents.	10
Ni par la dureté du verre ou autres tels corps transparents.	ibid.
Comment cela n'empêche pas même qu'ils ne soient exactement droits.	11
Et ce que c'est proprement que ces rayons.	ibid.
Et comment il en vient une infinité de chacun des points des corps lumineux.	13
Ce que c'est qu'un corps noir.	14
Ce que c'est qu'un miroir.	ibid.
Comment les miroirs, tant plats que convexes et concaves, font réfléchir les rayons.	15
Ce que c'est qu'un corps blanc.	ibid.
En quoi consiste la nature des couleurs moyennes.	ibid.
Comment les corps colorés font réfléchir les rayons.	ibid.
Ce que c'est que la réfraction.	16

DISCOURS SECOND.

DE LA RÉFRACTION.

Que les corps qui se meuvent ne doivent point s'arrêter aucun moment contre ceux qui les font réfléchir.	17
Pourquoi l'angle de la réflexion est égal à celui de l'incidence.	20
De combien le mouvement d'une balle est détourné lorsqu'elle passe au travers d'une toile.	21
Et de combien lorsqu'elle entre dans l'eau.	22
Pourquoi la réfraction est d'autant plus grande que l'incidence est plus oblique.	23
Et nulle quand l'incidence est perpendiculaire.	ibid.
Pourquoi quelquefois les balles des canons tirés vers l'eau n'y peuvent entrer et se réfléchissent vers l'air.	24

De combien les rayons sont détournés par les corps transparents qu'ils pénètrent. 24

Comment il faut mesurer la grandeur des réfractions. 25

Que les rayons passent plus aisément au travers du verre que de l'eau, et de l'eau que de l'air, et pourquoi. 27

Pourquoi la réfraction des rayons qui entrent dans l'eau est égale à celle des rayons qui en sortent. 28

Et pourquoi cela n'est pas général en tous corps transparents. *ibid.*

Que les rayons peuvent quelquefois être courbés sans sortir d'un même corps transparent. *ibid.*

Comment se fait la réfraction en chaque point des superficies courbées. 29

DISCOURS TROISIÈME.

DE L'ŒIL.

Que la peau nommée vulgairement *retina* n'est autre chose que le nerf optique. 30

Quelles sont les réfractions que causent les humeurs de l'œil. 31

Pour quel usage la prunelle s'étrécit et s'élargit. *ibid.*

Que ce mouvement de la prunelle est volontaire. 32

Que l'humeur cristalline est comme un muscle qui peut changer la figure de tout l'œil. *ibid.*

Et que les petits filets nommés *processus ciliares* en sont les tendons. *ibid.*

DISCOURS QUATRIÈME.

DES SENS EN GÉNÉRAL.

Que c'est l'âme qui sent et non le corps. 33

Qu'elle sent en tant qu'elle est dans le cerveau, et non en
  tant qu'elle anime les autres membres. 34
Que c'est par l'entremise des nerfs qu'elle sent. ibid.
Que la substance intérieure de ces nerfs est composée de
  plusieurs petits filets fort déliés. 35
Que ce sont les mêmes nerfs qui servent aux sens et aux
  mouvements. 36
Que ce sont les esprits animaux contenus dans les peaux
  de ces nerfs qui meuvent les membres. ibid.
Que c'est leur substance intérieure qui sert aux sens. 37
Comment se fait le sentiment par l'aide des nerfs. ibid
Que les idées que les sens extérieurs envoient en la fan-
  taisie ne sont point des images des objets, ou du moins
  qu'elles n'ont point besoin de leur ressembler. ibid
Que les divers mouvements des petits filets de chaque nerf
  suffisent pour causer divers sentiments. 39

DISCOURS CINQUIÈME.

DES IMAGES QUI SE FORMENT SUR LE FOND DE L'OEIL.

Comparaison de ces images avec celles qu'on voit en une
  chambre obscure. 41
Explication de ces images en l'œil d'un animal mort. 42
Qu'on doit rendre la figure de cet œil un peu plus longue
  lorsque les objets sont fort proches que lorsqu'ils sont
  plus éloignés. 43
Qu'il entre en cet œil plusieurs rayons de chaque point de
  l'objet. ibid
Que tous ceux qui viennent d'un même point se doivent
  assembler au fond de cet œil environ le même point, et
  qu'il faut disposer sa figure à cet effet. ibid

DE LA DIOPTRIQUE.

Que ceux de divers points s'y doivent assembler en divers
points. 44

Comment les couleurs se voient au travers d'un papier
blanc qui est sur le fond de cet œil. *ibid.*

Que les images qui s'y forment ont la ressemblance des
objets. *ibid.*

Comment la grandeur de la prunelle sert à la perfection
de ces images. 45

Comment y sert la réfraction qui se fait dans l'œil, et
comment elle y nuiroit étant plus grande ou plus petite
qu'elle n'est. 46

Comment la noirceur des parties intérieures de cet œil et
l'obscurité de la chambre où se voient ces images y sert
aussi. *ibid.*

Pourquoi elles ne sont jamais si parfaites en leurs extrémités qu'au milieu. 47

Comment on doit entendre ce qui se dit que *visio fit per axem*. *ibid.*

Que la grandeur de la prunelle rendant les couleurs plus
vives rend les figures moins distinctes, et ainsi ne doit
être que médiocre. 48

Que les objets qui sont à côté de celui à la distance duquel l'œil est disposé, en étant beaucoup plus éloignés
ou plus proches, s'y représentent beaucoup moins distinctement que s'ils en étoient presque à pareille distance. *ibid.*

Que ces images sont renversées. *ibid.*

Que leurs figures sont changées et raccourcies à raison de
la distance ou situation des objets. *ibid.*

Que ces images sont plus parfaites en l'œil d'un animal
vivant qu'en celui d'un mort, et en celui d'un homme
qu'en celui d'un bœuf. 49

Que celles qui paroissent par le moyen d'une lentille de
verre dans une chambre obscure s'y forment tout de

même que dans l'œil, et qu'on y peut faire l'expérience de plusieurs choses qui confirment ce qui est ici expliqué. 49

Comment ces images passent de l'œil dans le cerveau. 52

DISCOURS SIXIÈME.

DE LA VISION.

Que la vision ne se fait point par le moyen des images qui passent des yeux dans le cerveau, mais par le moyen des mouvements qui les composent. 54

Que c'est par la force de ces mouvements qu'on sent la lumière. 55

Et par leurs autres variétés qu'on sent les couleurs. *ibid.*

Comment se sentent les sons, les goûts, et le chatouillement et la douleur. *ibid.*

Pourquoi les coups qu'on reçoit dans l'œil font voir diverses lumières, et ceux qu'on reçoit contre les oreilles font ouïr des sons, et ainsi une même force cause divers sentiments en divers organes. *ibid.*

Pourquoi, tenant les yeux fermés un peu après avoir regardé le soleil, il semble qu'on voie diverses couleurs. 56

Pourquoi il paroît quelquefois des couleurs dans les corps qui ne sont que transparents, comme l'arc-en-ciel paroît dans la pluie. *ibid.*

Que le sentiment qu'on a de la lumière est plus ou moins fort selon que l'objet est plus ou moins proche. *ibid.*

Et selon que la prunelle est plus ou moins grande. 57

Et selon que l'image qui se peint dans le fond de l'œil est plus ou moins petite. *ibid.*

Comment la multitude des petits filets du nerf optique sert à rendre la vision distincte. *ibid.*

Pourquoi les prairies étant peintes de diverses couleurs ne paroissent de loin que d'une seule. 58

Pourquoi tous les corps se voient moins distinctement de loin que près. 59

Comment la grandeur de l'image sert à rendre la vision plus distincte. *ibid.*

Comment on connoît vers quel côté est l'objet qu'on regarde, ou celui qu'on montre du doigt sans le toucher. *ibid.*

Pourquoi le renversement de l'image qui se fait dans l'œil n'empêche pas que les objets ne paroissent droits. 60

Pourquoi ce qu'on voit des deux yeux ou qu'on touche des deux mains ne paroit pas double pour cela. *ibid.*

Comment les mouvements qui changent la figure de l'œil servent à faire voir la distance des objets. 61

Qu'encore que nous ignorions ces mouvements, nous ne laissons pas de connoître ce qu'ils désignent. *ibid.*

Comment le rapport des deux yeux sert aussi à faire voir la distance. *ibid.*

Comment on peut voir la distance avec un œil seul en lui faisant changer de place. 62

Comment la distinction ou confusion de la figure et la débilité ou la force de la lumière sert aussi à voir la distance. *ibid.*

Que la connoissance qu'on a eue auparavant des objets qu'on regarde sert à mieux connoître leur distance. 63

Comment la situation de ces objets y sert aussi. *ibid.*

Comment on voit la grandeur de chaque objet. *ibid.*

Comment on voit sa figure. 64

Pourquoi souvent les frénétiques ou ceux qui dorment pensent voir ce qu'ils ne voient point. *ibid.*

Pourquoi on voit quelquefois les objets doubles. 65

Comment l'attouchement fait aussi quelquefois juger qu'un objet soit double. *ibid.*

Pourquoi ceux qui ont la jaunisse ou bien qui regardent au travers d'un verre jaune jugent que tout ce qu'ils voient en a la couleur. 66

Quel est le lieu où l'on voit l'objet au travers d'un verre plat dont les superficies ne sont pas parallèles. ibid.

Et celui où on le voit au travers d'un verre concave. ibid.

Et pourquoi l'objet paroît alors plus petit qu'il n'est. ibid.

Quel est le lieu où il paroît au travers d'un verre convexe, et pourquoi il y paroît quelquefois plus grand et plus éloigné qu'il n'est, et quelquefois plus petit et plus proche, et avec cela renversé. 67

Quel est le lieu des images qu'on voit dans les miroirs tant plats que convexes ou concaves, et pourquoi elles y paroissent droites ou renversées, et plus grandes ou plus petites, et plus proches ou plus éloignées que ne sont les objets. ibid.

Pourquoi nous nous trompons aisément en jugeant de la distance. ibid.

Comment on peut prouver que nous n'avons point coutume d'imaginer de distance plus grande que de cent ou deux cents pieds. ibid.

Pourquoi le soleil et la lune semblent plus grands étant proches de l'horizon qu'en étant éloignés. 68

Que la grandeur apparente des objets ne doit point se mesurer par celle de l'angle de la vision. ibid.

Pourquoi les objets blancs et lumineux paroissent plus proches et plus grands qu'ils ne sont. ibid.

Pourquoi tous les corps fort petits ou fort éloignés paroissent ronds. 70

Comment se font les éloignements dans les tableaux de perspective. ibid

DISCOURS SEPTIÈME.

DES MOYENS DE PERFECTIONNER LA VISION.

Qu'il n'y a que quatre choses qui sont requises pour rendre la vision toute parfaite.	72
Comment la nature a pourvu à la première de ces choses, et ce qui reste à l'art à y ajouter.	74
Quelle différence il y a entre les yeux des jeunes gens et ceux des vieillards.	75
Comment il faut pourvoir à ce que la nature a omis aux yeux de ceux qui ont la vue courte, et comment à ce qu'elle a omis aux yeux des vieillards.	76
Qu'entre plusieurs verres qui peuvent servir à cet effet il faut choisir les plus aisés à tailler, et avec cela ceux qui font le mieux que les rayons qui viennent de divers points semblent venir d'autant d'autres divers points.	ibid.
Qu'il n'est pas besoin de choisir en ceci autrement qu'à peu près, et pourquoi.	77
Que la grandeur des images ne dépend que de la distance des objets, du lieu où se croisent les rayons qui entrent dans l'œil, et de leur réfraction.	78
Que la réfraction n'est pas ici fort considérable, ni la distance des objets accessibles, et comment on doit faire lorsqu'ils sont inaccessibles.	80
En quoi consiste l'invention des lunettes à puce composées d'un seul verre, et quel est leur effet.	ibid.
Comment on peut augmenter les images en faisant que les rayons se croisent fort loin de l'œil par le moyen d'un tuyau plein d'eau.	81

Que plus ce tuyau est long, plus il augmente l'image, et qu'il fait le même que si la nature avoit fait l'œil d'autant plus long.	82
Que la prunelle de l'œil nuit au lieu de servir lorsqu'on se sert d'un tel tuyau.	ibid.
Que ni les réfractions du verre qui contient l'eau dans ce tuyau, ni celles des peaux qui enveloppent les humeurs de l'œil ne sont considérables.	ibid.
Comment on peut faire le même par le moyen d'un tuyau séparé de l'œil que par un qui lui est joint.	83
En quoi consiste l'invention des lunettes d'approche.	85
Comment on peut empêcher que la force des rayons qui entrent dans l'œil ne soit trop grande.	ibid.
Comment on la peut augmenter lorsqu'elle est trop foible et que les objets sont accessibles.	86
Et comment, lorsqu'ils sont inaccessibles et qu'on se sert de lunettes d'approche.	87
De combien on peut faire l'ouverture de ces lunettes plus grande que n'est la prunelle, et pourquoi on la doit faire plus grande.	88
Que pour les objets accessibles on n'a point besoin d'augmenter ainsi l'ouverture du tuyau.	ibid.
Que pour diminuer la force des rayons, lorsqu'on se sert de lunettes, il vaut mieux étrécir leur ouverture que la couvrir d'un verre coloré.	ibid.
Que pour l'étrécir il vaut mieux couvrir les extrémités du verre par dehors que par dedans.	89
A quoi il est utile de voir plusieurs objets en même temps, et ce qu'on doit faire pour n'en avoir pas besoin.	ibid.
Qu'on peut acquérir par exercice la facilité de voir les objets proches ou éloignés.	90
D'où vient que les gymnosophistes ont pu regarder le soleil sans gâter leur vue.	91

DE LA DIOPTRIQUE. 515

DISCOURS HUITIÈME.

DES FIGURES QUE DOIVENT AVOIR LES CORPS TRANSPARENTS POUR DÉTOURNER LES RAYONS PAR RÉFRACTION EN TOUTES LES FAÇONS QUI SERVENT A LA VUE.

Quelle est la nature de l'ellipse et comment on la doit décrire. 92
Démonstration de la propriété de l'ellipse touchant les réfractions. 93
Comment, sans employer d'autres lignes que des cercles ou des ellipses, on peut faire que les rayons parallèles s'assemblent en un point, ou que ceux qui viennent d'un point se rendent parallèles. 98
Comment on peut faire que les rayons parallèles d'un côté du verre soient écartés de l'autre comme s'ils venoient tous d'un même point. 99
Comment on peut faire qu'étant parallèles des deux côtés ils soient resserrés en un moindre espace de l'un que de l'autre. ibid.
Comment on peut faire le même en faisant outre cela que les rayons soient renversés. 100
Comment on peut faire que tous les rayons qui viennent d'un point s'assemblent en un autre point. ibid.
Et que tous ceux qui viennent d'un point s'écartent comme s'ils venoient d'un autre point. 101
Et que tous ceux qui sont écartés comme s'ils tendoient vers un même point s'écartent derechef comme s'ils venoient d'un même point. ibid.
La nature de l'hyperbole et la façon de la décrire. ibid.
Démonstration de la propriété de l'hyperbole touchant les réfractions. 104

Comment, sans employer que des hyperboles et des lignes droites, on peut faire des verres qui changent les rayons en toutes les mêmes façons que ceux qui sont composés d'ellipses et de cercles. 107

Que bien qu'il y ait plusieurs autres figures qui puissent causer les mêmes effets, il n'y en a point de plus propres pour les lunettes que les précédentes. 109

Que celles qui ne sont composées que d'hyperboles et de lignes droites sont les plus aisées à tracer. *ibid*

Que quelque figure qu'ait le verre il ne peut faire exactement que les rayons venant de divers points s'assemblent en autant d'autres divers points. 112

Que ceux qui sont composés d'hyperboles sont les meilleurs de tous à cet effet. 113

Que les rayons qui viennent de divers points s'écartent plus après avoir traversé un verre hyperbolique qu'après en avoir traversé un elliptique. *ibid*

Que d'autant que l'elliptique est plus épais, d'autant ils s'écartent moins en la traversant. 114

Que tant épais qu'il puisse être il ne peut rendre l'image que peignent ces rayons que d'un quart ou d'un tiers plus petite que ne fait l'hyperbolique. *ibid.*

Que cette inégalité est d'autant plus grande que la réfraction du verre est plus grande. *ibid.*

Qu'on ne peut donner au verre aucune figure qui rende cette image plus grande que celle de l'hyperbole, ni qui la rende plus petite que celle de l'ellipse. *ibid*

Comment il faut entendre que les rayons venant de divers points se croisent sur la première superficie, qui a la force de faire qu'ils se rassemblent en autant d'autres divers points. *ibid.*

Que les verres elliptiques ont plus de force pour brûler que les hyperboliques. 116

Comment il faut mesurer la force des miroirs ou verres
brûlants. 116
Qu'on n'en peut faire aucun qui brûle en ligne droite à
l'infini. 117
Que les plus petits verres ou miroirs assemblent autant
de rayons pour brûler en l'espace où ils les assemblent
que font les plus grands qui ont des figures semblables
à ces plus petits en un espace pareil. *ibid.*
Que ces plus grands n'ont autre avantage que de les assembler en un espace plus grand et plus éloigné. Et
ainsi qu'on peut faire des miroirs ou verres très petits
qui ne laissent pas de brûler avec beaucoup de force. *ibid.*
Qu'un miroir ardent dont le diamètre n'excède point la
centième partie de la distance à laquelle il assemble les
rayons ne peut faire qu'ils brûlent ou échauffent davantage que ceux qui viennent directement du soleil. *ibid.*
Que les verres elliptiques peuvent recevoir plus de rayons
d'un même point pour les rendre après parallèles, que
ceux d'aucune autre figure. 118
Que souvent les verres hyperboliques sont préférables
aux elliptiques, à cause qu'on peut faire avec un seul
ce à quoi il en faudroit employer deux. 119

DISCOURS NEUVIÈME.

DE LA DESCRIPTION DES LUNETTES.

Quelles qualités sont considérables pour choisir la matière des lunettes. 120
Pourquoi il se fait quasi toujours quelque réflexion en la
superficie des corps transparents. *ibid*
Pourquoi cette réflexion est plus forte sur le cristal que
sur le verre. *ibid.*

Explication des lunettes qui servent à ceux qui ont la vue courte. 122

Explication de celles qui servent à ceux qui ne peuvent voir que de loin. ibid.

Pourquoi on peut supposer les rayons qui viennent d'un point assez éloigné comme parallèles. ibid.

Pourquoi la figure des lunettes des vieillards n'a pas besoin d'être fort exacte. 123

Comment il faut faire les lunettes à puce avec un seul verre. ibid.

Quelles doivent être les lunettes d'approche pour être parfaites. 125

Et quelles aussi les lunettes à puce pour être parfaites. 130

Que pour se servir de ces lunettes il est mieux de se bander un œil que de le fermer par l'aide des muscles. 134

Qu'il seroit bon aussi d'avoir auparavant attendri sa vue en se tenant en lieu fort obscur. ibid.

Et aussi d'avoir l'imagination disposée comme pour regarder des choses fort éloignées et obscures. ibid.

D'où vient qu'on a moins rencontré ci-devant à bien faire les lunettes d'approche que les autres. 135

DISCOURS DIXIÈME.

DE LA FAÇON DE TAILLER LES VERRES.

Comment il faut trouver la grandeur des réfractions du verre dont on veut se servir. 137

Comment on trouve les points brûlants et le sommet de l'hyperbole dont le verre duquel on connoit les réfractions doit avoir la figure. 139

Comment on peut augmenter ou diminuer la distance de ces points. ibid.

Comment on peut décrire cette hyperbole avec une corde.   140
Comment on la peut décrire par l'invention de plusieurs
  points.   *ibid.*
Comment on trouve le cône dans lequel la même hyperbole peut être coupée par un plan parallèle à l'essieu.   141
Comment on la peut décrire d'un seul trait par le moyen
  d'une machine.   142
Comment on peut faire une autre machine qui donne la
  figure de cette hyperbole à tout ce qui en peut avoir
  besoin pour tailler les verres, et comment on s'en doit
  servir.   143
Ce qu'il faut observer en particulier pour les verres concaves, et en particulier pour les convexes.   149
L'ordre qu'on doit tenir pour s'exercer à tailler ces verres.   150
Que les verres convexes qui servent aux plus longues lunettes ont besoin d'être taillés plus exactement que les
  autres.   151
Quelle est la principale utilité des lunettes à puce.   152
Comment on peut faire que les centres des deux superficies d'un même verre se rapportent.   153

FIN DE LA TABLE DE LA DIOPTRIQUE

TABLE

DES PRINCIPALES DIFFICULTÉS QUI SONT EXPLIQUÉES AUX MÉTÉORES.

DISCOURS PREMIER.

DE LA NATURE DES CORPS TERRESTRES.

Que l'eau, la terre, l'air, et tous les autres tels corps, sont composés de plusieurs parties. PAGE 159

Qu'il y a des pores en tous ces corps qui sont remplis d'une matière fort subtile. *ibid.*

Que les parties de l'eau sont longues, unies et glissantes. *ibid.*

Que celles de la plupart des autres corps sont comme des branches d'arbres et ont diverses figures irrégulières. *ibid.*

Que ces branches étant jointes ou entrelacées composent des corps durs. 160

Que lorsqu'elles ne sont point ainsi entrelacées ni si grosses qu'elles ne puissent être agitées par la matière subtile, elles composent des huiles ou de l'air. *ibid.*

Que cette matière subtile ne cesse jamais de se mouvoir. *ibid.*

Qu'elle se meut ordinairement plus vite contre la terre que vers les nues, vers l'équateur que vers les poles, l'été que l'hiver, et le jour que la nuit. 161

Qu'elle est composée de parties inégales. *ibid.*

Que les plus petites de ses parties ont le moins de force pour mouvoir les autres corps. *ibid.*

Que les moins petites se trouvent le plus aux lieux où elle est le plus agitée. *ibid.*

Que ces moins petites ne peuvent passer au travers de plusieurs corps, et que cela rend ces corps froids. 162
Ce qu'on peut concevoir pour le chaud et pour le froid. ibid.
Comment les corps durs peuvent être échauffés. 163
D'où vient que l'eau est communément liquide, et comment le froid la rend dure. ibid.
Comment la glace conserve toujours sa froideur, même en été, et pourquoi elle ne s'amollit pas peu à peu comme la cire. 164
Quelles sont les parties des sels. 165
Quelles sont les parties des esprits ou eaux-de-vie. ibid.
Pourquoi l'eau s'enfle en se gelant. ibid.
Pourquoi elle s'enfle aussi en s'échauffant. ibid.
Pourquoi l'eau bouillie se gèle plus tôt que l'autre. ibid.
Que les plus petites parties des corps ne doivent point être conçues comme des atomes, mais comme celles qu'on voit à l'œil, excepté qu'elles sont incomparablement plus petites; et qu'il n'est point besoin de rien rejeter de la philosophie ordinaire pour entendre ce qui est en ce traité. 166

DISCOURS SECOND.

DES VAPEURS ET DES EXHALAISONS.

Comment le soleil fait monter en l'air plusieurs des petites parties des corps terrestres. 167
Quelles sont les vapeurs. 168
Quelles sont les exhalaisons. ibid.
Qu'il monte en l'air beaucoup moins d'exhalaisons que de vapeurs. ibid.
Comment les plus grossières exhalaisons sortent des corps terrestres. 169

Pourquoi l'eau étant convertie en vapeur occupe incomparablement plus d'espace qu'auparavant. 169
Comment les mêmes vapeurs peuvent être plus ou moins pressées. 170
D'où vient qu'on sent quelquefois en été une chaleur plus étouffante que de coutume. 171
Comment les vapeurs sont plus ou moins chaudes ou froides. 172
Pourquoi l'haleine se sent plus chaude quand on souffle ayant la bouche fort ouverte que si on l'a presque fermée. ibid.
Pourquoi les vents impétueux sont toujours froids. 173
Comment les vapeurs sont plus ou moins transparentes. ibid.
Pourquoi notre haleine se voit mieux l'hiver que l'été. ibid.
Que souvent il y a dans l'air le plus de vapeurs lorsqu'on les y voit le moins. ibid.
Comment les mêmes vapeurs sont plus ou moins humides ou sèches, et comment une même se peut dire en divers sens plus sèche et plus humide qu'une autre. 174
Quelles sont les diverses natures des exhalaisons. ibid.
Comment elles se démêlent et séparent des vapeurs. 175

DISCOURS TROISIÈME.

DU SEL.

Quelle est la nature de l'eau salée, et que les parties de l'eau sont telles qu'il a été dit. 177
Pourquoi les corps mouillés d'eau sont plus aisés à sécher que ceux qui sont mouillés d'huile. ibid.
Pourquoi le sel a un goût si différent de celui de l'eau douce. 178
Pourquoi les chairs se conservent étant salées. ibid.

DES MÉTÉORES.

Pourquoi le sel les durcit.	179
Pourquoi l'eau douce les corrompt.	ibid.
Pourquoi l'eau salée est plus pesante que l'eau douce.	ibid.
Pourquoi néanmoins le sel ne se forme que sur la superficie de l'eau de la mer.	ibid.
Que les parties du sel commun sont droites et également grosses par les deux bouts.	ibid.
Comment elles s'arrangent étant mêlées avec celles de l'eau douce.	180
Que les parties de l'eau salée se meuvent plus vite que celles de l'eau douce.	ibid.
Pourquoi le sel est aisément fondu par l'humidité, et pourquoi en certaine quantité d'eau il ne s'en fond que jusques à certaine quantité.	181
Pourquoi l'eau de la mer est plus transparente que celle des rivières.	ibid.
Pourquoi elle cause des réfractions un peu plus grandes.	ibid.
Pourquoi elle ne se gèle pas si aisément.	ibid.
Comment on peut faire geler de l'eau en été avec du sel, et pourquoi.	ibid.
Pourquoi le sel est fort fixe et l'eau douce fort volatile.	182
Pourquoi l'eau de la mer s'adoucit en passant au travers du sable.	183
Pourquoi l'eau des fontaines et des rivières est douce.	ibid.
Pourquoi les rivières entrant dans la mer ne l'empêchent point d'être salée ni ne la rendent plus grande.	ibid.
Pourquoi la mer est plus salée vers l'équateur que vers les poles.	184
D'où vient que l'eau de la mer est moins propre à éteindre les embrasements que celle des rivières.	ibid.
D'où vient qu'elle étincelle la nuit étant agitée.	ibid.
Pourquoi ni la saumure ni l'eau de mer qui est trouble et corrompue n'étincellent point en cette sorte.	185

Pourquoi l'eau de la mer étincelle plus quand il fait chaud que quand il fait froid. 185

Pourquoi toutes ses vagues ni toutes ses gouttes n'étincellent pas également. ibid.

Pourquoi on retient l'eau en des fosses au bord de la mer pour faire le sel. 186

Pourquoi il ne s'en fait qu'en temps chaud et sec. ibid.

Pourquoi la superficie des liqueurs est fort unie. ibid.

Pourquoi la superficie de l'eau est plus malaisée à diviser que le dedans. 187

Comment les parties du sel viennent flotter au-dessus de l'eau. ibid.

Pourquoi la base de chaque grain de sel est carrée. 189

Pourquoi cette base carrée paroît à l'œil toute plate et néanmoins est un peu courbée. ibid.

Comment le reste de chaque grain de sel se bâtit sur cette base. 190

Pourquoi ces grains sont creux au milieu. ibid.

Pourquoi leur supérieure partie est plus large que leur base. ibid.

Que c'est qui peut rendre leur base plus large ou plus petite. 191

Pourquoi le sel va quelquefois au fond de l'eau sans se former en grains au-dessus. ibid.

Ce qui fait que le talus des quatre côtés de chaque grain est plus ou moins grand, et pourquoi ils sont quelquefois en échelons. ibid.

Pourquoi les querres de ces quatre côtés ne sont ni fort aiguës ni fort unies, et pourquoi les grains de sel s'y fendent plus qu'ailleurs. ibid.

Pourquoi la concavité de chaque grain est plutôt ronde que carrée. 192

Pourquoi ces grains étant entiers petillent dans le feu et ne petillent point étant pilés. ibid.

DES MÉTÉORES.

D'où vient l'odeur du sel blanc et la couleur du sel noir.	193
Pourquoi le sel est friable.	ibid.
Pourquoi il est blanc ou transparent.	ibid.
Pourquoi il se fond plus aisément étant entier qu'étant pulvérisé et séché.	ibid.
D'où vient la grande différence qui est entre ses parties et celles de l'eau douce.	ibid.
Pourquoi les unes et les autres sont rondes.	194
Comment se fait l'huile de sel.	ibid.
Pourquoi cette huile a un goût aigre qui diffère fort de celui du sel.	ibid.

DISCOURS QUATRIÈME.

DES VENTS.

Que c'est que le vent.	196
Comment il se fait en une éolipyle.	ibid.
Comment il se fait en l'air, et en quoi il diffère de celui d'une éolipyle.	198
Que ce sont principalement les vapeurs qui causent les vents, mais non pas elles seules qui les composent.	199
Pourquoi la cause des vents doit être attribuée aux vapeurs et non pas aux exhalaisons.	ibid.
Pourquoi les vents orientaux sont plus secs que les occidentaux.	200
Pourquoi c'est principalement le matin que soufflent les vents d'orient, et le soir que soufflent ceux d'occident.	ibid.
Que ce vent d'orient est plus fort que celui d'occident qui vient de la même cause.	201
Pourquoi le vent du nord souffle plus le jour que la nuit.	ibid.
Pourquoi il souffle plutôt de haut en bas que de bas en haut.	ibid.

Pourquoi il est ordinairement plus violent que les autres. 202
Pourquoi il est fort froid et fort sec. 203
Pourquoi le vent du midi règne plus la nuit que le jour. ibid.
Pourquoi il vient de bas en haut. ibid.
Pourquoi il est ordinairement plus lent et plus foible que les autres. 204
Pourquoi il est chaud et humide. ibid.
Pourquoi vers le mois de mars les vents sont plus secs qu'en aucune autre saison. ibid.
Pourquoi les changements d'air sont aussi alors plus subits et plus fréquents. 205
Quels sont les vents que les anciens nommoient les ornithies. ibid.
Quels sont les étésies. ibid.
Comment la différence qui est entre la mer et la terre contribue à la production des vents. 206
Pourquoi souvent aux bords de la mer le vent vient le jour du côté de l'eau et la nuit du côté de la terre. 207
Pourquoi les *ardents* conduisent les voyageurs vers les eaux. ibid.
Pourquoi les vents changent souvent aux côtes de la mer avec ses flux et reflux. ibid.
Pourquoi les mêmes tempêtes ont coutume d'être plus violentes sur mer que sur terre. ibid.
Comment un même vent peut être sec en un pays et humide en l'autre. ibid.
Pourquoi les vents du midi sont secs en Égypte, et pourquoi il n'y pleut que rarement. ibid.
Comment et combien les astres contribuent à la production des météores. 208
Comment y contribue aussi la diversité qui est entre les parties de la terre. ibid.
D'où vient l'irrégularité et la multitude des vents particuliers, et combien il est difficile de les prédire. 209
Que les vents généraux sont plus aisés à prédire, et pour-

quoi il y en a moins d'irréguliers au milieu des grandes
mers que vers la terre. 209
Que la plupart des changements de l'air dépendent des vents *ibid.*
Comment l'air ne laisse pas quelquefois d'être froid ou sec
lorsqu'il souffle un vent qui est chaud ou humide. 210
Que le cours que prennent les vapeurs dans la terre contribue aussi aux changements de l'air. *ibid.*

DISCOURS CINQUIÈME.

DES NUES.

Quelle différence il y a entre les nues, les vapeurs et les
brouillards. 212
Que les nues ne sont composées que de gouttes d'eau ou
de parcelles de glace. *ibid.*
Pourquoi les nues ne sont pas transparentes. 213
Comment les vapeurs se changent en gouttes d'eau dans
les nues. *ibid.*
Pourquoi ces gouttes sont exactement rondes. *ibid.*
Que c'est qui rend ces gouttes grosses ou petites. 215
Comment les vapeurs se changent en parcelles de glace
dans les nues. 216
D'où vient que ces parcelles de glace sont quelquefois rondes et transparentes, quelquefois longues et déliées, et
quelquefois rondes et blanches. *ibid.*
D'où vient que ces dernières sont couvertes de petits poils,
et que c'est qui les rend plus grosses ou plus petites,
et ces poils plus forts et plus courts, ou plus déliés et
plus longs. 217
Que le froid seul ne suffit pas pour convertir les vapeurs
en eau ou en glace. *ibid.*

Quelles sont les causes qui assemblent les vapeurs en nues. 218
Quelles sont les causes qui les assemblent en brouillards. *ibid.*
D'où vient qu'il y a plus de brouillards au printemps
    qu'aux autres saisons, et plus aux lieux marécageux ou
    maritimes que loin des eaux ou loin de la terre. *ibid.*
Que les plus grands brouillards ou les plus grandes nues
    se font par l'opposition de deux ou plusieurs vents. 219
Que les gouttes d'eau ou parcelles de glace qui composent
    les brouillards ne peuvent être que très petites. *ibid.*
Qu'il ne peut y avoir de vent où sont les brouillards, qu'il
    ne les dissipe promptement. *ibid.*
Qu'il y a souvent plusieurs nues l'une sur l'autre, et plus
    aux pays de montagnes qu'ailleurs. 220
Que les hautes nues ne sont ordinairement composées que
    de parcelles de glace. *ibid.*
Que les vents pressent et polissent les superficies des
    nues et les rendent plates. 221
Que ces superficies étant plates, les petits pelotons de
    glace qui les composent s'y arrangent en telle sorte que
    chacun en a six autres qui l'environnent. *ibid.*
Comment deux vents prenant leur cours l'un plus haut
    que l'autre polissent les superficies du dessous et du
    dessus des nues. 222
Que les superficies du circuit des nues ne se polissent
    point pour cela et sont ordinairement fort irrégulières. 223
Comment il s'assemble souvent au-dessous des nues plu-
    sieurs feuilles ou superficies composées de parcelles de
    glace, chacune desquelles est environnée de six autres. *ibid.*
Que souvent ces feuilles ou superficies se meuvent sépa-
    rément l'une de l'autre. 224
Qu'il peut y avoir des nues qui ne soient composées que
    de telles feuilles. *ibid.*
Que les gouttes d'eau peuvent aussi s'arranger dans

les nues en même façon que les parcelles de glace. 224
Comment quelquefois le circuit des plus grandes nues s'arrondit, et même peut se couvrir d'une superficie de glace assez épaisse, sans que sa pesanteur les fasse tomber. 225

DISCOURS SIXIÈME.

DE LA NEIGE, DE LA PLUIE, ET DE LA GRÊLE.

Comment les nues se soutiennent en l'air. 226
Comment la chaleur, qui a coutume de raréfier les autres corps, condense les nues. 227
Comment les parcelles de glace qui composent les nues s'entassent en divers flocons. ibid.
Comment ces flocons se grossissent et tombent en neige, ou en pluie, ou en grêle. 228
Pourquoi la grêle est quelquefois toute transparente et toute ronde. 229
Ou seulement un peu plus plate d'un côté que d'autre. ibid.
Comment se fait la plus grosse grêle, qui est d'ordinaire cornue et irrégulière. ibid.
Pourquoi on sent quelquefois plus de chaleur qu'à l'ordinaire dans les maisons. ibid.
Pourquoi la plus grosse grêle étant transparente en sa superficie est toute blanche et composée de neige au dedans. 230
D'où vient que cette grosse grêle ne tombe guère que l'été. ibid.
Comment se fait la grêle qui est blanche comme du sucre. ibid.
Pourquoi ses grains sont quelquefois assez ronds et plus durs en leurs superficies que vers leurs centres. ibid.
Pourquoi ils sont quelquefois pointus et ont la figure d'une pyramide ou d'un pain de sucre. 231

Comment les petites parties de la neige prennent la figure des roues ou étoiles qui ont chacune six pointes. 231

D'où vient qu'il tombe aussi quelquefois de petits grains de grêle tout transparents, qui ont autour de soi six pointes toutes blanches. *ibid.*

D'où vient qu'il tombe aussi de petites lames transparentes qui sont hexagones. 232

Et d'autres qui semblent des roses ou des roues d'horloge qui ont seulement six dents arrondies en demi-cercle. 235

Pourquoi quelques unes de ces roues ont un petit point blanc au milieu. 238

D'où vient qu'elles sont quelquefois jointes deux à deux par un essieu ou une petite colonne de glace, et d'où vient que l'une de celles qui sont ainsi jointes est quelquefois plus grande que l'autre. 239

Pourquoi il tombe quelquefois de petites étoiles de glace qui ont douze rayons. *ibid.*

Pourquoi il en tombe aussi, bien que fort rarement, qui en ont huit. 241

Pourquoi les unes de ces étoiles sont blanches et les autres transparentes, et les rayons des unes sont courts et ronds en forme de dents, les autres longs et pointus, et souvent divisés en plusieurs branches qui représentent des plumes, ou des feuilles de fougère, ou des fleurs de lis. 242

Comment ces étoiles de glace descendent des nues. 244

Pourquoi, lorsqu'elles tombent en temps calme, elles ont coutume d'être suivies de plus de neige, mais que ce n'est pas le même quand il fait vent. *ibid.*

Comment la pluie descend des nues, et que c'est qui rend ses gouttes grosses ou menues. 245

D'où vient qu'il commence quelquefois à pleuvoir avant même que l'air soit couvert de nues. 246

Comment les brouillards tombent en rosée ou gelée
blanche, et que c'est que le serein. 246
D'où viennent la manne et les autres tels sucs, et pourquoi quelques uns s'attachent à certains corps plutôt
qu'à d'autres. 247
Pourquoi, si les brouillards tombent le matin et que la
rosée ne tombe point, c'est signe de pluie. ibid.
Pourquoi, si le soleil luit au matin lorsqu'il y a des nues
en l'air, c'est aussi signe de pluie. 248
Pourquoi tous les signes de pluie sont incertains. ibid.

DISCOURS SEPTIÈME.

DES TEMPÊTES, DE LA FOUDRE, ET DE TOUS LES AUTRES FEUX QUI S'ALLUMENT EN L'AIR.

Comment les nues en s'abaissant peuvent causer des
vents fort impétueux. 250
D'où vient que les fortes pluies sont souvent précédées
par un tel vent. ibid.
Pourquoi les hirondelles volent fort bas avant la pluie. ibid.
D'où vient qu'on voit quelquefois tournoyer les cendres
ou les fétus au coin du feu dans les cheminées. 251
Comment se font les tempêtes nommées des travades. ibid.
Comment s'engendrent ces feux qui s'attachent aux mâts
des navires sur la fin des grandes tempêtes. 253
Pourquoi les anciens voyant deux de ces feux les prenoient pour un bon augure, et en voyant un ou trois
pour un mauvais. ibid.
Pourquoi on en voit maintenant quelquefois jusqu'à quatre
ou cinq sur un même vaisseau. 254
Quelle est la cause du tonnerre. ibid.

Pourquoi il tonne plus rarement l'hiver que l'été. 255

Pourquoi, lorsque après un vent septentrional on sent une chaleur moite et étouffante, c'est signe de tonnerre. ibid.

Pourquoi le bruit du tonnerre est fort grand, et d'où viennent toutes les différences qu'on y remarque. 256

En quoi consistent les différences des éclairs, des tourbillons et de la foudre, et comment s'engendrent les éclairs. ibid.

Pourquoi il éclaire quelquefois sans qu'il tonne ni qu'on voie des nues en l'air, et pourquoi il tonne quelquefois sans qu'il éclaire. ibid.

Comment s'engendrent les tourbillons. 257

Comment s'engendre la foudre. 258

D'où vient que la foudre peut brûler les habits sans nuire au corps, ou au contraire fondre l'épée sans gâter le fourreau, et choses semblables. ibid.

Comment la matière de la foudre se peut convertir en une pierre. ibid.

Pourquoi elle tombe plutôt sur les pointes des tours ou des rochers que sur les lieux bas. 259

Pourquoi chaque coup de tonnerre est souvent suivi d'une ondée de pluie, et pourquoi le tonnerre se passe lorsque cette pluie vient fort abondante. ibid.

Pourquoi le bruit des cloches ou des canons diminue la force du tonnerre. 260

Comment s'engendrent les étoiles ou boules de feu qui tombent quelquefois du ciel sans tonnerre ni pluie. ibid.

Comment il peut quelquefois pleuvoir du lait, du sang, du fer, des pierres, ou choses semblables. ibid.

Comment s'engendrent les étoiles de feu qui semblent traverser le ciel, et les ardents qui errent proche de la terre, et les feux qui s'attachent aux crins des chevaux ou aux pointes des piques. 261

Pourquoi ces feux ont peu de force, et pourquoi, au
  contraire, celui de la foudre en a beaucoup. 262
Que les feux qui s'engendrent au bas de l'air peuvent durer assez long-temps, mais que ceux qui s'engendrent
  plus haut se doivent éteindre fort promptement, et
  que, par conséquent, ni les comètes ni les chevrons
  qui semblent de feu, ne sont point de tels feux. *ibid.*
Comment on peut voir des lumières et des mouvements
  dans les nues, qui représentent des combats, et soient
  pris par le peuple pour des prodiges. 263
Comment on peut aussi voir le soleil pendant la nuit. 264

DISCOURS HUITIÈME.

DE L'ARC-EN-CIEL.

Que ce n'est point dans les vapeurs ni dans les nues, mais
  seulement dans les gouttes de la pluie que se forme
  l'arc-en-ciel. 265
Comment on peut considérer ce qui le cause dans une
  fiole de verre toute ronde et pleine d'eau. 266
Que l'intérieur est causé par des rayons qui parviennent
  à l'œil après deux réfractions et une réflexion, et
  l'extérieur par des rayons qui n'y parviennent qu'a-
  près deux réfractions et deux réflexions, ce qui le
  rend plus foible que l'autre. 268
Comment, par le moyen d'un prisme ou triangle de cristal, on voit les mêmes couleurs qu'en l'arc-en-ciel. 269
Que ni la figure des corps transparents, ni la réflexion
  des rayons, ni la pluralité de leurs réfractions, ne servent point à la production de ces couleurs. *ibid.*
Que rien n'y sert qu'une réfraction, et la lumière et
  l'ombre qui limite cette lumière. 270

D'où vient la diversité qui est entre ces couleurs. 270

En quoi consiste la nature du rouge et celle du jaune qu'on voit par le moyen de ce prisme de cristal, et en quoi celle du vert et celle du bleu. 271

Comment il se mêle de l'incarnat avec ce bleu, qui en compose du violet. 273

En quoi consiste la nature des couleurs que font paroître les autres objets, et qu'il n'y en a point de fausses. 274

Comment sont produites celles de l'arc-en-ciel, et comment il s'y trouve de l'ombre qui limite la lumière. 275

Pourquoi le demi-diamètre de l'arc intérieur ne doit point être plus grand que de quarante-deux degrés, ni celui de l'extérieur plus petit que de cinquante-un. 276

Pourquoi le premier est plus limité en sa superficie extérieure qu'en l'intérieure, et le second tout au contraire. *ibid.*

Comment tout ceci se démontre exactement par le calcul. 277

Que l'eau étant chaude, sa réfraction est un peu moindre, et qu'elle cause l'arc intérieur un peu plus grand, et l'extérieur plus petit que lorsqu'elle est froide. 280

Comment on démontre que la réfraction de l'eau à l'air est à peu près comme cent quatre-vingt-sept à deux cent cinquante, et que le demi-diamètre de l'arc-en-ciel ne peut être de quarante-cinq degrés. *ibid.*

Pourquoi c'est la partie extérieure de l'arc intérieur qui est rouge, et l'intérieure de l'extérieur. 281

Comment il peut arriver que cet arc ne soit pas exactement rond. *ibid.*

Comment il peut paroître renversé. *ibid.*

Comment il en peut paroître trois l'un sur l'autre. 282

Comment on peut faire paroître des signes dans le ciel qui semblent des prodiges. 283

DISCOURS NEUVIÈME.

DE LA COULEUR DES NUES, ET DES CERCLES OU COURONNES QU'ON VOIT QUELQUEFOIS AUTOUR DES ASTRES.

Ce que c'est qui fait paroître les nues blanches ou noires. 285

Pourquoi ni le verre pilé, ni la neige, ni les nues un peu épaisses, ne sont transparentes. 286

Quels sont proprement les corps blancs, et pourquoi l'écume, le verre pilé, la neige, et les nues sont blanches. *ibid.*

Pourquoi, l'air étant fort serein, le ciel paroît bleu; et pourquoi il paroît blanc quand l'air est rempli de vapeurs. *ibid.*

Pourquoi l'eau de la mer paroît bleue aux lieux où elle est fort claire et fort profonde. 287

Pourquoi souvent, lorsque le soleil se couche ou se lève, le ciel paroît rouge. *ibid.*

Pourquoi, le matin, cette rougeur du ciel présage des vents ou de la pluie, et, le soir, elle présage le beau temps. 288

Comment se forment les couronnes autour des astres. *ibid.*

Qu'elles peuvent être de plusieurs grandeurs, et que c'est qui les rend grandes ou petites. 289

Pourquoi, étant colorées, elles sont rouges en dedans et bleues en dehors. 290

Pourquoi il en paroît quelquefois deux l'une autour de l'autre, et dont l'intérieure est la mieux peinte. 291

Pourquoi elles ne paroissent point autour des astres qui sont fort bas vers l'horizon. *ibid.*

Pourquoi leurs couleurs ne sont pas si vives que celles de l'arc-en-ciel, et pourquoi elles paroissent plus souvent que lui autour de la lune, et même se voient autour des étoiles. 291

Pourquoi d'ordinaire elles ne paroissent que toutes blanches. *ibid.*

Pourquoi elles ne peuvent paroître en des gouttes d'eau, ainsi que l'arc-en-ciel. 292

Quelle est la cause des couronnes qu'on voit quelquefois autour des flambeaux. *ibid.*

D'où vient qu'on y voit aussi de grands rayons qui s'étendent çà et là en lignes droites. 293

Pourquoi ces couronnes sont ordinairement rouges en dehors, et bleues ou blanches en dedans, au contraire de celles qu'on voit autour des astres. 294

Pourquoi les réfractions de l'œil ne nous font point toujours voir des couleurs. *ibid.*

DISCOURS DIXIÈME.

DE L'APPARITION DE PLUSIEURS SOLEILS.

Comment se forment les nues qui font paroître plusieurs soleils. 296

Qu'il se fait comme un anneau de glace autour de ces nues, dont la superficie est assez polie. 297

Que cette glace est ordinairement plus épaisse vers le côté du soleil que vers les autres. *ibid.*

Que c'est qui la soutient au haut de l'air. *ibid.*

Que c'est qui fait paroître quelquefois dans le ciel un grand cercle blanc qui n'a aucun astre pour son centre. *ibid*

Comment on peut voir jusques à six soleils dans ce cercle

DES MÉTÉORES.

blanc : le premier directement, les deux suivants par
réfraction, et les trois autres par réflexion. 298

Pourquoi ceux qu'on voit par réfraction ont d'un côté
leurs bords peints de rouge, et de l'autre de bleu. ibid.

Pourquoi les trois autres ne sont que blancs et ont peu
d'éclat. 299

D'où vient qu'on n'en voit quelquefois que cinq, et
quelquefois que quatre, et quelquefois que trois. ibid.

Pourquoi, lorsqu'on n'en voit que trois, il ne paroît
quelquefois, au lieu du cercle blanc, qu'une barre
blanche qui les traverse. ibid.

Que le soleil, étant plus haut ou plus bas que ce cercle
blanc, ne laisse pas de paroître à même hauteur. 300

Que cela le peut faire voir après l'heure qu'il est couché, et avancer ou reculer de beaucoup l'ombre des
horloges. ibid.

Comment on peut voir un septième soleil au-dessus ou
au-dessous des six précédents. 301

Comment on peut aussi en voir trois l'un sur l'autre, et
pourquoi alors on n'a point coutume d'en voir d'autres
à côté. ibid.

Explication de quelques exemples de ces apparitions, et
entre autres de l'observation des cinq soleils qui ont
paru à Rome le 20 mars 1629. 302

Pourquoi le sixième soleil n'a point paru en cette observation. 304

Pourquoi la partie du cercle blanc la plus éloignée du
soleil y est représentée plus grande qu'elle n'a pu être. 305

D'où vient que l'un de ces soleils avoit une grosse queue
de feu qui changeoit souvent de figure. ibid.

D'où vient qu'il paroissoit deux couronnes autour du
principal de ces soleils, et d'où vient qu'il n'en paroît
pas toujours de telles. 306

Que le lieu de ces couronnes n'a rien de commun avec le
  lieu des soleils qu'on voit à côté du principal. 306
Que le soleil n'est pas toujours exactement le centre de
  ces couronnes, et qu'il peut y en avoir deux l'une autour de l'autre qui aient divers centres. 307
Quelles peuvent être les causes de toutes les autres apparitions extraordinaires qui appartiennent aux météores. *ibid.*

FIN DE LA TABLE DES MÉTÉORES.

TABLE

DES MATIÈRES DE LA GÉOMÉTRIE.

LIVRE PREMIER.

DES PROBLÈMES QU'ON PEUT CONSTRUIRE SANS Y EMPLOYER QUE DES CERCLES ET DES LIGNES DROITES.

Comment le calcul d'arithmétique se rapporte aux opérations de géométrie.	313
Comment se font géométriquement la multiplication, la division et l'extraction de la racine carrée.	314
Comment on peut user de chiffres en géométrie.	315
Comment il faut venir aux équations qui servent à résoudre les problèmes.	316
Quels sont les problèmes plans, et comment ils se résolvent.	318
Exemple tiré de Pappus.	321
Réponse à la question de Pappus.	325
Comment on doit poser les termes pour venir à l'équation en cet exemple.	327
Comment on trouve que ce problème est plan lorsqu'il n'est point proposé en plus de cinq lignes.	330

LIVRE SECOND.

DE LA NATURE DES LIGNES COURBES.

Quelles sont les lignes courbes qu'on peut recevoir en géométrie.	315

La façon de distinguer toutes ces lignes courbes en certains genres, et de connoître le rapport qu'ont tous leurs points à ceux des lignes droites.	337
Suite de l'explication de la question de Pappus mise au livre précédent.	341
Solution de cette question quand elle n'est proposée qu'en trois ou quatre lignes.	343
Démonstration de cette solution.	349
Quels sont les lieux plans et solides, et la façon de les trouver tous.	351
Quelle est la première et la plus simple de toutes les lignes courbes qui servent à la question des anciens quand elle est proposée en cinq lignes.	353
Quelles sont les lignes courbes qu'on décrit en trouvant plusieurs de leurs points qui peuvent être reçus en géométrie.	356
Quelles sont aussi celles qu'on décrit avec une corde qui peuvent y être reçues.	357
Que, pour trouver toutes les propriétés des lignes courbes, il suffit de savoir le rapport qu'ont tous leurs points à ceux des lignes droites; et la façon de tirer d'autres lignes qui les coupent en tous ces points à angles droits.	ibid.
Façon générale pour trouver des lignes droites qui coupent les courbes données ou leurs contingentes à angles droits.	359
Exemple de cette opération en une ellipse et en une parabole du second genre.	360
Autre exemple en un ovale du second genre.	361
Exemple de la construction de ce problème en la conchoïde.	368
Explication de quatre nouveaux genres d'ovales qui servent à l'optique.	369

Les propriétés de ces ovales touchant les réflexions et les réfractions. 372
Démonstration de ces propriétés. 375
Comment on peut faire un verre autant convexe ou concave en l'une de ses superficies qu'on voudra, qui rassemble à un point donné tous les rayons qui viennent d'un autre point donné. 378
Comment on en peut faire un qui fasse le même, et que la convexité de l'une de ses superficies ait la proportion donnée avec la convexité ou concavité de l'autre. 381
Comment on peut rapporter tout ce qui a été dit des lignes courbes décrites sur une superficie plate, à celles qui se décrivent dans un espace qui a trois dimensions, ou bien sur une superficie courbe. 384

LIVRE TROISIÈME.

DE LA CONSTRUCTION DES PROBLÈMES SOLIDES OU PLUS QUE SOLIDES.

De quelles lignes courbes on peut se servir en la construction de chaque problème. 386
Exemple touchant l'invention de plusieurs moyennes proportionnelles. ibid.
De la nature des équations. 388
Combien il peut y avoir de racines en chaque équation. ibid.
Quelles sont les fausses racines. 389
Comment on peut diminuer le nombre des dimensions d'une équation, lorsqu'on connoît quelqu'une de ses racines. ibid
Comment on peut examiner si quelque quantité donnée est la valeur d'une racine. ibid.

Combien il peut y avoir de vraies racines dans chaque
équation. 390
Comment on fait que les fausses racines deviennent vraies,
et les vraies fausses. *ibid.*
Comment on peut augmenter ou diminuer les racines
d'une équation. 391
Qu'en augmentant ainsi les vraies racines on diminue les
fausses, ou au contraire. 392
Comment on peut ôter le second terme d'une équation. 393
Comment on fait que les fausses racines deviennent vraies
sans que les vraies deviennent fausses. 395
Comment on fait que toutes les places d'une équation
soient remplies. 396
Comment on peut multiplier ou diviser les racines d'une
équation. *ibid.*
Comment on ôte les nombres rompus d'une équation. 397
Comment on rend la quantité connue de l'un des termes
d'une équation égale à telle autre qu'on veut. *ibid.*
Que les racines, tant vraies que fausses, peuvent être
réelles ou imaginaires. 398
La réduction des équations cubiques lorsque le problème
est plan. *ibid.*
La façon de diviser une équation par un binôme qui con-
tient sa racine. 400
Quels problèmes sont solides lorsque l'équation est cu-
bique. 401
La réduction des équations qui ont quatre dimensions
lorsque le problème est plan; et quels sont ceux qui
sont solides. *ibid.*
Exemple de l'usage de ces réductions. 406
Règle générale pour réduire toutes les équations qui passent le carré de carré. 408
Façon générale pour construire tous les problèmes so-

lides réduits à une équation de trois ou quatre di-
mensions. 409
L'invention de deux moyennes proportionnelles. 412
La division de l'angle en trois. 413
Que tous les problèmes solides se peuvent réduire à ces
    deux constructions. 414
La façon d'exprimer la valeur de toutes les racines des
    équations cubiques, et ensuite de toutes celles qui
    ne montent que jusques au carré de carré. 416
Pourquoi les problèmes solides ne peuvent être con-
struits sans les sections coniques, ni ceux qui sont
plus composés sans quelques autres lignes plus com-
posées. 418
Façon générale pour construire tous les problèmes réduits à une équation qui n'a point plus de six dimensions. 420
L'invention de quatre moyennes proportionnelles. 426

FIN DE LA TABLE DE LA GÉOMÉTRIE.

EXPLICATION DES MÉCANIQUES ET ENGINS

PAR L'AIDE DESQUELS ON PEUT AVEC UNE PETITE FORCE LEVER UN FARDEAU FORT PESANT.

La poulie.	PAGE 432
Le plan incliné.	434
Le coin.	435
La roue ou le tour.	436
La vis.	ibid.
Le levier.	438

ABRÉGÉ DE LA MUSIQUE.

L'objet de la musique est le son.	PAGE 445
Choses à remarquer.	446
Du nombre et du temps qu'on doit observer dans les sons.	448
De la diversité des sons à l'égard du grave et de l'aigu.	453
Des consonnances.	454
De l'octave.	456
De la quinte.	463
De la quarte.	464
Du diton, de la tierce mineure et des sextes.	466
Des degrés ou tons de musique.	470
Des dissonances.	486
De la manière de composer.	490
Des modes.	500

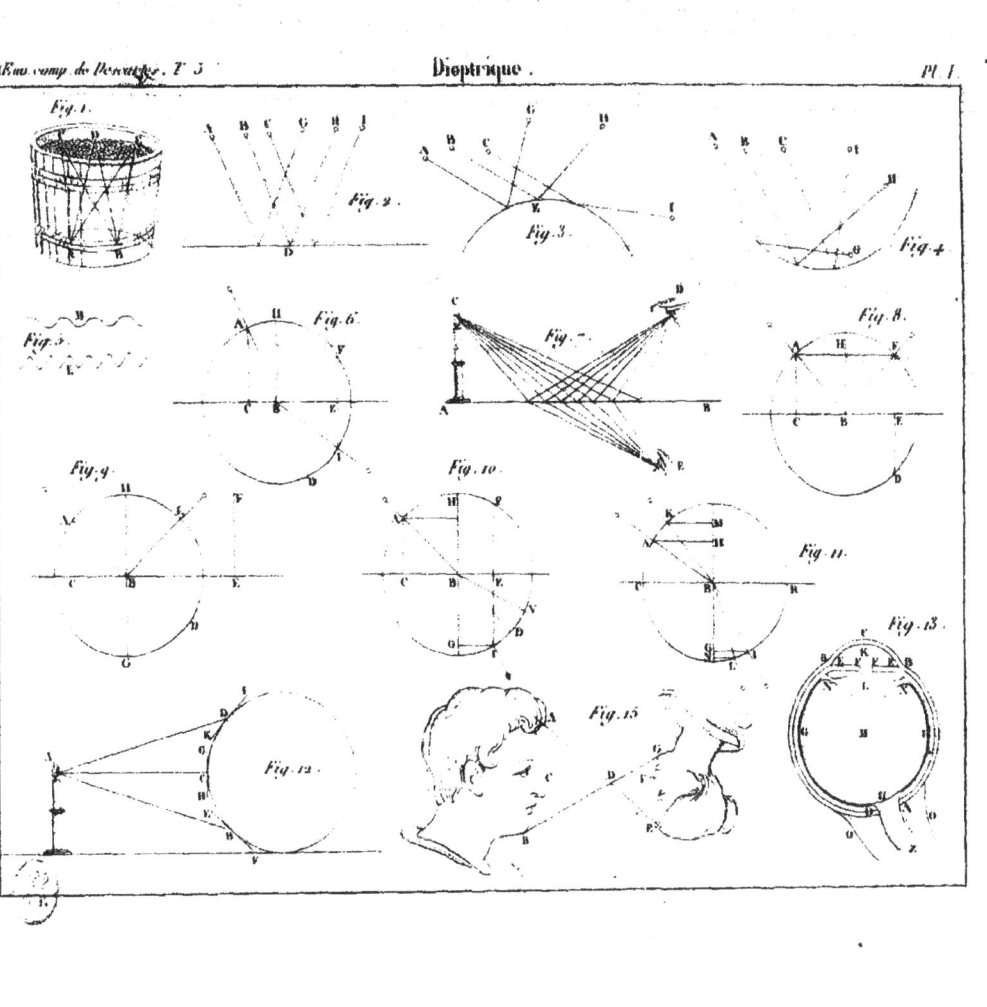

Dioptrique

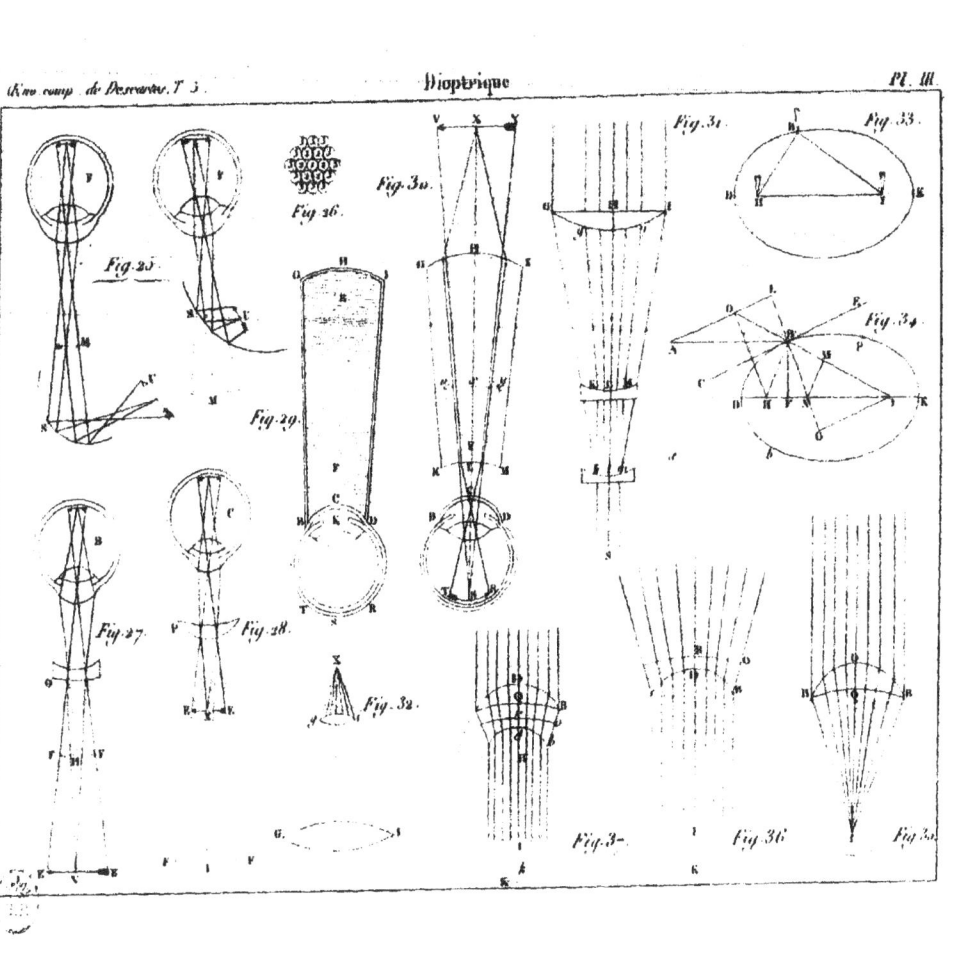

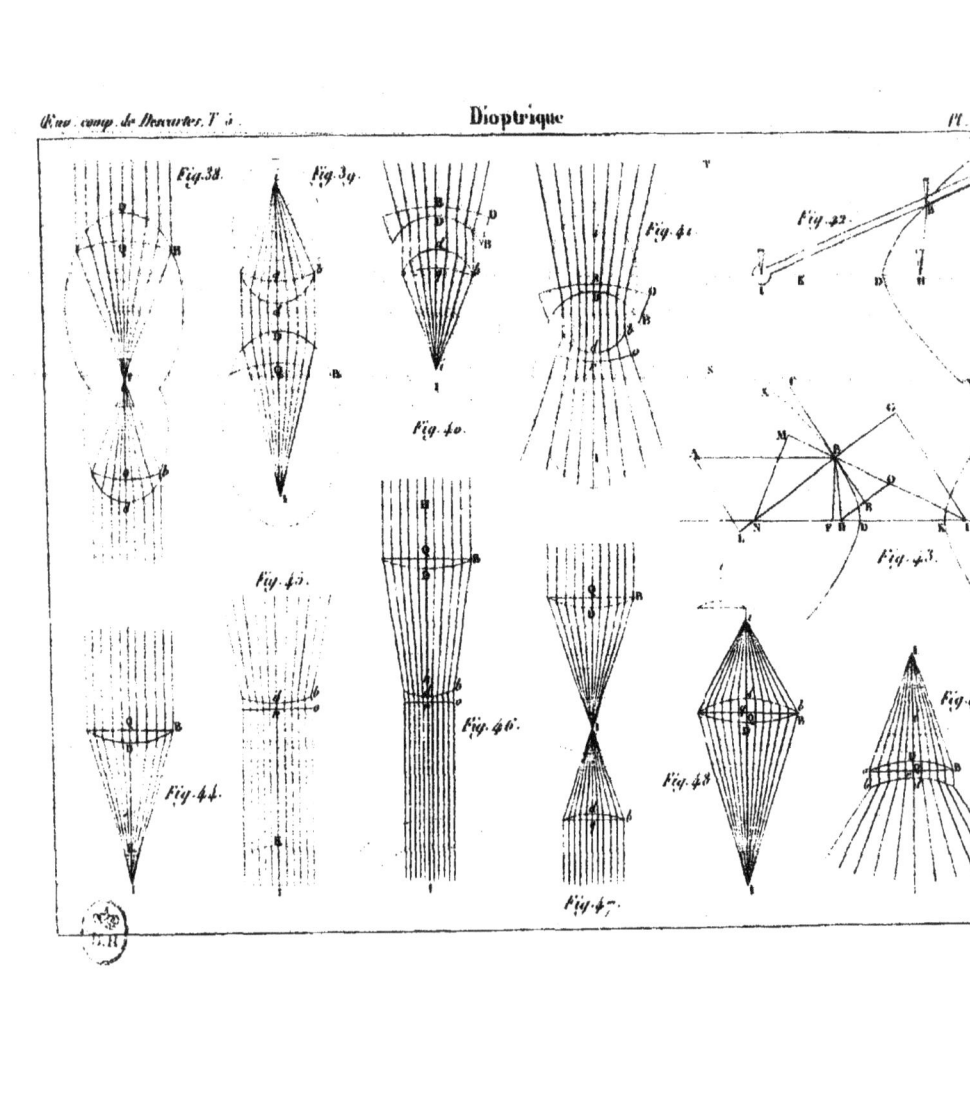

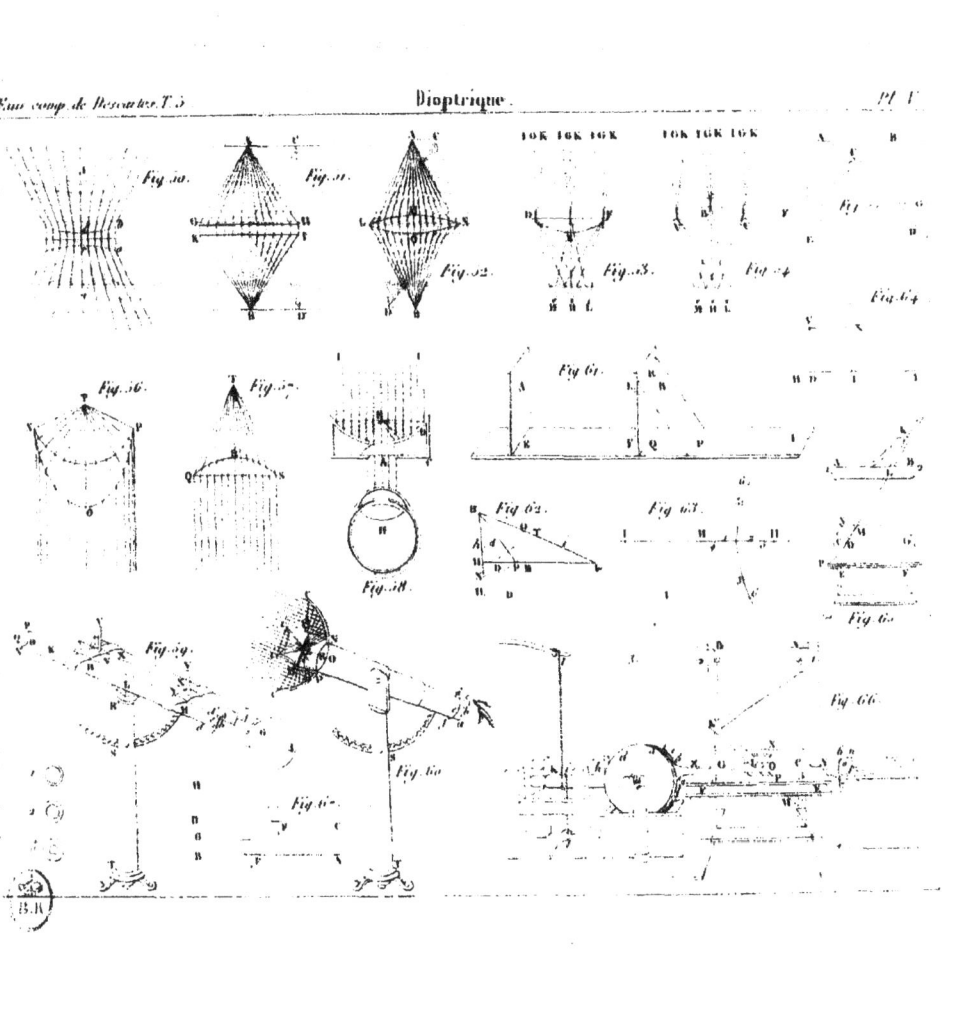

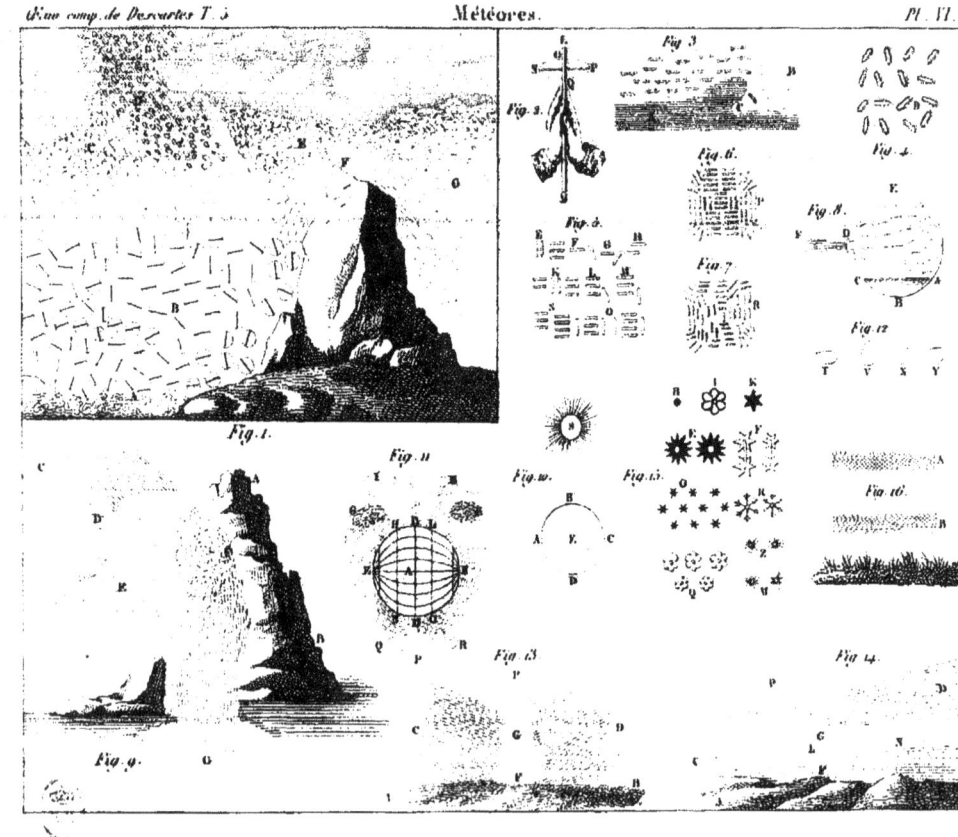

Météores. Pl. VI.

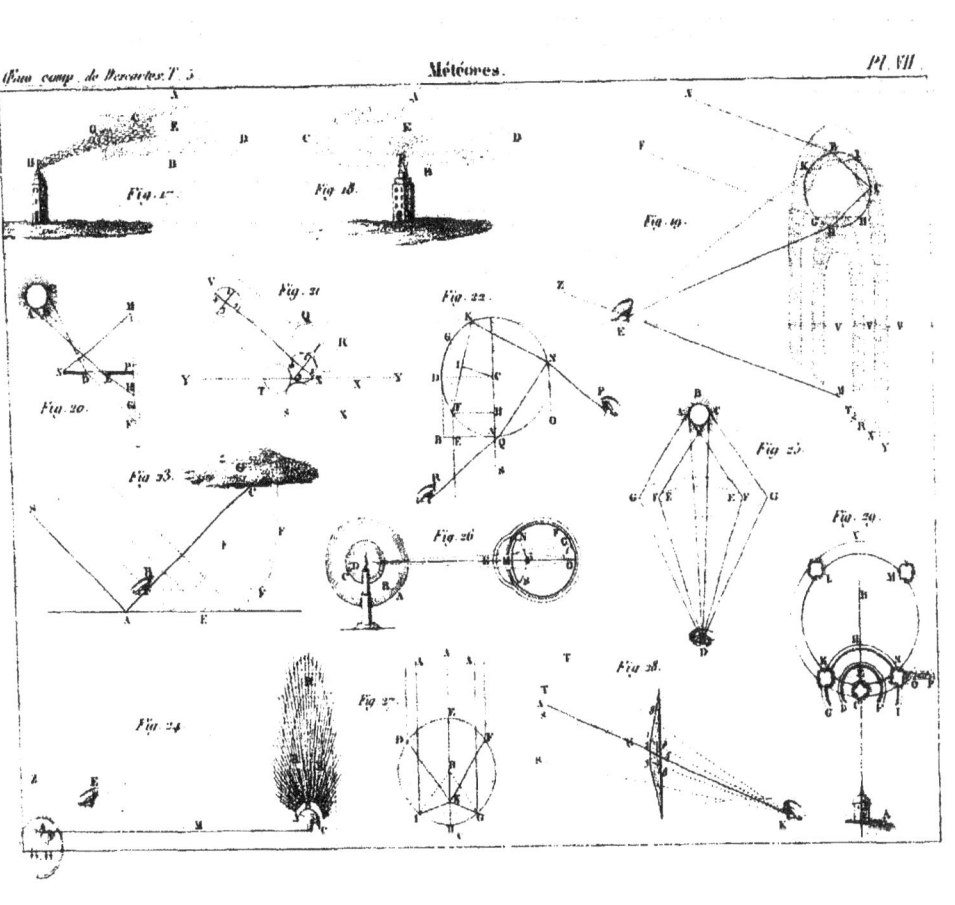

Météores. Pl. VII.

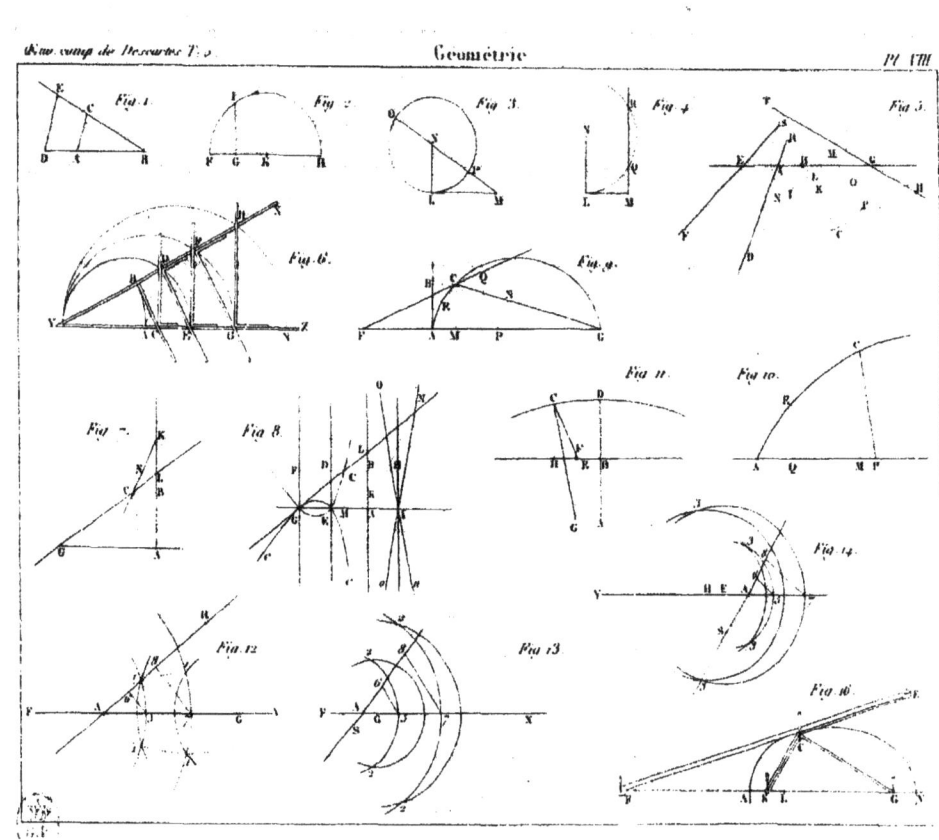

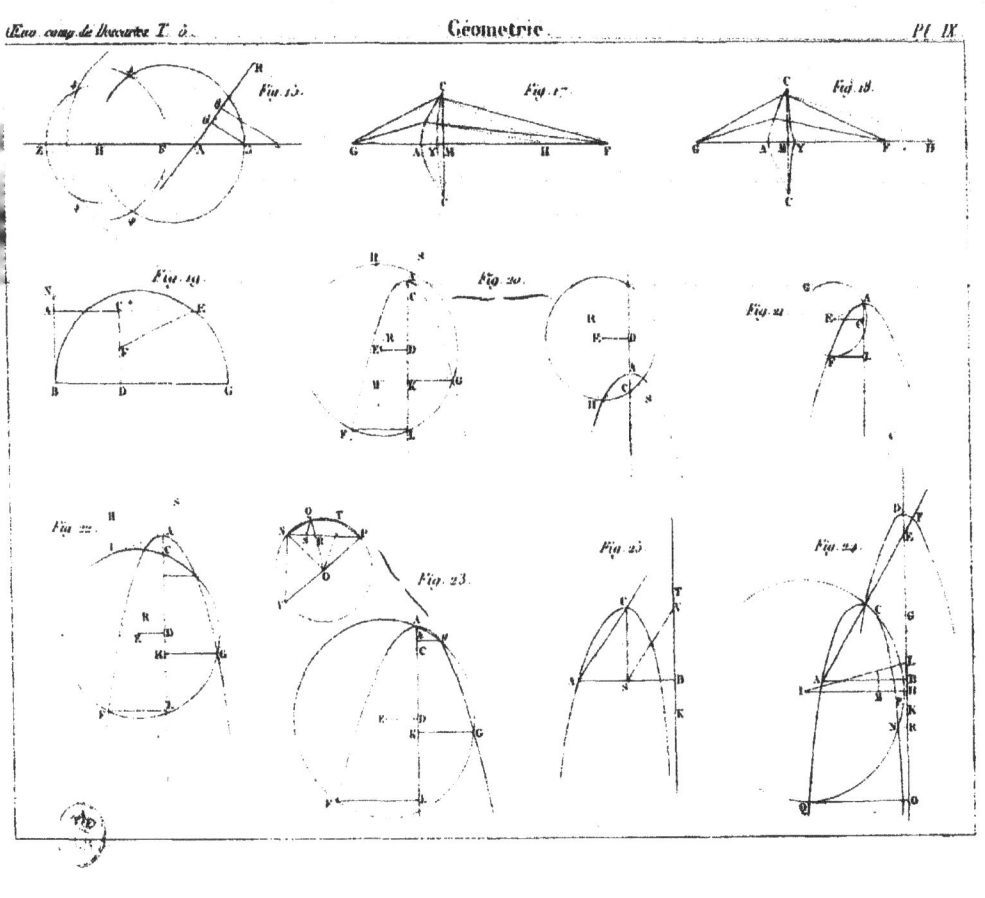

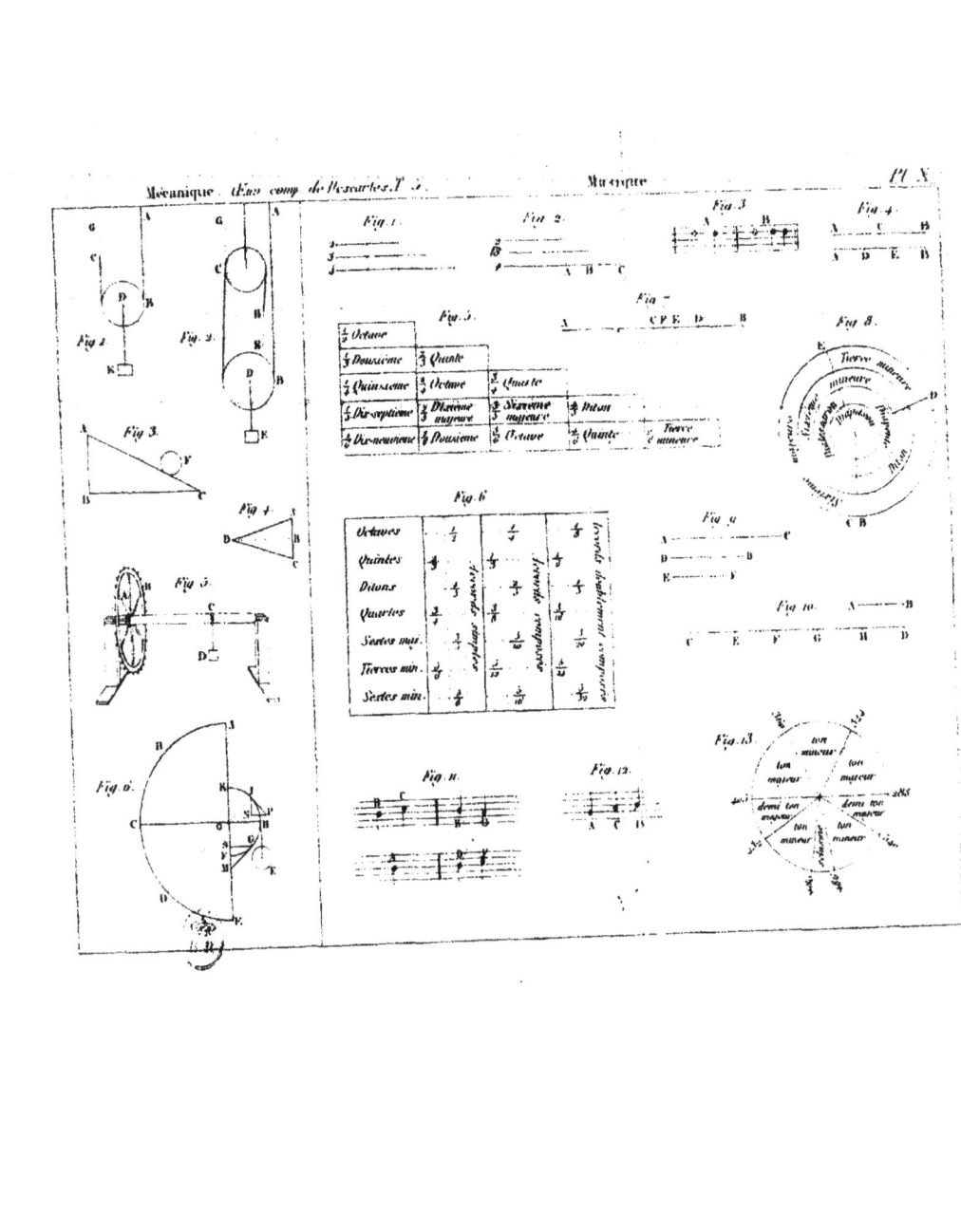

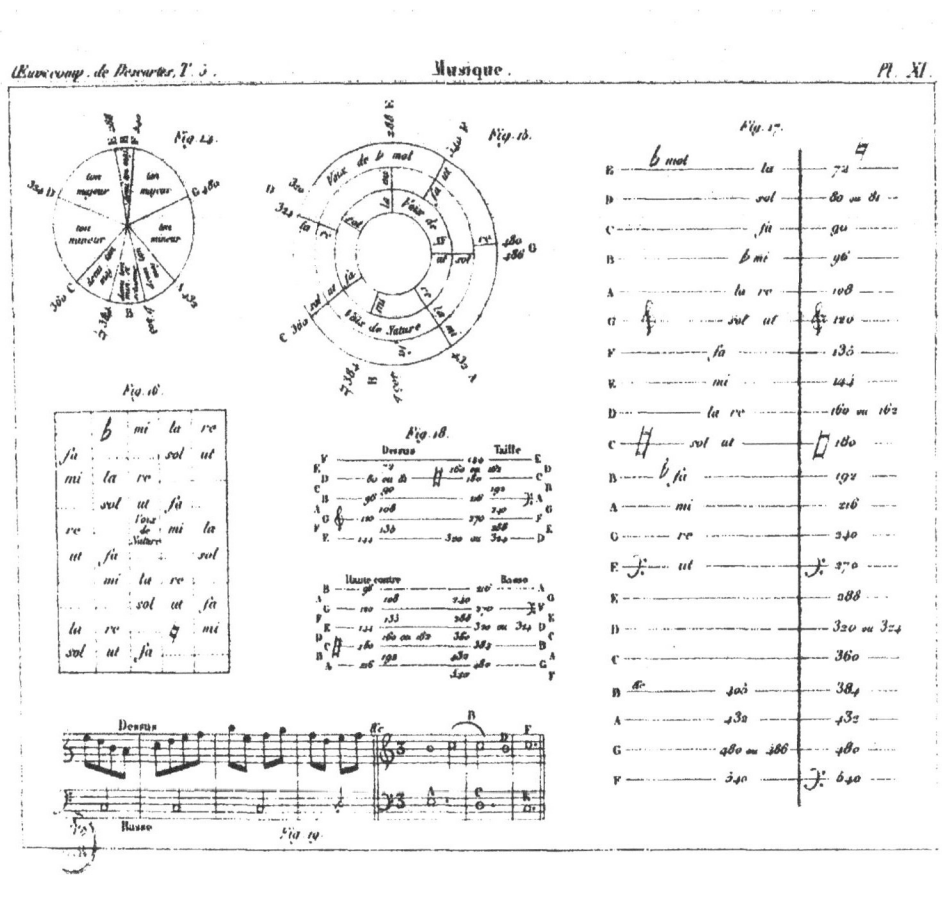

www.ingramcontent.com/pod-product-compliance
Lightning Source LLC
Chambersburg PA
CBHW070824230426
43667CB00011B/1689